Gustav Peters

piper paperback

Jürgen Nicolai

Elternbeziehung und Partnerwahl im Leben der Vögel

Gesammelte Abhandlungen

R. Piper & Co. Verlag München

ISBN 3 492 01847 5
Titelnummer 1847
© R. Piper & Co. Verlag, München 1970
Gesamtherstellung Clausen & Bosse, Leck
Gesetzt aus der Garamond-Antiqua
Printed in Germany

Inhalt

Vorwort 7

Zur Biologie und Ethologie des Gimpels (Pyrrhula pyrrhula L.) 10

Familientradition in der Gesangsentwicklung des Gimpels
(Pyrrhula pyrrhula L.) 66

Verhaltensstudien an einigen afrikanischen und paläarktischen Girlitzen 77

Über Regen-, Sonnen- und Staubbaden bei Tauben (Columbidae) 132

Der Brutparasitismus der Witwenvögel 148

Der Brutparasitismus der Viduinae als ethologisches Problem 159

Beobachtungen an Paradieswitwen (Steganura paradisaea L., Steganura obtusa Chapin) und der Strohwitwe (Tetraenura fischeri Reichenow) in Ostafrika .. 259

Rassen- und Artbildung in der Viduinengattung Hypochera 291

Die Schnabelfärbung als potentieller Isolationsfaktor zwischen Auroraastrild (Pytilia phoenicoptera Swainson) und Streifenastrild (Pytilia lineata Heuglin), Familie Estrildidae 305

Die isolierte Frühmauser der Farbmerkmale des Kopfgefieders bei Granatastrild (Uraeginthus granatinus L.) und Veilchenastrild (U. ianthinogaster) Reichw. (Estrildidae) 319

Anmerkungen 331

Nachweis der Erstveröffentlichungen 333

Literatur 334

Register 341

Vorwort

Wo Tiere in Gemeinschaft leben und aus ihrem Zusammensein für die Arterhaltung Nutzen ziehen, haben sich auf dem langen Wege der Stammesgeschichte Verhaltensweisen ausgebildet, die dem Individuum die Integration in die Gesellschaft ermöglichen. Diese Verhaltensnormen sind den besonderen Anforderungen des Soziallebens ebenso angepaßt und blicken auf eine vergleichbare stammesgeschichtliche Entwicklung zurück wie Fähigkeiten und Ausstattungen des Körperbaus, die aus den speziellen Anforderungen der Umwelt erwachsen sind. Wenn wir tierisches Sozialverhalten untersuchen, ist deshalb die Frage nach dem »wozu« immer nur zu beantworten, wenn ihr die Erforschung der besonderen Situation des Einzelwesens in der Gemeinschaft und bei der Auseinandersetzung mit der Umwelt vorausgegangen ist.

Nun gibt es soziales Verhalten schon bei den wirbellosen Tieren; bei den staatenbildenden Insekten ist es sogar zu einer solchen Perfektion entwickelt, daß das Individuum allein nicht mehr lebensfähig ist. Zu festen persönlichen Bindungen, zu Dauerehe und langanhaltender Brutfürsorge, in die sich beide Eltern teilen, ist es jedoch erst bei den Wirbeltieren gekommen. Daß die Vögel unter ihnen die am gründlichsten und auf breitester Basis untersuchte Gruppe sind, liegt zu einem erheblichen Teil darin begründet, daß sie dem beobachtenden Menschen leichter zugänglich sind als die meisten anderen Wirbeltiere.

Zu gewissen Zeiten ihres Lebens, in den Wochen der Fortpflanzung, müssen auch notorische Einzelgänger die Nähe eines Artgenossen nicht nur dulden, sondern aktiv suchen. Und von wenigen Ausnahmen abgesehen (Brutparasiten, Großfußhühner), müssen sich eines oder beide Geschlechter zumindest für einige Zeit der Sorge um die Nachkommenschaft widmen.

Wenn wir Vögel fragen könnten, was sie für den Partner, für die Nachkommenschaft oder für die Eltern »empfinden«, so würden wir aus den verschiedenen Verwandtschaftsgruppen sehr unterschiedliche Auskünfte erhalten. Vom ausschließlich auf eine kurze Periode im Jahresablauf beschränkten Interesse am anderen Geschlecht als Sexualpartner über eine lose Bindung für die Wochen und Monate der Brutfürsorge gibt es alle Übergänge bis zu jenen Fällen, in denen eine feste Paarbildung schon lange vor der Geschlechtsreife vollzogen, über die Fortpflanzungszeit hinaus aufrecht erhalten wird und erst durch den Tod eines Partners ein Ende findet.

In meiner ersten wissenschaftlichen Veröffentlichung, die unter der Anleitung und beeinflußt durch die frühen Arbeiten meines Lehrers Konrad Lorenz zustande kam, habe ich mich mit einer Vogelart befaßt, die alle jene Fähigkeiten, die das zentrale Thema dieses Buches bilden, in einzigartiger Klarheit erkennen läßt. Wie die Geschlechter Bekanntschaft schließen, wie das dauerhafte Band, das sie über Jahre zusammenhält, geknüpft und gepflegt wird und wie schließlich Aussehen, Verhalten und Stimme der Eltern ihren unauslöschlichen Eindruck in den Heranwachsenden hinterlassen, das ist mir an einem Singvogel, am mitteleuropäischen Gimpel, zum erstenmal bewußt geworden.

Haben wir eine biologische Gesetzmäßigkeit erst einmal an einer Art entdeckt, so fallen uns beim Vergleich mit anderen Arten, selbst aus weit entfernten Verwandtschaftsgruppen, Parallelen wie reife Früchte zu. Denn wenn auch die Methoden, die die Natur verwirklicht hat, so vielfältig und unterschiedlich sind wie die Arten selber und ihre Anpassungen, so bilden sie doch alle »Variationen zu einem Grundthema«; das Endziel, die Sicherung des Fortbestandes der Art, ist stets das gleiche. Die Suche nach den Mitteln, mit denen das geschieht, nach dem Rohmaterial, aus dem die Evolution ihre Bausteine für neue Verhaltensmuster gewinnt, birgt immer wieder Überraschungen. So hoffe ich, daß ich dem Leser ein wenig von der Faszination vermitteln kann, die der Verhaltensforscher verspürt, wenn ein neues Rätsel seiner Lösung entgegengeht.

Die Reihenfolge der in diesem Buche abgedruckten Abhandlungen entspricht nicht ganz der, in der sie ursprünglich veröffentlicht wurden. Ich habe die Arbeiten über den Brutparasitismus der Witwenvögel so aneinandergereiht, wie es mir für das Verständnis dieses Problemkreises geraten schien. Dadurch ist die chronologische Folge zweimal unterbrochen worden. Im ›Nachweis der Erstveröffentlichungen‹ kann der Leser die ursprüngliche Reihenfolge nachschlagen und sich über die Zeitschriften orientieren, in denen die Arbeiten erschienen sind.

Die Abhandlung ›Über Regen-, Sonnen- und Staubbaden bei Tauben‹ fällt nicht unter das Generalthema dieses Bandes. Ich habe sie hier aufgenommen, um an einem einfachen Beispiel den Einfluß der Umwelt auf das Verhalten zu zeigen. An zwei Stellen habe ich sachliche Änderungen vorgenommen, die durch neue Befunde notwendig wurden. Einige Klangspektrogramme sind durch bessere ersetzt und drei neue hinzugekommen. Die Begründung für die Änderungen und ein Hinweis auf den Austausch und die Ergänzung der Klangspektrogramme finden sich in den Anmerkungen am Ende des Buches.

Ich danke dem Piper-Verlag für die sorgfältige Ausstattung des Buches und der Redaktion von n+m (Naturwissenschaft und Medizin) für die großzügige Überlassung des Klischees einer Farbtafel.

Seewiesen, im Mai 1970   J. N.

Zur Biologie und Ethologie des Gimpels
(*Pyrrhula pyrrhula* L.)

Einleitung und Aufgabenstellung

Die Forderung der vergleichenden Verhaltensforschung, aus stammesgeschichtlicher Fragestellung heraus möglichst viele verwandte Arten zu untersuchen, hat neben bedeutsamen Anfängen bei Schnecken (Gerhardt), Heuschrecken (Faber, Jacobs u. a.) vor allem bei Fischen (Baerends, Seitz, Tinbergen u. a.) und Vögeln (Heinroth; Lorenz an Anatiden, Whitman an Tauben, Tinbergen und Goethe an Möwen) eine breite Tatsachenbasis geschaffen. Andererseits hat man große Gruppen unverdient vernachlässigt. So wurden unter den Emberiziden nur einige Arten (Goldammer von Diesselhorst, Singammer von Nice und Schneeammer von Tinbergen), sowie von den Fringilliden der Grünling von Hinde dafür allerdings um so gründlicher untersucht.

Der vorliegenden Arbeit sind fünfjährige intensive Beobachtungen an freilebenden und gefangengehaltenen Gimpeln, die in mehreren Generationen gezüchtet wurden, zugrunde gelegt. Vergleichsweise wurden auch Vertreter der Gattungen *Serinus*, *Carduelis* und *Spinus* herangezogen.

Die Gattung *Pyrrhula* Briss.

Die Gattung *Pyrrhula* ist eine innerhalb der Familie der *Fringillidae* zu der Unterfamilie der *Carduelinae* gehörige, in sich recht geschlossene Gruppe von Finkenvögeln, die sich in acht Arten und einer Anzahl von Unterarten über die paläarktische und indomalaiische Region verbreitet. Mit Ausnahme der primitiven, in ihrer Färbung an das Jugendkleid der übrigen Arten erinnernden südost-asiatischen *P. nipalensis* haben alle in beiden Geschlechtern eine schwarze Kopfplatte (*pyrrhula*, *murina*, *griseiventris* und *leucogenys*) oder eine schmale, schwarze Gesichtsmaske (*erythrocephala*, *erythaca* und *aurantiaca*). Die paläarktischen schwarzkappigen Gimpel treten in drei Färbungstypen auf, die sich zwanglos in einer Reihe anordnen lassen: von der im südlichen Sibirien lebenden graubäuchigen *P. griseiventris cineracea* über die japanische *P. griseiventris griseiventris*, bei der das Männchen rote Kopfseiten und eine rote Binde unter dem Kinn trägt, zu den mitteleuropäischen, rotbäuchigen Formen von *P. pyrrhula*. Im äußersten Westen des Verbreitungsgebietes der Gattung lebt auf der Azoreninsel S. Miguel eine gleichfalls graubäuchige, durch das völlige Fehlen irgendwelcher Lipochromfarben im männlichen Geschlecht entfernt an die südsibirische *P. griseiventris cineracea* erinnernde Art, *P. murina*. Die schwarzmaskigen Gimpel des Himalajagebietes (*erythaca*, *erythrocephala* und *aurantiaca*), eine in sich recht abgeschlossene Untergruppe, faßt Voous (1949) als Interspecies zusammen. Das Fehlen der schwarzen Kopfplatte und die andere Lipochromverteilung sprechen gegen einen verbreitungsgeschichtlichen Zusammenhang mit den mitteleuropäischen Formen. Letztere haben wohl unabhängig von den Himalajagimpeln von einem gemeinsamen südostasiatischen Entstehungszentrum her ihr heutiges Verbreitungsgebiet erreicht.

Die in Deutschland lebende Art *P. pyrrhula* zerfällt in drei Unterarten, von denen die größte *P. p. pyrrhula* (L.) Nordostdeutschland bewohnt und sich weiterhin über ganz Skandinavien, Nordrußland und Westsibirien verbreitet. In West- und Norddeutschland lebt eine wesentlich kleinere Form *P. p. coccinea* (Gmel.), in Süd- und Südostdeutschland eine Mischform beider *P. p. germanica* Brehm, die auch in der Größe intermediär ist.

Haltung der Vögel

Für Verhaltensstudien an gefangenen Vögeln ist die Beschaffung einwandfreier, körperlich und seelisch völlig gesunder Tiere unerläßlich. Jede noch so geringe konstitutionelle Minderwertigkeit, wie sie als Folge unsachgemäßer Fütterung im Nestlingsalter nur zu leicht auftritt, kann schwere seelische Störungen nach sich ziehen, die später bei der Analyse der Verhaltensweisen oft zu völlig falschen Schlüssen führen. Der einfachste Weg wäre also die Beschaffung gut eingewöhnter Wildfänge, bei denen selbst monatelange falsche Behandlung nicht zu jenen anhaltenden Schädigungen führt, wie sie eine nur einwöchige falsche Fütterung der Nestlinge unvermeidbar zur Folge hat. Wildfänge legen aber einen gewissen Grad von Scheu, selbst bei guter

Eingewöhnung nie ab. Sie toben zwar nicht so rasend wie Hänflinge, Stieglitze und Buchfinken, werden bei Einzelhaltung mit der Zeit sogar einigermaßen futterzahm, wahren aber immer einen gewissen Abstand, der das Beobachten erschwert. Deshalb verwandte ich in der Hauptsache handaufgezogene und gezüchtete Vögel; einzelne Wildfänge dienten zur Kontrolle und Blutauffrischung.

Der Großteil der untersuchten Gimpel gehörte der Rasse *Pyrrhula pyrrhula coccinea* (Gmel.) an (Abb. 1). Im Januar 1950 erhielt ich ein Paar nordische Gimpel (*Pyrrhula pyrrhula pyrrhula*) (L.), die noch im gleichen Jahr züchteten. Ihre Nachkommen kreuzte ich mit Dompfaffen meiner Zucht, und so führt auch heute noch ein Teil der Versuchsvögel Blut der nordischen Form. Die verschiedenen Rassen stimmen in ihrem Verhalten völlig überein.

Abb. 1 Gimpel (*Pyrrhula pyrrhula coccinea* Gmel.), altes Männchen.

Außerhalb der Brutzeit lebten die Gimpel in Flugkäfigen von 100 x 50 x 50 cm und durften täglich mehrere Stunden in sämtlichen Räumen der Wohnung frei fliegen. Die Brutpaare saßen in Käfigen von 80 bis 100 cm Länge, die an der sonnigen Südwand des Hauses in bequemer Reichweite vor den Fenstern hingen. Sämtliche Vögel waren in den Monaten März bis Oktober Tag und Nacht im Freien. Herabrollbare wasserdichte Planen, die über jedem Käfig angebracht waren, schützten sie gegen intensive Sonnenbestrahlung und Regen.

Zur Biologie und Ethologie des Gimpels

Als Grundfutter erhielten die Gimpel eine Mischung aus 4 Teilen Nachtkerzensamen, 3 Teilen Fichtensamen, 2 Teilen Rübsen, 2 Teilen Lein, 2 Teilen Negersaat, 2 Teilen weißem Salatsamen, 1 Teil Cichoriensamen, 1 Teil engl. Raygras, 2 Teilen Distelsamen, 2 Teilen Glanz, 1 Teil Hanf, 1 Teil Silberhirse, 1 Teil Senegalhirse, 1 Teil Mohn, 1 Teil geschältem Hafer.

Dieser in seiner Ernährung besonders vielseitige Körneresser braucht Abwechslung und eine gewisse Reichhaltigkeit des Futters. Im September und Oktober erhielten die Gimpel regelmäßig frische Ebereschenbeeren, in den folgenden Wintermonaten getrocknete. Sonnenblumen- und Pinienkerne bot ich nur gelegentlich als Leckerbissen aus der Hand; wenn man sie ständig verfüttert, wird der Vogel zu fett.

An halbreifen Sämereien und Grünfutter, wie sie für die Aufzucht der Jungen unbedingt notwendig sind, reichte ich Löwenzahn- und Gänsedistelköpfchen, Vogelmiere, Kreuzkraut, Hirtentäschel, einjähr. Rispengras, Wegerich, *Spiraea*-Dolden und Salat, im Winter Möhren, Äpfel, Kopf- und Endiviensalat, zeitweise auch Vogelmiere. In den Sommermonaten nahmen die Vögel sehr gern frische Ameisenpuppen.

Freilandbeobachtungen

Der Lebensraum des Gimpels ist der weite, zusammenhängende Mischwald. Er bewohnt aber nicht alte, hohe Bestände, sondern die in diese eingestreuten Fichtenschonungen oder andere, ähnlich lockere Dickungen, die in der Hauptsache aus Koniferen bestehen. Vermutlich war *Pyrrhula* in Mitteleuropa ursprünglich Mittelgebirgsvogel oder zumindest auf hügelige Gegenden angewiesen und wanderte erst sekundär in kleinen Populationen in geeignete Flachlandreviere ein. Hier stellen besonders Friedhöfe und größere Parkanlagen mit ihrem lockeren Bestand an Fichten, *Taxus*, *Thuja* und Zypressen oft ideale Brutbiotope dar, vor allem wenn sich größere Waldbestände anschließen oder zumindest in erreichbarer Nähe liegen. So sind die Wiesbadener Friedhöfe am Rande des Taunuswaldes von kleineren und größeren Gimpel-Populationen bewohnt; auf den fast gleichgestalteten Mainzer Friedhöfen in waldloser Gegend sieht man Gimpel nur auf dem Durchzuge. Daß *Pyrrhula* Feldgehölze bewohnt, wie gelegentlich in der Literatur angegeben wird, halte ich für ausgeschlossen.

Die Freilandbeobachtungen zu der vorliegenden Arbeit wurden auf dem 14 ha großen Wiesbadener Nordfriedhof angestellt (Abb. 2), der am Nord-

Abb. 2 Das Beobachtungsgebiet, der Wiesbadener Nordfriedhof.

westrand der Stadt eingebettet in die dort beginnenden Buchenbestände des Taunus liegt. In den Jahren 1949/1950 und 1951 beobachtete ich unregelmäßig, in den Jahren 1952/1953 von Mitte April bis Ende August täglich 4–6 Stunden. Die Sparsamkeit mit der *Pyrrhula* von ihren Lautäußerungen Gebrauch macht, und das völlige Fehlen irgendwelchen Revierhaltens erschwerte das Auffinden der Nistplätze ungemein, und so ist es mir trotz intensivster Beobachtungsarbeit nicht gelungen, sämtliche Paare der Population zu erfassen. Zwar sind Gimpel alles andere als nestheimlich, ja ich kenne außer Schwalben keinen anderen Vogel, der so vollkommen arglos unmittelbar vor dem beobachtenden Menschen zu Neste fliegt. Aber das Männchen markiert sein Brutrevier nicht; das Weibchen läßt auf dem Gelege nicht die Zärtlichkeitstöne hören, wie es Stieglitz-Weibchen und sehr ausgeprägt Girlitzweibchen tun, und so habe ich oft stundenlang in unmittelbarer Nähe eines Gimpelnestes gesessen, ohne von dessen Vorhandensein irgend etwas zu bemerken. Bei Vögeln mit ausgesprochenem Reviersinn lassen sich auch große Populationen lückenlos erfassen. (Diesselhorst: Goldammer, Nice: Singammer.)

Die Gimpel meines Beobachtungsgebietes kennzeichnete ich individuell mit *Ringen* der Vogelwarte Helgoland in Kombination mit *Buntringen*. Die

Weibchen der Brutpaare wurden ausnahmslos auf dem Nest gefangen, wenn sie kleine Junge bedeckten. Sie sitzen dann ungemein fest, und man kann sie mit ruhigem, sicherem Griff vom Nest nehmen. Auf dem Gelege habe ich nur ein einziges Mal ein Weibchen gefangen; normalerweise halten die Brüterinnen die sich nähernde Hand nicht bis zuletzt aus und gehen vom Nest. Das Fangen und Beringen nahmen die Vögel durchaus nicht übel und saßen oft wenige Minuten später schon wieder auf den Jungen. – Der Fang und die Beringung der zugehörigen Männchen machte wegen des Besucherverkehrs auf dem Friedhof erhebliche Schwierigkeiten. Auch reagierten Männchen, die ihre Weibchen zum Nest führten oder mit Futter anflogen, auf die im Fangkäfig gut sichtbaren männlichen Lockvögel in keiner Weise kämpferisch und ließen die fremden Lockrufe in nächster Nähe des Nestes völlig unbeachtet, so daß jeder Fang eine Glückssache blieb. Daher konnte ich von den Männchen der erfaßten Paare nur einige kennzeichnen.

Verhalten des Einzelvogels
Bewegungsweisen des Nahrungserwerbs

Die Triebhandlungen des Nahrungserwerbs sind bei den Vögeln ein fester Bestandteil des Inventars der angeborenen Verhaltensweisen. Sie helfen dem Jungvogel in der Zeit, da die elterliche Fürsorge erlischt, sich schneller und sicherer selbständig zu machen. Dabei haben es Körneresser schwerer als Insektenesser. Ein kriechendes Insekt ist optisch auffälliger als die Samen in den Fruchtständen der verschiedenen Futterpflanzen. Deshalb sind Rotschwänze, Amseln u. a. mit halblangen Schwänzen, also im Alter von etwa 25 Tagen oft schon selbständig und lassen sich nur noch aus Gewohnheit füttern, während Hänflinge, Grünfinken und Girlitze noch mit völlig ausgewachsenen, gegabelten Schwänzen die futtersuchenden Eltern verfolgen. Die Bevorzugung bestimmter Futterpflanzen und die auf diese eingestellten, bis ins Feinste ausdifferenzierten Bewegungsweisen sind bei den verschiedenen Körneressern auf den unterschiedlichen Bau ihres Schnabels zurückzuführen. Doch wissen wir, außer vom Kreuzschnabel (Heinroth 1926), über die Arbeitsweise der verschiedenen Körneresser-Schnäbel noch recht wenig. Der Gimpelschnabel ist durch seine breite und flache Form eine vortreffliche Knospen- und Beerenpresse. Fast alles, was Gimpel im Freien aufnehmen, hat Knollen-, Knospen- oder Beeren-Form. Auch die Triebhandlungen der Nahrungsauswahl erkennt der Beobachter als solche am ersten während ihres Reifens bei in Gefangenschaft aufwachsenden Jungvögeln.

Schon ganz junge Gimpel knabbern an allem, was dick und knospig ist, an verdickten Stellen des Käfigdrahtes, dem Knauf der Schublade und an Kieselsteinen im Sand des Bodenbelages mit genau denselben Schnabelbewegungen, mit denen Erwachsene Beeren, Knospen und Fruchtkapseln zerquetschen. Selbst meine mehrjährigen Gimpel beknabbern immer noch mit einer gewissen Leidenschaft den hingehaltenen Finger.

Die Arbeitsweise des Gimpelschnabels läßt sich am besten bei der Ebereschenbeeren-Ernte beobachten. Der Vogel nimmt eine ganze Beere in den Schnabel (Abb. 3 a), quetscht sie seitlich und aufwärts gegen den Gaumen und zerschneidet dabei ihre Schale (b), dreht die Beere im Schnabel, kaut sie durch und sucht mit der Zunge die Kerne heraus. Dann läßt er das Fruchtfleisch seitlich aus dem Schnabel fallen oder schleudert es fort und enthülst die Kerne. Ebenso behandelt er Fruchtkapseln und Fruchtstände.

Abb. 3 Gimpelmännchen bei der Ernte von Ebereschenbeeren. a) Der Vogel nimmt eine ganze Beere in den Schnabel, b) preßt sie mit dem Unterschnabel gegen den Gaumen und zerschneidet dabei die Schale.

Auch große Nahrungsstücke bearbeiten Gimpel geschickt im Schnabel, ohne die Füße zu Hilfe zu nehmen. Während Stieglitze und Zeisige große Nahrungsstücke mit den Zehen festhalten, fehlt diese Bewegungsweise *Pyrrhula* völlig. Ein Löwenzahnköpfchen etwa bearbeiten Gimpel quetschend am Boden; Stieglitze dagegen tragen es auf die Sitzstange, verankern es zwischen den Innenzehen so, daß die Haarkrone nach oben zeigt, und stochern nun durch den Pappus hindurch nach den Samen, die sie mit dem Schnabel wie mit einer Pinzette ergreifen und hervorziehen. Das ist sehr viel eleganter und sparsamer als die ziemlich grobe und ungenaue Arbeit des Gimpels. Stieglitze sind viel mehr auf Kompositen spezialisiert als Gimpel, die ihren Schnabel vielseitiger verwenden.

Zur Biologie und Ethologie des Gimpels

Noch größere Nahrungsbrocken, die nicht im Schnabel Platz hatten, trugen meine Gimpel auf den Käfigboden, bei Freiflug im Zimmer auf einen Tisch oder die rauhe, breite Lehne eines Sessels, legten sie dort ab und zerkauten sie weiter. Die Sorgfalt, mit der ein solcher Vogel eine geeignete *Unterlage* sucht, läßt mit Sicherheit auf eine *angeborene* Verhaltensweise schließen. Gimpel beißen bei der Ernte von Gänsedistelsamen häufig rüttelnd die Köpfchen von den Pflanzen ab und gehen damit zu Boden. Vielleicht ist das die Anwendungsform dieser Triebhandlung.

Auch die Art, wie Gimpel, Stieglitze, Zeisige, Zitronengirlitze und andere *Löwenzahn*esser die *Köpfchen* erreichen, ist *angeboren*. Der Vogel fliegt den Stiel in halber Höhe an, klammert sich an ihm fest und zieht ihn rüttelnd durch sein Gewicht zu Boden. Dort läuft er am Stiel entlang bis an das Köpfchen, so daß er sich nicht wieder aufrichten kann.

Einmal sah ich ein Männchen, das allein auf der Futtersuche war, auf folgende, sehr einsichtig aussehende Weise in den Besitz der Köpfchen gelangen. Es *kappte* mit einem einzigen Biß den dünnwandigen, hohlen *Schaft* in bequemer Reichhöhe und machte sich dann sofort über den zu Boden sinkenden Fruchtstand her. Ich habe diesen Vogel wohl eine Viertelstunde lang im Glas beobachtet und konnte dabei feststellen, daß er selbstverständlich auch das wesentlich anstrengendere Auffliegen und Umknicken beherrschte, es aber bei weitem nicht so häufig anwandte, wie die wohl selbst erfundene, sehr elegante Kappmethode.

Nahrungsauswahl und Art der Ernährung

Während die Winternahrung des Gimpels recht gut bekannt ist, wissen wir bisher recht wenig über die sommerliche Ernährung und die Wahl des Aufzuchtfutters. Naumann (1905) erwähnt sie nur in einem einzigen Satz: »im Sommer sieht man sie die Sämereien von mancherlei Waldpflanzen auf lichten Stellen und jungen Schlägen auflesen und von den reifenden Stauden abpicken«. Auch Niethammer (1937) nennt nur allgemein unreife Sämereien und Insekten als Aufzuchtfutter, kennt als solches allerdings schon den Löwenzahn.

Von Ende April bis etwa zu Beginn des letzten Maidrittels lebten die Gimpel meines Beobachtungsgebietes so gut wie ausschließlich von den halbreifen Samen des Löwenzahn (*Taraxacum officinale*). Überall dort, wo dieser Korbblütler stand, auf verwilderten Gräbern, Grünflächen und Wegrändern, konnte ich in dieser Jahreszeit Paare oder einzelne Männchen, deren Weibchen auf Eiern oder kleinen Jungen saßen, bei der Futtersuche beobachten. Während der »Löwenzahnzeit« sah ich keinen Gimpel etwas anderes aufnehmen.

Die Fruchtstände von *Taraxacum* werden, ebenso wie später diejenigen der verschiedenen *Sonchus*arten, nur in einem bestimmten Reifungsgrad verzehrt. So lange die Reste der vertrocknenden Blumenkrone noch auf der geschlossenen Haarkrone sitzen, verschmähen die Vögel die noch grünen Samen. Der eigentliche Reifungsprozeß beginnt erst, wenn der Rest der Blumenkrone von dem weißen Pappus gefallen ist. Nur in diesem Reifestadium wurden die nunmehr gelblichen bis dunkelbraunen Samen angenommen.

Mit dem Verfliegen der letzten Löwenzahnsamen traten in meinem Beobachtungsgebiet zwei Violaceen als Hauptfutterpflanzen an ihre Stelle. Schon zu Beginn des letzten Maidrittels fand ich in den Kröpfen der Nestjungen neben Löwenzahnsamen die weißlichen, stark stecknadelkopfgroßen Samen des Gartenstiefmütterchens (*Viola tricolor*) und beobachtete die futtersuchenden Altvögel beim Ausklauben der Fruchtkapseln. Gleichzeitig ernteten und verfütterten sie bis weit in den Juli hinein die sehr ähnlich aussehenden halbreifen Samen von *Viola Riviniana*. Ich hatte aber immer den Eindruck, daß diese Violaceen nur als Überbrückung für die Zeit dienten, da Löwenzahn nicht mehr und die verschiedenen *Sonchus*arten noch nicht greifbar waren. Sobald nämlich Ende Juni die ersten Gänsedisteln (*Sonchus arvensis*, *S. asper* und *S. oleratius*) fruchteten, gingen die Vögel in dem Maße, wie deren Samen reiften, zu dieser Komposite über, die dann den Juli und August hindurch Hauptfutterpflanze blieb.

Den ganzen Sommer hindurch ernteten die Gimpel zusätzlich halbreife Samen des einjährigen Rispengrases (*Poa annua*), der Vogelmiere (*Stellaria media*) und des Kreuzkrautes (*Senecio vulgaris*), im Juni noch Vergißmeinnichtsamen (*Myosotis alpestris*), Birkensamen und die noch grünen Beeren einer Heckenkirsche (*Lonicera tatarica*). Gelegentlich nahmen sie auch reife Walderdbeeren, wohl mehr ihrer Samen als des Fruchtfleisches wegen. Im Juli und August fand ich die Vögel regelmäßig in den Sträuchern von *Spiraea opulifolia* mit dem Ausklauben der halbreifen Samen beschäftigt. *Spiraeen*-Samen waren auch bei meinen Käfigvögeln sehr beliebt; bei den Brutpaaren meines Beobachtungsgebietes rangierten sie um diese Zeit gleich nach den Gänsedisteln und bildeten regelmäßig einen, wenn auch geringen, Prozentsatz des Aufzuchtsfutters.

K. Sabel (briefl.) verdanke ich die Angabe einer Reihe weiterer Futterpflanzen: *Filipendula ulmaria, Urtica dioica, Polygonum hydropiper, Polygonum aviculare, Polygonum convolvulus, Poa pratensis, Holcus lanatus, Geranium pusillum, Mentha arvensis, Salix caprea, Capsella bursa pastoris, Arctium lappa.*

J. Ledroit (mündl.) beobachtete Gimpel in *Deutzia crenata* und den Beeren von *Rubus fruticosus,* H. Dathe (1949) an *Spiraea trilobata.*

Meine Käfigvögel nahmen ferner gerne den krausen Ampfer (*Rumex crispus*), Beifuß (*Artemisia vulgaris*), Wegerich (*Plantago media*), halbreife Haferrispen und die Samen von Heidekraut (*Erica carnea*), Nachtkerze (*Oenothera biennis*) und verschiedener Distelarten.

Im Herbst und Winter leben Gimpel in der Hauptsache von Baumsämereien, die sie in den Kronen sammeln, aber auch vom Boden auflesen. Besonders beliebt sind Tannen- und Fichten-, desgl. Birken-, Eschen- und Ahorn-, ferner Flieder- und *Thuja*samen. Wochenlang ist die Ebereschenbeere Hauptnahrungsmittel, erst in weitem Abstand folgen Hagebutten- und Wacholderbeeren. Im zeitigen Frühjahr werden wohl hauptsächlich Blätter und Blütenknospen verschiedener Obstbäume verzehrt.

Verhaltensweisen der Fortpflanzung

1. Paarbildung

a) Die Zeremonie des Bekanntschaftschließens
Das Grundelement der Gimpelbalz ist der weibliche Angriff. Er tritt in der Jugendentwicklung als eine der ersten geschlechtlichen Triebhandlungen auf, spielt seine Hauptrolle, beim Zusammenfinden und Bekanntwerden der Partner und dient schließlich, stark ritualisiert, zur Begrüßung des Gatten.

Wenn sich zwei einander unbekannte Gimpel verschiedenen Geschlechtes begegnen, so läuft in der Regel ein streng festgelegtes Zeremoniell ab. Das Weibchen fliegt auf das Männchen zu, drückt den Oberkörper tief hinab, bläht das Bauchgefieder und droht mit weitaufgerissenem Schnabel und heiseren, einsilbigen Rufen *chuäh – chuäh* das Männchen an. In der Regel weicht das Männchen diesen Angriffen zunächst einmal aus; aber nur wenn es völlig uninteressiert ist, entfernt es sich und sucht das Weite. Ist es dagegen sexuell gestimmt, so fliegt es in eigenartig gespannter abwartender Haltung vor der Partnerin her, bläht dabei seinerseits das Bauchgefieder und dreht den Schwanz ihr zu. Je selbstsicherer das Männchen ist und je weniger

Abb. 4 Begrüßungszeremonie. a) Das Weibchen (links) »droht« von unten her das Männchen an, das durch Schwanzseitwärtsstellen und Blähen des Bauchgefieders gegenimponiert.

b) Weibchen begrüßt das von unten kommende Männchen.

c) Weibchen begrüßt, wenig ritualisiert, das von der Seite anfliegende Männchen.

es sich durch die Drohungen des Weibchen einschüchtern läßt, desto schneller bricht ihr ritueller Angriff zusammen. Sind beide Partner unverheiratet, so kann sich im günstigsten Falle aus dieser »Zeremonie des Bekanntschaftschließens« in fließendem Übergang der Schnabelflirt entwickeln.

Wagt das Männchen nicht gegenzuimponieren, etwa wenn es weniger sexuell gestimmt ist als seine Partnerin, so geht das anfänglich rein rituelle

Drohen des Weibchens oft in tätlichen Angriff über. Während sie bei der ersten Begegnung den Schwanz seitwärts zum Partner richtete, eine Ausdrucksbewegung, die beim Gimpel sexuelle Stimmung andeutet, streckt sie ihn jetzt steil nach hinten, ebenso wie es ein wütender Gimpel tut, der einen Käfiggenossen vom Futter vertreibt. Dem einsilbigen *Chuäh* folgt immer häufiger das mehrsilbige böse *Chier-chier-chier*, und schließlich stürzt sich das Weibchen wütend auf das Männchen und hetzt es durch den ganzen Raum, bis dieses völlig verstört in einer Ecke geduckt sitzen bleibt. Eine solche Hetzjagd bis zur Erschöpfung bekommt man natürlich nur im Käfig zu sehen. Im Freien sucht ein uninteressiertes Männchen sofort das Weite und wird nicht weiter belästigt. Da Gimpelmännchen eine absolute Hemmung haben, Weibchen anzugreifen oder auch nur sich zu verteidigen, so bleibt ihnen nur die Wahl zwischen Flucht oder Gegenimponieren. Nur der isoliert aufgezogene, lange allein gehaltene und dadurch fest menschengeprägte erwachsene Gimpel behandelt ein Weibchen wie einen artfremden, gleichgültigen Vogel, den er angreift und zu vertreiben sucht.

In dem Maße wie die beiden Partner sich aneinander gewöhnen, wird das weibliche Drohen zur Begrüßungszeremonie ritualisiert. Der ganze Ablauf ist auffällig intensitätsschwächer, das Weibchen droht nicht mehr mit herabgedrücktem Vorderkörper und weit aufgerissenem Schnabel, sondern macht nur andeutungsweise eine Verbeugung und läßt dabei ein kurzes, heiseres *Chuäh* hören. Das Männchen antwortet mit der gleichen Zeremonie, die bei ihm aber noch schwächer wirkt und noch stärker ritualisiert ist (Abb. 4 a, b, c).

Ich halte die Zeremonie des Bekanntschaftschließens für einen echten, rituellen Rangordnungskampf, wie ihn Lorenz (1939) am Beispiel des Kolkraben beschreibt. Während aber dort das Männchen der Angreifer ist und durch seine gesteigerte Aktivität, sein prahlerisches Imponiergehaben das Weibchen einschüchtert, ist es beim Gimpel das Weibchen, das durch sein rituelles Drohen die Reaktionsstärke und Überlegenheit des Männchens auf die Probe stellt. Kolkrabe und Gimpel erreichen also das gleiche Ziel auf ganz verschiedenen Wegen. Bemerkenswerterweise genügt zumindest bei Beginn der Bekanntschaft die rote Brust des Gimpelmännchens allein nicht, um das Weibchen einzuschüchtern, wie das für Formen, deren Sexualdimorphismus ausgeprägter und phylogenetisch älter ist, ganz offensichtlich zutrifft. Bei den mitteleuropäischen Gimpelformen ist er offenbar eine relativ junge Erwerbung der Gattung. Auch die südostasiatischen primitiven Gimpel sind ja noch in beiden Geschlechtern gleich gefärbt. Vielleicht war das rituelle weibliche Drohen bei den hennenfiederigen Vorläufern unserer rezenten Gimpel *der* Mechanismus des Geschlechtserkennens und für das Weibchen die einzige Möglichkeit, ein Männchen ausfindig zu machen.

b) Schnabelflirt
Hat das Paar auf diese Weise Bekanntschaft gemacht und gefallen die Partner einander, so hüpft das Männchen mit schief gehaltenem Schwanz und geblähtem Bauchgefieder auf das Weibchen zu und berührt mit seinem Schnabel wiederholt für den Bruchteil einer Sekunde den ihren, wendet sich betont ab und hüpft etwas zur Seite; gleich danach wiederholt es den Schnabelflirt (Abb. 5).

Abb. 5 Schnabelflirt. Das Männchen (a links, b rechts) fordert das Weibchen zum Schnabelflirt auf.

Ist das Weibchen mit den Werbungen einverstanden, so schaltet sie sich in das Zeremoniell ein und flirtet zurück. Beide Partner hüpfen nun mit geblähtem Bauchgefieder und schief verzogenen Schwänzen aufeinander zu, schnäbeln, wenden sich gleichzeitig ab und wiederholen das Spiel wieder und wieder. Dabei imponieren sie durch Kraftvergeudung, indem sie kurzbogig und geräuschvoll hin und her fliegen.

Beim Jungvogel entwickelt sich aus dem Schnabelflirt in fließendem Übergang das »Zärtlichkeitsfüttern«. Schon im Alter von 7 Wochen flirten sie sehr eifrig miteinander, und nach der ersten Kleingefiedermauser unternehmen sie aus dem Schnabelflirt heraus vorsichtig und unsicher ihre ersten Fütterungsversuche. Bei erwachsenen Gimpelpaaren sind diese Äußerungen dagegen immer streng voneinander getrennt und gehen nie mehr ineinander über. Der Schnabelflirt ist also zu einem Ritual des Zärtlichkeitsfütterns geworden und hat symbolischen Charakter.

Aus dem komplexen Handlungsablauf des Fütterns ist nur ein ritualisiertes Teilstück in den Schnabelflirt übernommen. Das fütterlustige Männchen formt den aus dem Kropf hochgewürgten Futterbrei durch langsame »sammelnde« Schnabelbewegungen; diese werden in ihrer ritualisierten Form zu dem sehr schnellen Schnäbeln, das seine ursprüngliche Funktion, nämlich Futter zur Übergabe vorzubereiten, völlig verloren hat, dafür aber optisch bedeutend wirksamer ist und dadurch eine neue Funktion – als Signal zu dienen – erlangte.

Den Schnabelflirt kenne ich auch von *Carduelis, Spinus, Chloris* und verschiedenen *Serinus*-Arten [1]. Bei keiner dieser Formen aber hat die Ritualisierung einen solch hohen Grad erreicht wie bei *Pyrrhula,* deren Schnabelflirt zu einer sehr komplexen und völlig autonomen Instinktbewegung geworden ist. Zeisig-, Stieglitz- und Girlitzmännchen gehen nur auf das Weibchen zu und greifen mit langsamen Bewegungen in den geöffneten Schnabel der Partnerin. Vor allem aber fehlt hier das gerichtete Aufeinanderzuhüpfen und das schüchtern wirkende Abwenden, das für balzende Gimpel so sehr bezeichnend ist. Der Schnabelflirt ist bei *Pyrrhula* wesentlich weiter differenziert und stammesgeschichtlich wohl älter als die homologe Koordination bei Girlitzen, Stieglitzen und Zeisigen.

c) Zärtlichkeitsfüttern

Wenn die Partner sich fest füreinander entschieden haben, so beginnt das Männchen das Weibchen aus dem Kropf zu füttern. Das tun weiterhin nicht nur sämtliche Carduelinen, sondern z. B. auch Tauben, Papageien und Rabenvögel.

Das Zärtlichkeitsfüttern ist zweifellos eine Triebhandlung, die aus dem Funktionskreis der Kinderpflege übernommen ist. Überall macht das Weibchen kindliche Bettelbewegungen, es spielt die Rolle des unselbständigen Jungvogels und das Männchen die des fütternden Elters.

---

[1] Während *Pyrrhula* stumm schnäbelt, lassen Stieglitze, Zeisige, Girlitze und Hänflinge leise, ungemein ansprechende Zärtlichkeitstöne dabei hören.

Bei im Käfig oder in der Voliere gehaltenen Gimpelpaaren kommt das Männchen in Fütterstimmung, wenn es gutes Aufzuchtfutter findet, also Löwenzahn- und Gänsedistelköpfchen, frische Ameisenpuppen oder Ei. Damit füllt es sich dann so schnell wie möglich den Kropf, geht auf das Weibchen zu, reckt sich hoch auf und macht es durch die erwähnten Schnabelbewegungen auf seine Fütterungsabsicht aufmerksam. Das Weibchen macht sich möglichst klein, sieht von unten her zum Männchen auf und sperrt es an. In den kurzen Pausen, in denen er neuen Kropfinhalt aufwürgt, macht sie die pendelnden Körperbewegungen und das Flügelrütteln des unselbständigen Jungvogels, ohne allerdings dessen Bettellaute hören zu lassen. Das Männchen übertreibt das Gehaben des fütternden Elternteils, indem es sich betont hoch aufreckt und von oben herab füttert (Abb. 6).

Abb. 6 Zärtlichkeitsfüttern, Weißring (rechts) füttert sein Weibchen Gelbring.

Bei der Felsentaube, deren Männchen mittags einige Stunden brütet, ist das Füttern ein bloßer Ritus; dagegen fällt ihm bei den Carduelinen, deren Weibchen alleine brüten, eine wichtige Aufgabe zu. Dann füttert das Männchen sein Weibchen aus dem Kropf, und dieses verläßt das Gelege nur, um sich zu entleeren. Bei den Tauben sieht man das Zärtlichkeitsfüttern nur noch in der Paarungseinleitung, nicht mehr während der Brutzeit.

Während die Geschlechter bei vielen Girlitzen, besonders beim afrikanischen Graugirlitz (*Ochrospiza leucopygia*) zu Beginn der Paarbildung in oft recht rohen Kämpfen untereinander ausmachen, wer füttern darf und wer sich füttern zu lassen hat, erkennt man beim Gimpel nicht sogleich, welcher der rangniedere Gatte ist.

Haben sie zu Beginn der Bekanntschaft im rituellen Rangordnungskampf das Kräfteverhältnis festgelegt, so leben sie weiter meist friedlich miteinander. Und doch muß das Männchen gerade beim Zärtlichkeitsfüttern seinen Rang immer wieder bekräftigen.

Da, wie schon gesagt, im normalen Gimpelpaar das Männchen sein Weibchen füttert, sollte bei einem schwachen, kränkelnden oder aus sonstigen Gründen reaktionsschwachen Männchen diese Triebhandlung nicht voll zur Entfaltung kommen oder ganz ausfallen. Für diese als *Regression* bezeichnete Erscheinung haben Lack und Meyer-Holzapfel viele Beispiele gegeben; hier folgen zwei weitere.

Ein Männchen des südamerikanischen Yarrellszeisig (*Spinus yarrelli*) verpaarte ich, da kein artgleiches Weibchen zu beschaffen war, mit einem Erlenzeisigweibchen. Das Männchen litt an einer schweren Darmentzündung und kränkelte ständig. In dieser Ehe übernahm das Weibchen von vornherein die männliche Rolle und fütterte ihren kranken Gatten, der es seinerseits nie versuchte. Als das Männchen nach vielen Monaten starb, gab ich dem Weibchen einen gesunden artgleichen Partner, von dem es sich schon nach kurzer Zeit füttern ließ.

Von einem Paar des westafrikanischen Graugirlitz (*Ochrospiza leucopygia*), das den Sommer über gebrütet hatte, setzte ich im Herbst das Männchen in einen Einzelkäfig in mein Zimmer, während das Weibchen mit einem anderen zusammen in einer Voliere überwinterte. Es bildete hier bald mit diesem ein Paar und fütterte seine schwächere Gefährtin. Als ich im Frühjahr die beiden Weibchen zurückholte und sie zu dem Männchen setzte, erkannten die Gatten einander sofort, begrüßten sich stürmisch mit lauten Rufen, und das Männchen ging auf das Weibchen zu, um es zu füttern. Aber auch sie würgte Futter auf und versuchte, das Männchen zu füttern. Da keiner von beiden Futter annahm, sondern sich bemühte, den anderen dazu zu bewegen, fiel der Futterbrei, den beide einander vergeblich anboten, entweder zu Boden oder wurde wieder verschluckt. Schließlich fielen die Gatten übereinander her und jagten sich erbittert durch den ganzen Käfig. Es dauerte tagelang, bis sich das Weibchen wieder soweit unterwarf, daß es seine Fütterungsversuche aufgab.

Das Zärtlichkeitsfüttern ist *Vorrecht* des Ranghöheren, auf das gesunde Männchen unter keinen Umständen verzichten. Bei gleichgeschlechtigen Paaren übernimmt der stärkere Teil das Füttern, der schwächere muß sich füttern lassen. Weibchen verzichten nur einem überlegenen gesunden Männchen gegenüber auf die aktive Rolle und sie sind jederzeit bereit, sie zu übernehmen, wenn das Männchen erkrankt oder aus anderen Gründen in seiner normalen Aktivität gestört ist.

Im Freien sieht auch der genaueste Beobachter nichts, was auf das Bestehen einer Rangordnung deutet. Den mitteleuropäischen Gimpel sichert sein

Sexualdimorphismus gegen die Gefahr des Zustandekommens gleichgeschlechtiger Paare. Die Männchen erreichen allein schon durch ihre leuchtend rote Brust, was der Graugirlitzmann seinem Weibchen erst durch Gesang und notfalls mit Gewalt beibringen muß. Da von einer *sozialen* Rangordnung im winterlichen Schwarm oder bei den Insassen eines Flugkäfigs beim Gimpel keine Rede sein kann, glaubte ich lange Zeit, daß auch eine *eheliche* zwischen den Gatten nicht bestünde. Die in einem späteren Kapitel eingehend zu besprechenden Verhältnisse bei den Geschwisterverlobungen meiner jungen Gimpel lassen aber keinen Zweifel mehr, daß auch bei *Pyrrhula* eine Rangordnung zwischen den Gatten besteht.

In einer Schar von Junggimpeln hielten zwei weibliche Nestgeschwister, Orangering und Gelbring, wie ein Paar zusammen (S. 46). Sie schnäbelten miteinander, fütterten sich und forderten sich gegenseitig zur Begattung auf. Noch während ihrer ersten Kleingefiedermauser verlobten sich beide Weibchen mit je einem Männchen, Grünring und Weißring, ohne indes ihre Beziehungen zueinander zu vernachlässigen. Während sich diese Weibchen ohne weiteres von ihren Männchen füttern ließen, versuchte jede, ihre Schwester zu füttern; meist gelang es Orange, ihre schwächere Schwester zur Abnahme des Futterbreies zu bewegen. Ja einmal – ein ganzes Jahr später –, als die Vögel mauserten, nutzte Weibchen Orange den Tiefstand der Aktivität ihres Männchens Grün aus, um ihn – wenn auch nur vorübergehend – zu füttern.

Wer nur die kämpferische Auseinandersetzung als rangordnend anerkennt, müßte beim Gimpel an der Existenz sexueller Dominanz zweifeln. Aber auch so soziale Vögel wie die Dohlen (Lorenz 1931) klären ihre Rangordnungsfragen durchaus nicht immer durch Kämpfe. In einer Dohlenkolonie bekämpfen sich fast nur einander im Range nahestehende Mitglieder; sehr ranghohe und sehr rangniedere geraten fast nie aneinander. Ähnliches dürfte für alle Arten gelten, die sich nach dem Labyrinthfischtypus verpaaren. Das männliche Prachtkleid wirkt »wie ein eingefrorenes Imponiergehaben« (Lorenz 1940).

Daß das Vorrecht des Männchens, sein Weibchen zu füttern, für *Pyrrhula* und die verwandten Carduelinen arterhaltend ist, sei nochmals betont. In einer Gimpelehe, in der das Weibchen sein Männchen füttern wollte, würde die Brut zugrunde gehen. Ein solcher Rollentausch kommt aber im Freien wohl nie vor. So oft ich bei Paaren gefangen gehaltener Gimpel, Zeisige oder Girlitze das Weibchen den männlichen Partner füttern sah, war dieser vorübergehend oder dauernd zeugungsunfähig.

Zur Biologie und Ethologie des Gimpels

Das Männchen in seinem Prachtkleide ist also auch ohne Kampf viel ranghöher als sein Weibchen, wie auch im sozialen Verband der sehr Ranghohe mit dem sehr Rangtiefen kampflos zusammenlebt. Die Männchen von in beiden Geschlechtern gleichgefärbten Arten haben es, wie wir am Graugirlitz sahen, schwerer, das Weibchen hinreichend unterlegen zu machen.

d) Halmbalz

Mit dem fortschreitenden Gonadenwachstum beginnt, wie viele Vögel (Heinroth u. a.), auch das Gimpelmännchen, Nistmaterial vorzuweisen. Unvermittelt ergreift es eine kleine Wurzel oder ein trockenes Zweigstück, hüpft auf sein Weibchen zu und bietet es ihm in der gleichen Körper- und Gefiederhaltung dar, wie beim Schnabelflirt (Abb. 7). Oft greift dann auch das Weibchen zu einem Zweigstück, erwidert die Aufforderung des Männchen, und beide fliegen mit Nistmaterial im Schnabel einander nach.

Diese »Halmbalz« (Diesselhorst 1950) ist auch bei *Pyrrhula* eine echte

Abb. 7 Halmbalz.
a) Männchen trägt Nistmaterial herum,
b) Männchen zeigt dem Weibchen das Nistmaterial.

Symbolhandlung. Im Gegensatz zum Zärtlichkeitsfüttern, das in keinerlei Beziehung zur Begattung steht, ist die Halmbalz deutlich sexuell getönt. Kopulierende Gimpel halten sehr häufig Nistmaterial im Schnabel, das sie nachher wieder fallen lassen. Die Halmbalz zeigt auch auffällig selbststimulierende Züge. Vor allem Weibchen gehen regelrecht auf Suche nach Nistmaterial und fordern erst, wenn sie solches gefunden haben, zur Begattung auf.

Bezeichnend für den starr triebhaften Charakter dieser Symbolhandlung ist es, daß gefangene Gimpel oft am gleichen Gegenstand »tauziehen«. Einer hat eine lange Faser gefunden und nähert sich, sie vorweisend, dem Partner. Der will gleichfalls seine Bereitschaft zeigen, findet aber nichts und greift deshalb nach dem Halm im Schnabel des Gatten. Beide zerren mit aller Kraft nach entgegengesetzten Seiten, bis einer obsiegt. Dann aber balzt er den Verlierer gleich wieder an. Wenn man weiß, daß das Nistmaterial ja nur dazu dienen soll, symbolisch den Nestbau vorwegzunehmen, wirkt das gegenseitige Entreißen des »Symbols« geradezu unsinnig.

e) Gesang

Der Gimpelgesang ist so unbedeutend und leise, daß viele Feldornithologen ihn nicht kennen. Selbst der Vogelstimmenforscher Voigt (1912) hörte ihn ein einziges Mal. Auch in meinem Beobachtungsgebiet hörte ich nur selten einen Gimpel singen, und zwar nur aus unmittelbarer Nähe.

Der Gesang besteht aus leise knarrenden und krächzenden Lauten, die oft von melodischen herauf- und heruntergezogenen Pfeiftönen unterbrochen werden. Manche Männchen trillern auch kurz, ähnlich der sog. Klingelrolle eines Kanarienhahnes. Bei den beiden westeuropäischen Formen *germanica* und *coccinea* wirken die lose aneinandergereihten Tongebilde noch als Ganzes, bei der Nominatform hingegen sind die Strophen sehr zerhackt und vor allem die Pfeifmotive in sich durch Pausen unterbrochen. Die nordische Form singt auch deutlich tiefer als die beiden Westeuropäer, und der Gesang wäre ein brauchbares feldornithologisches Unterscheidungsmerkmal, wenn er nicht so selten zu hören wäre.

Der Gimpelgesang spielt, wie seine geringe akustische Wirksamkeit erwarten läßt, bei der Reviermarkierung gar keine und bei der Paarbildung eine nur untergeordnete Rolle. Singend sich bekämpfend und verfolgende Männchen, wie man sie bei Girlitzen so häufig sieht, sind beim Gimpel undenkbar. Auch dem Weibchen scheint er wenig zu sagen. Zwar singen im Herbst und Winter vor allem jüngere Männchen das umworbene Weibchen

Zur Biologie und Ethologie des Gimpels

mit seitlich gestelltem Schwanz und geblähtem Bauchgefieder an, nie aber habe ich in der Brutzeit ein Männchen versuchen sehen, durch seinen *Gesang* das Weibchen zum Einnehmen der Begattungsstellung zu bewegen, wie es für Girlitze, besonders den domestizierten Kanarengirlitz so bezeichnend ist.

In seiner Bedeutungslosigkeit für Reviermarkierung und Werbung läßt sich der Gesang des Gimpels am besten mit den Corvidengesängen vergleichen. Beide Geschlechter singen, wenn sie einzeln gehalten werden, recht fleißig, die Männchen vielleicht etwas abwechslungsreicher als die Weibchen. Im Freien singen Gimpelmännchen vor allem, wenn sie sich einsam fühlen. Wenn das Weibchen zu brüten beginnt, gehen die häufigen Lockrufe des Männchen allmählich in Gesang über. Außerhalb der Brutzeit singen sie, vor allem in den ruhigen Mittagsstunden, auch im größeren Verband.

Lorenz (1931) fand im Gesang seiner Dohlen Elemente, die der »Umgangssprache« der Art entnommen waren. Das trifft für den Gimpelgesang ebenfalls zu. Besonders häufig flicht der Sänger in den knarrend-flötenden Vortrag das begrüßende ritualisierte Drohen ein und begleitet diese Passagen auch mit den entsprechenden Ausdrucksbewegungen.

2. Nistplatzsuche und Nestbau

Wie bei vielen anderen in sehr enger Ehe lebenden Vögeln wählt auch beim Gimpel das Männchen den Nistplatz. Das Paar fliegt im engeren Wohngebiet umher; das Männchen setzt sich in einen Busch auf besonders günstige Plätze und läßt seinen Nestlockruf hören. So leise es ist, hat mich das tiefe, gedehnte *Chruiehr – chruiehr – chruiehr* doch mehrfach auf nestsuchende Paare aufmerksam gemacht. Offenbar schlägt das Männchen nicht wenige Plätze vor, bis das Weibchen einen annimmt; dann stellt das Männchen das Nestlocken in der Regel ein. Gelegentlich läßt es auch aus der halbfertigen Mulde heraus sein *chruiehr – chruiehr –* hören, und dieses Im-Nest-sitzen ist wohl fälschlich als Beteiligung am Brutgeschäft gedeutet worden.

Die meisten Nester stehen in Koniferen, aber doch nicht alle, wie man von einer Art erwarten sollte, die nur dort brütet, wo Nadelhölzer stehen. In Waldrevieren sind dichte Jungfichten, in größeren Anlagen Taxus und Thuja bevorzugt. Von 26 Nestern in meinem Beobachtungsgebiet standen neun in *Taxus*, sieben in *Thuja*, vier in Zypressen, vier in Hainbuchen und zwei in *Buxus*. Jungfichten wurden in den fünf Beobachtungsjahren nicht bezogen, ebensowenig Wacholder, die in ihrer auf Friedhöfen angepflanzten Säulenform den Vögeln zu dicht sind. K. Sabel (briefl.) fand in der Eifel sechs Gimpelnester in Jungfichten, zwei in Eichen, drei in Hainbuchen und drei in Weißbuchenhecken. Nach Heinroth (1926) stehen Gimpelnester in Brusthöhe. Auch Sabel (briefl.) fand sie nicht höher als 1,50 m vom Erdboden. Oltmer (1952) berichtet sogar von einem Bodennest.

Die Gimpel des Wiesbadener Nordfriedhofes bauten zum größten Teil, zweifellos in Anpassung an den starken Besucherverkehr, in 2–3 m Höhe. Ich fand ein einziges Nest in 50 cm Höhe, einige wenige in Brusthöhe. Als aus einem 2,50 m hoch in einer *Thuja* stehenden Nest die etwa 10 Tage alten Jungen geraubt wurden, baute das Paar im gleichen Baum das Nest für die Ersatzbrut in 5 m Höhe. Heinroth (1926) hat bei Stadtamseln die gleiche Tendenz gefunden, ihre Nester höher anzulegen als die im Wald lebenden Artgenossen.

Das Gimpelnest besteht aus zwei material- und konstruktionsmäßig deutlich getrennten Teilen. Auf dem aus locker geschichtetem, trockenem Reisig bestehenden, plattformartigen *Unterbau* sitzt das aus Würzelchen geflochtene Nest. Reiser, vor allem von Birke und Fichte, für den *Unterbau* nimmt das Weibchen vom Boden auf oder bricht sie mit einiger Anstrengung von vertrocknenden Büschen und Bäumen ab. Immer bestand der Unterbau ausschließlich aus den Reisern nur einer Baumart. Vermutlich behalten Gimpelweibchen das einmal gewählte Material über Jahre hinaus bei.

Das *Nest* selbst besteht aus Würzelchen, die locker zu einer recht flachen Mulde verflochten werden. Häufig ist sie noch mit einigen Pferdehaaren ausgelegt. Blätter, Flechten oder gar Wolle, wie in den verfilzten Nestern von Girlitzen, Grünfinken und Zeisigen, fand ich in Gimpelnestern nie. Von den mir bekannten, mitteleuropäischen Carduelinen baut nur *Coccothraustes* ein ähnliches Nest wie *Pyrrhula*.

Gimpelnester stehen immer gut *versteckt* in den beblätterten Außenästen der Bäume und Sträucher, nie weiter innen. Sie sind auch durch planmäßiges Absuchen der in Frage kommenden Eiben oder Fichten kaum zu finden, weil sie weder von außen, noch von innen her zu sehen sind. Nur Beobachtung der nestbauenden oder fütternden Vögel führt hier zum Ziel.

Nestbauende Gimpelweibchen sind von geradezu unbiologisch anmutender Unbekümmertheit. Sie lassen sich vom Beobachter, wenn er sich nicht völlig falsch bestimmt, in keiner Weise stören. Bei einem Paar, das 3 m hoch in einer Zypresse baute, durfte ich mich unmittelbar unter das Nest stellen;

das Weibchen rief zuerst etwas ängstlich, baute aber, solange ich es nicht ansah, weiter. Das Nistmaterial suchen die Weibchen häufig in nächster Nähe des Nestes. Nur wenn dort nichts zu finden ist, fliegen sie größere Strecken. Das *Männchen* beteiligt sich nicht am Nestbau, *begleitet* aber, wie viele andere Carduelinenmännchen, das Nistmaterial sammelnde Weibchen ständig.

Meine ersten Zuchtversuche scheiterten, weil die Weibchen in dem mit Fichtenzweigen verkleideten Kanarien-Nistkörbchen kein Nest zuwege brachten. Girlitze und Stieglitze bauen darin mit weichem, schmiegsamem Material schöne Nester. Den Gimpeln gelang das mit ihren sperrigen Birkenreisern und Wurzeln nie, und schließlich verlegten sie regelmäßig die Eier. Über die Ursache dieser oft, so auch von Heinroth erwähnten Fehlleistung scheint man sich nie recht klar geworden zu sein. Erst als ich die Nistkörbchen mit Kokosfasern oder anderem Material fest ausnähte, so daß die Vögel nichts herausreißen konnten, legten sie in die Nester und brüteten. Mit Kokosfasern und Pferdehaaren bauten die Weibchen die grob modellierte und ausgenähte Mulde noch weiter aus.

3. Begattung

Die Begattung findet in der Regel im frühen Morgengrauen auf den Schlafplätzen statt. Das Weibchen ist immer der auffordernde Teil. Es lockt mit halblauten Zärtlichkeitstönen, einem gereihten, mit steigender Erregung schneller werdenden *die – die – die-die-die-diediediediedidi,* und duckt sich mit zitternden Flügeln und den pendelnden Körperbewegungen des flüggen Jungvogels in die allen Kleinvögeln eigene Begattungsstellung. Das Männchen nähert sich ihm steil aufgerichtet mit maximal gespreiztem Bauchgefieder und gehobenem Oberschnabel, klammert sich mit den Zehen in der Ellenbogengegend des Weibchens fest, hält flügelschlagend das Gleichgewicht, führt seinen Schwanz seitlich unter den ihren und preßt von unten her seine Kloake gegen die ihre. Ein Paarungsnachspiel, wie es sehr eindrucksvoll gewisse *Serinus-* und *Carduelis-*Arten zeigen, fehlt *Pyrrhula.*

Käfigvögel begatten sich außer beim ersten Morgengrauen auch tagsüber noch mehrfach. Wir wissen aber von anderen Vögeln und auch von Säugern, daß in Gefangenschaft gehaltene Exemplare häufiger kopulieren als die freilebenden Artgenossen. Die für manche Girlitze so bezeichnenden Hetzjagden, bei denen das in höchster Erregung singende Männchen das Weibchen bis zur völligen Erschöpfung treibt und dann zumeist vergeblich versucht, es zu vergewaltigen, sind selbst in noch so hoher geschlechtlicher Erregung bei Gimpeln undenkbar. Nie sah ich eine Begattung anders als auf ausdrückliche weibliche Aufforderung zustande kommen.

4. Partnerwahl, Gattentreue und Ehedauer

Nicht jedes Paar muß die ganze Kette von Triebhandlungen vom Bekanntwerden und dem rituellen Rangordnungskampf über Schnabelflirt zum Zärtlichkeitsfüttern und der den Nestbau bereits symbolisch vorausnehmenden Halmbalz jedesmal übereinstimmend durchlaufen, ehe das Weibchen baut und zur Begattung auffordert. Wohl müssen Partner, die sich füttern, vorher schnabelgeflirtet haben, und es balzt in der Regel auch einer den anderen nicht mit Nistmaterial an, ohne daß vorher das Rangordnungsverhältnis festgelegt wäre. Bei hoher geschlechtlicher Erregung aber können die Vögel die ganzen einleitenden Handlungen einfach überspringen.

Als ich im Juli 1952 ein einjähriges Gimpelweibchen, das beim Händler mit einem anderen und mehreren Kanarienweibchen zusammengewohnt hatte, zu Hause auspackte und es in einem Käfig neben den eines Gimpelpaares stellte, ließ es beim Anblick der roten Brust des Männchens sofort das Paarungslocken hören und ging in Begattungsstellung. Sie war wegen der vorgeschrittenen Jahreszeit derart schwellenerniedrigt, daß sie – zumal das Männchen versuchte, durch das Gitter zu ihr zu kommen – minutenlang in ihrer Begattungsstellung verharrte. Als ich kurz darauf die beiden Vögel zusammensetzte, drohte sie so überbetont und wenig ritualisiert, daß er sein Gegenimponieren bald aufgab und flüchtete.

Bemerkenswert erscheint mir, daß das Weibchen, nachdem es das vermutlich erste Männchen seines Lebens sogleich zur Begattung aufforderte, doch die Zeremonie des Bekanntschließens nachzuholen versuchte. Bezeichnend ist ferner, daß bei starker sexueller Stauung die Ritualisation fortfällt, die ganze, nunmehr unritualisiert ablaufende Handlung sinnlos wirkt und, wie zu erwarten, vom Partner nicht verstanden wird.

In der Geschwistergemeinschaft oder im winterlichen Schwarm finden sich die Paare sehr viel unauffälliger. Die Vögel gewöhnen sich aneinander und verlieben sich ohne starres Zeremoniell. Die Hetzjagden, die die Weibchen im Käfig veranstalten, sind typische Gefangenschaftserscheinungen, die im Freien nicht vorkommen. Durch das ständige Zusammenleben erreichen die Weibchen nie jenen Grad an Schwellenerniedrigung, ferner kennt jedes Weib-

Zur Biologie und Ethologie des Gimpels

chen das Männchen, dem es seinen Antrag macht, persönlich und »weiß«, daß dieses ihn richtig versteht und nicht etwa mit Flucht reagiert.

Das Verhalten gefangener Gimpel, besonders das isoliert aufgezogener menschengeprägter Vögel, läßt mit ziemlicher Sicherheit den Schluß zu, daß die Art in Dauerehe lebt und die verheirateten Paare sich auch den Winter über nicht trennen. Diese Vermutung haben schon Geyr von Schweppenburg (1943), Horst (1943) und Pfeifer (1951) ausgesprochen.

Aus meinem Beobachtungsgebiet kenne ich mindestens 4 Paare, die mit einiger Sicherheit mehrjährige Ehen führten. Leider waren gerade von diesen in keinem Falle beide Gatten beringt. Standort und Konstruktion des Nestes aber, das zudem jahrelang an der gleichen Stelle stand und dessen Unterbau und Innenausstattung immer die gleiche individuelle Eigenart zeigten, erlaubten eine der Beringung fast gleichwertige Identifizierung des nestplatzbestimmenden und des bauenden Teils.

Daß meine verheirateten Gimpel-Paare im Zimmer auch wintersüber in der Gesellschaft von Artgenossen zusammenhielten und im Frühjahr ebenso gepaart wieder zur Brut schritten, besagt nichts, denn die Vögel hatten ja keine Gelegenheit, sich zu trennen. Dagegen spricht der folgende Tatbestand für sehr enge Bindung und Dauerehe des Gimpelpaares:

Anfang Oktober 1952 trennte ich die Gatten eines seit 3 Monaten verheirateten Paares. Das Weibchen überwinterte in Mainz, der Hahn bei einem befreundeten Vogelpfleger, der keine weiteren Gimpel hielt. Nach 6-monatiger Trennung holte ich die beiden Vögel aus ihren Winterquartieren und ließ sie gleichzeitig in einen mit 14 anderen Gimpeln besetzten großen Flugkäfig. Hier sollten sie unter einer Schar beiden unbekannter Artgenossen zeigen, ob sie sich wiedererkannten.

Unmittelbar nach dem Einsetzen begrüßten sie sich, ohne auch nur einen der anderen Artgenossen zu beachten, so spontan und stürmisch, daß an einem Wiedererkennen »auf den ersten Blick« nicht zu zweifeln ist. Immer wieder begrüßten sie sich, schnäbelten miteinander und waren sofort wieder ein Paar.

Trotz des innigen Ehelebens ist jedes gesunde Gimpelmännchen doch jederzeit dazu bereit, der Begattungsaufforderung eines fremden Weibchens Folge zu leisten, wie das ja auch Haus- und Felsentäuber ohne weiteres tun. Dabei bleibt es jedoch und schadet dem ehelichen Zusammenhalt in keiner Weise. Vielleicht hat dieses Verhalten den biologischen Sinn, daß auch unverheiratete Weibchen für die Vermehrung der Art nicht verloren gehen. Im Freien dürfte dieser Fall recht selten auftreten, da die Männchen in der Regel in der Überzahl sind. Immerhin hat Heinroth (1926) bei der Amsel eine solche Beobachtung mitgeteilt. Die Weibchen dagegen bieten sich niemals fremden Männchen an und sind bedingungslos treu.

5. Eiablage und Brut

Die Gimpel meines Beobachtungsgebietes begannen in der Regel in den letzten Apriltagen mit dem Nestbau. Oft sah ich an einem Tage mehrere Weibchen im gleichen Stadium des Baugeschäftes. Die Jungen schlüpften dann zwischen dem 15. und 20. Mai, zur Zeit der Löwenzahnreife. In der frühesten aller beobachteten Bruten im Frühjahr 1953 verließen die Jungen am 16. Mai das Nest, waren also am 30. April geschlüpft. Wenn man 5 Tage Bauzeit, 3 Legetage bis zum Brutbeginn und 13 Bruttage berechnet, so hatte dieses Paar um den 9. April, fast drei Wochen früher als üblich, mit dem Bau begonnen.

Zwei Jahresbruten sind die Regel. Es gibt aber vor allem in meinem Beobachtungsgebiet, in dem die Verluste besonders hoch sind, kaum ein Gimpelpaar, das zwei ungestörte Bruten nacheinander aufzieht. Die Weibchen haben also, wenn sie im September in die Mauser kommen, fast alle drei, vier und häufig sogar fünf Gelege gehabt. Gefangenschaftsvögel bringen es auf 5 und 6, in einem Fall auf 7 Gelege. Die Brutzeit zieht sich bis weit in den August, häufig sogar bis in den September hinein. Nestjunge und selbst Gelege findet man bis Mitte August. Die Jungen der spätesten selbst beobachteten Brut schlüpften am 12. 8. 1953. K. Sabel (briefl.) fand in der Eifel von vier Paaren am 7., 13., 21. und 27. 8. 1951 frischgeschlüpfte Junge. Die beiden letzten Paare hatten also bis in den September hinein noch Nestjunge zu versorgen. Von den mitteleuropäischen Fringilliden hat wohl nur der Grünling eine ähnlich lange Brutzeit.

Das normale Gimpelgelege besteht aus 5 Eiern. Je etwa 12 % der Gelege haben 4 bzw. 6 Eier. Sieben fand ich im Freien nie; dagegen legte ein Weibchen der großen nordischen Form, mit dem ich vier Jahre (1950–1953) nacheinander züchtete, zweimal je 7 Eier, sonst immer, nämlich sechsmal, 6 Eier.

Nach Ablage des vierten Eies brütet das Weibchen fest, auch die Nacht über, 13 Tage lang. Nie habe ich ein brütendes Weibchen Nahrung suchen sehen; es wird ausschließlich vom Männchen gefüttert. In regelmäßigen Abständen erscheint dieses mit gefülltem Kropf in der Nähe, lockt das Weibchen mit dem bekannten Lockruf vom Nest weg und füttert es abseits, nie auf dem Nest, wie es die meisten *Serinus*-Arten tun. Auch ein Kernbeißer-Weibchen flog seinem Männchen regelmäßig entgegen und ließ sich außerhalb des Nestes füttern. Auch sonst stimmt im Verhalten beider Gattungen vieles überein.

Nach der Brutpause führt das Männchen sein Weibchen zum Nest zurück. Es fliegt an einer bestimmten Stelle meist beträchtlich unterhalb des Nestes in den Busch ein und klettert darin bis zum Nest empor. Sie folgt ihm unmittelbar; sowie sie wieder auf dem Gelege sitzt, kommt er zum Vorschein und fliegt sofort weg. Nie habe ich ein Männchen sich in der Nähe des brütenden Weibchens aufhalten oder gar Futter suchen sehen. Es ist sicher biologisch sinnvoll, wenn das auffällig rote Gimpelmännchen sich weit vom Neste entfernt und damit die Gefahr, daß irgendwelche Nestfeinde auf die brütende Gattin aufmerksam werden, weitgehend herabmindert. Wie sich die primitiven Gimpelformen *P. nipalensis*, *leucogenys* und *murina*, deren Männchen ja kein Prachtkleid tragen, in dieser Hinsicht verhalten, ist leider noch nicht bekannt.

6. Aufzucht der Jungen

Am Morgen des 14. Bruttages schlüpfen die Jungen. Sobald sie trocken sind, trägt das Weibchen die Schalen fort und läßt sie in einiger Entfernung vom Nest fallen. Die Frischgeschlüpften äußern als erste Laute sehr bald ein behagliches, leises, nur in unmittelbarer Nähe des Nestes hörbares *di–di–di*, sperren jedoch in den ersten Lebenstagen vollkommen lautlos, oft schon, bevor sie trocken sind. Zur ersten Fütterung am Morgen des Schlupftages erhebt sich das Weibchen im Nest, schiebt sich rückwärts gehend etwas aus der Mulde und würgt den vorverdauten Nahrungsbrei in die sich ihr entgegenstreckenden Schnäbel. Wenn die Jungen schlafen, werden sie mit einem, tiefen, dunklen, aufwärtsgezogenen *uuh* zum Sperren aufgefordert.

Das Schlüpfen der Jungen scheint ein Krisenpunkt zu sein, an welchem die meisten Ausfallerscheinungen und Fehlleistungen auftreten. Die Umstellung von den bewegungslosen Eiern auf die sperrenden und sich bewegenden Jungen gelingt nur konstitutionell und seelisch einwandfreien Weibchen reibungslos. Die Gimpel-Abrichter ziehen ihre Pfleglinge recht unzureichend mit Ei und gequelltem Rübsen auf, so daß diese oft permanent geschädigt sind. Alle meine vom Abrichter bezogenen Gimpelweibchen versagten in irgendeiner Weise beim Schlüpfen der Jungen oder in deren ersten Lebenstagen. Eines hatte ein schönes Nest gebaut, 5 Eier gelegt und brütete vorbildlich. Aber sowie die Jungen die Schale sprengten, biß es diesem einen Flügel, jenem ein Bein ab und trug sie in die entlegenste Käfigecke, als wären es Fremdkörper, die nicht ins Nest gehörten. Ein Männchen gleicher Herkunft, das sich um die Eier seines brütenden Weibchens nicht gekümmert hatte, biß den vier frisch geschlüpften Jungen sämtliche Beine und Flügel ab. Ein anderes Weibchen, mit dem ich mehrere Jahre hindurch züchtete, brütete normal und vergriff sich nicht an den schlüpfenden Jungen, aber huderte sie nach zwei Tagen nicht mehr, und die Kleinen wären erfroren, wenn ich sie nicht im letzten Augenblick brütenden Kanarienweibchen gegeben hätte, die sie annahmen und aufzogen. Das Gimpelweibchen gab die Jungen durchaus nicht auf, denn es erschien immer wieder am Nest, um die kältestarren Kleinen zu füttern; aber sie verfiel nicht darauf, sie zu hudern. Als ich diesem Weibchen wieder einmal die zweitägigen erstarrenden Jungen wegnehmen mußte, gab ich ihm fünf 8 Tage alte Stieglitz x Kanarien-Bastarde, die sich schon zu befiedern begannen und tagsüber unbedeckt bleiben konnten. Diese viel größeren und ganz anders bettelnden Jungvögel nahm sie sofort an, fütterte sie gut und zog sie auf, bis sie selbständig waren.

Die Gimpel meines Beobachtungsgebietes verfütterten an ihre Jungen in der Hauptsache halbreife Sämereien. Selbst die erst wenige Stunden alten Nestlinge hatten die Kröpfe immer ausschließlich mit halbreifen Samen gefüllt. Wie sich durch die dünne durchscheinende Kropfwand eindeutig feststellen ließ, bestand das Aufzuchtfutter bis Ende Mai vorwiegend aus Löwenzahnsamen. Diese wurden dann nach und nach durch Stiefmütterchensamen und die Samen von *Viola Riviniana* ersetzt. Von Ende Juni bis September verfütterten die Altvögel vor allem Gänsedisteln, von Ende Juli ab zusätzlich in geringer Menge *Spiraeen*-Samen. Im Juli 1954 sah ich ein Gimpelpaar seine 10tägigen Jungen viel mit Birkensamen füttern.

Die Kröpfe der Gimpelnestlinge werden nie dermaßen vollgestopft wie bei Girlitzen, wo sie ganz unförmig werden. Der Gimpelkropf hat ein geringeres Fassungsvermögen, und sein Inhalt wandert schneller als bei jenen in den Magen weiter, so daß der Kropf schon nach 10 bis 20 Minuten wieder leer ist.

Schon wenige Stunden nach dem Schlüpfen, spätestens am zweiten Lebenstage, legen sich die noch blinden Jungen so, daß die Hinterteile nach außen, die Köpfe auf den gekreuzten Hälsen nach innen zeigen. Kommt nun der fütternde Altvogel zum Nest, so recken alle gleichzeitig die Hälse und sperren. Liegen vier Junge darin, so stellen sie sich zwei und zwei gegenüber und stützen einander mit den Flügelstummeln; drei stehen beisammen wie eine Gewehrpyramide. Ist nur ein einziges Junges geschlüpft, so kann es in den ersten Lebenstagen beim Sperren nur schwer das Gleichgewicht halten. Wenn taube Eier im Nest sind, richtet es sich daran auf; hat die Mutter sie aber hinausgeworfen, so schwankt das einzelne Junge derart hin und her, daß die Mutter es nicht füttern kann, so daß es verhungern muß.

Am vierten oder fünften Tage äußern die Jungvögel während der Fütterung als ersten Bettellaut leise, von Tag zu Tag lauter werdende, schnell aufeinanderfolgende *dsrieh-dsrieh-drsieh*. Die Federn wachsen anfangs recht langsam; wenn ihre Hüllen am Rücken und Bauch platzen, sind die Jungen schon ziemlich groß. Die Augen öffnen sich am achten Tag. Während die Nestlinge bisher bei jeder Erschütterung des Nestes bettelten, empfangen sie den *Menschen* am Morgen des zehnten Lebenstages erstmals mit dem sogenannten *Abwehrsperren*: Sie drücken den Kopf möglichst tief in die Nestmulde und folgen mit dem abwehrbereit geöffneten Schnabel jeder Bewegung des Beobachters. Auch im Freien gewöhnen sie sich innerhalb von 3 Tagen an den Beobachter, wenn er das Nest mehrmals täglich besucht. Sie betteln ihn dann zwar nicht mehr an, da sie die Eltern als alleinige Futterspender kennen, zeigen aber auch keine Abwehrbewegungen mehr, sondern putzen sich, schlafen und sind unbekümmert. Füttert man etwa vom achten Tage ab mehrmals täglich die Jungen mit, so kann das Abwehrsperren unterbleiben; dafür sperren sie den Pfleger auch späterhin an. Selbst völlig befiederte Junge, die kurz vor dem Ausfliegen stehen, kann man noch aufziehen, wenn sie auch in den ersten Stunden, nachdem man sie aus dem Nest geholt hat, einige Schwierigkeiten machen. Das »schrecklich quietschende kui«, das Heinroth (1926) von jungen Gimpeln beim Auspacken zu Hause hörte, ist der Schreckensschrei der größeren, kurz vor dem Flüggewerden stehenden Nestlinge; es klingt schon fast genau so wie die entsprechende Lautäußerung Erwachsener. Transportiert man die Jungen in diesem Alter in einem dunklen Kästchen und packt sie in völlig fremder Umgebung aus, so sind sie zuweilen so entsetzt, daß sie unter Abwehrsperren den Schreckensschrei ausstoßen und wild durcheinandertoben. Dieser löst unter den übrigen Geschwistern regelmäßig eine Panik aus, so daß sie nach allen Seiten aus dem Nest springen. Ich sah kaum befiederte Hänflinge, Stieglitze und Graugirlitze aus dem Nest springen, wenn eines der Geschwister etwa beim Beringen schrie.

Als ein 15 tägiger Gimpelnestling, den ich mit einem Geschwister zusammen nach Hause brachte, beim Auspacken den *Schreckensschrei* ausstieß, steckte ich ihm etwas von dem vorbereiteten Aufzuchtfutter in den abwehrbereit geöffneten Schnabel. Er verschluckte es, fing sofort mit den bezeichnenden pendelnden Körperbewegungen an zu *betteln* und ließ sich weiter füttern, bis der Kropf gefüllt war. Dieser *plötzliche Stimmungswechsel* vom höchsten Entsetzen zum vertrauten Futterbetteln ist für erfahrungslose Nestlinge kennzeichnend. Ein völlig scheuer Nachtreihernestling (O. Koenig 1953), der jede Futteraufnahme verweigerte, gab seine ablehnende, ängstliche Haltung sofort auf und bettelte, nachdem man ihm einen Schilfhalm überreicht und durch diese bei Reihern übliche Freundlichkeitsgeste sein Vertrauen geweckt hatte. Die Nachahmung eines winzigen Ausschnittes aus der vertrauten Nestsituation, dort das Gefüttertwerden, hier das Darbieten des Halmes, genügte, um den plötzlichen, vollständigen Stimmungsumschwung zu erreichen. Selbstverständlich gilt das nur für erfahrungslose Jungvögel.

Die *fütternden* Altvögel kommen, sobald die Jungen nicht mehr ständig bedeckt werden, häufig *gemeinsam* ans Nest und fliegen auch zu zweit wieder ab. Sie sind zu diesem Zeitpunkt während der Futtersuche und auf dem Wege zum Nest an dem prall gefüllten *Kehlsack* deutlich als futtertragende Eltern kenntlich. Der Besitz dieses zweiten Futterbehälters neben dem Kropf unterscheidet *Pyrrhula* von den anderen mitteleuropäischen Carduelinen.

Dem ersten *Bettellaut dsrieh-dsrieh-* folgt bald als *zweiter* ein langgezogenes *düü-i-eh-*, das auch ausgeflogene Junge während des Fütterns noch hören lassen. Daneben taucht meist am 15., gelegentlich aber auch am 14. Lebenstage, also 2 bis 3 Tage vor dem Flüggewerden, der *Standortruf* auf, der nach dem Ausfliegen den Eltern verrät, wo das Junge sitzt. Meist ruft, gewöhnlich im Anschluß an eine Flugübung, bzw. wenn die Eltern länger ausbleiben, das älteste der Geschwister plötzlich diesen ihm noch gar nicht zukommenden Laut, ein einsilbiges *diel -- diel -- diel -*

Wie sehr solche Gimpelnestlinge, zwei Tage vor dem Verlassen des Nestes, stimmungsmäßig schon flügge sind, geht daraus hervor, daß sie, sobald der Standortruf erstmalig laut wurde, bei jeder Störung aus dem Nest springen. Dann ist es nahezu unmöglich, diese noch nicht flugfähigen Jungvögel wieder ins Nest zurückzubringen. Das gleiche gilt auch für alle anderen Carduelinen.

Leider habe ich nicht untersucht, von welchem Lebenstage ab die Nestlinge ihre Eltern *persönlich erkennen*. Als ich einem 15tägigen Jungen das gelbe Kanarienweibchen, das es aufgezogen hatte, fortnahm und es durch

Zur Biologie und Ethologie des Gimpels

ein anderes gleichfarbiges Weibchen ersetzte, bettelte es das Weibchen nicht an, sondern drückte sich. Die zurückgesetzte Pflegemutter dagegen erkannte es sofort und begrüßte sie mit Bettelgeschrei.

In den ersten Lebenstagen verschluckt das Weibchen den *Kot* der Nestlinge; später tragen beide Eltern die mit einem dünnen Häutchen umgebenen Ballen fort und legen sie in einiger Entfernung vom Nest auf einem Zweige ab. Wie starr und einsichtslos diese Triebhandlung abläuft, das sieht man bei Aufzuchten im Käfig. Dort fliegen die Weibchen mit dem Ballen im Schnabel aufgeregt hin und her, und allein der Zufall entscheidet, ob er schließlich auf der am weitesten vom Nest gelegenen Sitzstange oder unmittelbar beim Nest abgelegt wird: der Vogel muß nur eine bestimmte Strecke weit geflogen sein.

Wiederum anders als *Pyrrhula* tragen Girlitze, Stieglitze und Grünlinge den Kot ihrer Jungen nicht fort, sondern lassen ihn auf dem Nestrand liegen, wo er bald zu einem dichten, festen Kranz erhärtet. Die Ballen sind nicht umhäutet. Am pflanzlichen Aufzuchtfutter kann das nicht liegen, obwohl das häufig behauptet wurde, denn die Gimpelnestlinge werden vegetarisch ernährt und haben umhäuteten Kot; andererseits sind die Kotballen von mit Ei oder Ameisenpuppen aufgezogenen Girlitzen ebenso unbehäutet wie die ihrer pflanzlich ernährten Artgenossen.

Während von 18 zerstörten Bruten nur 3 als Gelege verloren gingen, sind die Nestlinge viel mehr gefährdet. Die meisten Verluste in meinem Gebiet verschuldeten *Eichelhäher*, die die mit Futter anfliegenden und Kot forttragenden Altvögel beobachteten und in manchen Jahren kaum eine Gimpelbrut aufkommen ließen. Im Sommer 1952 skelettierten *Wespen* die 10tägigen Jungen zweier Nester. Ein weiteres mit 15tägigen Jungen war derart stark mit *Haemogammasus*-Milben befallen, daß die Nestlinge vor Entkräftung zu Grunde gingen. Auch ein Nest, das ein verlassenes Gelege enthielt, wimmelte von Milben. Im Sommer 1953 fand ich in fast allen Junge enthaltenden Nestern *Fliegenlarven*, die von der Nestmulde her die nackten Kleinen angingen und sich bei Störungen sofort in das Nistmaterial zurückzogen. Schlupfwespenbefall vereitelte die Aufzucht der zur Bestimmung mitgenommenen Puppen. Vermutlich handelte es sich um *Protocalliphora sordida*, deren Larven auch Heinroth (1926) an Nestlingen der weißen Bachstelze fand. – Gelegentlich dürften auch *Füchse* tiefstehende Nester ausrauben.

Die letzten Tage vor dem Verlassen des Nestes sind die Jungen fast ständig mit Gefiederpflege beschäftigt. Immer wieder ziehen sie besonders die

Abb. 8 14tägiger Gimpelnestling zieht die Armschwingen durch den Schnabel.

Hand- und Armschwingen durch den Schnabel und befreien sie von den platzenden Federhüllen (Abb. 8).

Während erwachsene Gimpel nur die Extremitäten einer Körperseite gleichzeitig strecken, können die im Nest sitzenden Jungvögel unbesorgt um ihr Gleichgewicht das aufeinanderfolgende Rechts- und Linksstrecken auf einmal erledigen. Der Nestling streckt die Beine im Fersengelenk, die Flügel im Ellenbogen- und Handgelenk extrem weit nach hinten, während er auf der crista sterni wie auf einer Schlittenkufe gleitend weit über den Nestrand rutscht (Abb. 9).

Die Zeit, die ein Jungvogel im Nest verbringt, ist ebenso wie die Brutdauer zumindest bei den kleineren Passeres artbestimmt. Der Zeitpunkt des Nestverlassens ist ein Prüfstein für ungestörte und fehlerfreie Aufzucht gefangen gehaltener Vögel. Aussagen über Nestlingszeiten mit einer Schwankungsbreite von 4 bis 5 Tagen sind immer das Ergebnis einiger weniger Gelegenheitsbeobachtungen und beziehen durchweg gestörte und schlecht entwickelte Bruten mit ein. Jungvögel, die das Nest drei, vier oder gar fünf Tage vor dem normalen Termin verlassen, wurden immer gestört und gehen im Freien wohl zugrunde, weil sie noch nicht flugfähig sind. Jungvögel, die 2 bis 3 Tage länger im Nest bleiben, wurden vom Züchter unzureichend oder falsch ernährt, oder sie waren durch Schmarotzer geschwächt. Kanarienjunge sitzen bei einigermaßen natürlicher Aufzucht 15 Tage im Nest, bei der häufig schlechten Pflege bis 22 Tage. Die ersten exakten Daten über das Nestverlassen hat wohl Heinroth (1926) für eine ganze Anzahl von Vogelarten angegeben.

Zur Biologie und Ethologie des Gimpels

Abb. 9 Zwei Phasen des Streckens. Der 14tägige Jungvogel streckt die Beine im Fersengelenk, die Flügel im Ellenbogen- und Handgelenk weit nach hinten und rutscht auf der Brust weit über den Nestrand.

Junge Gimpel *verlassen* das *Nest* am Morgen des 17. Lebenstages. Sie sitzen in den ersten Tagen noch viel mit aufgelegter Brust recht unbeweglich, z. B. tief im dichten Geäst eines Nadelbaumes. Meine selbstgezüchteten Gimpel saßen die ersten zwei Tage nach Verlassen des Nestes oft mit den Fersengelenken und der Brust auf dem Käfigboden. Um sich zu entleeren, trippelten sie wie Nestlinge einige Schritte zurück und hielten sich genau so, als beförderten sie den Kot über den Nestrand; darauf trippelten sie wieder vor und setzten sich wieder. Das Nestverlassen bedeutet also für den Jungvogel stimmungsmäßig durchaus nicht die gleiche Caesur wie sie es entwicklungsmäßig ist; darauf weisen das frühe Auftauchen des Standortrufes, das Beibehalten des Nestlingsbettelns über die Nestlingszeit hinaus und das Verhalten bei der Kotentleerung hin. Erst in der dritten Nacht nach Verlassen des Nestes schläft der Jungvogel auf *einem* Bein stehend wie jeder gesunde Altvogel.

Während bei manchen Girlitzarten noch unselbständige Weibchen einzelne zurückgebliebene ständig schreiende Geschwister oft ergiebig mitfüttern, habe ich bei Gimpeln nur einen einzigen Versuch dazu gesehen. Die Brüder Weiß und Grün (S. 45) hatte ich als 15tägige Nestlinge aus meinem Beobachtungsgebiet mit heimgenommen, um sie mit der Hand aufzuziehen. Grün war etwas kleiner und wohl einen Tag jünger als sein Bruder. Als er am 24. Lebenstage einmal sehr hungrig war und viel schrie, würgte Weiß mehrfach, ohne zu füttern. Aber auch andere *Brutpflegetriebhandlungen* können sehr früh andeutungsweise auftreten. Von zwei Kanarienammen, die je einen jungen Gimpel aufzogen, fütterte eine so schlecht, daß ich ihr den 4tägigen Nestling wegnahm und ihn dem anderen Weibchen gab. Dessen 10 Tage älteren Pflegling setzte ich, damit er das Kleine nicht erdrückte, in ein anderes Nest an der gegenüberliegenden Käfigwand. Das Kanarienweibchen huderte und fütterte den Neuling in der ihr vertrauten Nestmulde und versorgte nebenbei auch das im anderen Nest bettelnde Junge. Nachdem dieses ausgeflogen war, hielt es sich viel auf dem Rand des anderen Nestes bei der hudernden Mutter auf. An seinem 21. Lebenstag saß es zufällig in Abwesenheit der Pflegemutter auf dem Nestrand, als das Kleine einen Kotballen absetzte, der vom Nestrand zurück in die Mulde rollte. Da beugte sich das flügge Junge hinab, *ergriff den Ballen* mit den vollkommen artgemäßen saugend-nachfassenden Schnabelbewegungen, hielt ihn einen Augenblick unschlüssig im Schnabel, sprang dann aus dem Nest heraus und schleuderte ihn fort. Am gleichen Tage setzte sich der Jungvogel, als das Kanarienweibchen zur Futteraufnahme das Nest verlassen hatte, plötzlich auf das jüngere Stiefgeschwister, nahm den jetzt zehntätigen Nestling zwischen die Beine und *huderte* ihn. Daß dieser Jungvogel nicht zum Ausruhen ins Nest gegangen war und sich zufällig auf das Junge gesetzt hatte, wird dadurch bewiesen, daß er genau so auf ihm saß wie hudernde Weibchen auf einzelnen Jungen sitzen; die Köpfe von Mutter und Kind stehen übereinander und schauen in die gleiche Richtung. Ich habe nur diesen Jungvogel ein einziges Mal hudern und Kot forttragen sehen, beides aber so wohl koordiniert, daß eine Fehldeutung ausgeschlossen ist. Dergleichen hätte sich im Freien kaum jemals beobachten lassen, weil ja die Jungvögel kurz nach dem Flüggewerden die nähere Umgebung des Nestes für immer verlassen, und auch in normalen Gefangenschaftsbruten finden die flüggen Jungvögel ja keine wesentlich jüngeren Geschwister im Nest mehr vor.

Das ausgeflogene Junge *bettelt,* indem es den ganzen Körper in weiten Ausschlägen seitwärts hin und her schwenkt. Während der fütternde Elter unmittelbar vor dem bettelnden Jungen steht und Futterbrei aufwürgt, pendelt dessen Sperrachen dicht vor dem Schnabel des Altvogels in sehr kleinen Ausschlägen hin und her, während der Körper hinten weiterschaukelt, wie wenn ein freudig erregter Hund mit der ganzen Hinterpartie wedelt.

Zur *selbständigen Nahrungsaufnahme* gehen Gefangenschaftsvögel leichter über als freilebende. Mit Futterstoffen wie Ameisenpuppen und Ei stopfen sich die Jungen oft schon im Alter von 24 Tagen die Kröpfe voll. Ausreichende Mengen von Körnern enthülsen sie erst später, auch das Zerquetschen von Kompositenfruchtständen beherrschen sie recht spät. Mit 20 Tagen fangen die Jungvögel an, dicke knospige oder knollige Gegenstände zu beknabbern. Läßt man sie im »Knabberalter« im Zimmer frei fliegen, so ist bald nichts mehr vor ihnen sicher. Im Käfig beginnen etwa vom 22. Tage an die Enthülsebewegungen des Schnabels zu reifen. Solche Jungtiere »*enthülsen*« stundenlang größere Sandkörner, Kiesel oder andere kleine, runde Dinge.

Mit 24 Tagen sind die Jungen gut *flugfähig* und folgen den Altvögeln an die Futterplätze. Der Schwanz ist jetzt halblang, das Kleingefieder völlig ausgewachsen (Abb. 10). 30 Tage alte Gimpel nehmen im Freien schon selb-

Abb. 10 24 Tage alte Junggimpel mit halblangen Schwänzen.

ständig Nahrung auf, werden aber auch noch vom Vater gefüttert. Die Steuerfedern haben noch nicht die volle Länge erreicht, der Schwanz wirkt noch recht breit und gespreizt (Abb. 11) und erhält erst nach 35 Tagen, wenn die Kiele verhornt sind, die endgültige schmale Form.

Abb. 11 30 Tage alte Junggimpel. Der Schwanz ist noch breit, die Kiele der Steuerfedern sind noch nicht verhornt.

Das *Jugendkleid* ist, wie wohl bei allen Kleinvögeln, recht weitstrahlig und keinesfalls ein vollendeter Kälteschutz. Nur das Großgefieder, das ja bis zur nächstjährigen Herbstmauser vorhalten muß, ist schon dem der Altvögel gleichwertig.

Von einer Brut, die ich 1950 mit der Hand aufzog, entwickelten sich drei Junge normal, während beim Nesthäkchen am zehnten Tage das Kleingefieder, außer am Kopf, sein Wachstum plötzlich einstellte. Die Kiele, die etwa 3 mm aus der Haut ragten, blieben unverändert in der Haut stecken. Nach weiteren zwölf Tagen, in denen sich Groß- und Kopfgefieder normal entwickelten, nahm das Kleingefieder sein Wachstum plötzlich wieder auf und entfaltete sich seltsamerweise zu dem dichten rötlich-grauen Alterskleid des Gimpelweibchens. So trug der 5 *Wochen* alte vollbefiederte Vogel am *Kopf das Jugendkleid,* am *ganzen* übrigen *Körper* aber das *Alterskleid.*

Um die Geschlechter möglichst früh zu unterscheiden, ziehen Gimpelabrichter den soeben selbständig gewordenen Jungvögeln einige Brustfedern aus, die dann ebenfalls durch Federn des Alterskleides ersetzt werden. Ihnen war aber immer das Jugendkleid vorausgegangen. Offenbar kann sich aber von einem Zeitpunkt zwischen dem zehnten und zwanzigsten Lebenstage an das Alterskleid primär entwickeln, wenn die Federbildung durch Ernährungsstörungen gehemmt wurde. Das Jugendkleid ist also eine Notlösung, eine vorläufige, schlechte Garnitur, die im Interesse der notwendig schnel-

Zur Biologie und Ethologie des Gimpels 45

len Entwicklung des Nestlings nur einen provisorischen, für die Sommermonate ausreichenden Kälteschutz darstellt. Könnten die Jungvögel es sich leisten, zwei Wochen länger im Nest zu sitzen und den Beginn der Federentwicklung um diese Zeit hinauszuschieben, so würden sie im fertigen Alterskleid das Nest verlassen. Bemerkenswert scheint mir auch, zu welch *spätem* Zeitpunkt Struktur und Farbe der wachsenden Feder *determiniert* sind. Die als Jugendkleid angelegten Federn konnten noch umgestimmt werden, als die Kiele schon weit aus der Haut ragten.

7. Entwicklung des Fortpflanzungsverhaltens

1952 standen mir 6 Bruten von 6 verschiedenen Elternpaaren zur Verfügung. Die drei ersten Bruten ergaben je 2, drei weitere je 3 Jungvögel, die ich nach ihren Ringfarben benannte (Tab. 1).

Tabelle 1 6 Bruten mit 15 Jungvögeln des Jahres 1952.

Brut Nr.	Schlupftag	Geschlecht u. Bezeichnung der Jungen	
1	16. 6.	Männchen Weiß	Männchen Grün
2	23. 6.	Weibchen Orange	Weibchen Gelb
3	11. 7.	Männchen Puck	Weibchen Gigi
4	16. 7.	Männchen Rot	Weibchen Ohnering
		Weibchen Blaurot	
5	31. 7.	Männchen Rotweiß	Männchen Grünweiß
		Weibchen Gelborange	
6	Ende Juli	Männchen Schwarz	Männchen Grünrot
		Männchen Blau	

Die Brüder Weiß und Grün wurden sofort nach dem Selbständigwerden in einen großen Flugkäfig gesetzt. Ihnen folgten Weibchen Gelb und Weibchen Orange und in den Abständen, wie sie flügge und selbständig wurden, die Jungen der anderen Bruten.

Als Weibchen Orange 6 Wochen alt war, machte sie eines Tages mit Kokosfasern im Schnabel auf dem Käfigboden *Nestbaubewegungen*. Sie saß in einer Ecke, ließ sich auf die Brust nieder und vollführte nun die typischen, seitlich steuernden Einbaubewegungen, die von Strampeln, Scharren und Ausmulden unterbrochen wurden.

Den ersten *Schnabelflirt* sah ich zwischen Männchen Weißring und Männchen Grünring als das Brüderpaar 7 Wochen alt war. Zwei Tage später flirteten auch Weibchen Gelb und Weibchen Orange miteinander, anfangs etwas ungeschickt, aber schon nach wenigen Tagen waren die Bewegungen von denen der Altvögel nicht zu unterscheiden. Bald fingen auch Männchen Puck und Weibchen Gigi, die ich nach dem Selbständigwerden in den Flugkäfig zu den anderen gesetzt hatte, zu flirten an, ohne sich um die beiden anderen Geschwisterpaare, die ihrerseits fest zusammenhielten, zu kümmern.

Da alle 6 Jungvögel noch im Jugendkleid waren, hielt ich anfänglich die 3 Geschwisterpaare für richtige Paare und dachte, die Jungvögel würden an irgendwelchen, dem Beobachter nicht ohne weiteres auffallenden Merkmalen das Geschlecht des anderen erkennen, wie es O. Koenig (1951) für die Bartmeise nachwies. Diese Annahme erwies sich als unzutreffend, denn Weiß und Grün zeigten bald die ersten roten Federn des männlichen Alterskleides. Gelb und Orange stellten sich als Weibchen heraus, und nur Männchen Puck und Weibchen Gigi waren ein richtiges Paar.

Drei Tage nach dem ersten Schnabelflirt mit seinem Bruder Grünring nimmt Männchen Weiß eine trockene, ausgefranste *Spiraea*-Dolde auf und zeigt, durch den Fund angeregt, plötzlich die vollendete weibliche Paarungsaufforderung. Männchen Grünring war in diesem Augenblick nicht in der Nähe, und so trug sich Männchen Weiß einem der erst am Vortage eingesetzten Jungen der ersten Dreierbrut dem Weibchen Blaurot zur Begattung an, das ihn aber nicht beachtete. Wenige Tage später machte Männchen Weiß auf dem Käfigboden Nestbaubewegungen mit Strampeln, Scharren und Ausmulden, d. h. rein weiblichen Verhaltensweisen. Auch sein Bruder Grün zeigte bald danach Paarungsaufforderungen und Nestbauintentionen, und ihm folgten, in gleichen Abständen wie ihre Geburtsdaten, die jungen Männchen der übrigen Bruten. Alle unterschieden sich in ihrem Verhalten in nichts von den gleichaltrigen Jungweibchen; sie bauten täglich und forderten den Geschwisterpartner zur Begattung auf, zu der es, da ja alle Vögel sich als Weibchen fühlten, natürlich nie auch nur andeutungsweise kam.

Es liegt nahe, auf das *weibliche Verhalten junger Gimpelmännchen* hier etwas näher einzugehen. Wie auf S. 24 beim Zärtlichkeitsfüttern betont, zeigen normale Weibchen zur Brutzeit infantiles Verhalten, Männchen dagegen nur wenn sie krank oder sonst stark geschwächt sind.

Ein darmkranker, sehr abgemagerter und schon recht matter männlicher Stieglitz bettelte ein Weibchen, das ich ihm zugesellte, mit den rüttelnden Flügelbewegungen des Jungvogels an. Als er gesundete und wieder zunahm, verschwand dieses Betteln. Mein mindestens vierjähriges menschengeprägtes

Gimpelmännchen deutete, als es vorübergehend erkrankte, die pendelnden Körperbewegungen des bettelnden Gimpelkindes an, wenn ich ihm einen Sonnenblumenkern reichte.

Das weibliche Geschlechtsverhalten junger Männchen ist Ausdruck ihrer infantilen Unvollkommenheit, wie es bei kränkelnden Altvögeln mit ihrer körperlichen Schwäche zusammenhängt. Je verschiedener die Geschlechter balzen und sich kleiden, um so weniger pflegen Männchen weibliches Verhalten zu zeigen. Bei den extrem prachtkleidbegabten Hühnervögeln ist es nur in Ausnahmefällen beobachtet worden. Beim Gimpel weisen auch die weiblichen Reaktionen junger Männchen auf das geringe stammesgeschichtliche Alter seines Sexualdimorphismus hin.

Der S. 42 erwähnte 20tägige Jungvogel, der sein 10 Tage jüngeres Stiefgeschwister huderte und dessen Kot forttrug, erwies sich später als Männchen. So früh also zeigt das Männchen schon weibliche Brutpflegetriebhandlungen.

Als die Vögel das Alterskleid anlegten, lösten sich weder die gleichgeschlechtigen Geschwisterpaare (Männchen Weiß – Männchen Grün und Weibchen Orange – Weibchen Gelb), noch gaben die Männchen ihr weibliches Verhalten auf. Es wirkte jetzt grotesk, wenn die beiden prachtvoll roten Männchen Weiß und Grün einander in Begattungsstellung gegenüberhockten.

Bei beiden Geschlechtern reiften auch die weiblichen Drohgesten, die später in der Zeremonie des Bekanntschaftschließens ihre Rolle spielen. Ohne jeden äußeren Anlaß drohten besonders die Weibchen in deutlich überbetonter Form ihre Käfiggenossen an. Die ganze Triebhandlung machte bei diesen Jungvögeln einen merkwürdig ursprünglichen und kaum ritualisierten Eindruck, so daß man fast den Eindruck hatte, daß sich in der Ontogenese die Stammesgeschichte dieser Verhaltensweise wiederholt. Aus dem Schnabelflirt wurde immer häufiger ein, wenn auch sehr vorsichtig und unsicher wirkendes Füttern, und die Vögel benahmen sich jetzt wie regelrecht verlobte Paare. Sie flirteten miteinander, fütterten sich gegenseitig und balzten sich mit Nistmaterial an. Daß die Männchen immer noch weibliche Instinkthandlungen zeigten, unterschied diese jungverlobten Paare von solchen, die man im Winter und Frühjahr zu sehen bekommt.

Die Geschwisterverlobungen meiner Junggimpel entsprechen ganz offensichtlich dem Bedürfnis, zu einem Artgenossen in ein freundschaftlich-zärtliches Verhältnis zu treten, das spätere, sehr innige Eheleben gewissermaßen vorwegzunehmen. Es ist gewiß kein Zufall, daß gerade der in Dauerehe lebende Gimpel diese frühen Bindungen eingeht. Immer taucht an geschlechtlichen Triebhandlungen in der ontogenetischen Entwicklung das als erstes und am ausgeprägtesten auf, was im Sexualleben der Art die entscheidende Rolle spielt. Daß die Partnerwahl auf ein Geschwister fällt, ist verständlich, wenn man weiß, daß enge persönliche Bekanntschaft allen in Dauerehe lebenden Vögeln die Hauptsache ist. Gänse setzen sich dabei über Artgrenzen hinweg, Gimpel zumindest eine Zeit lang über die Grenzen des Geschlechts und die Forderung blutsfremder Partnerschaft. Da die einzelnen Geschwistergruppen gleich nach dem Selbständigwerden, also im Alter von etwa 30 Tagen, vereinigt wurden, so müssen, wenn z. B. vom 15. Lebenstage an sich die Nestgeschwister persönlich kennen sollten, die 14 Tage, die sie zusammen verlebten, bevor sie anderen fremden Jungvögeln begegneten, eine solch feste Bindung geschaffen haben, daß sie einander jedem fremden Jungvogel vorzogen. Die Brüder Weiß und Grün lernten, als sie 5 Wochen alt waren, die Schwestern Orange und Geld kennen und lebten mit ihnen über zwei Wochen zusammen. Als sie dann in Paarbildungsstimmung kamen, genügte die längere Bekanntschaft, die Weiß mit Grün und Orange mit Gelb verband, daß die Geschwister einander wählten.

Wenn unter diesen Umständen ebenso häufig Geschwister gleichen wie verschiedenen Geschlechtes Paare bilden, so ist das mit Sicherheit darauf zurückzuführen, daß die sich bindenden Partner noch das Jugendkleid tragen und das Geschlecht des anderen weder am Aussehen, noch am Verhalten erkennen können.

Von der ersten Dreierbrut (Tab. 1) gab ich kurz nach dem Selbständigwerden Weibchen Ohnering und Weibchen Blaurot fort und behielt nur das Männchen Rot. Weibchen Ohnering erhielt ich Anfang November umgefärbt zurück. Sie hatte die Zwischenzeit mit ihrer Schwester, einigen anderen jungen Gimpeln und einer Anzahl von Kanarienweibchen verbracht. Das Weibchen fühlte sich anfänglich nach seiner Rückkehr etwas einsam. Ihren inzwischen rot gewordenen Bruder kannte sie nach der langen Trennung nicht mehr wieder, und die anderen jungen Gimpel beachteten sie nicht. So schloß sie sich bald an die einstige Pflegemutter, ein wildfarbenes Kanarienweibchen, an, das sie aber in keiner Weise beachtete. Ich wurde auf diese seltsame einseitige Liebe erst aufmerksam, als Ohnering, nachdem ich das Kanarienweibchen herausgefangen und in einem anderen Raum untergebracht hatte, zwei Tage lang ununterbrochen nach ihr rief. Als ich die Wildfarbene daraufhin wieder zurücksetzte, verfolgte Ohnering sie sofort mit Anträgen zum Schnabelflirt. Ich wage nicht zu behaupten, daß Ohnering das Kanarienweibchen als ihre einstige Pflegemutter wiedererkannte, bin aber überzeugt, daß sie in ihr den *einzigen* Vogel sah, der ihr unter der Schar der fremden Junggimpel von früher her bekannt war. Hier war dem Jungvogel die persönliche Bekanntschaft wichtiger als die Artgleichheit des Partners, denn Ohnering war, wie auch ihr späteres Verhalten bewies, durchaus nicht kanariengeprägt.

Auch Männchen Rot fand keinen Partner, nachdem ich seine Schwester fortgegeben hatte. Sein Versuch, sich bei Männchen Grün und Männchen Weiß als dritter anzuschließen, mißlang. Er lebte den Winter über zwischen den anderen, ohne zu einem von ihnen in ein festes Verhältnis zu treten. Im Frühjahr verheiratete ich ihn mit dem S. 12 und 34 erwähnten nordischen Gimpelweibchen.

Von der fünften Brut war Männchen Rotweiß mit Weibchen Gelborange verlobt. Ihre Bindung war allerdings bei weitem nicht so fest wie bei den drei schon besprochenen Geschwisterpaaren. Männchen Rotweiß interessierte sich bald auch für Weibchen Blauring von der letzten Dreierbrut, mit der er schon mit zehn Wochen flirtete, als beide am Kopf noch Reste des Jugendkleides trugen. Vgl. S. 56. Männchen Grünweiß war etwas schwächlich, hatte Schwierigkeiten mit der Jugendmauser und kränkelte auch den Winter über etwas. Er war aus diesem Grunde an Schnabelflirt oder anderen Balzspielen wenig interessiert. Wenn er sich darauf einließ, war es seine Schwester Gelborange, um die er sich schwach bemühte. Im übrigen zeigte er wie alle anderen Männchen weibliches Verhalten: Paarungsaufforderung und Nestbaubewegungen.

Die letzte der Dreierbruten war körperlich nicht vollwertig. Der Vogelliebhaber, von dem ich sie kaufte, hatte die Nestlinge in der üblichen, unzureichenden Weise aufgezogen und ihnen später in der Hauptsache Sonnenblumenkerne gegeben. So waren sie schon im Jugendkleid fett und schwerfällig. Alle drei erlagen deshalb im Winter als einzige ihres Jahrgangs einer Infektion. Männchen Schwarz flirtete häufig mit seiner Schwester Blau und forderte sie zur Begattung auf. Das Weibchen Grünrot sah ich nur gelegentlich Nestbaubewegungen machen.

So häufig und intensiv alle Junggimpel balzten – durch ein wenig Nistmaterial konnte ich jederzeit Nestbaubewegungen, Halmbalz und Paarungsaufforderung auslösen –, so wenig sachbezogen war doch alles, was sie dabei taten. Sie konnten mit Hingabe irgendwo Nestausmulden – Weibchen Gelb tat es mit Vorliebe in der hohlen Hand, die ich ihr hinhielt –, sobald aber irgend etwas ihre Aufmerksamkeit ablenkte, ließen sie das Nistmaterial fallen, vergaßen den eben noch umworbenen Partner und eilten zum Futternapf oder sprangen ins Badewasser. Erst wenn der Hormonspiegel steigt, werden diese Balzhandlungen planvoller und ausdauernder geübt und verlieren das vorher so spielerische Gepräge.

Es wäre falsch, aus dem Bestehenbleiben gleichgeschlechtiger Geschwisterpaare nach der Jugendmauser schließen zu wollen, die Vögel könnten die sexualdimorphen Gefiedermerkmale nicht erkennen. Später nämlich wählten sie den endgültigen Gatten immer vom anderen Geschlecht, gleichgültig, ob sie bisher mit einem Geschwister ihres eigenen oder des anderen Geschlechtes verlobt gewesen waren. So umwarb Männchen Rotweiß recht früh neben seiner Schwester Gelborange auch das fremde Weibchen Blau und fütterte sie schon im Alter von 20 Wochen, war also fest mit ihr verlobt. Auch Männchen Puck balzte schon Mitte September neben seiner Schwester Gigi, mit der er übrigens noch den ganzen Winter über verbunden blieb, recht intensiv Weibchen Gelb an und verließ um ihretwillen im Frühjahr seine Schwester. In beiden Fällen war bei allen beteiligten Partnern die Jugendmauser noch nicht abgeschlossen, das Geschlecht der Vögel aber auf den ersten Blick schon zu erkennen. Männchen Weiß verlobte sich, ohne darum seinen Bruder Grün zu vernachlässigen, mit Weibchen Gelb, Männchen Grün wählte deren Schwester Orange. Über die Rangordnungsverhältnisse bei diesen doppelt verlobten Vögeln und das eigentümliche Verhalten des Männchens Grünring vgl. S. 51.

Die Tatsache, daß alle meine Jungvögel trotz engster Geschwisterbindung die endgültige Verlobung mit einem familienfremden Partner vom anderen Geschlecht anstrebten, berechtigt uns wohl, die vorehelichen Geschwisterverlobungen beim Gimpel nicht als eine irreführende Gefangenschaftserscheinung zu werten. Wir wissen durch Heinroths und Lorenz' Beobachtungen, daß Graugänse und andere Anatiden mit engem Familienzusammenhalt sich nie in Geschwister verlieben und eher unverheiratet bleiben oder Verhältnisse mit artfremden Partnern anknüpfen, als mit einem der Geschwister, die sie von frühester Kindheit her kennen. Während bei vielen Kleinvögeln, bei denen die Geschwister sich recht bald nach dem Selbständigwerden in alle Winde zerstreuen, Verwandtschaftsehen aus Zufallsgründen sehr unwahrscheinlich sind, müssen die über lange Zeit im Familienverband lebenden Graugänse eine besondere Sicherung dagegen entwickeln. Es liegt nahe, bei *Pyrrhula* eine ebensolche Sicherung zu erwarten, zumal durch die enge Geschwisterbindung eine blutsfremde Partnerschaft gleichfalls in Frage gestellt ist.

Zur Biologie und Ethologie des Gimpels

Gegen Ende des Jahres lebten alle meine Junggimpel, die eine Geschwisterbindung eingegangen waren, doppelt verlobt. Das Brüderpaar Grün und Weiß hatte sich, wie gesagt, für das Schwesterpaar Orange und Gelb entschieden, wobei es ihnen nicht so genau darauf ankam, daß Männchen Grün nur Weibchen Orange und Männchen Weiß nur Weibchen Gelb fütterte. Oft fütterte der eine die Verlobte des anderen, vermutlich weil die Männchen die einander sehr ähnlichen Schwestern noch nicht unterscheiden konnten. Später aber waren es offensichtlich nur die gute persönliche Bekanntschaft und das Fehlen jeglicher Rivalität zwischen den Brüdern, die diese unnormalen Verhältnisse begünstigten.

Als erster löste Männchen Rotweiß seine immer schon recht lockere Verbindung mit seiner wenig balzfrohen Schwester Gelborange und hielt sich an Weibchen Blau. Nach ihrem Tod warb er um Weibchen Gelb, die aber um diese Zeit schon fest mit Männchen Weiß verlobt war und ihn trotz all seines Werbens nicht beachtete. Gelb war überhaupt das von allen am meisten begehrte und umworbene Weibchen. Außer Männchen Weiß und Männchen Rotweiß bemühte sich auch Männchen Puck schon im September um sie und machte ihr den ganzen Winter über Anträge, obwohl er sich bis zum Frühjahr hin noch eng an seine Schwester Gigi hielt und nach einwöchiger Trennung von der Erkrankten sich nicht genugtun konnte, um seiner Wiedersehensfreude Ausdruck zu verleihen. Aber als die Brutzeit im April näherrückte, vernachlässigte er seine Schwester mehr und mehr, ging auf ihre Aufforderungen zum Schnabelflirt nicht mehr ein und verfolgte ständig, allerdings in der für Gimpelmännchen bezeichnenden, zurückhaltenden Art mit Nistmaterial im Schnabel Weibchen Gelb, die sich ihm immer wieder entzog. Anfang Mai wurde er gegen die anderen Gimpelmännchen, vor allem gegen Weißring und Grünring derart feindlich, daß ich ihn immer wieder für einige Tage aussperren mußte.

Ungemein bezeichnend für die Trennung vom Geschwisterpartner war das Verhalten des besonders kräftigen und gesunden Weibchens Ohnering. Dieser Vogel hatte sich einem wildfarbenen Kanarienweibchen, seiner einstigen Pflegemutter, angeschlossen, ohne indes von ihr beachtet zu werden (vgl. S. 48). Im April, etwa zur gleichen Zeit, als Puck sich von seiner Schwester löste, verliebte sie sich in ihn, der aber nichts von ihr wissen wollte und nur hinter Weibchen Gelb her war. Vom gleichen Augenblick an vernachlässigte sie nicht nur das vordem so anhaltend umworbene Kanarienweibchen, sondern griff sie zuerst harmlos, wenige Tage später aber, besonders wenn Puck in der Nähe war, so heftig an, daß die Federn flogen und ich sie entfernen mußte. Kaum je wieder schlug das Verhalten zum ersten Partner so elementar aus »Liebe in Haß« um, wie bei Ohnering, als sie dem Puck Anträge zu machen begann. Auch Puck vernachlässigte ja seine Schwester Gigi von dem Augenblick an, da er sich intensiver um Weibchen Gelb bewarb. Daß er gegen Gigi nicht tätlich wurde, entspricht der absoluten Hemmung gesunder, erwachsener Gimpelmänner, ein Weibchen anzugreifen.

Die hoffnungslose Konfusion und die zunehmenden Kämpfe, die vor allem durch Puck und Ohnering entstanden, veranlaßten mich, einen Teil der Vögel in meinem Beobachtungsgebiet auszusetzen, um dort ihre endgültige Paarbildung unter natürlichen Verhältnissen weiter beobachten zu können. Da die Schwestern Gelb und Orange fest zu den Brüdern Weiß und Grün hielten und alle anderen Männchen abwiesen, behielt ich diese vier Vögel und setzte Puck, seine Schwester Gigi, Männchen Grünweiß und seine Schwester Orangegelb, Weibchen Ohnering und ein wildgefangenes Gimpelmännchen, das seit einem Jahr im Käfig und unverheiratet war, in den Mittagsstunden des 23. April 1953 im Zentrum meines Beobachtungsgebietes aus. Sie zerstreuten sich sehr bald in alle Richtungen und ließen anfänglich durch die fremde Umgebung verstört, keinerlei Zusammenhalt erkennen. Männchen Rotweiß gab ich fort, während Männchen Rotring mit dem großen nordischen Weibchen verheiratet wurde. Leider sah ich nur zwei der ausgesetzten Vögel wieder: nach zwei Wochen täglichen, vergeblichen Suchens, konnte ich eines Tages Puck beobachten, der bei der Nahrungssuche war und mich recht nahe herankommen ließ. Als er aufflog, folgte ihm ein Weibchen, das ich als Gigi ansprechen konnte. Ein unberingtes, unverheiratetes Männchen meines Gebietes hielt sich als dritter zu ihnen. Ich hatte den Eindruck, daß Gigi ihren Bruder wieder aufgesucht hatte, obgleich beide beim Aussetzen nach verschiedenen Richtungen davongeflogen waren. Sie war es ja auch, die vorher sich immer noch an Puck gebunden fühlte, obgleich er sich schon von ihr losgesagt hatte. Allerdings war ihr Verhältnis in diesen Tagen schon in der endgültigen Auflösung begriffen; in der Folgezeit sah ich Gigi immer häufiger ohne Puck in Gesellschaft des unberingten, fremden Männchens, während Puck allein blieb. Trotz aller Bemühungen gelang es mir aber nicht, Gigis Nest zu finden. Puck blieb ganz sicher den Sommer über unverheiratet. Ich traf ihn häufig bei meinen Beobachtungsgängen und erkannte ihn mit Sicherheit, etwa wenn er über mir in einer Fichte verborgen saß, an seinem Gesang, durch den er sich von allen anderen Gimpeln meines Beobachtungsgebietes unterschied.

Die beiden Geschwisterpaare Männchen Weiß und Männchen Grün sowie

Zur Biologie und Ethologie des Gimpels

Weibchen Orange und Weibchen Gelb bewohnten den großen Flugkäfig von nun an alleine. Obgleich jeder einen fremden Partner vom anderen Geschlecht hatte, lösten sie sich nicht völlig vom Geschwister, sondern setzten das doppelte Verlobungsverhältnis fort und lebten das Frühjahr und den ganzen Sommer hindurch einträchtig zusammen (Abb. 12). Die Männchen ließen nicht nur jede Spur von Rivalität vermissen, sondern sie machten auch nie Anstalten, den gelegentlichen Paarungsaufforderungen der Weibchen Folge zu leisten. Die beiden Schwestern Orangering und Gelbring kamen ihrerseits über spielerische Nestbauversuche nicht hinaus und schritten nicht zur Brut. Beide Paare waren im Spätwinter durch unvorsichtige zusätzliche Fütterung mit Sonnenblumenkernen etwas fett geworden; deshalb kamen sie nicht in volle Fortpflanzungsreife, in der sich Geschwister trennen.

Als nämlich Ende Dezember die beiden Weibchen unerwarteterweise in Brutstimmung kamen, nachdem sie kurz vorher ihr überschüssiges Fett ver-

Abb. 12 Weißring füttert seinen Bruder Grünring. a) Grünring (rechts) sieht zu Weißring auf, der Futter im Schnabel sammelt,
b) Weißring (rechts) füttert Grünring.

loren hatten, wurden sie in wenigen Tagen derart unverträglich gegeneinander, daß ich sie trennen mußte. Ich ließ das eine Paar frei fliegen, während das andere weiterhin den großen Flugkäfig mit drei anderen Gimpelpaaren teilte. Nach wenigen Tagen bekämpften sich auch die Männchen, die sich kurz vorher noch gefüttert hatten, wütend durch das Gitter. In allerkürzester Zeit hatten also diese beiden Geschwisterpaare, die weit über ein Jahr doppelt verlobt gewesen waren und an deren normale Paarbildung ich nicht glaubte, getrennt und bewiesen gerade durch die Unzeit, zu der sie sich trennten, daß es das Gonadenwachstum ist, das die Geschwisterbindung endgültig löst.

Wohlgemerkt griffen alle vier Vögel nicht blindlings alle Artgenossen ihres Geschlechtes an, sondern in erster Linie ihre gleichgeschlechtigen Geschwisterpartner. Weibchen Orange bekämpfte mit unglaublicher Erbitterung ihre Schwester Gelb und ließ, solange diese im Blickfeld war, die anderen Gimpelweibchen unbehelligt. Die Männchen Weiß und Grün verhielten sich ebenso. Ich glaube nicht, daß diese betonte Unverträglichkeit gegen das Geschwister ein Zufall war, sondern bin überzeugt, daß sie einen wesentlichen Teil jener Sicherung ausmacht, die das Zustandekommen blutsfremder Ehen gewährleistet.

8. Das Verhalten isoliert aufgezogener Vögel

Isoliert aufgezogene Gimpel kann man von den Gimpelabrichtern im Vogelsberg und in der Rhön beziehen, die im Dezember jedes Jahres die sogenannten »Stümper« abgeben, die nicht lernen wollen. Sie und die »liedersingenden« Artgenossen gleicher Herkunft, die ich kennenlernte, waren menschengeprägt. Da aber von keinem der Vögel das Alter bekannt war und sie auch keine Gelegenheit hatten, mit Artgenossen in Beziehung zu treten, sagten diese Gelegenheitsbeobachtungen vor allem über den Zeitpunkt der Prägung nichts aus. Ich erwarb deshalb im Dezember 1952 fünf Männchen und fünf Weibchen, die aus Juni- und Julibruten des gleichen Jahres stammten, und *vom Tage des Ausfliegens an isoliert* gehalten worden waren.

Normalerweise bestimmen beim Gimpel die Geschwister das spätere geschlechtliche Verhalten. Jungvögel, die ich in der Geschwistergemeinschaft aufzog, blieben wohl späterhin vertraut und anhänglich, balzten aber – mit einer Ausnahme – nie einen Menschen an.

Die isoliert aufgezogenen Männchen benahmen sich grundverschieden.

Zur Biologie und Ethologie des Gimpels

Während zwei von ihnen normales Geschlechtsverhalten zeigten, mich weder anbalzten, noch mit der einfachsten Geste geschlechtlicher Annäherung, dem Schwanzseitwärtsstellen, bedachten, begrüßte mich ein drittes Männchen schon nach wenigen Tagen und flirtete, sobald ich an den Käfig trat. Vor den anderen Gimpeln hatte es eine solche Angst, daß es wie unsinnig im Käfig tobte. Ich trennte ihn deshalb von den Artgenossen, hielt ihn aber so, daß er sie sehen konnte. Als er sich an die neue Umgebung gewöhnt hatte, ließ ich ihn täglich frei fliegen. Er folgte mir mit dem bezeichnenden kurzbogig-geräuschvollen Flug des verliebten Gimpelmännchens durch alle Zimmer, kam schnabelflirtend auf die Schulter und war, wie ich glaubte, fest auf den Menschen eingestellt. Männchen Vier verhielt sich ähnlich, nur etwas zurückhaltender. Männchen Fünf war ein Kümmerling, hatte nur $^2/_3$ des Normalgewichts, ein sehr mangelhaftes Großgefieder und dünnes Kleingefieder, zeigte alle Schäden der unnatürlichen Aufzucht (S. 35) und verhielt sich dementsprechend wie ein Weibchen, d. h. er griff mich an und kämpfte (S. 21). Um den Zeitpunkt der Prägung zu finden, jenes Lebensalter also, von dem ab das Objekt der geschlechtlichen Triebhandlungen fixiert und nicht mehr umstimmbar ist, ließ ich vor allem Männchen Drei mit dem ihm zugedachten Weibchen oft freifliegen. So konnte es sich ebensogut dem Weibchen nähern, wie ihm ausweichen. Tatsächlich gewöhnte es sich an das mitumherfliegende Weibchen und begrüßte es schon nach kurzer Zeit durch Schwanzseitwärtsstellen, allerdings immer noch auf großen Abstand. Schon vorher hatte auch Männchen Vier mit dem ihm zugesellten Weibchen zu flirten begonnen, und Ende Januar 1953 fütterten beide Männchen ihre Weibchen, ohne indes ihre Beziehungen zu mir völlig abzubrechen.

Das Verhalten dieser isoliert aufgezogenen Gimpelmännchen erinnerte stark an das meiner normal aufgewachsenen Jungvögel. Auch dort waren beide Geschlechter eine Zeit lang doppelt verlobt, nämlich mit dem Geschwister und dem fremden künftigen Ehegatten, und es gab alle Übergänge von schwacher, kaum angedeuteter Geschwisterbindung bei den nicht vollwertigen Individuen Weibchen Grünrot, Männchen Grünweiß und Weibchen Gelborange über das, wie ich glaube, typische Verhalten von Männchen Puck, Weibchen Ohnering und Weibchen Gigi bis zu den das doppelte Verlobungsverhältnis übermäßig lange hinausziehenden Geschwisterpaaren Weiß-Grün und Orange-Gelb. Ebenso fand ich hier bei den 5 Männchen alle diese Ausprägungen schwacher, normaler und übersteigerter Bindung an den Geschwisterersatz vor, dessen Stelle bei diesen *isoliert* aufgezogenen Vögeln der *Mensch* einnahm.

Männchen Eins und Zwei nahmen die ihnen zugedachten Weibchen ohne weiteres an, lösten also ihr Verlobungsverhältnis zum Menschen auf der Stelle, sobald ihnen artgleiche Partner zur Verfügung standen. Wahrscheinlich hat ihnen der Umgebungswechsel und die Trennung von der vertrauten Person des früheren Pflegers die Umstellung erleichtert.

Die Männchen Drei und Vier verhielten sich bis in alle Einzelheiten wie die um die gleiche Zeit ebenfalls doppelt verlobten, selbstgezüchteten Jungvögel. Die Stelle des *Geschwisterpartners* vertrat ich, die des zukünftigen *Ehepartners* aber nahmen die ihnen beigegebenen Weibchen ein. Männchen Drei schloß sich sehr bald seinem Weibchen fester an und vernachlässigte mich, während Männchen Vier mich lange Zeit seiner Frau ganz offensichtlich vorzog. Auch bei diesen Vögeln war also die Bindung zum Geschwisterpartner verschieden stark und dementsprechend leichter oder schwerer zu lösen.

Gibt man einem isoliert aufgezogenen Männchen kein artgleiches Weibchen, so übernimmt es schließlich den vertrauten Menschen, der hier die Valenz des Geschwisters hat, als Ehepartner. Von diesem sicher recht spät liegenden Zeit»punkt« ab ist das Triebleben *irreversibel* auf den Menschen fixiert. Weibchen Gigi trennte sich von ihrem Bruder Puck erst im Alter von 10 Monaten, und wahrscheinlich ist auch kein isoliert aufgezogener Vogel vor dem Abschluß seines ersten Lebensjahres unwiderruflich auf den Menschen geprägt. Der experimentelle Beweis dafür ließe sich führen, wenn man die isoliert aufgezogenen und gehaltenen Vögel mehrerer Gruppen, von denen jede mindestens 5 Männchen und 5 Weibchen umfassen müßte, in verschiedenem Alter vom siebenten Lebensmonat ab gruppenweise zusammensetzte und somit erstmalig mit Artgenossen in Berührung brächte. Auch ohne diesen zeitraubenden Versuch gemacht zu haben, nehme ich an, daß die sensible Periode bei den einzelnen Vögeln verschieden lang ist, aber wohl allgemein vor Ablauf des zweiten Lebensjahres endet. Ein eineinhalb- bis zweijähriger Gimpel dürfte nicht mehr umzustimmen sein.

Die geschlechtlichen Triebhandlungen und das Bedürfnis nach Zärtlichkeit sind bei einem solchen, fest menschengeprägten Gimpelmännchen in unglaublicher Weise hypertrophiert. Ein Männchen, das voll ausgefärbt im Juni 1951 in meinen Besitz kam, ruft, wenn es allein ist, Stunden um Stunden, bis eines der Familienmitglieder heimkehrt. Wie alle mir bekannten menschengeprägten Gimpelmännchen zieht es Männer deutlich Frauen vor, offensichtlich weil durchweg Männer sich mit der Aufzucht und Abrichtung der Junggimpel befassen. Auch bei Papageien ist wohl das Geschlecht der

Person, die für den Jungvogel die erste »große Liebe« bedeutet, dafür bestimmend, ob er zum »Herren«- oder »Damenvogel« wird. Wie Grzimeks (1949) Umfrage ergab, bevorzugten nur zwei Drittel der erfaßten Papageien eindeutig Männer oder Frauen. Ich bin überzeugt, daß dieses Verhalten, in Analogie zu dem menschengeprägter Gimpelmännchen, aus der Vorgeschichte der Vögel zu erklären ist. Der Papagei, der durch Jugenderlebnisse zum »Herrenvogel« wurde, kann während der langen Abwesenheit des geliebten Hausherrn die ständig anwesende Hausfrau als Ersatz annehmen, wenn diese sich viel mit ihm beschäftigt. Sobald aber der Hausherr wieder erscheint, beachtet er die Ersatzperson gewöhnlich nicht weiter. Fremde Frauen lehnt ein Herrenvogel in der Regel völlig ab, während er fremden Männern wohl immer freundlicher gesinnt ist. Je *ausschließlicher* die Jugendeindrücke eines solchen Vogels mit dem einen oder anderen Geschlecht verknüpft sind, desto *ausgesprochener* ist er im späteren Leben »Herren«- oder »Damenvogel«.

Das erwähnte Männchen von 1951 ließ sich niemals mit artgleichen Weibchen verpaaren. Es balzt am intensivsten meinen Bruder (Abb. 13 a, b) und mich an, erkennt uns, wenn wir laut sprechen, durch zwei geschlossene Zimmertüren an der Stimme und ruft, wenn er nur die Wohnungstür gehen hört. Meine Schwester ist ihm völlig gleichgültig; kommt sie an den Käfig und spricht mit ihm, so greift er sie an. An meine Mutter hat er sich gewöhnt und balzt auch sie an, allerdings nie so intensiv wie die Männer der Familie. Fremde Frauen lehnt er ab und greift sie an; fremde Männer behandelt er meist sehr freundlich.

Im Gegensatz zu normalen Gimpelmännchen singen menschengeprägte Vögel den geliebten Partner viel und lebhaft an und versuchen ihn auch singend zu begatten. Dieses vom Normalen abweichende Verhalten steht in engstem Zusammenhang mit dem überbetonten sonstigen Geschlechtsverhalten solcher körperlich nicht vollwertiger Individuen. Fast ständig, auch im Winter, trägt der Vogel Nistmaterial im Schnabel und läßt den Nestlockruf hören. Er kennt die Vorbereitungen zum Weggehen und lockt sofort anhaltend, wenn er sieht, daß ich mir den Mantel anziehe. Stundenlang wartet er mit gefülltem Kehlsack, bis man ihm Zeigefinger und Daumen zu einem »Schnabel« aneinandergepreßt hinhält und sich füttern läßt (c). Weckt man den Vogel mitten in der Nacht auf, so ist er sofort hellwach und schnabelflirtet oder singt.

Ganz anders verhielten sich die fünf isoliert aufgezogenen Weibchen, die, wie sehr viele körperlich unterentwickelte Tiere, stark hypertrophierte se-

Abb. 13 Menschengeprägtes Gimpelmännchen. a) Mit dem Gesicht des Menschen, b) mit dessen Hand schnabelflirtend, c) füttert zwischen Daumen und Zeigefinger. Bauchgefieder beim Schnabelflirt (Abb. 5, 14a und b) gebläht, beim Zärtlichkeitsfüttern glatt angelegt.

Zur Biologie und Ethologie des Gimpels

xuelle Reaktionen zeigten. Wenn ich den Raum betrat, in dem diese Weibchen in Einzelkäfigen untergebracht waren, so begrüßten mich alle gleichzeitig sehr intensiv mit weit herabgebeugtem Körper. Trat ich jedoch näher an die Käfige heran, so steigerte sich die Erregung so sehr, daß ihr Drohen immer ursprünglicher und weniger ritualisiert wirkte, bis sie schließlich alle am Käfiggitter hingen und wie rasend die näherkommende Hand bekämpften. Als ich jedem dieser Weibchen ein Männchen zugesellte, behandelten sie diese ebenso wie mich selber. Ihr Drohen verlor mehr und mehr seinen rituellen Charakter, und die Begegnung endete regelmäßig mit einer Hetzjagd. Bezeichnend für die Eindruckskraft des Drohens war die Tatsache, daß selbst die stärksten Männchen ihr Gegenimponieren nach einigen Versuchen aufgaben und flüchteten.

Wenn ein solches Paar, bei dem der weibliche Partner als Folge langer Isolierung ständig sexuell schwellenerniedrigt ist, auch mit der Zeit leidlich miteinander auskommt, entwickelt sich doch kein normales Zusammenleben. Immer wieder macht das Weibchen von seiner Überlegenheit tätlichen Gebrauch, was man bei einem normalen Gimpelpaar, bei dem der Mann der Ranghöhere ist, nie zu sehen bekommt.

Zusammenfassend läßt sich sagen: Isoliert aufgezogene Männchen sind zum Pfleger zärtlich, die Weibchen angriffslustig, so wie normal aufgewachsene Männchen es den Weibchen und Weibchen es den Männchen gegenüber sind. Dem Weibchen macht es die Übersteigerung seiner Begrüßungszeremonie und der Fortfall ihrer Ritualisation, die aus der Hypertrophie ihrer sexuellen Reaktionen resultieren, unmöglich, sich dem Pfleger so innig anzuschließen wie Männchen. Da ich keines dieser Weibchen, ganz im Gegensatz zu allen menschengeprägten Männchen, zum Schnabelflirt mit mir bewegen konnte, müssen dem Menschen irgendwelche Auslöser fehlen, auf die diese Triebhandlungen ansprechen. Der angeborene Auslösemechanismus für diese Balzhandlungen könnte beim Weibchen komplexer sein als beim Männchen, wo er immerhin noch merkmalsreich genug ist, um zu verhindern, daß ein isoliert aufgezogener Vogel, der nach sechs Monaten Artgenossen sieht, zum Menschenvogel wird.

Lautäußerungen

Der *Lockruf*, die auffälligste und bekannteste Lautäußerung des Gimpels, ein trotz seiner sanften Klangfarbe akustisch recht wirkungsvolles und ziemlich weit hörbares »Diü – diü –«, kennt der Feldbeobachter besonders von den nahrungssuchenden Gimpelschwärmen im Herbst und Winter. Die umherstreifenden Trupps verlieren immer wieder einzelne ihrer Mitglieder oder Paare, die dann durch lautes Rufen wieder Anschluß suchen.

In der Brutzeit hört man den Lockruf auch, aber viel weniger häufig. Da das Paar für sich allein bleibt und die Gatten voneinander wissen, ist viel weniger Anlaß zum Rufen. In der Brutzeit gilt der Lockruf immer *nur dem Partner*, im Winterschwarm dagegen in der Regel jedem Schwarmgenossen, der ihn hört. Aber immer, wenn man das brütende Weibchen vom Nest treibt oder die Gatten sonstwie unfreiwillig getrennt werden, oder bei Gefahr für Nistplatz und Junge locken sie auch in der Brutzeit.

Wie die überragende Bedeutung, die der Lockruf unter allen Lautäußerungen des Gimpels innehat, erwarten läßt, *erkennen* sich die Vögel daran *persönlich*. Die brütenden Weibchen antworten ihren mit Futter anfliegenden Männchen schon auf deren ersten Lockruf aus großer Entfernung und eilen ihnen entgegen; dagegen ließen sie alle Rufe von Gimpeln, die ich in der Nähe des Nestes ansetzte, vollkommen unbeachtet. Die sich in der Literatur wiederholenden Angaben, daß man Gimpel »sehr leicht« durch Nachahmen des Lockrufes heranholen und zum Antworten bringen könne, kann ich nicht bestätigen. Das mag im Winter für versprengte Individuen gelten, die bei ihrer Suche nach Artgenossen auf alles antworten, was irgendwie an Gimpelrufe erinnert, trifft aber auf Brutvögel durchaus nicht zu.

Der *Stimmfühlungslaut* ist ein leises, nur für kürzere Entfernungen bestimmtes, *bit - bit*, das Heinroth (1926) sehr bezeichnend *Unterhaltungstöne* nennt. Gemeinsam futtersuchende, ruhende oder nestsuchende Paare unterhalten sich mit *bit - bit -*; mit *bit - bit -* fliegen auch die Männchen ab, die ihre Weibchen zum Nest geführt haben.

Gefahr von oben zeigen Gimpel durch ein gedehntes, eindringliches, etwas klagend klingendes *Dü - dü -* an, das in seiner Klangfarbe an die Luftwarnungen von Zeisigen und Girlitzen erinnert. Eine Warnung für Bodenfeinde haben Gimpel als ausgesprochene Baumvögel nicht.

Ebenso wie Hartlaubsgirlitze, Graugirlitze und ein Yarrellszeisig antworteten auch meine Gimpel auf das klagende *Die - die - die -*, das ein Stieglitzmännchen nach einer gelungenen Begattung hören ließ, regelmäßig im Warnrufen. Auch uns klingen diese beiden Laute ungemein ähnlich.

Der *Nestlockruf* ist ein tiefes, etwas heiser klingendes *Chruiiehr - chruiiehr -*, das nur kurz vor und gelegentlich während des Nestbauens vom Männchen zu hören ist.

Zur Biologie und Ethologie des Gimpels 61

Wütende Gimpel äußern ein heiseres, schnell wiederholtes *Chier-chier-chier*, das einsilbig unter Beimischung von *ä* zum ritualisierten Drohen wird.

Den *Schreckensschrei* des Gimpels, ein kreischendes, mit weit offenem Schnabel vorgebrachtes *Chruääh* - hört der Pfleger von zahmen oder halbzahmen Vögeln fast nie, da er sie gar nicht in die dafür notwendige Schreckstimmung bringen kann. Auch von Wildlingen bekommt man ihn nur dann zu hören, wenn man sie nachts während des Schlafes mit der Hand ergreift. Einmal stieß ein Weibchen, das ich auf dem Nest gefangen hatte, während des Überziehens der Ringe den Schreckensschrei aus. Meine Befürchtung, daß der Vogel das Nest nicht mehr aufsuchen würde, war unbegründet; nach kurzer Zeit saß er wieder auf den Jungen. Auch Nestlinge lassen kurz vor dem Ausfliegen, wenn sie sehr erschreckt werden, den Schreckensschrei hören, der dem der Altvögel schon sehr ähnlich klingt.

Hudernde oder mit Futter zum Nest anfliegende Weibchen fordern die schlafenden Jungen mit einem eigentümlichen tiefen, aufwärts modulierenden *U*-Laut zum Sperren auf. Diese »Aufforderung zum Sperren« scheint weit verbreitet zu sein. Ich hörte sie sehr ähnlich auch bei einem fütternden Schamaweibchen (*Copsychus malabaricus*).

Neugeborene rufen leise in Abständen von etwa 2 Sek. aufeinanderfolgend *di - di - di -*. Etwa am 5. Lebenstage folgt als Sperrlaut ein *dsriieh - dsriieh*, das dann allmählich in das *Nestlingsbetteln* der größeren Jungen, ein gedehntes *Dü - i - eh* übergeht. Der *Standortruf* der ausgeflogenen Jungen ist ein nicht sehr lauter *Diel -- diel -- diel*. Sind die Jungen gesättigt, so hört man ein leises, an den Behaglichkeitslaut frischgeschlüpfter Hühnerkücken erinnerndes *Trr - trr - trr -*, das »*Trillern des Gesättigtseins*«. Der Standortruf ist bei den selbständigen Jungen eine Zeitlang die einzige Lautäußerung. Es geht im Alter von 6 Wochen fließend in den Lockruf über.

Zusammenfassung

Freilebende und in Gefangenschaft gehaltene Gimpel wurden 5 Jahre lang beobachtet.

Pyrrhula ist ein ausgesprochener Körneresser. In den Frühjahrs- und Sommermonaten verzehrten und verfütterten die Vögel die halbreifen Samen von *Taraxacum* und *Sonchus, Viola tricolor, V. Riviniana* und *Spiraea opulifolia*.

Im Herbst und Winter lebten sie vorwiegend von Wacholder-, Eberesenbeeren und Hagebutten, weiterhin von Knospen und den Samen verschiedener Laub- und Nadelbäume. An die Löwenzahnfruchtstände gelangten die Vögel, indem sie den Stiel anflogen und zu Boden drückten; *Sonchus*-Fruchtstände wurden oft rüttelnd abgebissen und am Boden bearbeitet. Käfigvögel tragen große Nahrungsbrocken, die sie nicht als Ganzes im Schnabel verarbeiten können, auf den Käfigboden oder auf eine breite Unterlage. Im Unterschied zu den *Carduelis*-Arten halten sie die Nahrung nie mit den Füßen fest.

Weibchen und Männchen schließen meist durch ein bestimmtes Zeremoniell Bekanntschaft. Das Weibchen droht ein Männchen rituell an, während dieses durch Blähen des Bauchgefieders und Schwanzseitwärtsstellen gegenimponiert. Geschlechtlich stark erregte Weibchen lassen die Ritualisation fallen, drohen ernstlich und greifen die Männchen an, die nicht gegenimponieren. Gesunde Gimpelmännchen haben eine absolute Hemmung, ein Weibchen anzugreifen. Sie reagieren auf das Drohen eines Weibchens nie kämpferisch, sondern imponieren oder flüchten. Mit der gleichen Zeremonie, die die Partner miteinander bekannt macht, begrüßen sich später die Gatten.

Der »Schnabelflirt« ist die ritualisierte Form des »Zärtlichkeitsfütterns« und hat symbolischen Charakter. Er unterscheidet sich von seinem Vorbild durch das betonte Aufeinanderzugehen und Voneinanderweichen der Partner und den schnelleren Ablauf der sammelnden Schnabelbewegungen, durch die das Männchen das Weibchen auf seine Absicht aufmerksam macht. Im Gegensatz zu Zeisigen und Girlitzen flirten Gimpel stumm.

Verlobte und verheiratete Männchen füttern ihre Weibchen aus dem Kropf. Dieses »Zärtlichkeitsfüttern« ist eine dem Funktionskreis der Kinderpflege entnommene, bei Vögeln verbreitete Triebhandlung. Die aktive Rolle der fütternden Eltern spielt der ranghöhere Gatte, im Normfall das Männchen. Das Weibchen läßt sich füttern und zwar auch in der Haltung des unselbständigen Jungvogels.

Erkrankt das Männchen oder büßt es vorübergehend seine Aktivität ein, so übernimmt das Weibchen sofort seine Rolle. Für ein normales Zusammenleben der Partner und den ungestörten Verlauf der Brut und Aufzucht der Jungen ist die Dominanz der Männchen Voraussetzung.

Durch Vorweisen von Niststoffen (Halmbalz) synchronisieren sich die Partner. Begattungslustige Weibchen gehen auf Suche nach Genist und jeder Fund macht sie paarungsbereiter. Männchen zeigen das gleiche Appetenzverhalten; sie tragen oft während der Begattung Genist im Schnabel.

Der Gesang des Gimpels ist, da er keinerlei Funktion für die Revierverteidigung hat, schwach und akustisch bedeutungslos. Bei der Paarbildung spielt er keine Rolle und hat normalerweise keinen werbenden und nie kämpferischen Charakter. Das Spöttertalent des Gimpels ist groß. Beide Geschlechter singen.

Das Männchen wählt den Nistplatz und macht das Weibchen durch den Nestlockruf darauf aufmerksam. Gimpel nisten mit Vorliebe in Koniferen, in Waldgebieten hauptsächlich in Jungfichten, auf Friedhöfen und in Anlagen in *Taxus* und *Thuja,* aber auch in *Buxus,* Eichen- und Buchenhecken.

Gimpelnester bestehen aus einem Unterbau, den das Weibchen aus locker geschichteten Reisern anfertigt, und dem daraufsitzenden Nest, das vorwiegend oder ganz aus Würzelchen geflochten ist. Das Männchen ist am Nestbau nicht beteiligt.

Die Begattung findet nur auf ausdrückliche Einladung des Weibchens statt, in der Regel beim ersten Morgengrauen auf den Schlafplätzen. Die bei Girlitzen häufig vorkommenden Vergewaltigungs-Hetzjagden gibt es bei *Pyrrhula* nicht.

Gimpel leben in Dauerehe; die Gatten halten auch den Winter über zusammen. Ein 6 Monate getrenntes Paar erkannte sich »auf den ersten Blick« wieder. Gesunde Gimpelmännchen begatten gelegentlich auch fremde Weibchen, ohne daß die Ehe darunter litte.

Die Brutzeit dauert von April bis September. Das erste Nest begannen die Weibchen in meinem Beobachtungsgebiet in den letzten Apriltagen zu bauen. Nestlinge findet man bis in den September hinein. Gimpel machen mindestens zwei, in besonders günstigen Fällen wohl auch drei Bruten. Werden die Gelege zerstört oder die Nestjungen geraubt, so kann es ein Weibchen im Laufe des Sommers auf vier, fünf, selbst sechs Gelege bringen.

Die meisten Gelege bestehen aus fünf Eiern, in 25 % der Fälle aus vier oder sechs. Nur das Weibchen brütet; es beginnt am Morgen nach der Ablage des vierten Eies und wird während der ganzen Brutzeit vom Männchen mit Nahrung versorgt. Es fliegt auf das Locken des Männchen ab, läßt sich füttern und wird von ihm wieder zum Nest zurückgeführt. Das Männchen entfernt sich daraufhin sofort aus der Nähe des brütenden Weibchens.

Die Jungen schlüpfen am Morgen des 14. Bruttages. Das Weibchen trägt die Eierschalen aus dem Nest. Die erste Fütterung findet schon kurz nach dem Abtrocknen statt.

Falsch aufgezogene Gimpelweibchen versagen besonders häufig zur Zeit des Schlüpfens der Jungen. Eines trug die Jungen ebenso wie die Eierschalen kurz nach dem Schlüpfen als Fremdkörper aus dem Nest. Andere Weibchen versagten beim Hudern.

Junge Gimpel werden bevorzugt mit halbreifen Sämereien gefüttert. Die Fassungskraft des Gimpelkropfes ist nicht sehr groß; sein Inhalt wandert rasch in den Magen. Die Altvögel füllen sich, wenn die Jungen größer werden und viel Nahrung brauchen, außer dem Kropf auch den Kehlsack. Sie kommen häufig gemeinsam zum Füttern ans Nest.

Da die Nestlinge in der Mulde mit den Köpfen nach innen liegen, können sie fast gleichzeitig sperren, wenn der Altvogel erscheint. Bei der Fütterung richten sie sich gewöhnlich Bauch an Bauch aneinander auf.

Am Morgen des zehnten Lebenstages erkennen die Jungen den Menschen erstmals als nestfremd, drücken sich und sperren ihn abwehrend an. Kurz vor dem Flüggewerden neigen die Jungen dazu, bei Störungen den Schreckensschrei auszustoßen. Läßt eines der Nestgeschwister diesen Laut hören, so springen alle aus dem Nest und versuchen sich zu verstecken.

Im Gegensatz zu Girlitzen, Zeisigen und Hänflingen tragen Gimpel die umhäuteten Kotballen der Nestlinge fort. Da Gimpel ihre Jungen, ebenso wie jene, rein pflanzlich ernähren, ist der Schluß, daß der nicht umhäutete Kot von Girlitznestlingen auf das pflanzliche Aufzuchtfutter zurückzuführen sei, nicht zulässig.

Verluste treten während der Bebrütung des Geleges verhältnismäßig selten ein. Die Jungen sind viel mehr gefährdet. Ein großer Teil der Nestlinge fiel Eichelhähern zum Opfer. In zwei Nestern wurden die Jungen von Wespen skelettiert. Auch Milben und Dipterenlarven können in solchen Massen auftreten, daß die Nestlinge an Entkräftung eingehen.

Im Gegensatz zu Altvögeln können die Nestlinge beide Körperseiten gleichzeitig strecken. Dabei werden die Beine im Fersengelenk, die Flügel im Ellenbogen- und Handgelenk extrem weit nach hinten gestreckt, während der Jungvogel auf dem Brustbeinkamm weit über den Nestrand rutscht.

Die Nestlingszeit beträgt 16 Tage. Die flüggen Jungen sitzen in den ersten Tagen noch viel auf der Brust und bewegen sich wenig. Bei der Kotentleerung trippeln sie rückwärts, wie sie es im Neste auch taten. Die ersten zwei Nächte nach dem Ausfliegen schlafen die Jungvögel noch auf beiden Beinen.

Triebhandlungen der Kinderpflege treten bei Gimpeln schon in früher Jugend auf. Ein 20 Tage altes Männchen huderte ein jüngeres Nestgeschwister und trug dessen Kot fort.

Mit 24 Tagen nehmen in Gefangenschaft gezüchtete Junggimpel schon

Zur Biologie und Ethologie des Gimpels 65

selbständig Nahrung auf; wenige Tage später sind sie unabhängig. Im Freien brauchen sie längere Zeit, bis sie sich selbst ernähren können. Vom 20. Lebenstage an beknabbern sie alles Knospen- und Beerenförmige.

Die erste Kleingefiedermauser beginnt im Alter von acht Wochen und ist mit etwa vier bis fünf Monaten abgeschlossen. Ein Jungvogel, der an einer Entwicklungshemmung litt, bekam, außer am Kopf, primär das Alterskleid.

Junggimpel verloben sich noch im Jugendkleid mit einem Geschwister. Alle jungen *Männchen* zeigen bis in den Winter hinein *rein weibliches Verhalten*; sie machen Nestbauversuche und fordern zur Begattung auf. Da sich die Geschlechter im Jugendkleid auch durch ihr Verhalten nicht unterscheiden, bilden sich Männchen-, Weibchen- und gemischte Geschwisterpaare. Fehlt ein Geschwisterpartner, so kann ein artfremder Vogel, dem der Junggimpel sich durch besonders enge persönliche Bekanntschaft verbunden fühlt, an dessen Stelle treten.

Die Geschwisterverlobungen werden früher oder später aufgelöst, und beide Partner suchen sich einen fremden Ehegatten vom anderen Geschlecht. Während sich die meisten zu Beginn der Brutzeit vom Geschwisterpartner trennten, blieben zwei gleichgeschlechtige Geschwisterpaare auch ihren zweiten Sommer über zusammen. Da jeder von ihnen außerdem einen »richtigen« Partner hatte, waren sie doppelt verlobt. Ihr abnormes Verhalten war auf Verfettung und demgemäß zu geringes Gonadenwachstum zurückzuführen.

Bei *isoliert* aufgezogenen Gimpeln tritt der Mensch an die Stelle des *Geschwisterpartners*. Kommt der Jungvogel im Herbst und Winter mit Artgenossen des anderen Geschlechts zusammen, so löst er sein Verhältnis zum Menschen mehr oder weniger und verlobt sich mit einem Gimpel. Hält man ihn jedoch weiterhin isoliert, so ist er endgültig auf den Menschen geprägt.

Isoliert aufgezogene Gimpelmännchen sind zum Pfleger zärtlich und füttern ihn. Da sie meist von Männern aufgezogen und betreut werden, ziehen sie diese Frauen vor. Weibchen greifen den Menschen an und bekämpfen ihn. Das unterschiedliche Benehmen ist bei beiden Geschlechtern auf das normale Geschlechtsverhalten zurückzuführen.

Familientradition in der Gesangsentwicklung des Gimpels
(Pyrrhula pyrrhula L.)

Die Beziehungen zwischen Elternvogel und Nachkommenschaft gehören zu den stärksten sozialen Bindungen, die wir bei Wirbeltieren finden können. Der Grad der persönlichen Tiefe dieser Eltern-Kind-Beziehung wechselt von Gruppe zu Gruppe, ja von Art zu Art. Neben dem hochdifferenzierten Familienleben und der ungewöhnlich lang andauernden Brutfürsorge der Graugans (*Anser anser*) haben wir – in der gleichen Vogelordnung – das völlige Fehlen jeder Jungenpflege bei der Schwarzkopfente (*Heteronetta atricapilla*), die die Bebrütung ihrer Eier und die Aufzucht der Kücken anderen Entenarten (*Metopiana peposaca* u. a.) anvertraut.

Im allgemeinen läßt sich sagen, daß die Innigkeit des ehelichen Kontaktes ein Maß für die Innigkeit der Beziehungen zwischen Eltern und Kindern ergibt. Je fester der persönliche Kontakt ist, der den Zusammenhalt des Paares garantiert und je weniger das Eheleben der Partner in seiner Dauer sich auf den unbedingt notwendigen Zeitabschnitt der Brutfürsorge beschränkt, desto ausdrucksreicher ist in der Regel auch das Verhältnis, das Eltern und Jungvögel zueinander haben.

Die Differenzierung des Familienlebens hat nun eine Reihe von Sonderformen des Verhaltens gezeigt, die keinen unmittelbar arterhaltenden Sinn mehr erkennen lassen. In zunehmendem Maße kann hier Tradition an die Stelle angeborener Verhaltensweisen treten. Eine dieser Sonderformen in der Eltern-Kind-Beziehung sei hier aus der Ethologie des Gimpels besprochen. Wir werden sehen, daß sich analoge Erscheinungen auch in anderen Vogelordnungen finden lassen.

Die hier mitgeteilten Beobachtungen stellen Nebenprodukte zehnjähriger ethologischer Studien am Gimpel (Nicolai 1956) dar. Während dieser Zeit züchtete ich die Art in ununterbrochener Geschlechtsfolge; so hatte ich unter

Familientradition in der Gesangsentwicklung 67

anderem auch Gelegenheit, die Gesänge mehrerer aufeinanderfolgender Generationen miteinander zu vergleichen. Dabei ergaben sich Gesetzmäßigkeiten, die eine besondere Form der Eltern-Kind-Beziehung beleuchten und mir weiterhin einen Einblick in die dem Sprechenlernen der Papageien, Corviden und Sturniden zu Grunde liegende Verhaltenswurzel zu geben schien. Ich glaube deshalb, die Tatsachen in Form einer vorläufigen Mitteilung hier niederlegen zu können, obwohl entsprechende Freilandbeobachtungen noch fehlen.

Angeborenes und Erlerntes in Gesang und Lautäußerungen

Wie viele Vogelgesänge, die keine Reviermarkierungsfunktion haben (Corviden, Laniiden), ist auch der Gesang des Gimpels von ungemein großer Variabilität und Plastizität. Hört man Gimpelmännchen verschiedener Herkunft, so zeigt sich, daß ihre Gesangsstrophen und Motive recht verschieden sind. Nur der knarrend-flötende Charakter des Vortrages und die Tendenz, bestimmte Motive in bestimmter Reihenfolge aufeinander folgen zu lassen, ist allen gemeinsam. Dieses Grundgerüst des Gimpelgesanges ist angeboren, wie auch Heinroth (1926) schon mitteilt, und mit seiner Hilfe bringen auch isoliert aufgezogene und gehaltene Vögel letztlich einen typischen Gimpelgesang zuwege.

Von den Lautäußerungen, die für den Sozialkontakt wichtig sind, ist der *Stimmfühlungslaut* (*bit - bit*) angeboren, während der Vogel über den für größere Distanzen bestimmten *Lockruf* (*dü*) angeborenermaßen nur soviel »weiß«, daß er einsilbig und flötend sein muß. Isoliert aufgezogenen Gimpeln und auch solchen, die in der Geschwistergemeinschaft aufwuchsen und keine Gelegenheiten hatten, den Lockruf von Wildfängen oder freilebenden Artgenossen zu hören, fehlte durchweg die charakteristische Klangfarbe in ihren Rufen. Merkwürdigerweise besteht offenbar keine angeborene Praeferenz für den normalen Lockruf. Die von mir gezüchteten Junggimpel lernten ausnahmslos die Lockrufe ihrer *Eltern,* gleichgültig ob diese Wildfänge mit normalem oder Handaufgezogene mit abweichendem Lockruf waren.

Schon diese Tendenz, den elterlichen Lockruf zu dem eigenen zu machen, ungeachtet aller Gelegenheiten, den arttypischen zu erlernen, spricht für eine enge Bindung des Jungvogels an die Eltern. Sie ist aber nur der erste Schritt zu einer noch sehr viel weitergehenden stimmlichen Beeinflussung, die der

Vater auf den heranwachsenden Junggimpel ausübt. Diese Verhältnisse seien anhand einiger besonders charakteristischer Beispiele besprochen.

Familie A

Die beiden Gimpelmännchen Weißring und Grünring hatte ich im Alter von 15 Tagen einem Nest in meinem Beobachtungsgebiet entnommen und mit der Hand aufgezogen. Zwischen ihnen und mir bestand das Eltern-Kind-Verhältnis, in das der Pfleger durch die künstliche Aufzucht eintreten kann. Nach dem Selbständigwerden übersiedelten die beiden Jungvögel in einen großen Flugkäfig, der bald darauf noch andere Junggimpel aufnahm. Über diesem Flugkäfig war in einem kleineren Bauer ein menschengeprägtes Gimpelmännchen untergebracht, das vor allem dann eifrig und intensiv sang, wenn ich mich mit ihm oder den Junggimpeln unter ihm beschäftigte. Es zeigte die für handaufgezogene, längere Zeit isoliert gehaltene Gimpelmännchen charakteristische Hypertrophie aller sexuellen Reaktionen, die sich bei jeder Annäherung in intensivem Gesang äußerte. Die beiden jungen Männchen assoziierten nun, wie sich später herausstellte, mein Erscheinen mit dem Gesang des Altmännchens, was um so verständlicher war, als dessen Käfig in Augenhöhe stand und mein Gesicht beim Füttern und anderen Beschäftigungen mit den Vögeln immer nur wenig vom Schnabel des singenden Altmännchens entfernt war. Die beiden Junggimpelmännchen (Weißring und Grünring) hielten also gewissermaßen seinen Gesang für den meinen, und gegen Ende der Gesangsausbildung, im Januar, zeigte sich, daß sie ihn mit allen Motiven und deren charakteristischer Aufeinanderfolge gelernt hatten und wiedergaben.

Im Sommer und Herbst seines zweiten Lebensjahres hörte das Männchen Weißring häufig das Motiv 🎼, das dem Altmännchen damals bei jeder Hantierung am Käfig absichtslos vorgepfiffen wurde. Weißring war, während dieses Pfeifmotiv erklang, ebenso aufmerksam, wie er es ein Jahr vorher, als er den Gesang des Altmännchens gelernt hatte, gewesen war. Er kletterte in seinem Flugkäfig so hoch er nur irgend konnte und hörte mit dem bezeichnenden gespannten »Gesichtsausdruck« und schief gehaltenen Kopf zu, wie dies ja auch für sprechenlernende Papageien und Rabenvögel typisch ist. Mitte Dezember seines zweiten Lebensjahres (1953) klang plötzlich im Gesang Weißrings das Pfeifmotiv in voller Reinheit auf, und in der Folge zeigte sich, daß er es als festen Bestandteil seinem Repertoire einverleibt hatte. Noch heute (1958), fünf Jahre später, singt Weißring nicht nur alle Motive des besprochenen Gimpelliedes, sondern auch das Pfeifmotiv in gänzlich unveränderter Form.

In den Jahren 1954, 1955 und 1956 zog Weißring mit seinem Weibchen Gelbring je drei Jungvögel auf. Alle aus diesen Bruten stammenden Jungmännchen lernten ausschließlich den Gesang des Vaters, obgleich sie unter einer Anzahl anderer Gimpelmännchen aufwuchsen, die mindestens ebenso häufig sangen wie dieser. Auch das Pfeifmotiv war von Weißring an seine Söhne weitergegeben worden und bildete bei diesen einen festen Bestandteil des Gesanges. Schon in dieser Familie war also die Tendenz der Jungmännchen, sich selektiv aus einer Fülle von anderen Vogelstimmen – ich hielt neben den Gimpeln immer eine größere Anzahl (etwa 35 Arten) anderer *Passeres* – auf den Gesang des Vaters zu konzentrieren, auffällig. Immerhin waren aber hier die gesanglichen Vorbilder Gimpel und die erlernten Motive Artgesang. Daß aber auch artfremde Vögel, ja sogar der Mensch durch die Ableistung der elterlichen Pflegefunktionen in entscheidender Weise die stimmliche Entwicklung des heranwachsenden Junggimpels beeinflussen können, geht aus den nun folgenden Beobachtungen hervor.

Familie B

Das Männchen Blaugelb hatte ich als achttägigen letzten Überlebenden einem von Eichelhähern geplünderten Nest entnommen und von einem *Kanarienweibchen* aufziehen lassen. Obgleich der Vogel nach dem Selbständigwerden in die Gesellschaft anderer Junggimpel kam, hatte das dreiwöchige Alleinsein mit der Pflegemutter nicht nur auf sein späteres Geschlechtsverhalten, sondern auch auf seine Gesangsausbildung entscheidenden Einfluß gehabt. In dem großen Flugkäfig, der die selbständigen Jungvögel beherbergte, befand sich auch ein einzelnes Kanarienmännchen, der Partner jenes Weibchens, das Blaugelb aufgezogen hatte. Obgleich dieser Vogel während der Aufzucht Blaugelbs nicht anwesend war, schloß dieser sich ihm sofort, als dem einzigen Vertreter von *Serinus canaria*, an und überhäufte ihn, als er im Alter von sieben Wochen in Paarbildungsstimmung kam, mit Anträgen zum Schnabelflirt (Nicolai 1956). Sang das Kanarienmännchen, so rückte Blaugelb so nahe wie möglich und ließ durch Kopf- und Körperhaltung erkennen, daß er aufs äußerste konzentriert zuhörte und aufnahm. Schon im Spätherbst ließen sich in seinem noch undifferenzierten Jugendgesang Kanarienelemente heraushören, und gegen das Jahresende hatte er sich den Gesang des Kanarienmännchens mit allen dessen Touren und deren Aufeinanderfolge in solcher Vollendung angeeignet, daß Original und Imitator nicht zu unterscheiden waren. Die Übereinstimmung ging so weit, daß nicht nur Tiefe und Klangfarbe der einzelnen Touren ununterscheidbar waren, sondern auch deren Länge und Aufeinanderfolge. Wenn beide Vögel, wie es späterhin häufig geschah, unbeeinflußt voneinander gleichzeitig mit dem Gesang, und zwar einer sogenannten Hohlrolle begannen, so war es ungemein eindrucksvoll, wie sie auf Sekundenbruchteile genau in stereotyper Folge von einer Tour in die andere wechselten.

Da Blaugelb nach dem Selbständigwerden in die Gesellschaft altersgleicher Artgenossen kam, war keine Fixierung des Objektes der sexuellen Triebhandlungen erfolgt. Er verpaarte sich im Spätwinter mit einem Gimpelweibchen und zog im darauffolgenden Frühjahr mit ihr vier Junge auf. Aber selbst in dem zweijährigen Vogel war die durch die dreiwöchige Aufzucht herrührende partielle Prägung auf Kanarien noch wirksam. Jedes Kanarienweibchen, das in seine Voliere gelangte, wurde mit geblähtem Bauchgefieder und seitlich gestelltem Schwanz begrüßt und angesungen. Nur in einem wesentlichen Punkte unterschied sich das Verhalten Blaugelbs den Kanarienweibchen gegenüber von dem, das er gegen artgleiche Weibchen zeigte: Die absolute Hemmung, ein Weibchen anzugreifen, die jeden gesunden erwachsenen Gimpelmann auszeichnet, war den Kanarienweibchen gegenüber nicht wirksam, denn es geschah häufig, daß er die soeben noch angebalzten plötzlich mit großer Heftigkeit angriff, und zwar mit einer Erbitterung, mit der Rivalen bekämpft zu werden pflegen.

Von den drei Söhnen Blaugelbs übernahmen wiederum zwei den Kanariengesang ihres Vaters mit allen dessen Touren, obgleich sie zu gleicher Zeit eine Anzahl anderer Gimpelmännchen, und zwar einige Wildfänge, das Brüderpaar Weißring und Grünring, sowie das bereits erwähnte menschengeprägte Gimpelmännchen hören konnten. Trotz dieser Einflüsse, die quantitativ die vom Vater herrührenden bei weitem übertrafen, nahmen sie keinen Gimpelgesang, sondern selektiv die Kanarienstrophen Blaugelbs auf. Das dritte Jungmännchen erfaßte nur einige der Kanarienstrophen. Aber auch dieser Vogel lernte bezeichnenderweise nichts von anderen fremden Gimpeln. Auch seine beschränkte Lernfähigkeit war ausschließlich auf den Gesang des Vaters konzentriert.

Um über die Weiterentwicklung der Gesangstradition in dieser Familie unter veränderten Verhältnissen Beobachtungen anstellen zu können, gab ich einen der Söhne Blaugelbs mit seinem angepaarten Weibchen zu einem einige hundert Kilometer entfernt wohnenden Vogelliebhaber, unter dessen kundiger Pflege eine Weiterzucht gewährleistet war. Das Paar schritt dort in einer Voliere in einer Schar von anderen Vögeln noch im gleichen Jahre (1955) zur Brut und zog einige Jungvögel auf. Zweieinhalb Jahre später, im November 1957, erhielt ich einen Enkel dieses Männchens, einen Urenkel Blaugelbs sowie eine seiner Enkelinnen zurück. Und als dieses Männchen zum ersten Male sang, erklangen die Strophen jenes Kanarienmännchens, das Blaugelb sich vor 5 Jahren als Vaterersatz gewählt und auf das er seine Lernfähigkeit konzentriert hatte.

Die Gesangsausbildung der Weibchen

Die Lernfähigkeit des Gimpelweibchens bleibt ebenso wie diejenige von Papageien- und Corviden-Weibchen hinter der des Männchens deutlich zurück. Diese Erfahrung machen alle Abrichter bei Wellensittichen und anderen Papageien. Auch die Gimpelabrichter im Vogelsberg bestätigten, daß Weibchen, die zwei kurze Volkslieder ebenso fehlerfrei wie die Männchen pfeifen lernen, relativ selten sind. Diese Berichte stimmen mit meinen Beobachtungen über die Gesangsentwicklung der Weibchen völlig überein.

Obgleich alle jungen Gimpelweibchen in ihrer Gesangsausbildung ebenso deutlich unter dem väterlichen Einfluß standen wie ihre Brüder, lernte die Mehrzahl doch nur einzelne Motive aus dem Vatergesang. Sie unterschieden sich jedoch dadurch von den jungen Männchen, daß sie nach ihrer »Verlobung« durchweg Motive aus dem Gesang ihres Partners hinzulernten und diese neben den väterlichen Strophen zeitlebens beibehielten und vortrugen. Ihr Gesang setzte sich also nach Ablauf des ersten Lebensjahres je zur Hälfte aus Elementen des Vater- und denen des Gattengesanges zusammen. Besonders auffällig war das bei denjenigen Weibchen, die einer der beiden obengenannten Familien angehörten und ihre Partner aus der anderen gewählt hatten. Während die Brüder der aus Familie A stammenden Weibchen reinen Gimpelgesang, die der aus Familie B stammenden reinen Kanariengesang vortrugen, wechselten die Weibchen während ihres Gesangsvortrages von Gimpel- in Kanarienstrophen.

Verliert ein Weibchen nach längerer Ehe seinen Gatten und verpaart es sich zum zweitenmal, so nimmt es von dem Gesang des zweiten Männchens nichts mehr auf. Die sensible Periode in der Gesangsentwicklung reicht also bei den Weibchen nicht wesentlich über den Zeitpunkt hinaus, zu dem die endgültige Paarbildung vollzogen wird.

Nie hat einer meiner Jungvögel aus dem Gesang der Mutter irgendwelche Motive übernommen, was aber wahrscheinlich mit der Tatsache in Zusammenhang steht, daß die Weibchen während und nach der Brutzeit kaum singen. Tun sie es im Winter aber doch, ist der Vatergesang wohl schon soweit fixiert, daß der Jungvogel für andere Einflüsse nicht mehr aufnahmefähig ist. Die gesangliche Familientradition wird also nur von den *männlichen* Familienmitgliedern fortgeführt und aufrechterhalten.

Diskussion

Das spätere geschlechtliche Verhalten wird beim Junggimpel wie bei vielen anderen Vögeln wesentlich von Prägungsvorgängen beeinflußt, die ihn an diejenige Art stark binden oder gar fixieren, der das Lebewesen, das den Jungvogel betreute und aufzog, angehörte. Zwischen dieser Prägung des Objekts der geschlechtlichen Triebhandlungen und der Fixierung der stimmlichen Lernfähigkeit auf den Vater bestehen nun deutliche funktionelle Beziehungen. Hierfür sprechen vor allem folgende Beobachtungen.

Das bereits erwähnte, durch seine Kanarienpflegemutter partiell auf Kanarien geprägte Männchen Blaugelb ließ in seinem Verhältnis zu dem Kanarienmännchen, seinem selbstgewählten gesanglichen Vorbild, erkennen, daß sein Lerneifer aufs engste an das sexuelle Interesse, das er diesem entgegenbrachte, gebunden war. Wenn der Gelbe gesungen hatte und sich anderen Beschäftigungen zuwandte, so verfolgte ihn Blaugelb überallhin und bedrängte ihn ständig mit seinen Anträgen zum Schnabelflirt. Der Vogel befand sich also während des Singens des Kanarienmännchens und danach in ausgesprochen sexueller Stimmungslage.

Unverkennbar ist die sexuelle Bindung zum Vaterersatz auch bei den handaufgezogenen, vom achten oder zehnten Lebenstage ab vom Menschen gefütterten und nach dem Ausfliegen isoliert gehaltenen Jungvögeln der Gimpelabrichter. Ich hatte Gelegenheit, solche Junggimpel im Vogelsberg zu sehen und beim »Unterricht« zu beobachten. Die noch im Jugendkleid befindlichen, in kleinen Käfigen einzeln untergebrachten Vögel begrüßten den eintretenden Pfleger mit seitwärts gestelltem Schwanz und geblähtem Bauchgefieder. Während des Vorpfeifens der beiden kurzen Volkslieder hörten sie aufmerksam zu. Sobald der Pfleger aufhörte und sich dem einen

Familientradition in der Gesangsentwicklung 73

oder anderen der »Schüler« näherte, wurde er sofort wieder mit Anträgen zum Schnabelflirt begrüßt. Auch hier war also der Lerneifer des Jungvogels aufs engste an frühsexuelle Stimmung gebunden.

Der Elternvogel, vor allem der Vater, stellt somit neben dem Geschwister das bevorzugte Objekt der ersten sexuellen Anträge des Junggimpels dar, wie auch folgende Beobachtung zeigt.

Nach dem Selbständigwerden reagieren Junggimpel verschiedener Altersstufen auf das Erscheinen des mit der zweiten Brut beschäftigten, von ihnen getrennt lebenden Vaters häufig mit Begattungsaufforderungen unterschiedlicher Intensitätsgrade. Als ich nun einmal das Männchen Weißring zu seinen drei fünfwöchigen, bereits seit zehn Tagen von ihm getrennt lebenden Jungen setzte, geriet eines der jungen Männchen in so starke sexuelle Erregung, daß es die volle weibliche Begattungsstellung einnahm und mit allen Konsequenzen durchstand, d. h. sich von dem reflektorisch reagierenden Altmännchen regelrecht treten ließ.

Die stimmliche Lernfähigkeit des Junggimpels ist also wesentlich von den frühsexuellen Stimmungen abhängig, die ihn von der siebenten Lebenswoche ab beherrschen. Nicht die Häufigkeit des akustischen Eindrucks, sondern die auf Kindheitserlebnisse zurückgehende persönliche Beziehung zu einem Elternpartner (Vater oder Vaterersatz) ist dafür ausschlaggebend, was und von wem der Jungvogel – sogar unter Verzicht auf die angeborenen Elemente des Artgesanges – lernt. In durchaus analoger Weise, in der gleichen Stimmungslage, vollzieht sich zweifellos das Sprechenlernen der Papageien und Rabenvögel. Es ist ja für den Erfolg des Sprachunterrichts bezeichnenderweise bei den Vertretern beider sich im System so fernstehender Vogelordnungen von entscheidender Bedeutung, daß der »Schüler« ein handaufgezogener und somit ein mit seinen Kindestriebhandlungen auf den menschlichen Pfleger eingestellter Vogel ist. Wird diese, für das spätere Sozial- und Geschlechtsverhalten sensible Periode versäumt, so gelingt es nicht mehr, die »inneren« Voraussetzungen zu schaffen, die der Vogel braucht, um auf die vorgesprochenen Worte und Sätze mit seinen Fähigkeiten zu lernen und nachzuahmen anzusprechen. Dagegen ist das *Alter,* in dem der Lernprozeß stattzufinden hat, zwar nicht von untergeordneter, aber doch von zweitrangiger Bedeutung. Ein unmittelbar nach dem Selbständigwerden wild gefangener Kolkrabe, Graupapagei oder Gimpel lernt absolut nichts mehr, während handaufgezogenen Artgenossen im gleichen Alter noch alle Möglichkeiten offenstehen. Es ist bekannt, daß viele Papageien noch als mehrjährige Vögel in ihr Repertoire ständig Neues aufnehmen; das gilt sogar für den relativ kurzlebigen Wellensittich. Auch das Gimpelmännchen Weißring lernte noch als über einjähriger Vogel das besprochene Pfeifmotiv. Allerdings liegt der Schwerpunkt der Lernfähigkeit zumindest bei Kleinvögeln (*Pyrrhula, Melopsittacus*) wohl in den ersten Lebensmonaten.

Lorenz (1949) berichtete von einem handaufgezogenen Kolkraben, der ihn, den vertrauten und befreundeten Pfleger, aus bedrohlichen Situationen nicht mit dem arteigenen Lockruf, über den er verfügte und mit dem er Artgenossen rief, sondern mit dem erlernten Wort »Roa«, mit dem Lorenz ihn zu rufen pflegte und das er deshalb für dessen Lockruf hielt, fortzulocken suchte. Der Vogel bediente sich also in der gleichen Situation gegenüber Artgenossen einerseits und dem Pfleger andererseits unterschiedlicher Vokabeln: er verkehrte mit letzterem in dessen »Sprache«. Diese Tendenz, engen sozialen Bindungen auch in weitgehender stimmlicher Anpassung Ausdruck zu verleihen, scheint ein gemeinsamer Verhaltenszug jener beiden Vogelordnungen zu sein, die sich durch besonders hohe Stimmbegabung auszeichnen.

Zusammenfassung

Der heranwachsende Junggimpel empfängt während seiner Nestlingszeit und den sich anschließenden Wochen bis zum Erlangen der Selbständigkeit von den Eltern Eindrücke, die sein späteres Geschlechtsverhalten und seine stimmliche Entwicklung entscheidend beeinflussen. Ein normales Geschlechtsverhalten entwickelt sich nur dann, wenn der Jungvogel von den eigenen Eltern oder Artgenossen aufgezogen wird. Erfolgt die Aufzucht durch andere Lebewesen (Kanarienvogel, Mensch), so tritt eine mehr oder weniger deutliche Prägung der sozialen und sexuellen Reaktionen auf diese Arten ein. Mit dieser Prägung geht eine Fixierung der Lautäußerungen (Lockruf, Gesang) an die der Eltern – vor allem des Vaters – Hand in Hand. Trägt der Vater normale Lockrufe und den arttypischen Gesang vor, so erfährt auch der Junggimpel eine normale stimmliche Entwicklung. Sind aber Lockrufe und Gesang in Klangfarbe und Komposition abweichend, so lernt der Jungvogel selektiv alle diese Abweichungen und behält sie zeitlebens bei. Ein Jungmännchen, das von Kanarien aufgezogen wurde, erlernte unter einer Schar anderer Junggimpel den Gesang des einzigen anwesenden Kanarienmännchens und gab ihn an seine Söhne weiter. Vier Jahre später sangen die Urenkel dieses Vogels noch die Kanarienstrophen in unveränderter Form. –

Familientradition in der Gesangsentwicklung

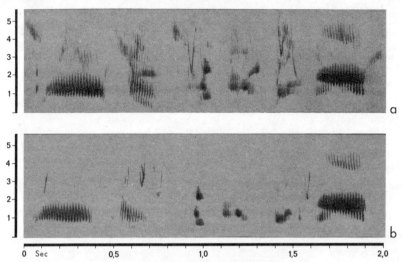

Abb. 1 a) Ein Motiv aus dem Gesang des Männchens »Weißring«. b) Das gleiche Motiv von »Rotring«, einem Sohne »Weißrings«, gesungen.

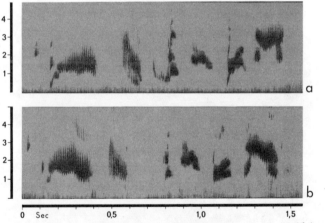

Abb. 2 Eine Variation des obigen Motivs, gesungen von a) »Weißring«, b) »Rotring«.

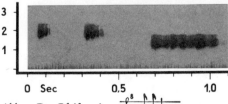

Abb. 3 Das Pfeifmotiv, gesungen von Männchen »Weißring«.

Von Menschen aufgezogene Gimpel konzentrieren ihren Lerneifer auf die Lautäußerungen des Pflegers; sie erlernten vorgepfiffene Melodien: bis zu drei kurze Volkslieder. Während die jungen Männchen ausschließlich dem Gesang des Vaters ihre Aufmerksamkeit zuwenden, nehmen die Weibchen nach ihrer Verpaarung neben den vom Vater erlernten Motiven auch solche aus dem Gesang des Gatten auf. Nur der erste Partner hat auf ihre Gesangausbildung Einfluß.

Die sensible Periode der stimmlichen Entwicklung fällt mit der Zeit zusammen, in der frühsexuelle Stimmungen den Junggimpel beherrschen. Sein Lerneifer ist auf dasjenige Lebewesen konzentriert, das ihn aufzog und dem er – aus dem daraus erwachsenen hohen Grade persönlicher Bindung heraus – seine ersten sexuellen Anträge machte.

Verhaltensstudien an einigen afrikanischen und paläarktischen Girlitzen

Einleitung

Der Vergleich nahe verwandter Arten innerhalb einer größeren Tiergruppe ist für den Ethologen immer von besonderem Reiz. Homologien und Konvergenzen des Verhaltens erscheinen in besonders hellem Lichte, wenn man Arten und Artengruppen in den gleichen biologischen Situationen beobachten kann. Auch wird es oft erst durch einen solchen Vergleich möglich, gewisse Verhaltensweisen zu analysieren. Besonders unter den Ausdrucksbewegungen der Balz verdanken viele ihre heutige Form einer langen stammesgeschichtlichen Entwicklung, in deren Verlauf sie sich oft weit von ihrer ursprünglichen Wurzel entfernten und in vielen Fällen bis zur Unkenntlichkeit veränderten. Für die Deutung solcher im Verlauf eines Ritualisierungsprozesses entstandenen Ausdrucksbewegungen ist es von entscheidender Bedeutung, wenn man ihre homologen Gegenstücke an verwandten Arten studieren kann. Wenn man das Glück hat, eine artenreiche Gruppe abgestuften Verwandschaftsgrades untersuchen zu können, so gelingt es oft, regelrechte phylogenetische Reihen bestimmter Ausdrucksbewegungen aufzuzeigen. Aus dem Grad der Übereinstimmung in einer möglichst großen Zahl der in Frage kommenden Verhaltensweisen können wir Rückschlüsse auf den Grad der stammesgeschichtlichen Verwandtschaft der untersuchten Arten ziehen.

Eine solche Gruppe abgestuften Verwandtschaftsgrades bietet sich in den in 25 Arten über die äthiopische und in fünf Arten (*Serinus canaria, S. serinus, S. citrinella, S. pusillus, S. syriacus*) über die paläarktische Region verbreiteten Girlitzen dar. Bonaparte, der sich als erster mit der Systematik dieser Gruppe befaßt hat, teilte sie in zwei grobe Untergruppen, indem er alle grauen Arten in der Gattung *Poliospiza*, alle gelben und gelbgrünen in der Gattung *Serinus* zusammenfaßte. Diese Auffassung hat sich bis in die neuere Zeit erhalten, in der Hauptsache wohl deswegen, weil die Erörterung gattungssystematischer Fragen in anderen Vogelgruppen erfolgversprechender und interessanter erschien. E. Mayr (1927) hat als erster gegen diese Gattungseinteilung Einspruch erhoben. Er führt aus, daß sich die kleineren grünen und grauen Girlitze (*mozambicus, canaria, atrogularis*) untereinander näher zu stehen scheinen als die großen und kleinen grauen, die im Genus *Poliospiza* zusammengefaßt wurden. Die beiden Südafrikaner *canicollis* und *tottus* will er weder mit *Serinus* noch mit *Carduelis* vereinigt wissen, sondern faßt sie mit dem Zitronen»zeisig« in dem Genus *Chloroptila* zusammen.

Zwei extreme Anschauungen über die verwandtschaftlichen Beziehungen der in Frage stehenden Arten geben die Systeme von Roberts (1951)[1] und Mackworth-Praed und Grant (1955) wieder. Während jener die Girlitze in eine große Anzahl von Gattungen zerlegt, vereinigt dieser alle, selbst so abweichende Arten wie *menelli* und *tristriata*, in einem einzigen Genus *Serinus*. Winterbottom (1958) schlägt nach Studien an den südafrikanischen Vertretern dieser Gruppe eine Einteilung in vier Gattungen vor. In dem Genus *Serinus* faßt er die Arten *tottus, canicollis, scotops, mozambicus* und *artrogularis*, in *Crithagra* die Arten *sulphurata, flaviventris, albogularis* und *leucoptera*, in *Poliospiza* die Arten *menelli* und *gularis* zusammen. Für *alario* reserviert Winterbottom eine eigene Gattung *Alario*.

Die Auffassungen über die genealogischen Beziehungen der Arten und Artengruppen zueinander gingen also weit auseinander, und es erschien deshalb reizvoll, diese Frage einmal von vergleichend-ethologischer Sicht her anzugehen. Einige der Befunde konnten, wenn auch bisher in bescheidenem Maße, durch die Zucht von Mischlingen und die Untersuchung ihres Fertilitätsgrades nachgeprüft und bestätigt werden.

Die vorliegende, von der Deutschen Forschungsgemeinschaft unterstützte Arbeit wurde durch Beobachtungen angeregt, die ich an Kanarien und Graugirlitzen seit 1948 bzw. 1950 machen konnte. Seit 1952 halte ich den Mozambiquegirlitz (*O. mozambica*), seit 1953 den schwefelgelben Girlitz (*C. sulphurata*). Die Beschaffung weiterer Arten gelang erst später, so die des Gelbbauchgirlitz (*C. flaviventris*) im Jahre 1954, des Angolagirlitz (*O. atrogularis*) im Jahre 1955, des Graunacken- (*S. canicollis*) und Weißkehlgirlitz

---

[1] Roberts teilt die südafrikanischen Girlitze auf sechs Gattungen auf. Nach seiner Auffassung gehören von den hier behandelten Girlitzen die Arten *canicollis, mozambicas* und *atrogularis* in die Gattung *Serinus*, die Arten *sulphurata* und *albogularis* in die Gattung *Crithagra*. Für den Gelbbauchgirlitz (*C. flaviventris*) reserviert er eine eigene Gattung *Serinops*, ebenso für *alario* die Gattung *Alario*.

(*C. albogularis*) sowie der Nominatform des Alario (*S. alario alario*) im Jahre 1956. Ein Paar Damara-Alarios (*S. alario leucolaema*) erhielt ich 1958 von W. Hoesch (Okahandja, Südwestafrika); ein Paar wilder Kanarengirlitze (*S. canaria*) brachte mir P. Marler (Berkeley, Californien) 1956 von Teneriffa mit. Ein weiteres Paar dieser Art konnte ich im Februar 1959 erwerben.

Den Brauengirlitz (*P. gularis*) hielt ich nur kurze Zeit, und vom Braunellengirlitz (*P. tristriata*) konnte ich nur zwei Weibchen erhalten, zu denen erst kürzlich der Erwerb eines Männchens glückte. Über beide Arten liegen daher nur sehr dürftige Ergebnisse vor, auf die hier nicht näher eingegangen werden soll.

Die beiden mitteleuropäischen Arten (*Serinus serinus* und *S. citrinella*) wurden sowohl im Freileben während der Brutzeit, als auch in Volieren zusammen mit den oben erwähnten afrikanischen Arten beobachtet.

Um eine möglichst breite Ausgangsbasis für die geplanten Untersuchungen zu schaffen, hielt ich neben den hier aufgezählten Girlitzen noch eine Reihe anderer Carduelinen, so vor allem aus der Gattung *Spinus*: Erlenzeisig (*Spinus spinus*) Magellanzeisig (*Sp. magellanicus*), Kapuzenzeisig (*Sp. cucullatus*), Yarrellzeisig (*Sp. yarrellii*) und Mexikanischer Zeisig (*Sp. psaltria*). Aus der Gattung *Chloris* waren Europäischer Grünling (*Chloris chloris*) und Chinesischer Grünling (*Ch. sinica*), aus der Gattung *Carpodacus* Karmingimpel (*C. erythrinus*) und Purpurgimpel (*C. purpureus*), von *Acanthis* Hänfling (*A. cannabina*), Berghänfling (*A. flavirostris*) und Birkenzeisig (*A. flammea*) und schließlich Stieglitz (*Carduelis carduelis*), Fichtenkreuzschnabel (*Loxia curvirostra*), Europäischer Gimpel (*Pyrrhula pyrrhula*) und Japanischer Gimpel (*P. griseiventris*) vorhanden. Auf die verwandtschaftlichen Beziehungen dieser Gattungen zu den einzelnen Gruppen der untersuchten Girlitze werde ich in der Diskussion der Ergebnisse eingehen.

Kanarengirlitz *Serinus canaria* L.

Der Kanarengirlitz ist über die Kanaren (mit Ausnahme von Fuertaventura und Lanzarote), Madeira und die Azoren verbreitet. Eine Rassenbildung hat nicht stattgefunden.

Wie Stresemann (1943), Wolters (1952) und Vaurie (1956) kann ich die Auffassung Harterts (1910), der Kanarengirlitz und Europäischen Girlitz (*S. serinus*) als Rassen einer Art betrachtet, keineswegs teilen. Die Verschiedenheit der Gesänge mag kein für artliche Trennung ausreichendes Merkmal sein, aber auch die übrigen Lautäußerungen sind verschiedener, als das bei Rassen einer Art der Fall zu sein pflegt. Zudem geht aus einer Fülle von Zuchtberichten der Vogelliebhaber, die diese Formen häufig kreuzen, hervor, daß nur die männlichen Mischlinge fruchtbar, die weiblichen hingegen durchweg steril sind. Diese genetischen Befunde zeigen, daß der Verwandtschaftsgrad zwischen *S. canaria* und *S. serinus* geringer ist als zwischen nahe verwandten Arten in anderen Girlitzgruppen, so etwa zwischen *albogularis* und *flaviventris* oder zwischen *atrogularis* und *leucopygia*. Es ist somit für Kanarengirlitz und Europäischen Girlitz mindestens Artselbständigkeit zu fordern.

Meine Beobachtungen an dieser Art beschränken sich leider fast ausschließlich auf mehrere Rassen der Domestikationsform. Diese halte und züchte ich allerdings seit vielen Jahren, so daß mir ihr Verhaltensinventar vertraut ist und eine Ausgangsbasis für den Vergleich mit den anderen Arten besteht. Eingehende Beobachtungen an freilebenden Kanarengirlitzen sollen sobald wie möglich die an der Hausform gewonnenen Ergebnisse erweitern.

Während in anderen Vogelgruppen, aus denen Haustiere hervorgegangen sind, die domestizierten Arten jeweils die anpassungsfähigsten, leichtest einzugewöhnenden und zu züchtenden der ganzen Gruppe [2] sind, trifft das auf den Kanarengirlitz keineswegs zu. Die Wildfänge zeigen sich in den ersten Wochen und Monaten ihres Gefangenenlebens ungewöhnlich hinfällig, bleiben lange Zeit hänflingsartig scheu und kommen auch nach langer Eingewöhnung verhältnismäßig selten in Fortpflanzungsstimmung. Obgleich Kanarengirlitze mehrfach in den 20er und 30er Jahren von Madeira und den Kanaren importiert wurden, konnte ich keinen einzigen Fall einer Gefangenschaftszucht in Erfahrung bringen. In der Fringilliden-Familie findet sich eine ganze Reihe von Arten (Grünling, Erlenzeisig, Gelbbauchgirlitz, Graugirlitz), die der Domestikation zweifellos weniger Widerstand entgegengesetzt hätten, als das *Serinus canaria* in den Anfangsphasen dieses Prozesses getan hat.

---

[2] Von den Anatinen die Stockente (*Anas platyrhynchos*), von den Anserinen Graugans (*Anser anser*) und Schwanengans (*A. cygnoides*), von den Phasianiden das Bankivahuhn (*Gallus gallus*), von den Columbidae die Felsentaube (*Columba livia*).

Verhaltensstudien an einigen Girlitzen

1. Imponier- und Kampfverhalten

Trifft ein Kanarienmännchen während der Brutzeit auf einen unbekannten Artgenossen, so nimmt es eine charakterisische Imponierhaltung ein. Der Vogel legt das Körpergefieder sehr eng an, so daß er durch Heraustreten der Unterschenkel auffällig hochbeinig und schlank wirkt, und hüpft in betont federnden Sprüngen und mit übertriebenem Schwanzwippen auf den Fremdling zu und um diesen herum (Abb. 2). Ist dieser ein Männchen, so nimmt er

Abb. 1 Kanarengirlitz [*Serinus canaria* L.], Wildling von Teneriffa.

Abb. 2 Die Imponierhaltung des Kanarengirlitz; beachte das glatt angelegte Gefieder und die heraustretenden Unterschenkel.

in der Regel gleichfalls die Imponierhaltung ein, und beide Vögel hüpfen nun schwanzwippend mit Vorliebe auf dem Erdboden einander nach. Steigt bei dem einen oder anderen Männchen die Erregung noch weiter, so richtet es sich noch stärker auf, läßt die Flügel etwas herabhängen und beginnt mit stark geblähter Kehle in voller Lautstärke den Fremdling anzusingen. Ist dieser nicht bereit, zu weichen, so entspinnt sich ein Rivalenkampf, bei dem die Gegner laut singend umeinander herumtrippeln, wobei einer dem anderen auf den Rücken zu fliegen trachtet (Abb. 3).

Abb. 3 Das Imponiersingen des Kanarengirlitz vor dem Rivalenkampf. Das linke Männchen in der Defensive.

Durch dieses Ansingen erfährt das Männchen zunächst einmal, ob es einen gleich- oder andersgeschlechtigen Artgenossen vor sich hat. Durch den starken domestikationsbedingten Pigmentverlust ist der Sexualdimorphismus, der schon bei der Wildform nicht sehr auffällig ist, völlig verwischt, so daß ein spontanes Geschlechtserkennen wohl kaum möglich ist. Auf den Gesang hin wird der fremde Artgenosse gezwungen, sein Geschlecht bekanntzugeben. Ein Männchen stellt sich dann entweder gleichfalls singend zum Kampf oder es flieht, wenn es sich unterlegen fühlt.

Die Reaktion des Weibchens auf ein sie ansingendes Männchen ist je nach ihrem Gonadenzustand sehr verschieden. Weibchen, die isoliert gehalten wurden, die also unverpaart, aber sehr brutlustig sind, nehmen auf den Gesang hin oft die Paarungsstellung ein und lassen sich von den Männchen begatten. Verpaarte, nestbauende oder brütende Weibchen greifen im Vertrauen auf die ranghöhere Stellung, die ihnen in ihrer Ehe dem eigenen Männchen gegenüber zusteht (s. Sexuelles Verhalten), auch fremde Männchen an, von denen sie angesungen werden. Asexuell gestimmte, also etwa mausernde Weibchen werden durch den Gesang eines fremden Männchens deutlich eingeschüchtert. Sie wagen keine Abwehräußerung, sondern fliehen so schnell wie möglich. Neben dieser Funktion, einen fremden Artgenossen auf sein Geschlecht, auf seine Absicht im Revier und auf seinen Familienstand hin anzusprechen, hat er die Aufgabe, das Revier zu markieren, und wirkt wohl gleichzeitig wie ein Dauerstimulans auf die Ovarentwicklung und damit auf die Paarungsbereitschaft des Weibchens.

Die höchste Intensitätsstufe des Imponiergehabens ist der *Singflug* des Männchens. Mit extrem gesträubtem Körpergefieder, das dem Vogel fast doppelten Umfang verleiht, schwingt das Männchen sich singend von einer seiner Warten in die Luft und fliegt dort mit fledermausartig langsamen Flügelschlägen von Baum zu Baum, oder es beschreibt einen Bogen und kehrt zum Ausgangspunkt zurück. Aus den Schilderungen der Beobachter, die den Kanarengirlitz aus dem Freileben kennen, geht hervor, daß der Singflug dem des Europäischen Girlitz völlig gleicht. Für beide ist charakteristisch, daß die Flügelschläge sich vom Normalflug auffällig durch ihre geringe Frequenz unterscheiden. Die besondere Drohwirkung des Singfluges besteht wohl neben der Vergrößerung des Körperumfanges durch das gesträubte Kleingefieder vor allem in dieser langsamen Schlagfrequenz, durch die das imponierende Männchen ein größerer Vogel zu sein vorgibt, als es in Wirklichkeit ist.

Will ein Kanarienmännchen einen Kampf mit einem überlegenen Rivalen aufgeben und möglichst unbehelligt abziehen, so steht ihm dafür eine besondere *Demutsstellung* zur Verfügung. Der Verlierer stellt das Körper- und Kopfgefieder auf, winkelt die Flügel etwas ab und wird in seinen Bewegungen auffällig lahm und zögernd. Er bietet also ganz das Bild eines Schwerkranken, der ja in seiner Gefiederstellung und in seinen Bewegungen das absolute Gegenteil des imponierenden Männchens darstellt. Durch diese Unterwürfigkeitsgeste spricht der Verlierer im Sieger die gleichen Hemmungen an, die Kranken und Jungvögeln gegenüber wirksam sind, und so gelingt es ihm in der Regel, zwar nicht ganz unangefochten, aber doch ohne ernstliche Kampfhandlungen des Gegners, dessen Revier zu verlassen.

Über die gleiche Demutsgeste verfügen auch alle anderen untersuchten afrikanischen und paläarktischen Girlitze, die Zeisige, der Grünling (Hinde) und die Hänflings-Birkenzeisig-Gruppe. Dagegen fehlt sie völlig der Gattung *Pyrrhula*, die sich neben vielen anderen Verhaltensweisen auch darin von den oben erwähnten, sich untereinander sehr viel näher stehenden Gattungen unterscheidet. Bei *Pyrrhula* bedeutet gesträubtes Bauchgefieder das Gegenteil einer Demutsgebärde, nämlich sexuelle Stimmung (Schnabelflirt, Nicolai 1956), glatt angelegtes dagegen Aggressivität oder Furcht. Es ist daher nicht angängig, wie Hinde (1955) es tut, das Gefiederblähen bei *Pyrrhula* mit der »fluffed posture« des Grünlings zu vergleichen und zu homologisieren. Es handelt sich bei diesen – übrigens auch formell nur ganz oberflächlich ähnlichen – Ausdrucksbewegungen um grundsätzlich verschiedene Verhaltensweisen, denen ganz entgegengesetzte Stimmungen zugrunde liegen.

2. Sexuelles Verhalten

Wie wohl alle Carduelinen, verfügt das Kanarienmännchen in der Anfangsphase der Paarbildung über eine Bewegungsweise, die ein Ritual des »Zärtlichkeitsfütterns« ist. Das Männchen wendet sich seiner neben ihm sitzenden Partnerin zu und macht gegen sie langsam schnäbelnde Bewegungen. Ist das Weibchen zur Paarbildung geneigt, so öffnet sie leicht den Schnabel, und das Männchen greift nun ständig schnäbelnd mit seinem Schnabel in den ihren. Diese als »Schnabelflirt« (Nicolai 1956) bezeichnete Instinktbewegung wird nach der endgültigen Paarbildung mehr und mehr vom Zärtlichkeitsfüttern abgelöst. Im Gegensatz zum Gimpel ist der Grad der Ritualisierung des Schnabelflirts in dieser Gruppe kein sehr hoher.

Sobald das Paar sich einig geworden ist und auf Nestsuche ausgeht, erfolgt eine charakteristische Inversion des Rangordnungsverhältnisses zwischen den Geschlechtern. Während die Männchen außerhalb der Brutzeit, also in der sexuell neutralen Phase, auf Grund ihrer größeren Kampfkraft und der stärkeren Affekte ihrer aggressiven Reaktionen bei jeder Auseinandersetzung über die Weibchen dominieren, vollzieht sich zu Beginn der Nestbautätigkeit ein Dominanzwechsel, durch den die Rollen vertauscht werden. Das Männchen wird plötzlich auffällig nachgiebig, weicht am Futterplatz zurück, wenn das Weibchen erscheint, überläßt ihr widerstandslos Nistmaterial, mit dem er sich beschäftigte, und ist vor allem in der Nähe des im Bau befindlichen Nestes völlig unkämpferisch.

Der biologische Sinn eines solchen Dominanzwechsels ist evident: Dem Weibchen, das für die Brut hauptverantwortlich ist, wird durch ihn eine ungestörte Ausübung ihrer Aufgaben gewährleistet. Wir finden diese plötzliche Inversion der Rangordnung bei sehr vielen Vögeln, und zwar in der Hauptsache bei solchen Arten, die sehr wehrhaft sind. So ist bei der Indischen Schama (*Kittacincla malabarica*) die Dominanz des Weibchens während der Brutzeit ihr einziger Schutz vor Verfolgungen und Vergewaltigungsabsichten des stärkeren Männchens und vermutlich auch das einzige Mittel, das Gelege vor einer Zerstörung durch den Gatten zu schützen. Wenn diese Hemmung, wie es gelegentlich in Gefangenschaft vorkommt, beim Männchen ausfällt, so behelligt es das brütende Weibchen ständig mit Vergewaltigungsabsichten und vergreift sich am Gelege, indem es die Eier anhackt und aus dem Nest trägt (Nicolai 1954).

Von seiner neuerworbenen ranghöheren Stellung macht das Kanarienweibchen in einer Reihe von Situationen tätlichen Gebrauch. Wenn das Männchen trotz fortgeschrittenen Nestbaues oder gar in den Legetagen Vergewaltigungsgelüste zeigt, setzt es sich sehr energisch zur Wehr und erzielt in der Regel den sofortigen Abbruch der Verfolgung. – Kommt das Männchen ihren Begattungsaufforderungen wiederholt nicht nach, so wird das Weibchen außerordentlich aggressiv und verfolgt und verprügelt das flüchtende Männchen. Diese »Xanthippenreaktion«, die Reaktion des vernachlässigten Weibchens, ist nicht nur bei den *Passeres*, sondern auch in anderen Vogelgruppen weit verbreitet. Ich habe sie kürzlich auch bei der Galapagostaube (*Nesopelia galapagoensis*) beobachtet.

Wie beim Grünling (Hinde 1955), kann auch hier im Zusammenleben der Gatten die Rangordnung sprunghaft wechseln. Fordert ein sehr stark schwellenerniedrigtes Weibchen das Männchen unmittelbar nach einer Kopulation immer wieder zur Begattung auf, so reagiert dieses häufig mit plötzlichem, wüstem Angriff. Die Weibchenbeißhemmung ist nur wirksam, solange das Männchen auf der Höhe seiner Kopulationsfähigkeit ist. Eine temporäre Unfähigkeit hat eine stimmungsmäßige Verweiblichung des Männchens zur Folge, die ihn auf die Begattungsstellung seiner Partnerin mit der von Heinroth (1926) beschriebenen *Lex-Heinze-Reaktion* ansprechen läßt. Er verhält sich dann also ganz so wie ein Weibchen, das die Paarungsstellung einer Rivalin sieht.

3. Stimme

Das Inventar der Lautäußerungen ist beim Kanarengirlitz insofern von besonderem Interesse, als es im Verlauf der Domestikation in mehrfacher Hinsicht Veränderungen unterworfen war, die Rückschlüsse auf die Bedeutung und die Auslöserqualität der einzelnen Elemente gestatten.

Der *Stimmfühlungslaut* ist ein angenehm klingendes gereihtes *didid*, das ungemein an die homologen Äußerungen beim Zitronengirlitz (Nicolai

1957), Graunackengirlitz und Alario erinnert. Er klingt bei der Rasse der Gesangskanarien leiser und schwächer, bei den »Schappern« lauter und härter. Lockt der Vogel sehr intensiv, will er etwa auf weitere Entfernung mit Artgenossen Kontakt aufnehmen, so verlängert und betont er die erste Silbe und reduziert die folgenden. So kann aus dem gereihten Stimmfühlungslaut durch Raffung der Silben ein *Distanzruf* werden. Ein sich grundsätzlich von ersterem unterscheidender Lockruf (Distanzruf), wie er für Erlenzeisig und Gimpel charakteristisch ist, fehlt dieser Art.

Mit einem gezogenen *guieb –*, dem *Warnruf vor Bodenfeinden*, reagieren die Altvögel auf die Annäherung fremder Menschen oder auf eine Nestkontrolle von seiten des Pflegers. Diese Lautäußerung ist Ausdruck eines Konfliktes zwischen Fluchttrieb und dem Bestreben, dazubleiben. In dieser Situation ist der Käfigvogel bei der Annäherung eines Menschen und der freilebende, wenn er Eier oder Jungvögel im Nest liegen hat, die von einem Bodenfeind bedroht werden. Bei Grünling (*Chloris chloris*) und Europäischem Girlitz ist diese ganz ähnlich klingende, homologe Lautäußerung auf die Brutzeit beschränkt, auf jenen Zeitabschnitt im Jahresablauf also, in dem eine feste Bindung an ein bestimmtes Revier besteht. Das gleiche dürfte auf den Kanarengirlitz im Freileben zutreffen.

Der *Warnruf vor Luftfeinden* ist ein gedehntes *düü*, das nur unwesentlich von den Luftwarnungen anderer Carduelinen abweicht.

Eine Abwandlung des Stimmfühlungslautes ist das »*Zärtlichkeitstrillern*«, das das seinem nestbauenden Weibchen auf Schritt und Tritt folgende Männchen ununterbrochen bei jeder Platzveränderung hören läßt. Dieser Laut klingt durch Beimischung von *r* wie ein kurzer Triller und ist am besten mit einer Gesangsstrophe des Hausgrillenmännchens (*Gryllus domesticus*) vergleichbar.

Bei Auseinandersetzungen sozialer Art hört man besonders häufig von den Weibchen das *Wutzetern*, ein keifend, krächzendes *zäii - i - i – zäi - i - i – zäi - i - i - i - i*, bei dem die Vögel mit weit vorgebeugtem Körper, geöffnetem Schnabel und ausgebreiteten Flügeln sich androhen. Wenn der Kontrahent am Futter oder einem besonders begehrten Schlafplatz nicht weichen will, kann das Wutzetern minutenlang anhalten. Zu ernstlichen Kampfhandlungen kommt es dabei aber nicht.

Unmittelbar nach dem abrupten Ende eines Rivalenkampfes, der so gut wie immer von lautem Gesang eingeleitet und begleitet wird, lassen die Männchen eine mehrsilbige abfallende *gigigigigig*-Reihe hören, die den Ausdruck höchster Erschöpfung darstellt. Bezeichnenderweise bekommt man diese Lautäußerung auch dann zu hören, wenn man einen Vogel im Zimmer greifen will und ihn sehr müde gehetzt hat. Die letzten Meter, die er fliegt, bevor er seine Fluchtversuche aufgibt und sich greifen läßt, werden von solchen *gigigig*-Reihen begleitet.

Der *Bettelruf* der flüggen Jungvögel ist ein zweisilbiges, kläglich klingendes *zi-tü- - zi-tü-tü- -zi-tü-*. Ich hatte Gelegenheit, den Bettelruf flügger Zitronengirlitze (*Serinus citrinella*) zu hören, der sehr ähnlich klang, aber auch gewisse Anklänge an den junger Stieglitze zeigte.

Die straffe Gliederung des Gesanges in eine Anzahl gut unterscheidbarer Touren erleichtert es wesentlich, über seine Entwicklung und Veränderung unter den Einflüssen der Domestikation Aussagen zu machen. Die sieben wesentlichsten Elemente des Kanariengesanges sind: 1. die *Hohlrolle*, eine tiefe auf *ro* oder *ru* rollende Tour, die bedeutende Länge haben kann; 2. die *Klingelrolle*, eine in höherer Tonlage sich bewegende Variante der Hohlrolle auf *ri*; 3. die *Klingel*, eine sehr laute Tour, ohne rollende Gangart, auf *li-li-li;* 4. die *Hohlklingel*, eine tiefe, sehr wohlklingende Variante der Klingel, auf *lu-lu-lu*; 5. die *Schockel*, eine abgesetzte Hohlklingel, bei der die einzelnen Silben voneinander getrennt, stoßweise vorgetragen werden; 6. die *Knorre*, die fast nur aus dem Konsonanten *r* besteht; 7. die *Pfeifen*, die entweder in tiefer Tonlage *du-du-du* oder in hoher spitzer Form *zie-zie-zie* vorgetragen werden können. Die letzteren erinnern sehr an die Endstrophe des Baumpiepergesanges (*Anthus trivialis*).

Die Bemühungen der Kanarienzüchter gingen vor allem dahin, *Klingelrolle*, *Klingel* und die baumpiepenartigen *Zie-zie*-Pfeifen, also jene Touren, die wegen ihrer akustischen Wirksamkeit von dem geschlechtlich erregten Wildlingsmännchen übermäßig oft vorgetragen und besonders lange ausgekostet wurden, zugunsten der tieferen, klangschöneren Elemente (*Hohlrolle, Hohlklingel, Knorre*) einzuschränken und schließlich mehr und mehr aus dem Lied zu verbannen. Der Weg, der dabei beschritten wurde, weicht von den Prinzipien, die man bei der Domestikation anderer Haustiere verfolgte, insofern ab, als man nicht besonders vitale und somit besonders produktive Individuen zu züchten sich bemühte, sondern das gerade Gegenteil davon. Durch Inzucht, enge dunkle Käfighaltung, unbiologische Zuchtmethoden und einseitige Fütterung mit ölhaltigen Sämereien (Rübsen) wurde eine solch schwerwiegende Konstitutionsschwächung erzielt, daß Ausfallserscheinungen, die Rückbildung jener nur von vollwertigen Männchen produzierbaren Gesangspartien, die – erwünschte – Folge waren. Durch Zuchtwahl entstanden die heutigen hochgezüchteten sogenannten *Gesangskanarien,* bei denen diese Elemente nur noch in Ausnahmefällen anzutreffen sind.

Neben diesen hochgezüchteten, leise singenden *Gesangskanarien* wird vor allem im Vogelsberg und in der Rhön eine Rasse in Volieren gehalten und gezüchtet, deren Gesang keiner strengen Beurteilung unterzogen wird. Diese sogenannten *Schapper* haben bezeichnenderweise eine andere Gesangsentwicklung durchgemacht. Als Ausdruck ihrer domestikationsbedingten Hypertrophie aller sexuellen Funktionen, wie sie alle unter optimalen Bedingungen gehaltenen Haustiere auszeichnet, hat diese naturgemäßer gehaltene Variante eine Übertreibung jener akustisch wirksamen, als *Auslöser* fungierenden Gesangspartien entwickelt, die weit über die Leistungen gesunder Wildlingsmännchen hinausgeht. Diese übermäßig lauten Pfeifen und Klingelrollen können den Gesang eines solchen *Schappers* im Zimmer unerträglich machen.

Hält man die vorerwähnten *Gesangskanarien* nicht ständig unter den geschilderten schlechten Verhältnissen, so entwickeln sie sich bei optimaler Pflege und Volierenhaltung in wenigen Generationen gesanglich zu *Schappern*. Bewegungsweisen, morphologische Strukturen und Lautäußerungen, die Auslöserfunktion haben, vererben sich mit allergrößter Hartnäckigkeit und stellen die Geduld der Züchter oft auf eine schwere Probe. Man denke etwa an den als Flugauslöser entwickelten weißen Bürzel der Felsentaube, der bei manchen Haustaubenrassen, etwa bei der *Koburger Lerche,* unerwünscht ist, aber selbst in gut durchgezüchteten Stämmen gelegentlich immer wieder in Erscheinung tritt.

Von allen Elementen des Kanariengesanges wirken die lauten Klingelrollen, Klingeln und *Zie-zie*-Pfeifen am stärksten auslösend auf die Paarungsbereitschaft des Weibchens. Bezeichnenderweise sind dies diejenigen Touren, die den größten Kraftaufwand von dem singenden Männchen fordern und deshalb, wie erwähnt, nur von sehr vitalen Individuen vorgetragen werden. *Gesangskanarien*weibchen, die auf die leise rollenden Touren ihrer Männchen häufig nicht reagieren, geraten geradezu in Ekstase, wenn sie das feurige *Zie-zie-zie* eines *Schappers* hören. Ein solches Weibchen, das ich mit einem Stieglitzmännchen verpaarte, um Mischlinge zu züchten, beachtete diesen Käfiggenossen nicht und zeigte ihm gegenüber keine Begattungsaufforderung. Es hätte bei jeder Brut unbefruchtete Eier produziert, wenn ich ihm nicht täglich mehrmals diese *Schapper*touren vorgepfiffen hätte, worauf es mit geradezu reflektorischer Sicherheit die Paarungsstellung einnahm. Das Stieglitzmännchen kopulierte dann sofort.

Während des Brutgeschäfts halten die Gatten durch den Gesang des Männchens und die Zärtlichkeitstöne des Weibchens stimmlich miteinander Kontakt. So weiß eines vom anderen, daß keine Gefahr droht. Das Kanarienweibchen ist, wie die Weibchen von *S. serinus* und *C. carduelis*, auf dem Gelege überaus stimmfreudig und lockt mit dem bezeichnenden, zärtlich klingenden *didididididi-*, sobald das Männchen sich hören läßt. Im Gegensatz zum Gimpel füttern Kanarien und auch andere Girlitze ihre Weibchen häufig, während diese auf dem Gelege sitzen.

Graunackengirlitz *Serinus canicollis* (SWAINS.)

Der Graunackengirlitz ist in zwei Rassen (*cannicollis, thompsonae*) über Ostafrika bis zum östlichen und südlichen Südafrika sowie Angola verbreitet. Die Nominatform wurde auf Mauritius und Réunion eingebürgert, ist aber auf ersterer Insel inzwischen wieder ausgestorben. Die Art ist Berg- und Hochlandbewohner, wie der nahe verwandte paläarktische Zitronengirlitz.

Obwohl ich zwei Paare dieser Art seit Jahren mit anderen Girlitzen zusammen halte und beobachte, kann ich doch nur sehr wenig über ihr Verhalten aussagen, weil die Weibchen nicht in volle Fortpflanzungsstimmung kamen. Die Männchen sangen zwar sehr häufig, aber die Weibchen zeigten nicht die geringsten Andeutungen von Brutlust, so daß es nicht einmal zum Aufnehmen und Umhertragen von Nistmaterial kam. So kann hier nur ganz summarisch gesagt werden, daß *canicollis* ein überaus naher Verwandter des Europäischen Zitronengirlitz (*Serinus citrinella*) ist, dem er nicht nur in den Färbungscharakteren, sondern auch in Stimme und den auffälligsten Ausdrucksbewegungen gleicht (Nicolai 1957). Er gehört damit in allernächste Nähe von *S. canaria* und *S. serinus*.

Alario *Serinus alario* L.

Der Alario ist in zwei Rassen (*alario, leucolaema*) über die trockneren Gebiete des südlichen und südwestlichen Afrika verbreitet und geht im Westen bis zum westlichen und südlichen Südwestafrika, im Osten bis zum südlichen Transvaal.

Unter den hier besprochenen Girlitzarten können wir drei Färbungstypen unterscheiden: die gelbgrünen Girlitze der *serinus-canaria*-Gruppe und die grauen und gelben Girlitze der *leucopygia-mozambica*-Gruppe einerseits sowie die *albogularis-flaviventris*-Gruppe andererseits. Diesen gegenüber ist der Alario ein merkwürdig aberranter, in seiner Färbung an gewisse Webefinken (*Lonchura m. malacca*) erinnernder Vertreter. Über seine Stellung im System hat deshalb auch lange Uneinigkeit geherrscht. Reichenow (1900) stellt ihn zwischen Steinsperlinge (*Petronia*) und Goldsperlinge (*Auripasser*). Erst in neuerer Zeit hat sich die Auffassung durchgesetzt, daß dieser schwarzköpfige, braunrückige, mit merkwürdiger Gabelzeichnung auf der weißen Brust begabte Finkenvogel ein Girlitz ist, den die meisten Autoren allerdings seiner aberranten Färbung wegen in einer besonderen Gattung (*Alario*) unterbringen. Untersuchungen über die verwandtschaftlichen Beziehungen zu den anderen Girlitzen, vor allem über Stimme und Verhalten, fehlten bisher völlig.

1. Imponier- und Kampfverhalten

Das imponierende Alariomännchen gleicht dem Kanarienmann so weitgehend, daß eine genaue Beschreibung des Verhaltens sich erübrigt. Die einzigen Unterschiede, die ich finden konnte, sind gradueller Art, wie sie auch in den beiden anderen Girlitzgruppen zwischen den Arten zu finden sind. Das Alariomännchen läßt beim Imponiersingen noch stärker die Flügel hängen als das Kanarienmännchen und bietet dabei ganz das Bild eines imponie-

Abb. 4 Alario [*Serinus alario* L.], rechts Männchen der Nominatform, links Männchen der Rasse *leucolaema*.

Abb. 5 Das Imponiersingen des Alariomännchens.

Abb. 6 Das Imponiersingen des Damara-Alario-Männchens.

Abb. 7 Begegnung zweier Alariomännchen. Das Männchen der Rasse *leucolaema* ist dominant, das der Nominatform (rechts) in Demutshaltung.

Abb. 8 Schnabelflirt. Das Alariomännchen fordert das Weibchen (links) zum Schnabelflirt auf.

Abb. 9 Graunackengirlitz (*Serinus canicollis* SWAINS.), Männchen der Nominatform.

renden Europäischen Girlitz. Der Schwanz macht dabei zwar häufig, besonders zu Beginn des Imponiersingens, einige nach oben zuckende Bewegungen, wird aber doch nicht so gestelzt getragen, wie das für *S. serinus* charakteristisch ist. Vielmehr halten die Vögel ihn während des Singens oft recht tief, und zwar um so mehr, je näher der Adressat (Rivale oder Weibchen), dem das Imponiersingen gilt, dem Sänger gerückt ist. Das Bürzelgefieder ist leicht gesträubt, der Rücken des aufrecht singenden Männchens wirkt dadurch hohl (Abb. 5, 6).

Obgleich die Männchen Rivalen im Revier hartnäckig verfolgen und zu vertreiben suchen, entwickeln sie doch nicht jene ungeheure Kampfenergie, wie sie Kanarienmännchen auszeichnet. Gesangsduelle mit anschließendem Rivalenkampf, während denen beide Kontrahenten bis zur Erschöpfung singen, habe ich im Gegensatz zum Kanarienvogel hier nie gesehen. Die Imponierfunktion des Gesanges ist beim Alario mehr auf das Weibchen bezogen, während er beim Kanarengirlitz zu etwa gleichen Teilen sexuell und aggressiv motiviert erscheint.

Bei der Verfolgung eines Rivalen zeigen Alariomännchen deutlich Ansätze zum Singflug, indem der gewöhnliche Bolzenflug, der sich durch einen festen Wechsel von Schlagen und Anlegen der Flügel auszeichnet, von einer gleichmäßig schwirrenden Flugbewegung abgelöst wird. Die für den Singflug charakteristische langsame Schlagfrequenz ist nur in weitem Luftraum ausführbar. Die Ansätze dazu gleichen jedoch denen, die Magellanzeisig (*Spinus magellanicus*), Erlenzeisig (*Spinus spinus*) und Europäischer Girlitz (*Serinus serinus*), also Arten, von denen Singflüge aus dem Freileben bekannt sind, bei Volierenhaltung zeigen, so sehr, daß ich überzeugt bin, daß das Alariomännchen im Freileben über einen wohlentwickelten Singflug verfügt.

2. Sexuelles Verhalten

Meine Beobachtungen über das Verhalten der Geschlechter zueinander sind nur sehr unvollständig, da bisher nur zwei Paare von je einer der beiden Rassen zu Nestbau und Eiablage gelangten. Immerhin zeigen sie recht deutlich, daß die Beziehungen zwischen Männchen und Weibchen in allen wesentlichen Zügen denen des Kanarengirlitz weitgehend gleichen. Wie das Kanarienmännchen, folgt das Alariomännchen vom Beginn der Paarbildung ab dem Weibchen auf Schritt und Tritt, wobei es bei jeder Platzveränderung seine gereihten Stimmfühlungslaute hören läßt. Von diesem Zeitpunkt ab ist das Paar bis zum Brutbeginn unzertrennlich, und auch während der Bebrütung hält sich das Männchen ständig in Rufweite auf und reagiert auf jede Veränderung am Nest. Wie das Kanarienmännchen, füttert es das brütende Weibchen auf dessen Locken hin auf dem Nestrand sitzend und folgt ihm in den kurzen Erholungspausen, die sie während des Brutgeschäftes einlegt.

Kurz vor und in den Legetagen wird das Männchen von seinem Kontaktbedürfnis so beherrscht, daß es der Partnerin blindlings überall hin folgt. Dabei begibt es sich häufig in Situationen, die es sonst unter allen Umständen meiden würde. So flog ein Männchen des Damara-Alario (*leucolaema*), dessen Weibchen ich nachts auf dem Schlafplatz in der Außenvoliere fangen wollte, der in der Dunkelheit unorientiert davonflatternden Partnerin im »Blindflug« Stimmfühlung suchend dicht aufgeschlossen nach, wobei es sich wohl in der Hauptsache von ihrem Fluggeräusch und den wenigen Angstlauten, die sie von sich gab, leiten ließ. Es war erstaunlich, daß er, obwohl er sicher kaum etwas sah, den Kontakt nicht verlor und sich schließlich auf einem zufällig von ihr gefundenen Zweig neben ihr niederließ. Ich kenne keine andere Situation, die einen Cardueliden veranlassen könnte, nachts freiwillig vom Schlafplatz abzufliegen.

Das gleiche *leucolaema*-Männchen nahm gelegentlich eine Brutpause seines Weibchens wahr, um sich auf das Gelege zu setzen. Entsprechendes Verhalten zeigen einzelne Kanarienmännchen. Von einer regelrechten Brutbeteiligung des Männchens kann jedoch in allen diesen Fällen keine Rede sein, da die Vögel sofort das Nest verlassen, sobald die Partnerin wieder erscheint.

3. Stimme

Die ersten Anhaltspunkte für die Beurteilung verwandtschaftlicher Beziehungen bieten dem Beobachter in der Regel die Lautäußerungen der untersuchten Art. Oft gelingt ihm so schon bei den ersten Stimmlauten eine Verwandtschaftsdiagnose, wie sie dem Morphologen erst nach ausgedehnten Balgstudien möglich ist, gelegentlich aber ganz versagt bleibt. Sind einem die Lautäußerungsinventare der drei bisher besprochenen Girlitzgruppen einigermaßen geläufig, so fällt sofort die große Übereinstimmung auf, die *alario* in allen Stimmlauten mit den Vertretern der *serinus-canaria*-Gruppe zeigt. Der Stimmfühlungslaut *dididit* klingt überaus kanarienartig, und hat man die Vögel im Käfig vor sich, so dauert es gewöhnlich nicht lange, bis der eine oder andere mit dem »Warnruf vor Bodenfeinden«, einem gezogenen *dää-i* reagiert, das wiederum dem entsprechenden Ruf von *Serinus canaria* sehr ähnlich klingt. Auch in allen anderen Lautäußerungen, mit Ausnahme des Gesanges, stimmt Alario mit Kanaren-, Zitronen- und Graunackengirlitz weitgehend überein. Die einzelnen Stimmlaute sind jenen der beiden vorerwähnten Arten unmittelbar homologisierbar.

Der Gesang, der regelmäßig mit einem tiefen *dä-dä-dä*, das den *Pfeifen* des Kanarengirlitz entspricht, eingeleitet wird, hat merkwürdigerweise keine große Ähnlichkeit mit irgendeinem der Gesänge der mir bekannten paläarktischen und äthiopischen Girlitzarten. In pfäffchenartig schleifender Klangfarbe und stieglitzartigem Rhythmus werden stieglitzartig-verschlungene klappernde und trillernde Strophen aneinandergereiht. Manche Wendungen erinnern in ihrer Klangfarbe deutlich an die tremolierenden Töne des Klarinogesanges (*Myadestes townsendi*). Das Gesamtbild des Gesanges wird von der stieglitzartigen Dynamik und der an die gewisser südamerikanischer Pfäffchen (*Sporophila*) erinnernden schleifenden Klangfarbe bestimmt.

Gelbbauchgirlitz *Crithagra flaviventris* (SWAINS.)

Der Gelbbauchgirlitz ist in vier Rassen (*flaviventris, damarensis, marshalli, guillarmodi*) über die westlichen und mittleren Gebiete Südafrikas verbreitet. Auf St. Helena ist die Art eingebürgert.

Mit dieser Art kommen wir zu einer Gruppe von Girlitzen, die von den bisher besprochenen in Stimme und Ausdrucksbewegungen erheblich abweichen. Während diese bei den bisher behandelten Girlitzen unmittelbar denen der Zeisige (*Spinus*) homologisierbar sind, ist das bei einer Reihe von Verhaltensweisen der folgenden Arten nicht mehr der Fall. Auch in der Unfruchtbarkeit der Mischlinge zwischen der vorhergehenden und der folgenden Girlitzgruppe kommt zum Ausdruck, daß keine sehr engen verwandtschaftlichen Beziehungen bestehen.

1. Imponier- und Kampfverhalten

Wie der erregte Kanarienmann, wird auch der imponierende Gelbbauchgirlitz außerordentlich schlank und hochbeinig und wippt betont mit dem Schwanz. Dann aber kommt bei dieser Art eine Bewegung hinzu, die dem Kanarengirlitz fehlt. Das Männchen reckt den Schnabel steil nach oben und bringt dadurch die gelbe Unterseite voll zur Geltung (Abb. 12). Die Haltung erinnert an jene Stellung, die Kleinvögel bei Hagelschlag einnehmen. In dieser Haltung imponieren sich die Männchen minutenlang an, immer wieder den Sitzplatz wechselnd.

Hält man die Geschlechter für einige Wochen getrennt und vereinigt sie dann wieder, so imponieren bezeichnenderweise auch die Weibchen mit eng angelegtem Gefieder und betont langsam wippendem Schwanz, ganz wie es

Abb. 10 Das Imponieren (Kopfaufrecken) des Gelbbauchgirlitz [*Crithagra flaviventris* (Swains.)]

Abb. 11 Das Imponiersingen des Gelbbauchgirlitz; beachte die geringe Blähung der Kehlregion und vergleiche mit *S. canaria* (Abb. 3).

Abb. 12 Das Drohen des Gelbbauchgirlitz. Keine Angstkomponente (glattes Gefieder).

auch Kanarienweibchen tun. Längeres Alleinsein bewirkt hier – wie bei vielen anderen Vogelweibchen – eine Kumulation männlicher Verhaltensweisen, die beim ersten Zusammentreffen mit Artgenossen zum männlichen Imponiergehaben drängen. Bei Kanarien sind diese schlanken, imponierenden Weibchen fast immer recht aggressiv gestimmt. Gelbbauchgirlitzweibchen geben es den gleichfalls imponierenden Männchen gegenüber jedoch bald auf. Jedenfalls habe ich sie nie in dieser Pose mit Männchen kämpfen sehen, wie es bei Kanarien häufig der Fall ist.

In den gleichen Situationen, in denen Kanarien, Graunackengirlitze und Alarios in Wutzetern ausbrechen, also am belagerten Futterplatz, auf besonders begehrten Schlafplätzen usw., drohen sich Gelbbauchgirlitze merkwürdigerweise mit der weiblichen Begattungsstellung an. Dabei lassen sie Reihen von Gesangsbruchstücken hören, die etwa wie *Ziet-tschrrtschrrt – – tschrrtschrrtschrrt – – tschrrtietiet* klingen. In der Regel sieht man diese Kämpfe zwischen Weibchen und auch bei diesen fast nur außerhalb der Brutzeit. Sind die Weibchen einmal verpaart und im festen Besitz eines Reviers, so bekämpfen sie Nebenbuhlerinnen mit der gleichen Heftigkeit, wie die Männchen einander bekämpfen. Auch asexuell gestimmte Männchen zeigen bei Auseinandersetzungen sozialer Art im Winter oder während der Mauser die gleiche Reaktion. So verfiel eines von ihnen, ebenso wie ein *sulphurata* × *flaviventris*-Mischling, in die weibliche Begattungsstellung mit den dazugehörigen Lautäußerungen, als es auf dem Schlafplatz von einem Brillenvogel (*Zosterops palpebrosa*), der den gleichen Zweig beanspruchte, energisch wieder und wieder unter Schnabelknacken angegriffen wurde. Die beide Männchen waren den Tätlichkeiten und der anderen Kampfesweise des Brillenvogels nicht gewachsen; merkwürdig erscheint, daß sie ihm gegenüber mit dieser wohl zweifellos ausschließlich auf Artgenossen gemünzten Verhaltensweise ansprachen. Ich kenne den Gelbbauchgirlitz sowie den Schwefelgelben Girlitz, der das gleiche Verhalten in den entsprechenden Situationen zeigt, leider nur aus Gefangenschaftsbeobachtungen, die keine auch nur einigermaßen einleuchtende Deutung zulassen. Die Verhaltensweise hat keine Parallele bei den mir bekannten Carduelinen.

2. Sexuelles Verhalten

Schnabelflirt und Zärtlichkeitsfüttern stimmen beim Gelbbauchgirlitz durchaus mit den homologen Bewegungen beim Kanarienvogel und den anderen Girlitzarten überein. Wie diese, flirtet auch der Gelbbauchgirlitz häufig *auf Distanz* (Abb. 16). Die Begattungsaufforderung des Weibchens weicht dagegen in ihrer Form erheblich ab. Während beim paarungsauffordernden Kanarienweibchen Rücken und Schwanz in einer Linie liegen, der Körper die Lage eines buglastigen Bootes hat, streckt das Gelbbauchgirlitzweibchen den Schwanz fast vertikal in die Höhe, während die Flügel etwas herabgedrückt werden.

Abweichend vom Kanarengirlitz, aber übereinstimmend mit dem Graugirlitz, zeigt das *flaviventris*-Männchen dem Weibchen seine Begattungsbereitschaft häufig dadurch an, daß es sich selber in extremer weiblicher Aufforderungsstellung vor ihm aufstellt. Als ich eines meiner Männchen nach einer zweiwöchigen Trennung von seinem brütenden Weibchen am Schlupftage der Jungen wieder mit ihm vereinigte, verließ das Weibchen sofort die Neugeborenen und wurde vom Männchen in extremer Begattungsstellung erwartet, forderte darauf ihrerseits auf und wurde vom Männchen sofort begattet. Die beiden überboten sich in den folgenden 10 Minuten in übertriebenen Paarungsaufforderungen, die nur durch die wiederholten Begattungen unterbrochen wurden. Selbst als sie das Nest wieder aufgesucht hatte und die Jungen huderte, saß er noch in Aufforderungsstellung auf dem Nestrand. Es sei nur am Rande bemerkt, daß hier durch die lange Trennung eine solche Schwellenerniedrigung zustande kam, daß Begattungen vollzogen wurden, die normalerweise zu diesem Zeitpunkt des Brutzyklus undenkbar sind.

Wie das Kanarienmännchen, bleibt auch das Gelbbauchgirlitzmännchen nach einer erfolgreichen Kopulation unmittelbar neben dem Weibchen in extremer Aufforderungsstellung sitzen. Da das Weibchen in dieser Situation schwache Intentionen zum Auffliegen zeigt, glaube ich, hier eine Parallele zur wechselseitigen Begattung mancher Taubenpaare zu sehen. Die vorübergehende physische Schwächung, die für das Männchen mit der Kopulation verbunden ist, mag ein sprunghaftes Aufkommen weiblicher Stimmungen und Reaktionen, die vorher im Organismus unterdrückt wurden, zulassen. Auch der Stockerpel schießt nach der Kopulation im Nickschwimmen, einer ausgesprochen weiblichen Balzbewegung, um die Ente herum. Für das soeben getretene Weibchen scheint das Gegenteil zu gelten. Der Begattungsakt hat häufig eine vorübergehende Kumulation männlicher Reaktionen zur Folge, wie das besonders deutlich aus dem Verhalten der Felsen- (Haus-) Täubin hervorgeht, die nach der Begattung in *männlichem Imponiergehaben* »stolz« aufgerichtet mit schleifendem Schwanz herumläuft oder flügelwuchtend und -klatschend abfliegt. Aus dieser schlagartigen Inversion der geschlechtlichen Stimmungen ziehen manche Taubenpaare die volle Konsequenz, indem die Täubin ihren hingeduckten Mann ihrerseits begattet – wobei wie die Heinroths (1948) überzeugend nachweisen – sogar Sperma übertragen wird. Weder beim Gelbbauchgirlitz noch beim Kanarienvogel kommt es zu einer verkehrten Kopulation, vermutlich, weil die Fähigkeit der Weibchen, männliches Verhalten zu zeigen, dafür nicht ausreicht. Auch Weibchenpaare von Girlitzen habe ich nie kopulieren sehen. »Verkehrtes Treten« ist auch in anderen Vogelgruppen verbreitet. Heinroths (1948) beschreiben es nicht nur von der Felsentaube, sondern auch vom Kormoran, Selous (1901) und Simmons

(1955) vom Haubentaucher (*Podiceps cristatus*), der letztere auch vom Sperlingspapagei (*Forpus passerinus*). Ich selber kenne verkehrte Kopulationen außer von bestimmten Haustaubenpaaren auch von der Galapagostaube (*Nesopelia galapagoensis*). Bei dieser Art geschieht es auf frühen Stadien der Paarbildung häufig, daß die Täubin während des die Kopulation einleitenden Fütterns sich plötzlich von dem fütternden Täuber losreißt, dem Partner auf den Rücken fliegt und versucht, ihren Schwanz seitlich unter den seinen zu bringen, um einen Kloakenkontakt herbeizuführen. Zu einem regelrechten Kontakt kommt es dabei jedoch nur in Ausnahmefällen, weil der überraschte Täuber diese Vergewaltigungsversuche der Partnerin in der Regel abwehrt, indem er unter ihr fortläuft.

Gelbbauchgirlitze leben – wie wohl alle Carduelinen – in strenger Einehe. Ihr Eheleben unterscheidet sich aber von dem des Gimpels etwa in einem wesentlichen Punkt. Während das Gimpelmännchen keine fremden Weibchen angreifen kann und das Weibchen normalerweise nicht daran interessiert ist, fremde Männchen aus dem Revier zu vertreiben, bekämpfen beide Gatten des Girlitzpaares jeden fremden Artgenossen mit gleicher Intensität. Das Männchen greift also fremde Weibchen ebenso wie Rivalen an; die Weibchenbeißhemmung gilt – wie beim Kanarengirlitz – nur der eigenen Frau gegenüber.

Hält man überzählige Weibchen mit einem Paar in einer Voliere zusammen, so werden sie meist so stark verfolgt, daß sie trotz ersichtlicher Brutlust nicht zum Nestbau kommen. Zwei solcher Weibchen legten die Eier einfach auf den Volierenboden, weil ihnen die Verfolgungen des Paares keine Zeit zum Nestbau ließen. Mit der Zeit gewöhnen sich manche Männchen an die fremden Weibchen im Revier, vor allem, wenn sie ihren Kampftrieb an in benachbarten Volieren untergebrachten Männchen abreagieren können. Ich halte das aber für eine Gefangenschaftserscheinung. Im Freien wird jedes fremde Weibchen zweifellos so lange verfolgt, bis es aus dem Revier verschwunden ist. – Mehrere Kanarienweibchen, die ich mit einem der Paare zusammenhielt, wurden weniger heftig verfolgt, ja sogar begattet, wenn sie dazu aufforderten.

Als ich während der photographischen Aufnahmen vom Gelbbauchgirlitz für diese Arbeit zu einem Paar ein einzelnes Weibchen setzte, das ich in der Voliere nicht mit ihm zusammenhalten konnte, ließ das Männchen das fremde Weibchen nicht nur ganz unbehelligt, sondern ging sogar auf dessen Schnabelflirtversuche ein. Ja, sogar mit einem Männchen des Schwefelgelben Girlitz, seinem Volierennachbar, mit dem es wochenlang durch das Gitter hindurch Feindseligkeiten ausgetauscht hatte, flirtete es anfänglich. Das Versetzen aus dem bekannten Revier (Voliere) in unbekannte, völlig abweichende Umgebung (Photographierkäfig) kommt wohl einem Zurückversetzen in winterliche Schwarmverhältnisse gleich, in denen keine Rivalitäten herrschen. Wir wissen, daß die Männchen vieler Vogelarten im zeitigen Frühjahr bei plötzlichem Eintritt kalter Witterung ihre bereits besetzten und verteidigten Reviere verlassen und sich wieder zu Schwärmen vereinigen.

Bezeichnenderweise begann das Gelbbauchgirlitzmännchen den Schwefelgelben nach einer halben Stunde plötzlich anzugreifen. Es bedarf also unter Umständen nur kurzer Zeit, um in fremder Umgebung zum Revierverhalten überzugehen.

3. Stimme

Die stimmliche Ausdrucksfähigkeit des Gelbbauchgirlitz ist merkwürdig gering und steht in auffälligem Gegensatz zu der der kleineren Verwandten (Graugirlitz, Angolagirlitz). Alle Lautäußerungen, mit Ausnahme des Warnrufes, sind Modifikationen des Lockrufes und unterscheiden sich von diesem nur durch die etwas andere Betonung.

Der *Lockruf* ist ein unreines, etwas heiser klingendes *bschrrrrt-*, das bei jeder Gelegenheit und stets einsilbig vorgebracht wird. Der *Stimmfühlungslaut* ist nur eine kürzere Variante des Lockrufes, der in kürzeren Intervallen vorgetragen wird. Der *Warnruf vor Nestfeinden* klingt wie ein verlängerter, besonders lauter Lockruf, der zur Zweisilbigkeit neigt. Auch der *Kampfruf* mit dem die Altvögel angstschreiende Junge verteidigen, klingt dem Warnruf vor Nestfeinden so ähnlich, daß ich nicht zu entscheiden wage, ob dieser äußerst affektbetonten Reaktion eine eigene Lautäußerung zugehört, ob also ein Gelbbauchgirlitzweibchen, das in der Nähe des Nestes Futter sucht, aus den Lauten des Männchens zu entnehmen vermag, ob der Gatte einen Nestfeind verwarnt oder ein von diesem bereits gepacktes Junges verteidigt. Der *Warnruf vor Luftfeinden* ist ein gezogenes, an die Warnrufe anderer Girlitze anklingendes *üh-*, die einzige Lautäußerung, die ohne Beimischung harter Konsonante ist, der *Schreckensschrei der Jungvögel* ist mehrsilbig und erinnert lebhaft an die entsprechende Äußerung junger Stieglitze, vor allem aber an die junger Graugirlitze. Er ist ein schnelles *Tschrr-tschrr-tschrr-tschrr-*. Ganz unbedeutend und schwach ist der *Bettelruf der ausgeflogenen Jungen,* der ebenfalls lockrufartig und sehr viel leiser, etwa wie *brr-brrt* klingt. Ich kenne keinen Bettellaut eines anderen Cardueliden, der akustisch so unauffällig ist. Auch im Nest verhalten die Jungvögel sich merkwürdig still.

Der Gesang des Gelbbauchgirlitz ist, wie der sehr vieler afrikanischer Girlitze, von feldlerchenartigem Gepräge. Er besteht aus trillernden, rollenden, aber auch gepreßten und zischenden Tongebilden, die alle unmittelbar aufeinanderfolgenden und durch keinerlei Zwischenpausen auseinandergehalten werden. Die große Mannigfaltigkeit des Gesanges kommt beim laut singenden, revierverteidigenden Männchen leider nicht zur Geltung, da die einzelnen Elemente allzu schnell aneinandergereiht und miteinander vermischt werden. Dagegen zeigen im Winter oder während der Mauser halblaut (Jugendgesang) singende Männchen, wie abwechslungsreich und gut moduliert dieser Girlitzgesang sein kann. Das Männchen trägt sich beim Singen sehr aufrecht (Abb. 11); die Kehlgegend wirkt bei weitem nicht so aufgeblasen wie beim singenden Kanarienmännchen.

Schwefelgelber Girlitz *Crithagra sulphurata* L.

Der Schwefelgelbe Girlitz ist von Kapland durch das östliche Südafrika nordwärts bis Kenia und zum Gebiet des Albert-Sees, westwärts von Ostafrika durch Katanga und Nordrhodesien bis Angola in drei Rassen (*sulphuratus, wilsoni, sharpii*) verbreitet.

Der Schwefelgelbe Girlitz fällt neben den beiden nächstverwandten Arten (*flaviventris* und *albogularis*) insbesondere dadurch auf, daß nicht nur das Männchen, sondern auch das Weibchen ein wohlentwickeltes männliches Prachtkleid trägt. Wir haben hier innerhalb einer kleinen Gruppe von Arten mit allerengsten verwandtschaftlichen Beziehungen alle drei Möglichkeiten der Geschlechterfärbung (monomorph-weibchenfarbig [*albogularis*], dimorph [*flaviventris*], monomorph-männchenfarbig [*sulphurata*]) verwirklicht.

1. Imponier- und Kampfverhalten

Die Begegnung zweier *sulphurata*-Männchen während der Brutzeit verläuft wesentlich anders und zunächst deutlich erregungsschwächer als etwa die zweier Angola- oder Graugirlitzmänner. Der Gesang spielt, als Ausdruck

Verhaltensstudien an einigen Girlitzen

Abb. 13 Das Drohen des Schwefelgelben Girlitz. Das Männchen ist ängstlich (Körpergefieder gebläht).

Abb. 14 Das Imponieren (Kopfaufrecken) des Schwefelgelben Girlitz [*Crithagra sulphurata* (L.)].

sexueller oder aggressiver Stimmung, bei dieser Art offenbar eine nur geringe Rolle, und ich habe die Männchen immer nur in den Mittagsstunden oder zu anderen ruhigen Tageszeiten halblaut singen hören. Nie verfolgte ein *sulphurata*-Männchen singend einen Rivalen oder ein Weibchen, und Gesangsduelle, wie sie für *atrogularis* und *leucopygia* charakteristisch sind, scheinen bei dieser Art nicht vorzukommen. Dagegen sieht man bei einer solchen Begegnung eine Bewegungsweise, die wir schon beim Gelbbauchgirlitz kennengelernt haben, und die auch der Weißkehlgirlitz, in völlig gleicher und sicher homologer Weise zeigt. Das Männchen reckt den Kopf steil aufwärts, so daß der Schnabel senkrecht nach oben zeigt, und nähert sich so langsam dem Fremdling. Je glatter das Körpergefieder dabei angelegt ist, desto aggressiver ist der Vogel gestimmt, je stärker es an Rücken und Bauch aufgestellt wird, desto mehr herrscht ängstliche oder unsichere Stimmung vor (Abb. 14, 13, 15).

Dieses Kopfaufrecken, die »head up posture« Hindes (1954), ist eine der am schwierigsten zu deutenden Verhaltensweisen in der Ethologie dieser Art. Ohne jeden Zweifel handelt es sich dabei um eine Imponierhaltung; aber es ist noch ganz unklar, in welcher Stärke Angriffs- und Fluchttendenzen in ihr vertreten sind. Die weite Verbreitung dieser Ausdrucksbewegung – sie

Abb. 15 Das Drohen bei sehr ängstlicher Stimmung. Neigung zur Demutshaltung (Körpergefieder stark gebläht).

Abb. 16 Begattungseinleitung beim Schwefelgelben Girlitz. Das Männchen (rechts) nähert sich trippelnd und halblaut singend in weiblicher Aufforderungsstellung der Partnerin, die ihn in gleicher Haltung erwartet.

findet sich in formell ganz gleicher Ausprägung nach Armstrong (1947) bei *Steganopodes* (*Sula bassana*) und *Tubinares* (*Diomedea*), ferner bei Spechten (Blume 1955/56), bei Kohlmeise und Grünling (Hinde 1952/54), Paradiesvögeln (*Parotia sefilata*, Bergmann [1958]), Dohlen (Lorenz, mündlich), Hähern (*Garrulus lanceolatus*, Goodwin [1953]) und Zuckervögeln (*Cyanerpes cyaneus*, eigene Beobachtung) – legt den Gedanken nahe, daß wir es mit einer stammesgeschichtlich sehr alten Bewegungsweise zu tun haben, deren stimmungsmäßige Anteile bei allen beteiligten Arten in annähernd gleichem Verhältnis stehen. Vorläufig läßt sich nur sagen, daß sie ihre Entstehung wahrscheinlich einem Konflikt zwischen Angriffs- und Fluchttendenzen verdankt. Auch die Pfahlstellung der Rohrdommeln scheint mir primär aus einer gleichen Konfliktsituation entstanden zu sein und erst sekundär ihre selbständige Funktion als Tarnstellung erlangt zu haben.

In den Kämpfen um ein bestimmtes Revier oder Weibchen richten sich die Angriffe der Männchen vor allem gegen Hinterkopf und Schnabel des Gegners. Besonders der Unterschnabel trägt nach einem Kampf oft tiefe Bißwunden davon, die später mit callusartigem Gewebe überwuchert werden. Bei älteren mehrjährigen Männchen findet man fast immer solche verheilten Bißverletzungen am Schnabel. In besonders unglücklichen Fällen kann der Schnabel, insbesondere die Schneiden, so stark deformiert werden, daß seine Funktionstüchtigkeit in Frage gestellt ist.

2. Sexuelles Verhalten

In noch ausgeprägterem Maße als bei *flaviventris* fehlt dem *sulphurata*-Männchen jene generelle Weibchenbeißhemmung, wie sie beim Gimpel in vollendeter Weise ausgebildet ist und auf das Verhalten der Geschlechter zueinander, ja auf die ganze Ethologie der Art in entscheidender Weise Einfluß genommen hat (Nicolai 1956). Jeder in das Brutrevier eindringende Artgenosse wird energisch angegriffen und vertrieben, gleichgültig, ob der Reviernachbar ein potentieller Rivale oder ein verirrtes, unverheiratetes Weibchen ist.

Bei sehr hoher sexueller Erregung nähert sich das *sulphurata*-Männchen dem Weibchen in extrem weiblicher Paarungsstellung mit hängenden Flügeln, steil aufrecht stehendem Schwanz und aufgerecktem Kopf mit senkrecht nach oben zeigendem Schnabel. Die Annäherung erfolgt nicht hüpfend, sondern mit kleinen, buchfinkenartigen Trippelschritten. Dabei singt das Männchen halblaut und wendet sich langsam hin und her. Auf diese Signalstellung des Partners nimmt das Weibchen fast immer die Begattungsstellung ein und wird dann sofort vom Gatten getreten. Das gleiche Verhalten des stark erregten Männchens hatten wir beim Gelbbauchgirlitz schon kennengelernt, und es wird in überraschend ähnlicher Form auch aus der Balz des Abendkernbeißers (*Hesperiphona vespertina*) beschrieben (E. Holt Downs 1958).

Sulphurata, flaviventris und *albogularis* haben also, im Gegensatz zu den meisten anderen mir bekannten Carduelinen, im männlichen Geschlecht eine besondere Signalstellung, die auf die Paarungsbereitschaft des Weibchens wohl in ähnlicher Weise stimmungsübertragend wirkt, wie etwa das Pumpen des Stockerpels auf das seiner Partnerin. Ich wage nicht zu sagen, daß es sich bei dieser Signalstellung des Männchens um eine aus der weiblichen Instinktausstattung übernommene Verhaltensweise handelt, sondern glaube vielmehr, daß sie mit jener zusammen auf eine gemeinsame Verhaltenswurzel zurückzuführen ist. Die flüggen Jungvögel von *flaviventris*, *sulphurata* und *albogularis* gleichen während des Bettelns in der Körperhaltung (hängende Flügel, gestelzter Schwanz) dem zur Begattung auffordernden Weibchen so sehr, daß ich annehmen möchte, daß die Bewegungsweisen und die Körperhaltung des bettelnden Jungvogels als Vorwurf für die weibliche Paarungsstellung *und* die männliche Signalstellung gedient haben. Die besondere Signalwirkung dieses Verhaltens liegt offenbar in der Summation infantiler und sexueller Reize, die in ihnen wirksam wird.

Nach einer erfolgreichen Kopulation mit Kloakenkontakt und Samenübertragung setzt sich das *sulphurata*-Männchen neben das Weibchen in extremer Begattungsstellung hin. Es verhält sich also ganz wie das Gelbbauchgirlitzmännchen und die Mehrzahl aller Carduelinen in der gleichen Situation. Von den mir bekannten paläarktischen Vertretern dieser Familie fehlt nur *Pyrrhula*, die ja auch in manch anderer Beziehung von den sich untereinander näher stehenden Genera *Carduelis*, *Spinus*, *Chloris* und *Serinus* abweicht, dieses Paarungsnachspiel. Ich habe bei der Behandlung des Gelbbauchgirlitz einen Deutungsversuch dieser Verhaltensweise gegeben.

Bemerkenswert erscheint noch, welch starke Auslöserwirkung die Begattungsstellung auch auf Vogelmännchen ausübt, die Arten angehören, die den Girlitzen – ja den Carduelinen überhaupt – verwandtschaftlich recht fern stehen. W. Rose (mündliche Mitteilung) beobachtete, daß eines meiner *sulphurata*-Männchen, als es nach einer Begattung in dieser Stellung neben seiner Partnerin sitzen blieb, nacheinander von einem Weißkehlpfäffchen (*Sporophila albogularis*) und einem Zwergpfäffchen (*Sporophila castaneiventris*) begattet wurde. Diese reflektorische Reaktion auf die weibliche Begattungsstellung erscheint mir deshalb so bemerkenswert, weil die beiden *Sporophila*-Männchen den sehr viel größeren Girlitz natürlich, da sie mit ihm die gleiche Voliere bewohnten, seit langem als *Männch*en kannten und ihm gegenüber nie in irgendeiner Weise sexuell reagierten. Sehr häufig wurden *flaviventris*- und *sulphurata*-Weibchen, die ihre Männchen zur Begattung aufforderten, von einem Männchen der Königswitwe (*Tetraenura regia*) oder einem solchen der Atlaswitwe (*Hypochera chalybeata*) begattet. So hatten die zufällig in der Nähe eines Girlitzpaares sitzenden unbeteiligten Witwenmännchen die Situation oft schneller erfaßt als die Girlitzmännchen, schossen auf das paarungslockende Weibchen herab und kopulierten, bevor der Gatte intervenieren konnte. Wie unselektiv der AAM dieser Witwenmännchen für die weibliche Begattungsstellung ist, geht auch aus der Tatsache hervor, daß sie bei jeder sich bietenden Gelegenheit auch mit Estrildidenweibchen (*Lonchura striata* u. a.), deren Begattungsstellung (vertikales Schwanzvibrieren) von der aller Cardueliden ungemein verschieden ist, kopulierten.

3. Stimme

Die Lautäußerungen des Schwefelgelben Girlitz stimmen mit denen des Gelbbauchgirlitz so weitgehend überein, daß es sich erübrigt, hier nochmals darauf einzugehen. Der Gesang ist, wie schon erwähnt, sehr viel seltener zu hören als bei *flaviventris*.

Im Sommer 1957 gelang die Mischlingszucht Schwefelgelber × Gelbbauchgirlitz. Die weitgehende Übereinstimmung der beiden Elternarten in Verhalten und Lautäußerungen erleichtert die Paarbildung erheblich, so daß kein langes Isolierthalten der Partner notwendig war. Das Gelbbauchgirlitzweibchen baute in halber Höhe eines weitausladenden Buxus und wurde dort während der Brut- und Huderzeit vom *sulphurata*-Männchen gefüttert. Kurz vor dem Schlupf der beiden befruchteten Eier des Dreiergeleges verließ in der Nachbarvoliere ein *flaviventris*-Weibchen sein von einem Weißkehlgirlitz befruchtetes Gelege, so daß ich ihre beiden Eier dem ersteren geben mußte. Durch Zufall war dieses Gelege im gleichen Bebrütungszustand, so daß die vier jungen Mischlinge am gleichen Tage schlüpften. Es ergab sich so die seltene Gelegenheit, *sulphurata* × *flaviventris*- und *albogularis* × *flaviventris*-Mischlinge im gleichen Nest aufwachsen zu sehen und miteinander vergleichen zu können.

Gelbbauchgirlitznestlinge haben im Gegensatz zu denen der *canaria-canicollis*-Gruppe im leuchtend roten Sperrachen tiefblaue, sich um die Schnabelwinkel konzentrierende Flecken. Eine völlig übereinstimmende, nur noch wesentlich intensivere Rachenfärbung weisen die Jungen von *leucopygia* und *atrogularis* auf. Die Sperrachen der vier Mischlinge zeigten nun die gleiche Farbtiefe wie reinblütige Gelbbauchgirlitznestlinge und stimmten auch untereinander so völlig überein, daß es vor Beginn der Kleingefiederentwicklung unmöglich war, zu entscheiden, welcher Elternkombination der einzelne Nestling entstammte. Diese Tatsache läßt mit ziemlicher Sicherheit die Voraussage zu, daß die – bisher unbeschriebene – Farbe des Sperrachens von *albogularis* und *sulphurata* mit der von *flaviventris* übereinstimmt.

Weißkehlgirlitz *Crithagra albogularis* SMITH

Der Weißkehlgirlitz ist in fünf Rassen (*albogularis, hewitti, orangensis, sordalhae, crocopygia*) über die trockneren Gebiete Südafrikas, vom Kapland nordwärts bis zum Damaraland und Transvaal verbreitet.

Leider konnte ich von diesem größten der afrikanischen Girlitze nur zwei Männchen der Rasse *crocopygia* erhalten, die W. Hoesch auf dem Erongoplateau (Südwestafrika) für meine Untersuchungen gefangen hatte. Die Art lebt dort in der Hauptsache von den Blüten der Bergeuphorbien, von deren Milchsaft die Schnäbel stets verklebt sind. Diese Nahrungsspezialisierung mag der Grund dafür sein, daß die Vögel sich nur 1 bzw. 1$^1/_2$ Jahre hielten. Immerhin gelang es, eines der beiden Männchen mit einem Gelbbauchgirlitzweibchen zu verpaaren, mit dem es in zwei Bruten drei Mischlinge erzeugte. So konnte ich immerhin das Fortpflanzungsverhalten des Männchens und seine Lautäußerungen beobachten. Trotz der bedeutenderen Körpergröße und des fehlenden Sexualdimorphismus gleicht *albogularis flaviventris* und *sulphurata* im Verhalten weitgehend, und dieser so erschlossene nahe Verwandtschaftsgrad bestätigte sich später auch in der Fertilität der Mischlinge, die sowohl untereinander als auch mit dem Gelbbauchgirlitz in beiden Geschlechtern Junge erzeugten. Eine eingehendere Behandlung dieser Art soll zu einem späteren Zeitpunkt erfolgen, wenn Beobachtungen über Brut und Jungenaufzucht von mindestens einem reinblütigen Paar vorliegen.

Graugirlitz *Ochrospiza leucopygia* SUND.

Der Graugirlitz ist über die trockneren Gebiete des nördlichen tropischen Afrika vom Senegal ostwärts bis Eritrea in drei Rassen (*leucopygia, pallens, riggenbachi*) verbreitet.

In diesem kleinsten der afrikanischen Girlitze haben wir eine in vieler Hinsicht sehr ursprüngliche Art vor uns, die eine ganze Anzahl offensichtlich primitiver Merkmale in sich vereinigt. Da Graugirlitze regelmäßig auf dem Vogelmarkt angeboten werden, sich gut eingewöhnen, ausdauernd sind,

Verhaltensstudien an einigen Girlitzen

Abb. 17 Das Imponiersingen des Graugirlitz [*O. leucopygia* (SUND.)]; beachte die kaum sichtbare Blähung der Kehlregion; das Männchen ist mindestens achtjährig.

Abb. 18 Drohen und Angriff des Graugirlitzmännchens.

Abb. 19 Graugirlitzjunge, 17 Tage alt, im Nest. Beachte den breiten Kotkranz auf dem Nestrand.

leicht brüten und die Jungen zuverlässig aufziehen, ist diese Art ein besonders günstiges Objekt für ethologische Studien. Dazu kommt, daß Graugirlitzpaare leicht an völligen Freiflug zu gewöhnen sind, so daß sich die Gelegenheit bietet, diese Art zwar nicht im typischen Biotop, aber immerhin in unbeschränkter Bewegungsfreiheit zu halten. Dadurch ergibt sich eine Reihe von Beobachtungsmöglichkeiten, die auch im großen Volierenraum nicht durchführbar sind.

1. Imponier- und Kampfverhalten

Das Verhalten des Graugirlitz wird in hohem Maße von der völligen Gleichfarbigkeit der Geschlechter beeinflußt. Diese ist von einer solch weitgehenden morphologischen Übereinstimmung begleitet, die es fast unmöglich macht, die Geschlechter nach körperlichen Merkmalen zu unterscheiden. Die-

Abb. 20 Graugirlitzweibchen füttert die 21 Tage alten Jungen.

ses völlige Fehlen eines Sexualdimorphismus geht – wie zu erwarten – mit einer großen Neigung zu ambivalentem Verhalten Hand in Hand. So kommt es bei dieser Art in Gefangenschaft besonders leicht zu gleichgeschlechtigen Paaren, wenn die Vögel keine andersgeschlechtigen Partner finden können.

Wie bei sehr vielen asexuell gefärbten Vögeln, spielt auch im Verhalten des Graugirlitz der Kampf eine besondere Rolle. Wenn man Gelegenheit hat, einen frischen Import von einigen hundert Graugirlitzen beim Großhändler zu besichtigen, so zeigt sich, daß immer der weitaus größte Teil der Vögel stark gerupft ist, vor allem an Kopf, Brust und Rücken. Der starke Kampftrieb kommt also selbst unter den trostlosen Verhältnissen, unter denen die Vögel zu Hunderten in enge niedere Kisten zusammengepfercht, die Seereise durchzumachen haben, nicht zum Erlöschen. Gleichzeitig aber herrscht in einer solchen dichtgedrängt sitzenden Gesellschaft ein beständiges Schnabelflirten. Es kämpft – aber es flirtet auch jeder mit jedem.

Greift man aus einer solchen Schar eine kleinere Anzahl, etwa 10 Vögel, wahllos heraus, um sie in einem größeren Käfig zur näheren Beobachtung zu setzen, so hört man sofort die klangvollen herauf- und herabgezogenen Kampfrufe, und es entbrennt augenblicklich ein Kampf jedes gegen jeden.

Da die Geschlechter nicht kenntlich sind, werden alle Vögel vor dem Einsetzen farbig beringt und die Aktionen jedes einzelnen notiert. So kann man später, wenn die Männchen sich durch ihren Gesang zu erkennen geben, die Geschlechter nachtragen. Es zeigt sich nun, daß die Männchen intensiver kämpfen und weniger leicht einzuschüchtern sind als die Weibchen, obgleich auch diese sich von der allgemeinen Kampfstimmung beeinflussen lassen. Gelegentlich läßt ein Männchen dabei auch seinen Gesang hören, der in kämpferischer Erregung besonders hastig und gepreßt klingt.

Noch während die lauten, klangvollen Kampfrufe das Feld beherrschen, kommen zuerst unauffällig, dann immer deutlicher andere Laute auf. Es sind die noch zu besprechenden *tjud-tjud-tjud*-Reihen, eine »Aufforderung zum Fütternlassen«. Das eine oder andere Männchen, das soeben noch aggressiv *züüüüüii*-rufend verfolgte, läßt plötzlich das *tjud-tjud* hören, geht auf einen der Artgenossen zu und versucht ihn zu füttern. Dabei kommt es anfänglich selten zu einem wirklichen Fütterungsakt, denn der Aufgeforderte versucht gewöhnlich selber aktiv zu sein, indem er gleichfalls Kropfinhalt heraufwürgt. So wie ein Weibchen sich am Kampf mit den zugehörigen Lautäußerungen beteiligen, so versuchen sie auch zu füttern. Daneben sieht man Schnabelflirten zwischen verschiedengeschlechtigen, ebenso häufig wie zwischen gleichgeschlechtigen Partnern.

Diese weitgehende Ambivalenz des Verhaltens scheint völlige Verwirrung zu schaffen und das Zustandekommen verschiedengeschlechtiger Paare dem Zufall zu überlassen. Dennoch ist neben dem Gesang dieses Wechselspiel zwischen Kampf und Füttern in einer solchen zwangsweise vereinigten Gesellschaft für das Individuum wahrscheinlich die einzige Möglichkeit, die Artgenossen auf ihr Geschlecht hin anzusprechen. Es zeigt sich nämlich, daß zwischen den Kampfhandlungen und Fütterungsaufforderungen von Männchen und Weibchen zwar kein *grundsätzlicher* Unterschied, wohl aber ein solcher *gradueller* Art besteht. Wer besonders intensiv kämpft und hartnäckig verfolgt, dabei gleichzeitig alle Mitinsassen am eifrigsten zu füttern versucht, ist ein vitales Männchen. Wer dagegen wenig aggressiv ist, dafür aber die größte Bereitschaft, sich füttern zu lassen, zur Schau trägt, ein typisches Weibchen. Bezeichnenderweise sind diese extremen Typen ihres Geschlechts diejenigen, die als erste zusammenfinden. Oft kann man so nach wenigen Tagen das erste Paar aus dem gemeinschaftlichen Käfig fangen. Das Männchen ist derjenige Vogel, der alle anderen verfolgt, das zugehörige Weibchen der einzige, der nicht verfolgt wird.

Diese niedrigschwellige Kampfbereitschaft ist zweifellos ein primitiver Verhaltenszug, wie wir ihn auch in anderen Vogelgruppen, und zwar in der Regel dort antreffen, wo Arten ohne Sexualdimorphismus neben solchen mit höherer Differenzierung eines männlichen Prachtkleides vorkommen. So zeigen unter den Anatinen die weibchenfarbenen Erpel der Madagaskarente (*Anas melleri*) eine sehr viel höhere Kampfbereitschaft als die der sexualdimorphen überaus nahe verwandte Stockente (Lorenz 1941). Bei der die höchste Differenzierungsstufe des männlichen Prachtkleides repräsentierenden Mandarinente (*Aix galericulata*) ist der Kampf der Erpel zu einer hochritualisierten Zeremonie geworden, bei der die Männchen nur noch schnell nebeneinander herschießen, ohne daß es zu Tätlichkeiten kommt.

Die mit der Paarbildung bei *leucopygia* ebenso wie bei dem verwandten *atrogularis* untrennbar verknüpften Kämpfe haben zweifellos ihre Hauptaufgabe in der Einschüchterung des Weibchens und der Unterdrückung ihres männlichen Satzes geschlechtlicher Triebhandlungen. Lorenz (1940) hat am Beispiel der Paarbildung des Kolkrabens erstmalig auf diese besondere Funktion des männlich-kämpferischen Imponiergehabens bei jenen Vogelarten hingewiesen, deren Paarbildung eine Festlegung des Rangordnungsverhältnisses zwischen den Gatten vorausgehen muß. Für diesen von ihm als »Labyrinthfischtypus« bezeichneten Typus der Paarbildung ist der Grauedelsänger ein Paradebeispiel.

Während alle mir bekannten Vertreter der Gattung *Serinus* im engeren Sinne, also die *serinus-canaria-citrinella*-Gruppe, Balzflüge zeigen, scheint diese Ausdrucksform des männlichen Imponiergehabens der *leucopygia-atrogularis*-Gruppe zu fehlen. In der Literatur finden sich bei keiner der Arten Singflüge beschrieben, und auch meine Volierenvögel zeigten keinerlei Ansätze dazu. Da aber gerade diese Verhaltensweise sich nur bei völliger Aktionsfreiheit voll entfalten kann, hielt ich im Jahre 1956 von Mai bis Oktober ein Paar

Graugirlitze freifliegend im Bulderner Schloßpark. Die Vögel kamen regelmäßig in ihren regensicher aufgestellten Käfig, um dort Hirse und ein Mischfutter aufzunehmen, und zogen im Juni in diesem Käfig auch eine Brut auf. Das Männchen hatte ein relativ kleines Revier und wählte als Singwarte eine hohe Kiefer, von der es, während das Weibchen brütete, seine langen Gesangsstrophen vortrug. In regelmäßigen Abständen kam es auf eines der unmittelbar darunter liegenden Volierendächer herab, um mit dem Männchen eines zweiten dort untergebrachten Paares zu rivalisieren. In der gleichen biologischen Situation (nämlich volle Bewegungsfreiheit, brütendes Weibchen in der Nähe, Rivale im Revier) hätte jedes Girlitz-, Kanarien- oder Grünlingsmännchen mit Sicherheit sich über dem Hoheitsgebiet in Balzflügen produziert. Wenn das dieser gesunde Graugirlitz nicht tat, so glaube ich daraus schließen zu können, daß der Art ein Balzflug fehlt.

2. Sexuelles Verhalten

Wie die Männchen der *flaviventris-sulphurata*-Gruppe, zeigt auch das Graugirlitzmännchen dem Weibchen häufig dadurch seine Begattungsbereitschaft, indem es selbst die weibliche Aufforderungsstellung einnimmt. Dabei läßt es sogar das weibliche Paarungslocken, ein schneller werdendes *zi-dlit-zi-dlit-zidlitzidlitzidlit* hören, bricht dann plötzlich ab, um zum Weibchen hinüberzufliegen, das daraufhin meist ebenfalls mit Einnehmen der Begattungsstellung anspricht. Wir haben es hier offensichtlich mit der gleichen Stimmungsübertragung zu tun wie bei den vorerwähnten Girlitzen.

3. Stimme

Der Graugirlitz hat nicht weniger als zwei Lautäußerungen, die zu dem bisher bekannten und beschriebenen Satz der *serinus-canaria*-Gruppe hinzukommen. Die erste ist der *Kampfruf*, ein klangvolles *zü ü üi-*, das herauf- oder herabgezogen werden kann. Man hört ihn vor allem, wenn fremde Vögel einander begegnen, wenn Eindringlinge aus dem Revier vertrieben werden, aber auch wenn der Pfleger sich am Nest zu schaffen macht. Bei der außerordentlichen Kampfesfreudigkeit dieses kleinen grauen Girlitzes ist es einer der häufigsten Laute. Als zweites kommt eine »*Aufforderung* zum *Fütternlassen*« hinzu, ein halblautes, kurzes, schnell wiederholtes *tjud-tjud-tjud-*, das eigentlich seiner Funktion nach eine rein männliche Äußerung sein müßte, gewissen Situationen aber, wie schon besprochen, von beiden Geschlechtern zu hören ist. Der *Stimmfühlungslaut* ist ein sperlingsartiges *tschil*, der *Lockruf* (Distanzruf) eine lautere Variante davon, die wie *tschiel* klingt. Ein recht tiefes *zäh* stellt den *Warnruf* vor Luftfeinden, ein gezogenes *züüh*- die *Warnung* vor *Nestfeinden* dar. Der *Schreckensruf der Altvögel* ist ein schrilles *tschrrri*-, der der Jungen eine gereihte Wiederholung dieses Lautes. Das Weibchen fordert mit einem gereihten *zidlitzidlit*... zur Begattung auf.

Der Gesang des Graugirlitz ist ein typischer sprudelnder Girlitzgesang von feldlerchenartigem Charakter und bedeutender Länge. Kennzeichnend für diese Art ist das sehr hastige Aneinanderreihen der Motive, durch das leider die Feinheiten verlorengehen. Ich hatte Gelegenheit, vom Gesang eines meiner Männchen Tonbandaufnahmen machen zu lassen, und war erstaunt, welche Vielfalt und Modulationsfähigkeit sich beim langsamen Abspielen des Bandes offenbarte.

Angolagirlitz *Ochrospiza atrogularis* SMITH

Der Angolagirlitz ist in 5 Rassen [1] über die trockneren Gebiete Süd- und Südwest-Afrikas verbreitet.

Die mir zur Verfügung stehenden Vögel dieser Art gehörten der Rasse *deserti* an.

Mit dieser dem Graugirlitz überaus nahestehenden Art kommen wir zu einem Girlitz, an dessen Gefiederfärbung man sich eine Stufe des Weges veranschaulichen kann, der im Verlauf der Stammesgeschichte in einigen Girlitzgruppen von den primitiveren grauen Formen zu den höher differenzierten sexualdimorphen geführt haben mag. Als erster Schritt auf diesem Wege darf wohl der gelbe Bürzel gewertet werden, der sich als Flugauslöser nicht nur bei *atrogularis*, sondern auch bei einigen anderen grauen Girlitzen, die prachtkleidbegabte (gelbe) Nächstverwandte haben (*C. albogularis*), findet. Erst sehr viel später haben sich dann die Lipochrome wohl auch über Brust und Bauch des Männchens ausgebreitet. In den Weibchenkleidern vieler »gelber« Girlitzarten ist diese Differenzierungsstufe erhalten geblieben (*flaviventris, dorsostriatus, donaldsoni*).

[1] *atrogularis, deserti, semideserti, ovambensis, fitzimonsi.*

1. Imponier- und Kampfverhalten

Bei den bisher besprochenen Girlitzen haben wir zwei voneinander abweichende Imponierhaltungen kennengelernt, das *Flügelschleifenlassen* der *serinus-canaria*-Gruppe und das *Kopfaufrecken* von *sulphurata*, *flaviventris* und *albogularis*. Der Angolagirlitz zeigt nun bei hoher aggressiver Motivation eine ganz anders geartete Imponierhaltung. Das einen Rivalen oder ein Weibchen ansingende Männchen breitet die Flügel *wappenadlerartig* weit aus und trippelt so laut singend um den Partner herum (Abb. 22). Dabei wird das leuchtend gelbe Bürzelgefieder, das normalerweise von den Hand- und Armschwingen bedeckt wird und nur beim Flug zu sehen ist (Flugsignal), plötzlich sichtbar.

Das Flügelbreiten ist wohl als mimisch stark übertriebene Intentionsbewegung zum »Aneinanderhoch- und Auf-den-Rücken-Fliegen« zu deuten. Diese Kampfesweise ist auch tatsächlich für diese Art und die verwandten Grau- und Mozambiquegirlitze, die Andeutungen dieses Flügelbreitens in Ausnahmezuständen der Erregung zeigen, besonders charakteristisch.

Um auch bei dieser Art wie bei *leucopygia* feststellen zu können, ob die Männchen Singflüge machen, ließ ich mehrfach ein oder zwei Männchen vorübergehend frei. Die zugehörigen Weibchen waren in kleinen Käfigen untergebracht und hielten mit den freifliegenden Stimmfühlung. Die beiden Männchen saßen viel auf den in der Nähe stehenden Bäumen, ernteten aus den auf dem Glasdach eines Gewächshauses sprossenden Grasrispen (*Poa annua*) die halbreifen Samen und besuchten von Zeit zu Zeit ihre im Käfig rufenden Weibchen. Obwohl die Vögel rivalisierten und auf den Bäumen und Telegraphendrähten fleißig sangen, zeigten sie nie auch nur schwache Ansätze zu einem Singflug. Ich glaube deshalb auch für diese Art die Frage nach dem Vorhandensein eines Balzfluges verneinen zu dürfen, wie es bei *leucopygia* nach der Beobachtung eines monatelang freifliegenden Paares geschehen konnte. Auch W. Hoesch, der in Südwestafrika *atrogularis* im Freileben kennt, bestätigte mir, daß er bei dieser Art nie Balzflüge sah.

Der starke Kampftrieb äußert sich beim Angolagirlitz zuweilen in recht unsinnig erscheinender Weise. Wenn ein Brutpaar sich über einen Gegner erregt, der unerreichbar ist, etwa ein Männchen in der Nachbarvoliere, so reagieren die Gatten häufig ihre gestaute Kampfenergie aneinander ab. Die Vögel fallen plötzlich übereinander her und beißen aufeinander los. In solchen Ausnahmezuständen der Erregung wird also bei dieser Art die sonst wirksame Weibchenbeißhemmung plötzlich unwirksam. Natürlich zieht das

Abb. 21 Das Imponiersingen des Angolagirlitz [*Ochrospiza atrogularis* (Smith)]; das Männchen hebt die Flügel leicht an (mittlere Intensitätsstufe).

Abb. 22 Die höchste Intensitätsstufe des Imponiersingens (wappenadlerartiges Flügelbreiten).

Abb. 23 Brütendes Angolagirlitzweibchen. a) Es wird zur Inspektion des Geleges mit einem Finger leicht vom Nest abgehoben;

b) das Weibchen wendet die dabei verrutschenden Eier.

Weibchen in derartigen Auseinandersetzungen dem stärkeren Männchen gegenüber immer den kürzeren und wird vom Gatten verprügelt. Die gleiche Reaktion, den eigenen Gatten als Prügelknaben für die gestaute, nicht abreagierbare Kampfenergie zu mißbrauchen, schildert auch Heinroth (1910) von *Tadorna tadornoides* und *T. variegata*. Es ist sicher kein Zufall, daß es in beiden Vogelgruppen die unverträglichsten und kampflustigsten Arten sind, die diese dem unbefangenen Beobachter so sinnlos erscheinende Reaktion zeigen.

So wirkungsvoll ein *atrogularis*-Männchen sein Revier von Artgenossen und nahe verwandten Girlitzen durch seine hartnäckigen Angriffe freizuhalten vermag, so gleichgültig steht es oft Situationen gegenüber, in denen das Aufkommen der Brut durch andere artfremde Vögel gefährdet wird. Ein in einem Wacholder sein Gelege bebrütendes Weibchen (Abb. 24) fühlte sich durch ein Erlenzeisigweibchen (*Spinus spinus*), das 50 cm oberhalb seines Nestes im gleichen Busch zu bauen begann, so gestört, daß es immer wieder sein Gelege verließ und jenes zu vertreiben suchte. Da der Zeisig gleichfalls auf den einmal erwählten Nistplatz bestand, kam es zu heftigen Kämpfen, in deren Verlauf die beiden Weibchen ineinander verkrallt zu Boden fielen und sich dort weiter bearbeiteten. Um diese Auseinandersetzungen der Weibchen kümmerten sich die beiden Männchen – das Zeisigweibchen war mit einem Magellanzeisig (*Spinus magellanicus*) verpaart –, die Artgenossen und nahe Verwandte erbittert bekämpften und vertrieben, nicht im geringsten. Merkwürdigerweise griff das *atrogularis*-Männchen auch dann nicht ein, als das Zeisigweibchen die Partnerin am Nest überfiel und dort über dem Gelege sich mit ihr herumbalgte. Auch diese unmittelbare Gefährdung der Brut konnte das Männchen nicht zu irgendwelchen Hilfeleistungen veranlassen. Die Triebausstattung des Weibchens ist also in bezug auf die Verteidigung des Nestes und die Abwendung potentieller Gefahren sehr viel vollständiger und trägt den biologischen Gegebenheiten besser Rechnung als die des Männchens, die sich auf das Fernhalten von Artgenossen und nahe verwandten Girlitzen beschränkt.

3. Stimme

Alle Lautäußerungen des Angolagirlitz sind denen des Graugirlitz unmittelbar homologisierbar; sie stellen gewissermaßen klangvollere Varianten dar. So ist einem das Vokabular dieser Art sofort vertraut und die Bedeutung der verschiedenen Stimmlaute verständlich, wenn man das Inventar der Lautäußerungen bei *leucopygia* beherrscht. Es sei daher darauf verzichtet, hier die einzelnen Stimmlaute mit ihren Bedeutungen und den für den Uneingeweihten ohnehin nichtssagenden klangmalenden Beschreibungen nochmals zu wiederholen und auf den Graugirlitz verwiesen.

Wie die Lautäußerungen, so ist auch der Gesang bei *atrogularis* lauter,

Abb. 24 a) Angolagirlitzweibchen hudert 10tägige Junge.

b) die Jungen werden gefüttert (beachte die aus dem Schnabel quellende Hirsenmasse.

c) das Weibchen wartet, den Kot eines der Jungen im Schnabel haltend, auf den soeben austretenden eines zweiten.

Abb. 25 Angolagirlitzmännchen, die 20tägigen Jungen fütternd.

abwechslungsreicher und melodischer als bei *leucopygia*. Wenn zwei oder drei Männchen im Zimmer bei geschlossenen Fenstern eines ihrer Gesangsduelle austragen, verspürt man einen erheblichen, recht unangenehmen Druck auf die Trommelfelle. Das ansprechendere Klangbild kommt neben der größeren Fülle der Stimme vor allem dadurch zustande, daß die bei *leucopygia* schnell aneinandergereihten Motive, die dem ganzen Lied einen gepreßten Charakter geben, bei *atrogularis* durch einen langsameren Vortrag erhalten bleiben. Der Gesang des erwachsenen Angolagirlitzmännchens weicht deshalb von seinem Jugendgesang – mit Ausnahme der Lautstärke – weniger ab, als das beim erwachsenen Graugirlitz der Fall ist. Bei letzterem erfährt der variationsreiche funktionslose Jugendgesang mit dem Heranreifen der geschlechtlichen Funktionen durch Verkürzung und Raffung der Motive eine erhebliche Veränderung.

Auf das Überfliegen eines Luftfeindes (Sperber) reagieren meine Angolagirlitzmännchen in allen Volieren regelmäßig mit explosionsartig einsetzendem, intensivem Gesang. Die noch minutenlang anhaltenden Luftwarnrufe der anderen Volierengenossen gehen in diesem vielstimmigen Schmettergesang fast völlig unter. Neben seiner Funktion als Imponiermittel ist der Gesang in dieser Situation offensichtlich ein Ventil, durch das starke Erregungsqualitäten anderer Art schnell abgeleitet werden können. Es sei besonders betont, daß *atrogularis* der einzige Girlitz ist, der in dieser Weise auf einen Luftfeind reagiert.

Mozambiquegirlitz *Ochrospiza mozambica* (MÜLL.)

Der Mozambiquegirlitz ist in 12 Rassen vom Senegalgebiet ostwärts bis zum Sudan und Abessinien und von dort südwärts durch Ostafrika bis Natal und zum östlichen Kapland verbreitet. Auf Mauritius, Réunion und den Amiranten ist die Art eingebürgert.

Die mir zur Verfügung stehenden Vögel gehörten der Nominatform sowie der Rasse *caniceps* an.

Im Gegensatz zu Grau- und Angolagirlitz ist der Mozambiquegirlitz leider so scheu, daß die Beobachtungen, die ich im Laufe der Jahre an mehreren Paaren machen konnte, nur äußerst lückenhaft sind. Die Männchen sind bei weitem nicht so kampflustig wie die von *leucopygia* und *atrogularis,* und deshalb bekommt man Imponiergehaben und Kämpfe verhältnismäßig selten zu sehen. In Auseinandersetzungen mit Graugirlitzen ziehen Mozambiquegirlitzmännchen fast stets den kürzeren; sie sind dem Angriffsgeist der gleichschweren Graugirlitze nicht gewachsen.

Das imponierende Männchen breitet die Flügel in hoher Erregung während des Imponiersingens ebenso aus wie der Angolagirlitz. Die Reizschwelle für diese Verhaltensweise liegt jedoch erheblich höher als bei *atrogularis,* so daß man das wappenadlerartige Flügelbreiten sehr viel seltener zu sehen bekommt. Bei *leucopygia* schließlich ist das Flügelbreiten auf Ausnahmezustände höchster Erregung beschränkt, und auch dann kommt es kaum jemals zur völligen Entfaltung der Flügel. – Der Kampfruf ist bei *mozambica* dreisilbig, hat aber die gleiche Klangfarbe wie der von *atrogularis* und ist diesem unmittelbar vergleichbar. Auch alle anderen Lautäußerungen stimmen mit denen des Grau- und Angolagirlitz so weitgehend überein, daß die nahe Verwandtschaft dieser drei Arten ganz offensichtlich ist. Trotz seiner farblichen Ähnlichkeit mit dem Gelbbauchgirlitz gehört *mozambica* zweifellos nicht in die *flaviventris-sulphurata*-Gruppe, sondern in die Nähe von Grau- und Angolagirlitz.

Die Mischlinge

Die Analyse der genealogischen Beziehungen, die zwischen Arten und Gattungen bestehen, ist in denjenigen Vogelgruppen besonders erfolgreich vorangetrieben worden, in denen neben morphologischen auch ethologische und genetische Befunde ausgewertet und verarbeitet werden konnten [*Anatidae*

Abb. 26 Alario × Kanarien-Mischling. Männchen in Imponierhaltung (vgl. meine Abb. 2).

(Heinroth, Lorenz, Mayr und Delacour, Poll), *Phasianidae* (Delacour)]. Der größere oder geringere Verwandtschaftsgrad kommt genetisch darin zum Ausdruck daß die Mischlinge zwischen zwei Arten je nach dem Grad ihrer phyletischen Beziehungen entweder unbegrenzt, teilweise oder nicht mehr fruchtbar sind. Diese gradweise Abstufung der Fortpflanzungsfähigkeit kommt wiederum dadurch zustande, daß die Spermien und Eizellen der Mischlinge entweder, wie bei artreinen Individuen, bis in die letzten Differenzierungsstadien ausreifen oder aber auf bestimmten Stufen der Spermio- bzw. Ovogenese in ihrer Entwicklung stehenbleiben und somit keine oder nur mißbildete Keimzellen liefern. Wie Poll (1910) an einem umfangreichen Material von Enten- und Fasanenmischlingen nachweisen konnte, ist die Stelle, an der die Störung im Verlauf der Keimzellenbildung auftritt, für ein und dieselbe Mischlingsform immer die gleiche. Je früher die Stadien sind, auf denen diese Hemmung sich auswirkt, desto weitläufiger sind die phyletischen Beziehungen der Elternarten.

Unsere Kenntnisse über die Mischlingsfertilität innerhalb der Carduelidenfamilie reichen bei weitem nicht an die heran, die wir über die bei den Anatiden und Phasianiden vorliegen haben. Immerhin wissen wir aber durch eine große Anzahl von Zuchtberichten der Vogelliebhaber über den Fruchtbarkeitsgrad von Artmischlingen zumindest in einigen Fällen recht gut Bescheid. So hat sich ergeben, daß die Mischlinge von *Carduelis carduelis*, *Chloris chloris* und *Acanthis cannabina* mit Kanarienweibchen so gut wie immer steril sind. Nur in Einzelfällen hat sich ein Mischlingsmännchen als fruchtbar erwiesen. Die wenigen Gimpelmischlinge (*Serinus canaria* × *Pyrrhula pyrrhula* sowie *Carduelis carduelis* × *Pyrrhula pyrrhula*), die aus unzähligen Kreuzungsversuchen hervorgingen, waren ausnahmslos steril. Hier stößt bereits die Erzeugung von Mischlingen auf Schwierigkeiten, und die stark degenerierten Gonaden der Hybriden dürften kaum Keimzellen bilden, die über die frühesten Differenzierungsstadien hinausgelangen.

Mischlinge zwischen Arten der *serinus-canaria*-Gruppe

Innerhalb dieser Gruppe wissen wir leider nur über die Fertilität der Mischlinge zwischen *S. serinus* und *S. canaria*, dafür allerdings – dank einer großen Zahl von Zuchtberichten aus der Vogelliebhaberliteratur – um so gründlicher Bescheid. Die männlichen Mischlinge dieser Elternkombination sind durchweg fruchtbar, die weiblichen dagegen immer steril. Dieser relativ geringe Fruchtbarkeitsgrad zwischen zwei Arten, die von Hartert (1910) noch als konspezifisch erachtet wurden, mag uns eine Warnung sein, bei der Beurteilung der genealogischen Beziehungen uns allzusehr von der Übereinstimmung der Färbungscharaktere beeindrucken zu lassen. Eine solche Vorsicht erscheint besonders dort angebracht, wo es sich, wie in diesem Fall, um geographische Vikarianten handelt.

Von den übrigen hier besprochenen Arten wurden Mischlinge von *S. citrinella* × *S. canaria* gelegentlich in Europa und *S. canicollis* × *S. canaria* häufig in Südafrika gezüchtet. Leider konnte ich über den Grad der Fortpflanzungsfähigkeit dieser Bastarde nichts in Erfahrung bringen. Dem hohen Verwandtschaftsgrad dieser Arten entsprechend, dürften diese Mischlinge zumindest im männlichen Geschlecht sich als fruchtbar erweisen.

Von besonderem Interesse erschien mir der Grad der Fertilität bei Mischlingen zwischen *S. alario* und *S. canaria*. Ich verpaarte deshalb ein *Alario*-Männchen mit einem Kanarienweibchen, das in zwei Bruten vier Mischlinge – zwei Männchen und zwei Weibchen – aufzog.

Die beiden Mischlingsmännchen erhielten Kanarienweibchen, die Mischlingsweibchen Kanarienmännchen als Partner. Eines dieser Mischlingsweibchen produzierte sowohl in seinem ersten als auch im zweiten Gelege je ein befruchtetes Ei. Leider starb von den beiden normal entwickelten Embryonen der eine nach 10tägiger Bebrütung, der zweite während des Schlupfes. In beiden Fällen war das Weibchen durch andere Vögel beim Brutgeschäft gestört worden, so daß wohl starke Abkühlung des Geleges den Tod der Embryonen zur Folge hatte. Wenn somit diese Rückkreuzung bisher auch nicht zu erwachsenen Mischlingen führte, spricht die Tatsache, daß das

Mischlingsweibchen befruchtungsfähige Eizellen produzierte, doch für den hohen Verwandtschaftsgrad zwischen *alario* und *serinus*.

Mischlinge zwischen Arten der *serinus-canaria*-Gruppe und *Spinus*-Arten

Fast ebensogut wie über den Fruchtbarkeitsgrad der Mischlinge zwischen Girlitz und Kanarengirlitz wissen wir über den der Hybriden zwischen einem Vertreter der Gattung *Spinus* und einem solchen der *serinus-canaria*-Gruppe Bescheid. In dem Bestreben, die feuerrote Farbe des venezolanischen Kapuzenzeisigs (*Spinus cucullatus*) auf den Kanarienvogel zu übertragen und so zu einer mehr oder weniger roten Kanarienrasse zu kommen, haben Kanarienzüchter vor etwa 30 Jahren damit begonnen, Kapuzenzeisigmännchen mit Kanarienweibchen zu verpaaren. Die aus dieser Elternkombination hervorgehenden kupferroten Mischlinge sind zu etwa 65 % im männlichen Geschlecht fertil, im weiblichen dagegen immer steril.

Auch die wenigen Mischlinge vom Mexikanischen Zeisig (*Spinus psaltria*) mit dem Kanarienvogel, über die Berichte vorliegen, haben sich im männlichen Geschlecht zu einem hohen Prozentsatz als fruchtbar erwiesen. Man geht wohl nicht fehl anzunehmen, daß die Mischlinge aller dieser neotropischen *Spinus*-Arten, die sich untereinander überaus nahe stehen, mit dem Kanarengirlitz im männlichen Geschlecht fertil sind.

Mischlinge zwischen Arten der *serinus-canaria*- und solchen der *flaviventris-sulphurata*-Gruppe

Nur zwischen zwei Arten dieser Girlitzgruppen sind häufiger Mischlinge gezüchtet worden und können einige Anhaltspunkte über ihre genealogischen Beziehungen geben. Der Gelbbauchgirlitz (*S. flaviventris*) wird nicht selten mit Kanarienweibchen gekreuzt; die Mischlinge sind reinblütigen Gelbbauchgirlitzen überaus ähnlich. Sie haben sich in allen mir bekannt gewordenen Fällen in beiden Geschlechtern als steril erwiesen und bekunden dadurch die schon aus Verhalten und Stimme der Elternarten erschlossene relative Weitläufigkeit der Verwandtschaft.

Mischlinge zwischen Arten der *serinus-canaria-* und solchen der *atrogularis-leucopygia*-Gruppe

Sehr häufig werden von Vogelliebhabern Graugirlitz (O. *leucopygia*) und Mozambiquegirlitz (O. *mozambica*), gelegentlich auch der seltener importierte Angolagirlitz mit Kanarien bastardiert. Die Züchter versuchen dann regelmäßig, die sehr vitalen männlichen Mischlinge mit einer der beiden Elternarten zurückzukreuzen. Mir ist jedoch kein Fall bekannt geworden, in dem diese Rückkreuzungsversuche erfolgreich gewesen wären, vielmehr erwiesen sich die Mischlinge immer als völlig steril.

Mischlinge zwischen Arten der *flaviventris-sulphurata*-Gruppe

Da über Mischlinge zwischen den zu dieser Verwandtschaftsgruppe gehörenden, in Stimme und Verhalten so überaus ähnlichen Arten nichts bekannt war, verpaarte ich im Frühjahr 1957 ein Männchen des Weißkehlgirlitz sowie ein solches des Schwefelgelben Girlitz mit je einem Gelbbauchgirlitzweibchen. Die Vögel beider Mischpaare nahmen die ihnen zugedachten Part-

Abb. 27 *Sulphurata* × *flaviventris*-Mischling. Männchen in Imponierhaltung (vgl. meine Abb. 10 und 13).

Abb. 28 *Albogularis* × *flaviventris*-Mischling (Weibchen).

Abb. 29 *Flaviventris* × (*albogularis* × *flaviventris*)-Mischling. Das Drohen des Männchens ist von ängstlicher Stimmung überlagert: Neigung zu Demutshaltung (gesträubtes Bauch- und Rückengefieder).

ner sofort an, und das erste Paar (*albogularis* × *flaviventris*) zog drei Junge, das zweite (*sulphurata* × *flaviventris*) zwei Junge auf. Im folgenden Jahr verpaarte ich das Mischlingsweibchen aus der *albogularis* × *flaviventris*-Kreuzung mit einem reinen *flaviventris*-Männchen, mit dem es ein befruchtetes Gelege erzeugte, aus dem ein flügger Jungvogel hervorging (Abb. 29). Für die weiteren Bruten gesellte ich dem Mischlingsweibchen seinen Nestbruder als Gatten, mit dem es ebenfalls mehrere befruchtete Gelege produzierte, aus denen normal entwickelte Junge schlüpften. Diese F_2-Mischlinge fielen leider im Alter von wenigen Tagen einer Nestlingskrankheit zum Opfer. Immerhin genügte ihre Existenz zum Nachweis der unbeschränkten Fortpflanzungsfähigkeit dieser Mischlinge *in beiden Geschlechtern*.

Von den beiden *sulphurata* × *flaviventris*-Mischlingen, die gleichfalls ein Paar waren, erhielt das Weibchen ein *sulphurata*-Männchen, seinen Vater, das Männchen ein Gelbbauchgirlitzweibchen als Partner. Beide Paare produzierten befruchtete Gelege. Leider gingen auch hier die ³/₄blütigen *sulphurata*-Mischlinge nach dem Ausfliegen an Gleichgewichtsstörungen ein, die wahrscheinlich auf zentralnervöse Störungen zurückzuführen waren. Auch bei diesen Mischlingen konnte also der Nachweis der Fertilität erbracht werden. Wir haben es somit hier mit einer Gruppe von Arten zu tun, die allerengste phyletische Beziehungen verbinden.

Mischlinge zwischen Arten der *flaviventris-sulphurata-* und solchen der *atrogularis-leucopygia*-Gruppe

Obgleich ich die Vertreter beider Gruppen seit Jahren in gemeinsamen Flugräumen halte, ist es nie zu Mischehen gekommen, und zwar selbst dann nicht, wenn unverpaarte Einzeltiere verschiedenen Geschlechts vorhanden waren. Die sexuelle Indifferenz war zwischen beiden Gruppen so ausgeprägt, daß unverpaarte Gelbbauchgirlitzweibchen regelmäßig unbefruchtete Eier legten, wenn nur Grau- oder Angolagirlitzmännchen als potentielle Partner zur Verfügung standen. Beide Teile waren immer so damit beschäftigt, sich den in benachbarten Volieren aufhaltenden Artgenossen anzutragen, daß es in keinem einzigen Falle zu Begattungen, geschweige denn zu einer Paarbildung kam. Zweifellos wären Mischlinge zu erzielen, wenn man die Partner von Artgenossen isoliert im Käfig halten und lange aneinander gewöhnen würde. Die Gleichgültigkeit, mit der sich die Vertreter beider Gruppen in sexueller Beziehung gegenüberstehen, unterstreicht jedoch deutlich die ethologischen Befunde und steht in auffälligem Gegensatz zu der großen morphologischen Ähnlichkeit, die offenbar nähere Verwandtschaft vortäuscht, als wirklich vorhanden ist.

Mischlinge zwischen Arten der *atrogularis-leucopygia*-Gruppe

Innerhalb dieser Verwandtschaftsgruppe liegen eingehende Untersuchungen über den Fertilitätsgrad der Mischlinge von Graugirlitz × Angolagirlitz vor (Mangelsdorf 1943). Wie zu erwarten, waren die Mischlinge in beiden Geschlechtern fertil. Der Verwandtschaftsgrad der beiden Elternformen ist demnach der gleiche wie der zwischen den Arten der *flaviventris-sulpurata* Gruppe.

Sehr viel häufiger als diese Kreuzung werden Mischlinge zwischen Mozambique- und Graugirlitz von Vogelliebhabern gezüchtet. Leider konnte ich über den Fertilitätsgrad dieser Hybriden nichts in Erfahrung bringen, wage aber vorauszusagen, daß sie sich zumindest im männlichen Geschlecht als fruchtbar erweisen werden.

Allgemeines über Nestbau, Brut und Jungenpflege

Bei der Besprechung der einzelnen Arten habe ich brutbiologische Beobachtungen nur dort erwähnt, wo sie zum Verständnis bestimmter Ausdrucksbewegungen oder sonstiger Verhaltensweisen notwendig waren. Es erscheint mir deshalb zweckmäßig, hier einen vergleichenden Überblick zu geben, der weitere Informationen über den Verwandtschaftsgrad vermittelt.

Die Wahl des prospektiven Nistplatzes wird bei Grau-, Angola- und Mozambiquegirlitz stets vom Männchen getroffen, das an geeigneten Stellen Ausmuldebewegungen macht, das erste Nistmaterial herbeiträgt und verbaut. Auch bei den mir bekannten Vertretern der *serinus-canaria*-Gruppe ist das Männchen bei der Nistplatzsuche beteiligt und macht das Weibchen auf geeignete Plätze aufmerksam, indem es sich dort hinsetzt und Ausmuldebewegungen vollführt. Das *Alario*-Männchen hat sogar einen besonderen Nestlockruf, ein fünfsilbiges sehr weich klingendes und in gleicher Tonhöhe sich bewegendes *wit-wit-wit-wit-wit*. In der *flaviventris-sulphurata*-Gruppe fehlt dagegen eine Beteiligung des Männchens bei der Nestsuche völlig. Die Auswahl des Brutplatzes und der Bau des Nestes sind ausschließlich Angelegenheit des Weibchens. Auch beim Transport des Nistmaterials wird das Weibchen in dieser Gruppe nicht vom Männchen begleitet, wie das für die *serinus-canaria*-Gruppe charakteristisch ist. Wir haben also in bezug auf die Wahl des Nistplatzes und die Beteiligung des Männchens beim Nestbau drei Modi verwirklicht, die durch je eine der hier besprochenen Girlitzgruppen repräsentiert werden:

1. Männchen wählt Nistplatz, begleitet Weibchen beim Materialtransport und beteiligt sich beim Nestbau: *atrogularis-leucopygia*-Gruppe.
2. Männchen wählt Nistplatz, begleitet Weibchen beim Materialtransport, beteiligt sich *nicht* beim Nestbau: *serinus-canaria*-Gruppe.
3. Keine Nistplatzsuche, keine Begleitung beim Materialtransport, keine Nestbaubeteiligung des Männchens: *flaviventris-sulphurata*-Gruppe.

Die durchschnittliche Gelegegröße beträgt beim Graugirlitz drei, beim Angolagirlitz vier Eier. Etwa 20 % der Gelege bestehen bei ersteren aus vier Eiern und ein annähernd gleicher Prozentsatz bei letzteren aus drei Eiern. Unter mehr als insgesamt 60 Gelegen beider Arten fand ich jedoch kein einziges 5er-Gelege. Die gleiche geringe Eizahl haben Schwefelgelber und Gelbbauchgirlitz in ihren Gelegen. Diese bestehen zu 60 % aus 3er-, zu 40 % aus 4er-Gelegen; unter 40 *flaviventris*-Gelegen waren gleichfalls kein 5er-Gelege. Im Gegensatz dazu haben die Arten der *serinus-canaria*-Gruppe nur in Ausnahmefällen kleinere als vier bis fünf Eier fassende Gelege. Beim Kanarengirlitz legt das Weibchen normalerweise fünf Eier. Je etwa 12 % der Gelege bestehen aus vier bzw. sechs Eiern. Bei den anderen Arten dieser Gruppe muß ich mich bei der Angabe der Gelegegröße auf die Literatur stützen. Der Zitronengirlitz legt vier bis fünf, Europäischer Girlitz vier bis fünf, *Alario* vier bis fünf, Graunackengirlitz drei bis vier Eier. Leider gehen aus diesen Angaben die *durchschnittlichen* Gelegegrößen, die allein Anhaltspunkte zum Vergleich bieten, nicht hervor.

Angola- und Graugirlitz neigen dazu, unpigmentierte, reinweiße Eier zu legen. Oft ist das ganze Gelege ohne jede Zeichnung; gelegentlich hat nur das letzte Ei schwache Pigmentierung auf weißem Grund mitbekommen. Die Zeichnung beschränkt sich immer auf einige wenige Punkte oder Kritzel am stumpfen Pol des Eies. Das gleiche läßt sich über die Eier von Gelbbauch- und Schwefelgelbem Girlitz sagen. Unter meinen *flaviventris*-Weibchen waren Vögel, die in mehreren aufeinanderfolgenden Jahren nur reinweiße Eier legten. Andere wechselten von Jahr zu Jahr die Pigmentierung ihrer Eier. So legte ein Weibchen in seinem 4. Lebensjahr (1957) Eier mit roter Tüpfelung, in seinem 5. (1958) und 6. (1959) solche mit schwarzer Tüpfelung. Die Eier der mir bekannten Arten der Gattung *Serinus* gehören dagegen einem ganz abweichenden Eifärbungstypus an. Sie sind blaß meergrün und mit rötlichbrauner Tüpfelung versehen (*S. canaria*, *S. serinus*). Die Auffassung Schönwetters (zitiert nach Wolters 1952), daß die Eier der Gattungen »*Poliospiza*« (von der hier besprochenen Arten Grau- und Angolagirlitz) und *Serinus* dem gleichen Eifärbungstypus angehören, kann ich somit keineswegs bestätigen.

Die Brutdauer beträgt bei allen Arten übereinstimmend 13 Tage. Hingegen weichen die einzelnen Gruppen in den Daten ihrer Nestlingszeiten erheblich voneinander ab. Gelbbauchgirlitze sowie die Mischlinge dieser Art mit Schwefelgelbem und Weißkehlgirlitz sitzen 14 Tage im Nest. Die sehr viel kleineren Angola- und Graugirlitze brauchen dagegen 4 volle weitere Tage und verlassen das Nest erst am 19. Lebenstag. Der Mozambiquegirlitz verläßt am 18. Tag das Nest und kommt auch darin Grau- und Angolagirlitz näher als dem morphologisch ähnlichen *flaviventris*. Über die Nestlingszeiten bei den Vertretern der *serinus-canaria*-Gruppe liegen noch nicht genügend Angaben vor. Kanaren- und Europäischer Girlitz sitzen 15 Tage im Nest.

Die Angaben, die ich über die Aufzuchtnahrung machen kann, sind, da bisher über die afrikanischen Arten noch keine gründlichen Freilandbeobachtungen vorliegen, von beschränktem Wert. Immerhin zeigt sich deutlich, daß erhebliche Unterschiede in der Nahrungswahl zwischen den einzelnen Gruppen bestehen. Angola- und Graugirlitz sind ausschließlich Vegetabilienesser und leben wohl in der Hauptsache von Gramineensamen. Auch zur Aufzucht der Nestlinge nehmen meine Volierenvögel keine animalischen Futterstoffe (Ei, Mehlwürmer, Ameisenpuppen) an. Am geeignetsten hat sich für diese Grassamenesser die Verabreichung gekeimter und mit Lebertran versetzter Senegalhirse (*Panicum miliaceum*) erwiesen, die vom ersten Lebenstag ab, zusammen mit anderen halbreifen Sämereien (*Stellaria media, Poa annua*) oder grünen Pflanzenteilen (Salat, Blätter der Vogelmiere) in großen Mengen an die Nestlinge verfüttert werden. Die Kröpfe der Jungen sind vor allem in der 2. Lebenswoche, also zur Zeit des stärksten Gefiederwachstums, unglaublich voll. Gesunde Nestlinge beider Arten haben etwa vom 3. Lebenstag ab tagsüber immer gefüllte Kröpfe. Die Fütterungsfrequenz der Altvögel ist so groß, daß es nur in den Nachtstunden zur völligen Entleerung des Kropfes kommt. Im Gegensatz zu diesen beiden Arten verfüttern Gelbbauch-, Schwefelgelber und Weißkehlgirlitz in beträchtlichen Mengen animalische Stoffe, so vor allem Mehlwürmer, Ameisenpuppen und Ei, im Freien wohl in der Hauptsache Insekten. Auch außerhalb der Brutzeit spielen animalische Stoffe offenbar eine wesentliche Rolle in der Ernährung dieser Arten.

Die Arten der *serinus-canaria*-Gruppe sind hingegen wiederum vorwiegend Vegetabilienesser und ziehen auch die Jungen mehr oder weniger ausschließlich mit halbreifen Sämereien auf. Im Gegensatz zu Grau- und Angolagirlitz spielen jedoch Gramineen für ihre Ernährung nur eine untergeordnete Rolle. Sie bevorzugen die Samen von Cruciferen, Compositen und Cariophyllaceen. Nach G. Eber (1956) zieht der Europäische Girlitz Cruciferensamen den Samen aller anderen Pflanzenfamilien vor. Im Mai sammeln die Vögel nach der Blüte des Löwenzahns (*Taraxacum officinale*) fast ausschließlich die reifen Samen dieser Compositen. Während der Hauptaufzuchtzeit im Juni und Juli werden in erster Linie die Samen von Hirtentäschelkraut (*Capsella bursa-pastoris*), Wegerauke (*Sisymbrium officinale*), Raps (*Brassica campestris*) sowie die einer Cariophyllacee (*Stellaria media*) verzehrt.

Die von mir in der Umgegend von Wiesbaden und Mainz beobachteten Girlitze ernteten von Juni ab neben den Samenkapseln der Vogelmiere bevorzugt die Schoten der Schmalblättrigen Rampe (*Diplotaxis tenuifolia*). Da die Vorzugsnahrung in den Sommermonaten (Gimpel, Nicolai 1956) wohl bei allen Carduelinen auch an die Jungen verfüttert wird, haben wir mit diesen Samen gleichzeitig auch das Aufzuchtfutter vor uns.

Der Kanarengirlitz zieht nach Bolle (zitiert nach Brehm 1872) gleichfalls halbreife Cruciferensamen während der Brutzeit allen anderen Samenarten vor. Daneben werden im Sommer die Samen von Raps (*Brassica campestris*), Salat (*Lactuca sativa*) und des Kanariengrases (*Phalaris canariensis*) verzehrt und wohl auch verfüttert. Es ist in diesem Zusammenhang bemerkenswert, daß die Kanarienzüchter als Aufzuchtfutter hartgekochtes, mit Zwiebackmehl vermischtes Ei verabfolgen. Tierisches Eiweiß kann also hier ein annähernd vollwertiger Ersatz für halbreife Sämereien sein.

Der Zitronengirlitz verfüttert im Mai und Juni fast ausschließlich halbreife Löwenzahnsamen (*Taraxacum officinale*). Im Juli und August ernteten die von mir auf der Kreuzeckalm bei Garmisch beobachteten Zitronengirlitze in erster Linie die halbreifen Samen einer Segge (*Carex* spec.), daneben auch die von *Ranunculus polyanthemus*. Ein Weibchen, das Anfang August von seinen etwa 25 tägigen Jungen auf die Futtersuche begleitet wurde, fütterte sie an Ort und Stelle unmittelbar nach dem Ausklauben der *Carex*- und *Ranunculus*-Samen mit diesen aus dem Kropf.

Über Ernährung und Aufzuchtfutter bei Graunackengirlitz und *Alario* liegen leider keine Untersuchungen aus dem Freileben vor. Meine Volierenvögel dieser Arten unterscheiden sich in ihrer Futterwahl nicht von den oben besprochenen Gattungsverwandten, so daß sie auch im Freileben nicht wesentlich von jenen abweichen dürften. Wie die paläarktischen Arten, nehmen sie Insekten und deren Larven nur gelegentlich als Beikost auf.

Grau- und Angolagirlitzweibchen verschlucken in den ersten Lebenstagen der Jungen deren Kot und halten somit die Nestmulde rein. In der Regel nehmen sie die gleich nach der Fütterung abgehenden Kotballen unmittelbar vom After der Nestlinge ab (Abb. 24 c). Sobald die Jungen jedoch groß genug geworden sind, um den Kot auf den Nestrand absetzen zu können, bleibt er dort liegen, trocknet schnell und bildet bald einen festen Kranz (Abb. 19). Es ist bemerkenswert, daß die Nestlinge trotzdem das Nest in einwandfreiem Gefiederzustand verlassen. Die gleichen Verhältnisse finden wir in der *serinus-canaria*-Gruppe vor. Auch hier wird der Kot in den ersten Tagen verschluckt und bleibt später auf dem Nestrand liegen (*S. canaria*, *S. serinus*). Die Weibchen des Gelbbauchgirlitz dagegen tragen vom 5. Tag ab die mit einem Häutchen umgebenen, gut transportablen Kotballen fort und lassen sie irgendwo in möglichst weiter Entfernung vom Nest fallen. Sie verhalten sich bei der Nestreinhaltung also ganz wie die Gimpel.

Schlußbetrachtung

Wir haben gesehen, daß die hier behandelten Girlitzarten sich in ihrem Imponiergehaben, im Verhalten zum Partner und zu revierfremden Artgenossen, in der Beteiligung der Männchen beim Nestbau, in Stimme und Ernährung in drei deutlich verschiedene Gruppen einteilen lassen. Die so gefundenen Unterschiede zwischen den Gruppen konnten in allen Fällen, in denen die Mischlingsfruchtbarkeit untersucht werden konnte, genetisch bestätigt werden, indem die Angehörigen der jeweiligen Gruppe untereinander weitgehend fruchtbare, mit Arten anderer Gruppen jedoch sterile Mischlinge erzeugten. Es bleibt mir somit die Aufgabe, die hier gefundenen Übereinstimmungen und Abweichungen, die den größeren oder geringeren stammesgeschichtlichen Verwandtschaftsgrad widerspiegeln, in die Sprache unseres Systems zu übersetzen, d. h. die nomenklatorischen Schlußfolgerungen daraus zu ziehen.

So geht zunächst einmal aus den Befunden hervor, daß ein Sammelgenus *Serinus* (Mackworth-Praed und Grant 1955) nicht aufrechterhalten werden kann, und zwar selbst dann nicht, wenn man eine weite Fassung der Genera befürworten wollte. Es ergäbe sich dann nämlich die Notwendigkeit, diese Riesengattung den Genera der paläarktischen, orientalischen und neotropischen Carduelinen gegenüberzustellen, was wiederum dort umfangreiche Zusammenfassungen erforderlich machen würde. Diese müßten – wollte man hier wie dort den gleichen Maßstab anlegen – auf alle Fälle über die von Hartert gemachten Vorschläge hinausgehen, indem nicht nur die Stieglitze (*Carduelis*), Zeisige (*Spinus*) und Hänflinge (*Acanthis*), sondern auch die Grünlinge (*Chloris*), Kreuzschnäbel (*Loxia*) und eine ganze Reihe anderer in einem einzigen Genus vereinigt werden müßten. Dann aber stünden wir vor der Situation, daß nunmehr die beiden am allernächsten verwandten Gruppen innerhalb der ganzen Fringillidenfamilie, nämlich die Zeisige (*Spinus*) und die Girlitze im engeren Sinne, also die *serinus-canaria-citrinella*-Gruppe, in verschiedenen Gattungen untergebracht wären, deren jede Gruppen umfaßt, die sich untereinander sehr viel ferner stehen. So bliebe als Konsequenz dieses Vorgehens nur ein Zusammenschluß fast aller Carduelinen – mit Ausnahme einiger weniger in Morphologie und Verhalten sehr abweichender Gruppen –, wie *Pyrrhula Coccothraustes, Pinicola* und einige andere, in einem einzigen Genus. Eine solche Fusion aber würde alle mühselig erarbeiteten feineren und gröberen Unterschiede zwischen den Verwandtschaftsgruppen in einem einzigen Topf verkochen, und sie stünde auch in keinem Verhältnis zu den Prinzipien, nach denen man bei der Gattungseinteilung in den anderen Vogelgruppen verfährt.

Will man jedoch – und das erscheint dem Verfasser der bessere Weg – in der Gattungseinteilung der Carduelinen die gleichen Maßstäbe anlegen wie in anderen Vogelfamilien, indem man jeweils nur Arten in einem Genus vereinigt, die sich durch weitgehende morphologische, ethologische und genetische Übereinstimmung auszeichnen, so kommen wir bei den paläarktischen Carduelinen zu annähernd der gleichen Bündelung der Arten, wie sie Heinroth abweichend von Hartert gehandhabt hat. Die Auffassung des Verfassers weicht von der Heinroths nur insofern ab, als er, wie schon dargelegt, den Zitronengirlitz nicht zu den Hänflingen, sondern unmittelbar in die *serinus-canaria*-Gruppe stellt und ferner den Birken»zeisig« nicht den Zeisigen (*Spinus*), sondern den Hänflingen (*Acanthis*) anreiht. Sowohl beim Zitronen- als auch beim Birken»zeisig« haben wir es mit ökologischen Anpassungen an eine bestimmte Ernährungsweise (Baum- und Kompositensamen) zu tun, die sich auf Schnabelbau und Lebensweise auswirkten. Wir kommen so zu einer Gattungseinteilung, in der die hier eingehender behandelten und die im Vergleich beobachteten Carduelinen wie folgt untergebracht sind:

Gattung: *Pyrrhula* Briss.
    P. pyrrhula L. – Gimpel
    P. griseiventris Lafr. – Japanischer Gimpel
    In diese Gattung gehören ferner die Arten *murina, leucogenys, aurantiaca, nipalensis, erythrocephala, erythaca.*

Gattung: *Carpodacus* Kaup
    C. erythrinus Pall. – Karmingimpel
    C. purpureus Gm. – Purpurgimpel.

Gattung: *Acanthis* Borkh.
    A. cannabina L. – Hänfling
    A. flavirostris L. – Berghänfling
    A. flammea L. – Birken»zeisig«
    Hierzu gehört ferner *A. hornemanni* (Holboell).

Gattung: *Carduelis* Briss.
    C. carduelis L. – Stieglitz
    (einschließlich *caniceps* Vig.).

Verhaltensstudien an einigen Girlitzen

Gattung: *Chloris* Cuv.
    C. chloris L. – Grünling
    C. sinica L. – Chinesischer Grünling

Gattung: *Spinus* Koch
    Sp. spinus L. – Erlenzeisig
    Sp. magellanicus Vieill. – Magellanzeisig
    Sp. yarrellii Aud. – Yarrellzeisig
    Sp. cucullatus Swains. – Kapuzenzeisig
    Sp. psaltria Say. – Mexikanischer Zeisig.
Hierzu gehören ferner *lawrencii, tristis, xanthogaster, uropygialis, atratus, dominicensis, notatus, olivaceus, siemiradzkii, crassiostris, barbatus, atriceps, pinus.*

Gattung: *Serinus* Koch
    S. sernius L. – Europäischer Girlitz
    S. canaria L. – Kanarengirlitz
    S. citrinella Pall. – Zitronengirlitz
    S. canicollis Swains. – Graunackengirlitz
    S. alario L. – Alario
Hierzu gehören weiterhin *S. pusillus* Pall. und *S. syriacus* Bp. *Alario* ist auf Grund der vielen Übereinstimmungen in Stimme und Verhalten und der zumindest teilweisen Fruchtbarkeit der Mischlinge mit *S. canaria* in dieser Gattung untergebracht.

Gattung: *Crithagra* Swainson
    C. flaviventris Swains. – Gelbbauchgirlitz
    C. sulphurata L. – Schwefelgelber Girlitz
    C. albogularis Smith – Weißkehlgirlitz.

Gattung: *Ochrospiza* Roberts.
    O. leucopygia Sund. – Graugirlitz
    O. atrogularis Smith – Angolagirlitz
    O. mozambica Müll. – Mozambiquegirlitz.
Hierzu gehören ferner *O. xanthopygia, O. reichenowi, O. dorsostriata.*

Über Regen-, Sonnen- und Staubbaden bei Tauben (Columbidae)

Unter den Tätigkeiten, mit denen Vögel ihre »Freizeit« verbringen, also jene Tagesstunden, in denen sie nicht mit Nahrungssuche, Brutpflege oder Territoriumskämpfen beschäftigt sind, haben Körper- und Gefiederpflege wohl den größten Anteil. Die Erhaltung des Gefieders in gebrauchstüchtigem Zustand ist von lebenserhaltender Wichtigkeit, und so erklärt sich der oft fanatische Eifer, mit dem sie sich diesem bedeutsamen Geschäft hingeben. Das Ausbleiben dieser Verhaltensweisen ist für den Vogelhalter ein Zeichen, das mit Sicherheit auf eine beginnende Erkrankung des Tieres schließen läßt.

Auf Anregung Herrn Professor Stresemanns möchte ich hier über die Verbreitung einiger dieser Handlungen in der Familie der Taubenvögel berichten. Die Beobachtungen wurden im wesentlichen an 19 Arten gemacht, die ich längere Zeit zu halten Gelegenheit hatte.

Das Regenbaden

Fällt in den Mittagsstunden, vor allem nach längerer sommerlicher Trockenheit, ein leichter Regen, so geben sich fast alle bisher beobachteten Taubenarten dem Regenbade hin. Die sich tagsüber ständig auf dem Boden aufhaltenden *Geotrygon*-Arten, *Gallicolumba luzonica*, *Nesopelia galapagoensis* und *Phaps elegans* legen sich dazu auf einem angezogenen Flügel auf die Seite und heben den anderen Flügel mit seiner Innenfläche den fallenden Regentropfen entgegen, wobei die Tendenz besteht, die Flügelinnenflächen nicht nur horizontal, sondern noch über diesen Winkel hinaus dem Regen darzubieten, so daß häufig die Spitzen der Handschwingen den Boden berühren. Die Federn der Körperseiten und des Bürzels werden dabei extrem aufgestellt, die Steuerfedern gespreizt. Wie lange der regenbadende Vogel in dieser Stellung verharrt, hängt weitgehend von der Stärke des Regens ab. Bei leichtem Sprühregen liegen die Tauben minutenlang fast bewegungslos da; dann wechseln sie die Liegeseite, um auch den anderen Flügel beregnen zu lassen. So kann das Regenbad bis zu $1/4$- oder $1/2$stündiger Dauer ausgedehnt werden. Der Vogel bricht es vor allem bei stärker werdendem Regen ab, indem er aufsteht, sich wie nach einem Bade schüttelt und schließlich einige Male, oft auf der Stelle hüpfend, rüttelnd mit den Flügeln schlägt. Darauf legt er sich, vor allem wenn die Sonne scheint, halb auf die Seite und fächert die Handschwingen des freien Flügels, wie es für die niederen Intensitätsstufen von Sonnen- und Regenbad bezeichnend ist.

Ausgesprochene Baumtauben, wie es wohl alle Fruchttauben (*Treron, Ducula, Ptilinopus*) und die meisten *Columba*-Arten sind, kommen zum Regenbaden wohl nie zum Boden herab, sondern suchen sich dazu freistehende Äste aus. Das gilt nach Immelmann (briefl.) auch für die sich sehr viel auf dem Boden aufhaltende Schopftaube (*Ocyphaps lophotes*), die dazu in die höchsten, kahlen Äste der Bäume fliegt.

Im November 1961 sah ich im Londoner Zoo *Ducula aenea, Ducula bicolor, Treron bicincta* und *Columba leucocephala* in je einem Paar in einem leichten Sprühregen regenbaden. Dabei saßen die großen Vögel auf den sich unter ihrem Gewicht herabneigenden Ästen in allen Stufen der Regenbadestellung, die hier einen geradezu abenteuerlichen Eindruck machten. Im gleichen Flugraum saß dagegen ein Täuber von *Turtur brehmeri* völlig unbeteiligt mit eingezogenem Kopf da. Dieser Bewohner der feuchtwarmen Urwälder Westafrikas fror offensichtlich an dem nebligen, feuchtkalten Novembertag und beteiligte sich daher nicht an der allgemeinen Badeorgie. Allzu niedere Außentemperaturen lassen im allgemeinen keine Regenbadestimmung aufkommen. Es hängt vom Wärmebedürfnis der Arten, aber auch von der artspezifischen Höhe der Reaktionsschwelle ab, welche Arten einer gemischten Taubengesellschaft sich am Regenbad beteiligten.

Unter den auf Tab. 1 aufgeführten Arten ist die Galapagostaube (*Nesopelia*) zweifellos die eifrigste Regenbaderin. Die Reizschwelle ist bei ihr offenbar besonders niedrig. Sie läßt sich daher auch durch Besprühen aus einer Blumenspritze oder einem Wasserschlauch fast jederzeit zu einem Regenbad bewegen. Dabei versammeln sich sämtliche in einer Voliere befindlichen Galapagostauben an der Stelle, an der der künstliche Regen niedergeht.

Die Außenflugräume der Volieren, in denen meine Galapagostauben untergebracht sind, werden zu einem Drittel von einem Balkon überragt, an dessen Außenwand eine Reihe von Blumenkästen hängen. Werden die Blumen gegossen, so prasselt das überschüssige Wasser in die Volieren. Diese Gelegenheit zu einem Regenbad nehmen nicht nur die sich gerade im Außenflugraum aufhaltenden Tauben wahr, sondern auch die in den Innenräumen beschäftigten Vögel legen sich auf das Prasseln hin sofort mit hochgestellten Flügeln auf den Boden. In einigen Fällen befanden sich diese Tauben an Stellen, von denen aus sie das herabfallende Wasser nicht sehen, sondern nur das prasselnde Geräusch hören konnten. Es spricht für die Tiefe der Reizschwelle bei *Nesopelia*, daß einer der Schlüsselreize der Gesamtsituation »Wasser von oben« genügt, um die Verhaltensweise in ihrer vollen Stärke auszulösen. Ob auch der bloße Anblick strömenden Regens die Regenbadestellung auszulösen vermag, soll in einem schallisolierten Raum, vor dessen Fenstern ein künstlicher Regen niedergeht, nachgeprüft werden.

Auf das andere Extrem der Ansprechbarkeit auf diese Reizsituation sei gleichfalls hingewiesen. Das Diamanttäubchen (*Geopelia cuneata*) sah ich bei gewöhnlichen Regenfällen in vielen Jahren niemals regenbaden. Diese kleinen, nur 60 g schweren Bewohner ausgesprochener Trockengebiete Australiens werden bei gewöhnlichen Regenfällen zu schnell sehr naß und in ihrer Flugfähigkeit beeinträchtigt. So zeigen sie bei Regen fast immer nur jene bei so vielen Vögeln verbreitete steile Körperhaltung, die den herabströmenden Tropfen ein Minimum an Auftrefffläche bietet. Die Regenscheu dieser Art konnte Immelmann (1960) auch im Freileben beobachten. Die in den küstennahen Kimberleys brütenden Diamanttäubchen verschwanden zu Anfang der Regenzeit ins trockene Landesinnere. Die Verhaltensweise des Regenbadens ist jedoch auch bei dieser Art nicht völlig verlorengegangen. Durch

Tabelle 1 Verbreitung des Regen-, Sonnen- und Staubbadens bei den längere Zeit gehaltenen Taubenarten.

Art	Baden	Regenbaden	Sonnenbaden	Staubbaden
Columba livia (Felsentaube)	+	+	+	—
Streptopelia roseogrisea (Lachtaube)	+	+	+	—
Streptopelia decaocto (Türkentaube)	+	+	+	—

Über Regen-, Sonnen- und Staubbaden

Art	Baden	Regenbaden	Sonnenbaden	Staubbaden
Zenaida macroura (Karolinataube)	+	+	+	−
Nesopelia galapagoensis (Galapagostaube)	+	+	+	−
Geotrygon caniceps (Graukopftaube)	+	+	+	−
Geotrygon montana (Rote Erdtaube)	+	+	+	−
Starnoenas cyanocephala (Blaukopftaube)	+	+	+	−
Columbina talpacoti (Rosttäubchen)	+	+	+	−
Columbina cruziana (Perutäubchen)	+	+	+	−
Columbina minuta (Zwergtäubchen)	+	+	+	−
Metriopelia ceciliae (Brillentäubchen)	?	?	+	+
Caloenas nicobaria (Nikobartaube)	?	?	?	−
Gallicolumba luzonica (Dolchstichtaube)	+	+	+	−
Phaps chalcoptera (Bronzeflügeltaube)	+	+	+	−
Phaps elegans (Kleine Bronzeflügeltaube)	+	+	+	−
Ocyphaps lophotes (Schopftaube)	+	+	+	−
Geopelia striata (Sperbertäubchen)	?	?	+	−
Geopelia cuneata (Diamanttäubchen)	−	+	+	−

Zeichenerklärung: + Verhaltensweise kommt vor
  − Verhaltensweise fehlt
  ? Verhaltensweise konnte bisher nicht beobachtet werden

Abb. 1 a, b: Galapagostaube (*Nesopelia galapoensis*) beim Regenbad.

Abb. 2 Kopf der Nikobartaube (*Caloenas nicobarica*). Das große Auge ist eine Anpassung an dämmerungsaktive Lebensweise.

Besprühen der Volieren mit einem Wasserschlauch, der einen staubfeinen Regen produziert, ließen sich an heißen, sonnigen Tagen auch bei einzelnen Diamanttauben Regenbadestellungen auslösen. Die Tauben verharren, im Gegensatz zu Galapagostauben, nur sekundenweise in der Maximalstellung und zeigen die gleiche leichte Ablenkbarkeit wie beim Sonnenbaden.

Ob die merkwürdige, in vieler Hinsicht von anderen Tauben abweichende Mähnentaube (*Caloenas nicobarica*) Regenbäder nimmt, ließ sich leider trotz längerer Haltung nicht feststellen. Dieser Bewohner tropischer Regenwälder war in meinen Volieren ausgesprochen dämmerungs- und nachtaktiv. Tagsüber saßen die mächtigen Vögel in geierartiger Haltung auf ihren Schlafplätzen und kamen erst nach Einbruch der Dämmerung zum Boden herab, um dort Nahrung aufzunehmen und umherzulaufen. Dabei waren die schneeweißen, kurzen Schwänze dieser sonst einfarbig grünglänzenden Vögel vor allem beim Flug das einzige, was in der Dämmerung ihre Anwesenheit verriet. Ihre große Scheu machte Berieselungsversuche mit einem Schlauch unmöglich, und bei natürlichen nächtlichen Regenfällen reichte das Licht zur Beobachtung nicht aus.

Das Baden

Eine gründliche Durchfeuchtung des gesamten Gefieders können sich viele Tauben nur durch regelmäßige Bäder verschaffen. Unter den von mir längere Zeit gehaltenen Arten sah ich daher auch nur eine einzige, das Diamanttäubchen (*Geopelia cuneata*), niemals baden. Da bei ihr auch alle das Bad einleitenden Bewegungsweisen (Schnabelschleudern im Wasser) völlig fehlen, bin ich überzeugt, daß sie auch im Freileben nicht badet [1]. Als letzter Rest dieser hier wohl sekundär verlorengegangenen Verhaltensweise ist ein einfaches Hinlegen auf taufeuchte bzw. kühlende Grasbüschel oder kühle Erde geblieben. Stelle ich in den heißen Mittagsstunden ein flaches Gefäß mit leicht feuchter Erde, aus der sich Rubinkehlchen (*Luscinia calliope*) und Granatastrilde (*Uraeginthus granatinus*) ihre tägliche Enchyträenration heraussuchen, in die Außenvoliere, so blockieren regelmäßig nach kurzer Zeit mehrere Diamanttauben den Zutritt, indem sie sich auf die kühlende Erde legen.

Das Baden der Tauben ist von Heinroths (1948) bei der Felsen- und Haus-

---

[1] Immelmann (briefl.) sah auch im Freileben keine badenden Diamant- und Zebratauben (*Geopelia striata*).

taube (*Columba livia*) eingehend beschrieben worden. In seinen wesentlichsten Bewegungselementen stimmt es bei allen Taubenarten weitgehend überein. Da die Ausprägung der Elemente von Art zu Art recht verschieden sein kann, sei ein solches Bad nochmals bei der Galapagostaube beschrieben. Der badelustige Vogel watet einige Schritte in das flache Wasser hinein und macht dort die auch für die Felsentaube typische Pickbewegung auf der Oberfläche. Sodann schleudert er durch schnelle seitliche Schnabelbewegungen Wasser nach beiden Seiten, um sich dann meist sofort in der für das Regenbad typischen Körperhaltung ins Wasser auf einen Flügel zu legen und den freien Flügel anzuheben. Man hat dabei zunächst den Eindruck, daß beim Schnabelschleudern versprühte Tropfen dem Vogel auf den Rücken fallen und dadurch die Regenbadestellung auslösen. In vielen Fällen legte sich die Taube jedoch, ohne Wasser zu verspritzen, nach kurzem, einleitendem Picken auf die Seite. Die bloße Berührung mit dem Wasser ist also schon ausreichend, um die *Regen*badestellung auszulösen, die ja in dieser Situation zwecklos ist. Auf dieses Im-Wasser-Liegen, bei dem vor allem die Unterseite eingeweicht wird, kommt dann das eigentliche Badeschütteln, indem der Vogel die Brust noch tiefer eintaucht und mit beiden Flügeln ins Wasser schlägt. Badeschütteln und Im-Wasser-Liegen wechseln jetzt mehrfach miteinander ab, bis der Badende genug hat, heraussteigt, das Gefieder schüttelt, sich flügelt und sich schließlich zum Trocknen in Sonnenbadestellung auf den Boden legt.

Je größer eine Taubenart ist, desto länger dauert gewöhnlich das Bad. Die

Abb. 3 Bewegungsfolgen beim Baden der Galapagostaube: Ins-Wasser-Treten, Flügelheben, Badeschütteln, Trockenschütteln, Sichflügeln, Trocknen in Sonnenbadestellung (mittlere Intensitätsstufe).

kleinen Rost- und Zwergtäubchen (*Columbina talpacoti* und *C. minuta*) baden mit fast singvogelartiger Schnelligkeit, und selbst das für alle Taubenbäder bezeichnende Im-Wasser-Liegen ist relativ kurz. Schon die Galapagostaube braucht längere Zeit, und die *Geotrygon*-Arten (*G. caniceps* und *montana*) machen selten Bäder, die weniger als 10 Minuten dauern. Dabei ist die Zahl der eigentlichen Badebewegungen nicht größer als bei kleinen Arten, das bewegungslose Im-Wasser-Liegen dagegen extrem ausgedehnt.

Das über weite Teile Südamerikas verbreitete Rosttäubchen (*Columbina talpacoti*) wagt sich im Eifer des Badens meist so weit ins Wasser hinein, daß es plötzlich den Boden unter den Füßen verliert und nun mit aufgestelltem Schwanz frei im Wasser schwimmt. Oft hatte ich dabei den Eindruck, daß die Tauben mit voller Absicht diese Schwimmexkursionen unternehmen, bei denen sie einen kleinen Halbkreis beschreiben und zum Ufer zurückkehren. Zum Trinken lassen sich auch andere Taubenarten auf freien Wasserflächen nieder. So ziehen Brieftauben auf dem Heimflug in unbekannter Gegend das Wasser auf Teichen oder Kanälen häufig dem gefahrvollen Landen an steilen oder dichtbewachsenen Ufern vor. Auch die australische *Histriophaps histrionica* wassert nicht selten auf freier Fläche.

Das Sonnenbaden

Fast alle Tauben sind leidenschaftliche Sonnenbader, jedoch ist die Häufigkeit dieser Verhaltensweise von Gruppe zu Gruppe verschieden und weitgehend vom Lebensraum abhängig. Bewohner offener, freier Biotope *(Phaps chalcoptera, Ocyphaps, lophotes, Lophophaps plumifera, Geopelia cuneata, Nesopelia galapagoensis)* geben sich dem Sonnenbad täglich und regelmäßig, meist in den Mittagsstunden, hin. Die waldbewohnenden Erdtauben (*Geotrygon*) kommen dagegen während der heißen Mittagsstunden kaum jemals aus der schattigen Deckung hervor und nehmen ihre Sonnen-

Abb. 4 Die Schwimmexkursionen des Rosttäubchens (*Columbina talpacoti*).

Abb. 5 Galapagostaube beim Sonnenbaden;
a) niederste Intensitätsstufe.

b) mittlere Intensitätsstufe.

bäder in den Morgen- und frühen Vormittagsstunden, wenn die Strahlung weniger intensiv ist.

Wohl für alle Tauben hat längerer Entzug des Sonnenlichtes ernste physiologische Konsequenzen. So zeigen vor allem die Arten *Oena capensis*, *Columbina talpacoti* und *Nesopelia galapagoensis* schon nach wenigen Monaten sonnenloser Haltung zunehmende Schwarzfärbung des Gefieders, die bis zur völligen Schwärzung des gesamten Klein- und Großgefieders fortschreiten kann. Diese progressive Melanineinlagerung läßt sich auch bei anderen in sonnenlosen Zoovolieren oder dunklen Händlerkäfigen längere Zeit gehaltenen Vögeln (*Amandava amandava*, *Euplectes afer*, *Philetairus socius*, *Pyrrhula pyrrhula* u. a.) beobachten. Sie hört auf, wenn die Tiere in sonnige Freivolieren kommen. Dort werden die schwarzen Gefiederpartien bei der nächsten Mauser durch normalfarbene ersetzt.

Bei vielen tropischen Tauben hat längeres Fehlen ausreichender Sonnenbestrahlung eine erhebliche Störung des Vitaminhaushaltes zur Folge. So erkranken bei meinen Galapagostauben alljährlich die Jungen der ersten, auf die langen, sonnenarmen Wintermonate folgenden Bruten noch im Nestlingsalter an Rhachitis und sind nur durch frühzeitige und regelmäßige Verabreichung eines Polyvitaminpräparates zu erhalten. Im späten Frühjahr und Sommer, wenn die Täubinnen Gelegenheit zu ausgedehnten Sonnen-

c) höchste Intensitätsstufe.

bädern haben, können sie dem Jungvogel schon vom Ei her Vitaminreserven auf den Weg geben, denn die Nestlinge wachsen bei gleicher Fütterung durch die Altvögel ohne irgendwelche rhachitische Störungen heran. Das Gleiche gilt für die Arten *Geopelia cuneata, Columbina talpacoti, C. cruziana* und *Zenaida macroura*, wenn diese auch nicht ganz so schwer geschädigt werden wie *Nesopelia*.

Die *Sonnen*badestellung gleicht bei allen mir bekannten Taubenarten völlig der des *Regen*badens. Wie dort legt der Vogel sich auf den angezogenen Flügel einer Körperseite und bietet die Innenseite des aufgehobenen und im

Handgelenk extendierten Flügels der anderen Körperseite den Strahlen dar. Wie beim Regenbad werden dabei die normalerweise vom Flügel bedeckten Gefiederpartien der Körperseiten sowie das Bürzelgefieder extrem aufgestellt, zweifellos in der Absicht, den Sonnenstrahlen an diesen dünnbefiederten Stellen den Zutritt zur Körperhaut zu gestatten.

Auch beim Sonnenbaden lassen sich mehrere Intensitätsstufen unterscheiden. Es beginnt in der Regel damit, daß der Vogel sich auf den Boden oder einen dicken Ast hinkauert, wobei der eine Flügel bereits halb unter den Körper gezogen werden kann. Nach einer gewissen Zeit wird dann der freie Flügel im Handgelenk gestreckt; damit werden die Handschwingen gefächert. Wird die Strahlung noch stärker und fühlt der Vogel sich ganz ungestört, so kommt schließlich das Flügelheben als höchste Intensitätsstufe dieser Verhaltensweise dazu.

Zum Sonnenbaden finden sich gern mehrere Individuen einer Art an geschützten Stellen zusammen. Junge Diamanttauben vereinigen sich nach dem Selbständigwerden zu kleinen Gruppen, die an bestimmten Plätzen dicht beieinanderliegend ihre Sonnenbäder nehmen. Die Gatten von Paaren, die nicht mit einer Brut beschäftigt sind, legen sich meist nebeneinander in die Sonne. Die gelöste Stimmung, die während des Sonnenbadens herrscht, kommt auch in Zärtlichkeiten (Gefiederkraulen) zwischen den Gatten zum Ausdruck.

Wie beim Regenbaden nimmt *Geopelia cuneata* auch beim Sonnenbaden insofern eine Sonderstellung ein, als die höchste Intensitätsstufe, das Flügelheben, nur unter ganz bestimmten Bedingungen zu beobachten ist. Obwohl diese Art außerordentlich sonnenhungrig ist und jede Gelgenheit zu einem Sonnenbade nutzt, konnte ich doch trotz jahrelanger Haltung einer größeren Zahl dieser Tauben immer nur die beiden niederen Intensitätsstufen des Sonnenbadens beobachten. Als ich dagegen einige Diamanttauben in eine Voliere setzte, deren niedere, 20 cm über dem Volierenboden liegende Fensterbretter mit Blech beschlagen waren, hoben mehrere der auf diesem Blech sonnenbadenden Diamanttauben die Flügel auf, sobald die Unterlage eine gewisse Temperatur erreicht hatte. Die sich unmittelbar darunter auf dem mit Tannennadeln und Walderde bestreuten Volierenboden sonnenden Artgenossen kamen dagegen nicht über die beiden niederen Intensitätsstufen dieser Verhaltensweise hinaus. Immelmann (1960) konnte in den Kimberleys das Sonnenbaden der Diamanttauben beobachten. Er schreibt darüber: »Bei Temperaturen von 45 Grad im Schatten, wenn alle anderen Vögel mit aufgesperrtem Schnabel und abgespreizten Flügeln den letzten noch erreichbaren Schatten aufsuchen, dann legen sich die Diamanttäubchen in die prallste Sonne in den glühenden Sand, sträuben die Federn und heben einen Flügel, damit die Sonne auch wirklich den Körper erreicht. Ich habe die Temperatur des Sandes gemessen, auf dem die Täubchen lagen. Sie betrug nahezu 70 Grad. Ich weiß nicht, ob es noch einen anderen Vogel auf der Welt gibt, der derartige Hitzegrade nicht nur verträgt, sondern sich bei ihnen erst richtig wohl zu fühlen scheint; denn ich habe zur Regenzeit Diamanttäubchen schon bei 30 Grad jämmerlich frieren sehen.«

Für das Erreichen der Reizschwelle, die diese Verhaltensweise zu ihrer vollen Ausbildung überschreiten muß, sind also bei der Diamanttaube extrem hohe Temperaturen des Untergrundes notwendig. Der hohe Schwellenwert ist wohl aus der Anpassung an die hohen Temperaturen der ariden Brutgebiete der Art zu erklären. Allerdings haben andere australische Tauben, die zumindest teilweise im gleichen Gebiet leben, keineswegs jene hohe Reaktionsschwelle [2].

Die Schwellenwerte des Sonnenbadens sind jedoch nicht nur von Art zu Art sehr verschieden, sondern sie unterliegen beim Individuum außerdem tagesperiodischen Schwankungen. Wir hatten bei der Besprechung des Regenbadens der Galapagostaube (*Nesopelia*) gesehen, daß einzelne Schlüsselreize (Prasseln) der Gesamtsituation (Regnen) die volle Verhaltensweise auszulösen vermögen. Eine ähnliche leichte Ansprechbarkeit zeigt *Nesopelia* beim Sonnenbaden. Sind die Vögel während der Wintermonate in den Innenflugräumen des Vogelzimmers eingesperrt, so kommt regelmäßig in den Mittagsstunden bei allen Galapagostauben deutliche Sonnenbadestimmung auf. Auch an dunklen, sonnenlosen Wintertagen finden sich die Tauben um diese Tageszeit auf dem Boden zusammen und liegen dort mit einem unter dem Körper gezogenen Flügel in deutlicher Sonnenbadebereitschaft. In einigen Fällen dieser »halluzinierten« Sonnenbäder kam hier und da schüchtern für wenige Sekunden ein Flügel hoch. Die bei dieser Art schon ohnehin tiefe Reizschwelle sinkt also, unabhängig ob Sonne scheint oder nicht, in den Mittagsstunden um einen weiteren Betrag, so daß vor allem nach längerem Sonnen-

---

[2] Dazu teilte mir Immelmann (briefl.) noch mit: »In gemischten Gruppen von Zebra- und Diamanttäubchen haben beim Sonnenbad *alle* Zebratäubchen ständig einen Flügel gehoben, während immer nur *einige* Diamanttauben das tun. Selbst bei sehr hohen Temperaturen des Untergrundes hebt das Diamanttäubchen also nicht immer und auf jeden Fall viel seltener den Flügel als das Zebratäubchen. Obwohl beide Arten also ganz genau den gleichen Lebensraum bewohnen, haben sie doch eine sehr unterschiedliche Reaktionsschwelle.«

entzug die Verhaltensweise in ihrer vollen Ausbildung spontan hervorbrechen kann. Die Gesellschaft in nächster Nähe liegender gleichgestimmter Artgenossen scheint dieses Hervorbrechen zusätzlich zu fördern.

Das Staubbaden

Die *Columbidae* sind durch die Fülle der morphologischen Merkmale, die in allen ihren Gruppen übereinstimmen, so einheitlich, daß die Versuchung, auch über das Vorhandensein oder Fehlen von Verhaltensweisen generalisierend Voraussagen zu machen, sehr groß ist. In Anpassung an die Vielzahl der verschiedensten Lebensräume, die die Tauben im Laufe ihrer Geschichte eroberten, wurde jedoch andererseits eine so große Zahl von Änderungen des Grundbauplans herausselektiert, daß solche Voraussagen nur aus der genauen Kenntnis einer großen Artenzahl und möglichst verschiedener Lebensraumtypen einen gewissen Wahrscheinlichkeitsgrad erreichen können.

Die Verhaltensweise des Staubbadens ist, von wenigen Ausnahmen (Sperlinge, Zaunkönig) abgesehen, auf Bodenvögel beschränkt. Die weitaus meisten Tauben aber sind Baumvögel, und so ist es verständlich, daß Heinroths (1948) bei der Behandlung des Badens der Felsentaube die Feststellung trafen: »Keine Taube nimmt je ein Staubbad, wie man dies von Hühnern, Trappen, Lerchen, Sperlingen u. a. kennt.«

Bei der Besiedlung des Bodens als Lebensraum haben Tauben in konvergenter Anpassung so viele hühnerartige Verhaltensweisen[3] entwickelt, daß bei bodenlebenden Arten aus Trockengebieten eine Suche nach einem hüh-

Abb. 6 *Metriopelia ceciliae* beim Staubbaden.

[3] Verlassen des Bodennestes vor Erreichen der Flugfähigkeit und wachtelartiges Gemeinschaftsschlafen in Sternstellung bei *Geophaps scripta* und *Lophophaps,* Übersprungpicken als Kampfeinleitung bei *Nesopelia, Geotrygon* und *Gallicolumba*; rituelle phasianidenartige Futtervermittlung bei der Paarbildung von *Geotrygon* und *Gallicolumba* usw.

nerartigen Staubbad erfolgversprechend erschien. Diese Suche war nach überraschend kurzer Zeit von Erfolg gekrönt. Beim Besuch des Hellabrunner Tierparks sah ich in den Mittagsstunden eines heißen Sommertages gleich eine ganze Schar von wenige Monate vorher importierten, aus den trockenen Hochländern Chiles und Perus stammenden Brillentäubchen (*Metriopelica cecilie*) auf einem breiten Sandweg in wachtelartiger Weise staubbaden. Die Vögel lagen dabei wie Hühner in kleinen Sandmulden, schaufelten mit dem Schnabel vom Rande der Mulde Sand unter den Körper, um ihn dann mit schüttelnden Körperbewegungen hochzuschleudern und durch die aufgestellten Federn an die Haut zu bringen. Später konnte ich in meinen Volieren dieses Staubbaden noch häufig beobachten.

Das Staubbaden der Vögel ist wohl aus dem Wasserbaden herzuleiten. Die Bewegungselemente beider Verhaltensweisen sind noch weitgehend ähnlich, bzw. ihre Abwandlungen im Dienste der neuen Funktion sind leicht zu erkennen. Die nahe zentralnervöse Verwandtschaft beider Verhaltensweisen geht auch daraus hervor, daß Jungvögel von Arten, die »noch« über beide Badeweisen verfügen, ihr Staubbad meist unmittelbar an das Wasserbad anschließen. So gingen junge Zaunkönige, die ich aufgezogen hatte, gleich nach dem Bade in ihrer Wasserschüssel auf den Sand des Käfigbodens, um dort in gleicher Weise weiterzubaden. Auf den Beobachter macht dieses Verhalten wegen der vorübergehend völligen Verschmutzung des Gefieders einen geradezu unsinnigen Eindruck.

Ob sich auch in der Ontogenese bei *Metriopelia ceciliae* Anhaltspunkte für die Ableitung des Staubbadens vom Wasserbaden ergeben, soll noch untersucht werden. Mir scheint diese Ableitung jedoch jetzt schon aus dem Verhalten einer anderen Art wahrschleinlich. Die der Gattung *Metriopelia* nicht allzu fern stehende Galapagostaube (*Nesopelia*) legt sich nach dem Baden, wie wir gesehen hatten, zum Trocknen auf den Boden. Dabei liegen die Vögel halb auf einem Flügel und graben »spielerisch« mit dem Schnabel im Boden. Bei manchen Individuen wird aus diesem sonst bei der Nahrungssuche üblichen Im-Boden-Graben ein mehr oder weniger deutliches Sand-unter-den-Körper-Scharren, wie es für das Staubbaden der Hühnervögel und *Metriopelia* bezeichnend ist. Diese Scharrbewegungen sind nicht anhaltend und koordiniert genug, um einen wirklichen Effekt zu erzielen, und vor allem fehlen die bei allen Staubbadern unmittelbar darauf einsetzenden schüttelnden Körperbewegungen, die den Sand in das aufgestellte Gefieder bringen. Wie alle Staubbader rutscht auch *Nesopelia* bei diesem einleitenden Schnabelscharren von Zeit zu Zeit auf der Unterseite vorwärts, ein Verhalten, das bei Hühnervögeln, Lerchen und anderen den Zweck hat, neues, lockeres Staubbadematerial unter den Körper zu bringen.

Nesopelia hat sich, wie man aus vielen Verhaltensweisen schließen kann, erst nach ihrer Besiedlung des Archipels dem Bodenleben angepaßt. Ihre nächsten Verwandten sind, wie schon Goodwin (1958) betonte, die durchweg baumbewohnenden, über weite Teile der Neuen Welt verbreiteten Arten der Gattung *Zenaida*. Die Anpassung der Galapagostaube ans Bodenleben ist allerdings längst nicht so weit vorangeschritten, wie das bei den australischen Gattungen *Geophaps* und *Lophophaps* der Fall ist. Manches im Verhalten deutet darauf hin, daß diese Entwicklung noch nicht abgeschlossen ist. So sei hier – mit aller Vorsicht – die Vermutung ausgesprochen, daß es sich bei dem erwähnten Verhalten nach dem Baden um eine in der Entwicklung begriffene Verhaltensweise handelt, die irgendwann einmal zu einem wohlkoordinierten Staubbad führen dürfte. Dafür sprechen die mit

Abb. 7 a, b: Das unvollkommene Staubbaden der Galapagostaube. Beachte den Platzwechsel des Vogels von a zu b.

dem Verhalten wirklicher Staubbader übereinstimmenden, einleitenden Bewegungen, die enge Koppelung an das Wasserbaden, die auch in der Ontogenese anderer Staubbader (*Troglodytes*) nachweisbar ist, und schließlich die Tatsache, daß eine relativ nahe Verwandte, *Metriopelica ceciliae*, über ein wohlausgebildetes Staubbad verfügt. Welches evolutive Interesse daran besteht, neben einem Wasserbaden ein Staubbaden zu entwickeln und schließlich das erstere zugunsten des zweiten einzuschränken oder ganz aufzugeben, darüber lassen sich vorerst noch keinerlei Aussagen machen.

Zusammenfassung

An 19 Taubenarten wurden Beobachtungen über Baden, Regen- und Sonnenbaden gemacht. Alle drei Verhaltensweisen sind bei den *Columbidae* weit verbreitet, jedoch sind die Auslöseschwellen von Art zu Art verschieden. Unter den behandelten Arten badet nur *Geopelia cuneata* mit Sicherheit nicht. Als letzter Rest dieser Verhaltensweise ist ein Hinlegen auf taufeuchtes Gras oder kühle Erde erhalten geblieben.

Die Bewegungen und Körperhaltungen beim Regen- und Sonnenbaden sind bei allen beobachteten Arten identisch. Der Vogel legt sich auf den angezogenen Flügel einer Körperseite und bietet den freien ausgebreiteten Flügel mit seiner Innenseite den Sonnenstrahlen oder Regentropfen dar. Das Flügelheben kehrt auch beim Baden wieder und füllt die zwischen den Serien von Badebewegungen liegenden Pausen.

Metriopelia ceciliae, ein Bewohner trockener Hochländer Perus, Boliviens und Chiles, nimmt ein hühnerartiges Staubbad. Beobachtungen an *Nesopelia galapagoensis*, die nach dem Baden im Wasser häufig einleitende Staubbadebewegungen macht, sowie die enge Koppelung des Staubbadens an das Wasserbaden, das *junge* Zaunkönige (*Troglodytes troglodytes*) zeigen, machen es wahrscheinlich, daß das Staubbaden sich aus dem Wasserbaden entwickelt hat.

Der Brutparasitismus der Witwenvögel

Das hohe Ziel der Arterhaltung hat in der Evolution der Organismen zu oft seltsamen Wegen und geradezu abenteuerlichen Erfindungen geführt. Ob es einer Tierart gelingt, ihren Platz auf der Bühne des Lebens zu behaupten, hängt neben anderen Faktoren im wesentlichen von ihrer Fähigkeit ab, ihre natürlichen Verluste durch eine genügend große Zahl von Nachkommen immer wieder auszugleichen. Dabei kommt es nicht auf die Zahl der Kinder an, die in die Welt gesetzt werden, sondern auf die, denen es vergönnt ist, bis zur Geschlechtsreife am Leben zu bleiben. Nur sie können zur Arterhaltung beitragen.

Wie hoch die Verluste sind, die eine Art zu ersetzen hat, läßt sich an ihrer Fortpflanzungsrate, so bei Vögeln an der Gelegegröße ablesen. Die riesigen Meeressegler über den Ozeanen der Südhalbkugel, die Albatrosse, legen nur alle zwei Jahre ein einziges Ei. Mit dieser geringen Vermehrungsrate sind die wehrhaften Vögel Zehntausende von Jahren gut gefahren, denn sie brüten auf abgelegenen Inseln, auf denen es keine großen Raubsäuger gibt, und wissen ihre monatelang hilflosen Jungen wirkungsvoll gegen Übergriffe anderer Seevögel zu verteidigen. Kleine und wehrlose Arten können dagegen meist nur durch eine große Kinderzahl die hohen Verluste ausgleichen, die ihnen durch ihre vielen Feinde zugefügt werden. Die beiden mitteleuropäischen Goldhähnchenarten ziehen in jedem Sommer zwei Bruten von je 8–10 Jungen auf, um ihre Bestände zu erhalten.

Die Notwendigkeit, das ganze Gelege auf einem Platz, an dem es bebrütet werden kann, zu konzentrieren, birgt die Gefahr in sich, daß durch einen Nestfeind die ganze Brut und damit für viele Arten die Nachkommenschaft eines ganzen Jahres auf einmal vernichtet wird. Ein Ausweg aus dieser Situation ist die Verteilung der Eier auf viele fremde Nester, in denen die Jungen einzeln aufgezogen werden. Diese Erfindung der Risikoverteilung haben eine ganze Reihe von Vogelarten aus den verschiedensten Verwandtschaftsgruppen unabhängig voneinander im Laufe der Evolution gemacht. Wir nennen diesen Fortpflanzungsmodus *Brutparasitismus* und finden ihn über das bekannte Beispiel unseres einheimischen Kuckucks hinaus bei einer Anzahl anderer, vor allem tropischer Kuckucksvögel, bei den afrikanischen Honiganzeigern (*Indicatoridae*), bei einigen Arten der amerikanischen Stärlinge (*Icteridae*), der südamerikanischen Schwarzkopfente (*Heteronetta atricapilla*) und schließlich bei zwei Unterfamilien der afrikanischen Webervögel (*Ploceidae*).

Fast alle diese Brutparasiten schädigen das Vermehrungspotential ihrer Wirtsvögel erheblich, indem sie durch Ausschalten der Konkurrenz der Jungvögel der Wirtsart ihrer eigenen Nachkommenschaft eine optimale Entwicklungsmöglichkeit verschaffen. Der neugeborene Kuckuck z. B. wirft alle Eier oder Jungvögel wenige Stunden nach dem Schlupf aus dem Nest und sichert sich damit die ganze Nahrungsmenge, die das Pflegeelternpaar herbeischaffen kann. Die Weibchen einiger der brutparasitierenden amerikanischen Stärlinge *punktieren* sogar die Eier der Wirtsvögel durch vorsichtige Schnabelhiebe, mit denen sie nadelstichfeine Löcher in die Schale stanzen, und verhindern damit eine Weiterentwicklung der Embryonen, so daß beim Schlupf der Brutparasit der einzige Nestinsasse ist. Bei den afrikanischen Honiganzeigern, die ihre Eier hauptsächlich in die Nisthöhlen von Spechten und Bartvögeln schmuggeln, bringt der frischgeschlüpfte noch blinde Jungvogel die Kinder der Wirtsart mit Hilfe scharfer, dolchartig gebogener Schnabelhaken um, indem er mit unvorstellbarer Hartnäckigkeit auf sie einschlägt und ihnen dabei tödliche Verletzungen beibringt.

Mit dieser Schädigung der Wirtsvogelarten begrenzen aber nun alle diese Brutparasiten auch ihre eigene Fortpflanzungsmöglichkeit erheblich, denn wenn in einer Vogelpopulation auch nur 50 % der Paare Jungvögel von Brutparasiten statt eigener Kinder aufziehen, so bedeutet das, daß die Hälfte der Population für die Erhaltung des Bestandes der Art ausgefallen ist. Damit sinken aber auch gleichzeitig die Vermehrungsmöglichkeiten für die Brutparasiten, deren *Erfindung* ja nur dann zum Tragen kommt, wenn die Wirtsvogelart so zahlreich ist, daß jedem Weibchen der Brutparasiten die Nester mehrerer Wirtspaare zur Verfügung stehen. So ist also auch hier dafür gesorgt, daß die Vermehrung dieser Vögel nicht ins Uferlose wächst, ja wir müssen sogar feststellen, daß durch die Rigorosität der Methode der Wert der Erfindung bis zu einem gewissen Grade wieder hinfällig wird.

Aber auch diese Schwierigkeit ist von einer Gruppe von Brutparasiten gemeistert worden. Den afrikanischen Witwenvögeln (*Viduinae*) ist es gelungen, durch eine einzigartige Anpassung, eine Umkonstruktion ihrer Nachkommen zu fast ununterscheidbaren Abbildern der Nestlinge ihrer jeweiligen Wirtsvögel, den geschilderten Nachteil auszuschalten.

Die Witwenvögel sind über die Steppen- und Savannengebiete des Schwarzen Erdteils vom Südrande der Sahara bis herab zum äußersten Kapland weit verbreitet. Die langen, wallenden Schmuckfedern, die die Männchen im Hochzeitskleid zur Schau tragen und die die Zoologen an herabhängende schwarze Witwenschleier erinnerten, haben ihnen ihren wissenschaftlichen Namen (*Viduinae*), wie auch ihre deutschen, englischen und französischen Bezeichnungen (Witwen, widowbirds, veuves) eingetragen.

Die Witwen gehören in die Familie der Webervögel. Ihre nächsten Verwandten sind die Feuerweber und die meist gleichfalls mit langen Schmuckfedern ausgestatteten Widavögel, die jedoch alle selbständige Brutpflege treiben. Die Wirtsvögel der Witwen stellen verschiedene Arten der Prachtfinken (*Estrildidae*), die ihnen verwandtschaftlich recht fern stehen. Eines der auffälligsten Merkmale der Prachtfinken sind die merkwürdigen Rachenzeichnungen ihrer Jungvögel. Während der gesamten Nestlingszeit weisen ihre Sperrachen ein von Art zu Art wechselndes, auffälliges Zeichnungsmuster auf, das im einfachsten Falle aus 5 tiefschwarzen im Fünfeck angeordneten Gaumenflecken besteht. Dazu finden sich auf den stark verdickten Schnabelwülsten des Ober- und Unterkiefers je ein oder zwei weitere rundliche Papillen, die meist weißgefärbt sind. Bei einigen Arten, so den polynesischen Papageiamadinen (*Erythrura*) haben die Schnabelwülste lichtreflektierende Papillen entwickelt, die im Dunkel der geschlossenen Nestkammer blau leuchten. Die Nestlinge der verschiedenen Witwenarten zeigen nun gleichfalls Rachenzeichnungen, die von den Mustern bestimmter Prachtfinken, nämlich denen der jeweiligen Wirtsvogelart, ununterscheidbar sind. Da die nächsten, brutpflegenden Verwandten der Witwenvögel solche Rachenzeichnungen nicht aufweisen, ist ihr Vorhandensein bei den Brutparasiten nur als das Ergebnis eines starken Selektionsdrucks zu verstehen, der von den Wirtsvögeln ausging und die Brutparasiten zwang, gleiche Muster zu entwickeln. Alle Prachtfinken kennen nämlich angeborenermaßen die Rachenzeichnungen ihrer Kinder sehr genau und übergehen Jungvögel mit abweichenden Mustern, die sich zwischen den eigenen Kindern im Nest befinden, bei der Fütterung so daß diese nach kurzer Zeit verhungern.

Die jungen Witwen sind aber nicht nur durch die Färbung ihrer Sperrachen, sondern auch durch ihre merkwürdig drehenden Kopfbewegungen beim Betteln und schließlich auch durch die Farbe des Jugendkleides und durch ihre Bettellaute auf die Jungen der Wirtsvögel abgestimmt. So werden sie von den Pflegeeltern mit der gleichen Sorgfalt betreut und aufgezogen. Im Gegensatz zu den meisten anderen Brutparasiten, die das Vermehrungspotential ihrer Wirte erheblich schädigen, wachsen die jungen Witwen also im fremden Nest heran, ohne daß auch nur eines ihrer Wirtsgeschwister geopfert wird.

Die hervorragende Anpassung, die hier vorliegt, ist das Ergebnis eines langen Selektionsprozesses, in dessen Verlauf alle weniger *guten* Mutanten immer wieder durch den Hungertod ausgeschaltet wurden. Die heutige Vollkommenheit dieser Mimikry ist für die Witwenvögel von größter Wichtigkeit und darf deshalb durch nichts gefährdet werden. Kein anderes Ereignis aber könnte sich hier verhängnisvoller auswirken als das Zustandekommen von Mischehen zwischen den verschiedenen Witwenarten, von denen oft mehrere im gleichen Gebiet nebeneinander leben. Da die ganz spezielle Ausbildung der Rachenzeichnung bei jeder Witwenart erblich festgelegt ist, würden Mischlinge weder an die Wirtsvögel der einen noch der anderen Elternart genügend gut angepaßt und damit in den allermeisten Fällen zum Hungertod verdammt sein. Nun sind zwar die Männchen der meisten Witwenarten durch ihr hochentwickeltes Prachtkleid gut unterscheidbar. Doch scheint das allein nicht zu genügen, um den Weibchen, die der aktive Teil bei der Partnerwahl sind, zu gewährleisten, daß das erwählte Männchen auch tatsächlich dem gleichen Anpassungstyp angehört. Die Männchen müssen sich zusätzlich durch Verhaltensmerkmale zu erkennen geben, und das geschieht in einer in der Vogelwelt einzigartigen Weise.

Wie die Mehrzahl aller Singvögel tragen die Witwen-Männchen während der Fortpflanzungszeit einen abwechslungsreichen Gesang vor. Hat man die Gelegenheit, die Gesänge mehrerer Witwenarten zu vergleichen, so zeigt sich, daß bestimmte hart und schäckernd klingende Motive bei allen Witwen wiederkehren und von Art zu Art nur geringfügig variieren. Der Kenner der Stimmen afrikanischer Kleinvögel hört aus diesen Gesangsanteilen sofort ihren weberartigen Charakter heraus: sie erinnern an die harten Gesänge der Feuerweber und Widavögel, die wir als nahe Verwandte der Witwen kennengelernt haben. Diese Strophen sind uraltes Erbgut dieser ganzen Vogelgruppe, und wir wollen sie daher als *Witwenstrophen* bezeichnen. Den Hauptteil des Gesanges nehmen jedoch andere Motive ein, die bei jeder Witwenart verschieden und jeweils vollendete Kopien der Lautäußerungen einer ganz bestimmten Prachtfinkenart sind. Jede Witwenart trägt neben den für die ganze Gruppe typischen Witwenstrophen den gesamten Wortschatz *einer* Prachtfinkenart vor, und es sei vorweggenommen, daß diese Nachahmungen die Laute der zugeordneten Wirtsvogelart sind. Wir nennen diese Motive daher *Wirtsvogelstrophen*.

Wie der Gesang eines Witwenmännchens zusammengesetzt ist, wollen wir nun am Beispiel der westafrikanischen Atlaswitwe (*Hypochera ch. chalybeata*) etwas näher betrachten. Die schwarzen, blauglänzenden Männchen dieser kurzschwänzigen Art beginnen ihren Gesangsvortrag meist mit einer langen Folge von schmatzenden *tzet*-Lauten, den Erregungsrufen eines kleinen roten, im gleichen Gebiet lebenden Prachtfinken, des Amaranten (*Lagonosticta senegala*). Wie ein aufgeregtes Amarantenmännchen diese einsilbigen Rufe bei einer Störung am Nest oder einer anderen Erregung in wechselndem Tempo minutenlang hören läßt, so imitiert sie auch das Atlaswitwenmännchen in gleicher Klangfarbe und gleichem Rhythmus in seinem Gesang. Auf diese Nachahmung kann entweder eine der verschiedenen Witwenstrophen oder ein anderes Motiv aus dem Wortschatz des Amaranten folgen. So hört man die kurze flötende zwei- oder mehrsilbige Gesangsstrophe des Wirtsvogelmännchens, die Distanzrufe und Stimmfühlungslaute und schließlich ein gezogenes wisperndes Tongebilde, den Nestlockruf, mit dem das Amarantenmännchen seine Partnerin auf einen neuerwählten Nistplatz aufmerksam macht. Das Eindrucksvollste im Gesang des Atlaswitwenmännchens ist jedoch die täuschende Nachahmung des Bettelgeschreis einer Geschwisterschar junger Amaranten. Es beginnt mit den zweisilbigen, etwa wie *zet-tet – zet-tet* klingenden Bettelrufen eines Jungvogels, in das zögernd andere Jungvögel einfallen, und schwillt schließlich zu dem vielstimmigen Heißhungergeschrei an, mit dem eine Geschwisterschar die fütternden Altvögel bedrängt! Den Vielstimmeneffekt bringt das singende Atlaswitwenmännchen durch ständigen Wechsel des Vortragstempos, durch willkürliche Änderung und Verkürzung der Pausen zwischen den zweisilbigen Bettelrufen einerseits und ihren beiden unterschiedlichen Elementen andererseits, und schließlich durch Aneinanderreihen und Verschmelzen identischer Elemente zustande. Mit diesen fünf Lauttypen (Erregungsrufe, Distanzrufe, Gesang, Betteln, Nestlocken) beherrscht das Atlaswitwenmännchen den gesamten Wortschatz seiner Wirtsvogelart und trägt ihn in seinem Gesang als buntes Potpourri neben seinen Witwenstrophen vor. Die Nachahmungen der Wirtsvogellaute sind so vollendet, daß selbst die Wirtsvögel sie nicht von arteigenen Lauten unterscheiden können, was sich nachweisen läßt, wenn

Der Brutparasitismus der Witwenvögel

man kontaktsuchenden Amaranten ein Tonband mit dem Gesang eines Atlaswitwenmännchens vorspielt. Sie antworteten in solchen Situationen auf die Nachahmungen wie auf die Lautäußerungen eines Artgenossen.

Im südlichen und südwestlichen Afrika lebt die Königswitwe (*Tetraenura regia*), die nach Beobachtungen im Freien 8 verschiedene Vogelarten, darunter Prachtfinken, Sperlingsweber, Weber, und sogar einen kleinen Insektenesser zu parasitieren schien. In den Nestern aller dieser Arten hatte man einzelne, weiße Eier gefunden, die man für Eier der Königswitwe hielt. Die jungen Königswitwen gleichen jedoch in Jugendkleid und Rachenzeich-

Abb. 1 Königswitwe (links oben) und Granatastrild. (Mitte), 20tägige Jungvögel (oben Königswitwe, unten Granatastrild).

nung nur den Jungvögeln einer dieser Arten, nämlich denen des Granatastrild (*Uraeginthus granatinus*). So erschien es also sehr verlockend, den Gesang der Königswitwe auf Wirtsvogelstrophen zu untersuchen, und dabei stellte sich heraus, daß sich nur die Lautäußerungen des Granatastrild im Gesang der Königswitwenmännchen wiederfinden. So ist also auch hier das Prinzip der völligen Anpassung an eine einzige Wirtsvogelart nicht durchbrochen. Alle Eier, die durch gelegentliche Fehlleistungen der Weibchen in die Nester anderer Vögel geraten, haben keine Zukunft; die jungen Witwen sind den Jungen der Nestinhaber so unähnlich, daß sie zum Hungertod verurteilt sind, weil sie nicht gefüttert werden.

Alle sieben zum Wortschatz des Granatastrild zählenden Lautäußerungen werden von den Königswitwenmännchen in Vollendung nachgeahmt. Besonders überrascht das singende Männchen den Zuhörer durch eine ganz bestimmte Koppelung zweier Wirtsvogelstrophen, der Erregungsstrophe des Wirtsvogelmännchens und der Begrüßungsstrophe des Weibchens. Auch beim Granatastrild läßt das Weibchen seine kurze, klangvolle Begrüßungsstrophe immer nur dann hören, wenn es den Gatten nach kurzer Trennung wiedersieht, was ihn wiederum dazu veranlaßt, seine Erregungsstrophe ertönen zu lassen. Das Königswitwenmännchen gibt in seinem Gesang also ein regelrechtes, im Sozialleben der Wirtsvogelart häufiges Zeremoniell wieder.

Wie eng die Beziehungen zwischen Brutparasit und Wirtsvogel sind, wie sehr der erste auf den zweiten angewiesen ist, drückt sich auch in der geographischen Verbreitung beider Arten aus: die Königswitwe lebt nur dort, wo auch der Granatastrild vorkommt.

Wesentlich komplizierter werden die Verhältnisse bei einer anderen Witwengattung, den Paradieswitwen (*Steganura*), die 7 Formen umfaßt, die sich im wesentlichen nur durch die Länge und Breite der Schmuckfedern in den Prachtkleidern der Männchen unterscheiden. Sie wurden deshalb auch von den meisten Ornithologen als geographische Rassen einer einzigen Art betrachtet. Gegen diese Auffassung sprach allerdings die Tatsache, daß in manchen Gebieten Afrikas zwei Paradieswitwenformen nebeneinander leben. So stößt im südöstlichen Kongo, Süd-Tanzania und mittleren Mozambique die Breitschwanzparadieswitwe (*Steganura obtusa*) weit in das Verbreitungsgebiet der schmalschwänzigen Form (*Steganura paradisaea*) vor, und im Nordosten Afrikas, in Eritrea und Abessinien, überlappt sich das Gebiet der schmalschwänzigen mit dem einer weiteren Form (*orientalis*).

Auch bei den Paradieswitwen ließen sich aus den Gesängen der Männchen die Wirtsvögel ermitteln, und das wiederum eröffnete die Möglichkeit, zu entscheiden, welche der Formen Artselbständigkeit erreicht haben. Wir wollen uns dabei auf ein Beispiel beschränken: Die Männchen der Breitschwanz-Paradieswitwe tragen in ihrem Gesang die Lautäußerungen eines gedrungenen, kurzschwänzigen Prachtfinken, Wieners Astrilds (*Pytilia afra*), vor, die der schmalschwänzigen Form singen dagegen die langen, schleifend-flötenden Strophen des Buntastrild (*Pytilia melba*). Diese Entdeckung erklärt auch das gemeinsame Vorkommen der beiden Witwenformen in dem oben erwähnten Gebiet: dort leben auch die beiden Wirtsvogelarten nebeneinander. Daß diese beiden Paradieswitwenformen sich im gemeinsamen Wohngebiet nicht vermischen dürfen, liegt auf der Hand: Mischehen würden die Anpassungen an die Wirtsvogelarten zunichte machen. *Steganura obtusa* und *Steganura paradisaea* sind also selbständige Arten, zwischen denen kein Gen-Austausch mehr stattfindet. –

Wir haben gesehen, daß die Männchen der Witwenvögel in ihren Gesängen über ihre Wirtsvögel Auskunft geben. Das war vor allem bei *den* Witwenarten aufschlußreich, deren Wirtsvögel noch unbekannt waren. Schon nach einer Vortragsdauer von wenigen Minuten hat ein singendes Witwenmännchen verraten, zu welcher der insgesamt 64 afrikanischen Prachtfinkenarten seine Pflegeeltern gehören. In einigen Fällen war eine Entscheidung sogar schon nach wenigen Sekunden möglich, nämlich dann, wenn das als Auskunftsquelle dienende Witwenmännchen seinen Gesang mit einer charakteristischen Wirtsvogelstrophe begann. So leitete das erste in Gefangenschaft verfügbare Männchen der – hier nicht behandelten – Strohwitwe (*Tetraenura fischeri*) seinen ersten Gesangsvortrag mit einem langen Triller ein, der durch seine Klangfarbe sowie ein typisches *Accelerando* sofort als das unverwechselbare Kontakttrillern des Veilchenastrild (*Uraeginthus ianthinogaster*) zu bestimmen war. Als der Vogel unmittelbar darauf einen zweiten Triller und anschließend eine der klangvollen Rufstrophen dieses Prachtfinken hören ließ, war der Wirtsvogel eindeutig – innerhalb von sechs Sekunden – bestimmt (so lange braucht das Witwenmännchen, um die fraglichen Strophen zu singen). Aus dem Freileben der Strohwitwe, die vom südlichen Abessinien bis zum südlichen Tanzania verbreitet ist, war der Wirtsvogel vorher nicht feststellbar gewesen.

Haben nun die Nachahmungen der Wirtsvogellaute in den Witwengesängen irgendeine biologische Bedeutung, oder sind sie nur ein Nebenprodukt der Prägung, die die jungen Brutparasiten in ihrem Fortpflanzungsverhalten zeitlebens an die Art der Pflegeeltern bindet? Die jungen Witwen wachsen mit den Wirtsgeschwistern heran und befinden sich in den ersten

Wochen ihres Lebens in ständigem Kontakt mit den Pflegeeltern. Nach dem Selbständigwerden leben sie noch einige Zeit mit den Wirtsgeschwistern zusammen und bilden erst später mit gleichaltrigen Artgenossen kleine Jungvogelschwärme. In diesen Wochen des engen Zusammenlebens werden sie auf die Wirtsvogelart geprägt; diese Zeitspanne ihrer Jugendentwicklung

Abb. 2 Breitschwanz-Paradieswitwe (rechts oben), Wieners Astrild (links oben) und 19tägige Jungvögel (Wieners Astrild oben, Witwe unten).

Der Brutparasitismus der Witwenvögel

ist für ihr späteres Fortpflanzungsverhalten von entscheidender Bedeutung. Kurz nach dem Selbständigwerden, im Alter von 7–8 Wochen, setzt bei den jungen Witwen eine Periode frühsexueller Stimmungen und Betätigungen ein, die wie bei anderen Singvögeln bis zu Beginn der Jungmauser anhält. Während andere Jungvögel in dieser Zeit spielerisch Nestbaubewegungen machen, sich gegenseitig füttern oder miteinander balzen, ist das Interesse junger Witwen auf die Brutvorbereitungen, also den Nestbau, und alle ihn begleitenden Verhaltensweisen der Wirtsvogelart konzentriert.

Die enge Bindung der Jungvögel an die Wirte prägt beiden Geschlechtern die Stimme der Pflegeeltern in allen Einzelheiten ein. Auch das Witwenweibchen trägt über alle Lautäußerungen der Wirtsart ein ebenso vollständiges, alle Bedeutungen umfassendes Bild wie das Männchen zeitlebens in sich. Diese Fähigkeit erlaubt es ihm später, nach Erreichen der Geschlechtsreife, mit Erfolg auf die Suche nach fortpflanzungsgestimmten, nestbauenden Wirtsvogelpaaren zu gehen. Die Beobachtung des gesamten Fortpflanzungsverhaltens der Wirte hat dann zur Folge, daß das Witwenweibchen die eigene Ovulation mit der des Weibchens des jeweils erwählten Paares synchronisieren kann.

Beide Geschlechter sind also durch Jugenderlebnisse auf die Art der Pflegeeltern geprägt, jedoch sind die Auswirkungen dieser Prägung nur auf ganz bestimmte Funktionskreise beschränkt. Die Kenntnis des Artgenossen ist beiden Geschlechtern angeboren und bleibt erhalten, so daß für beide nur ein Artgenosse als späterer Geschlechtspartner in Betracht kommt. Die Weibchen der meisten Singvogelarten verlangen jedoch vom zukünftigen Partner außer männlichem Verhalten, Balz und Kopulationsfähigkeit noch andere Leistungen, die meist Vorarbeiten für die spätere Brutpflege sind. So müssen die Männchen der Webervögel, die ja die nächsten Verwandten der Witwen sind, den heiratslustigen Weibchen ein fertig gebautes Nest anbieten, wenn sie Aussichten auf Erfolg haben wollen. Erst diese Tätigkeit der Männchen weckt das Interesse der Weibchen, regt sie zu Inspektionen des zukünftigen Nistplatzes an, setzt dadurch ihre Ovulation in Gang und macht sie paarungsbereit.

Während nun bei allen selbstbrütenden Vogelarten diese männlichen Eigenschaften und Tätigkeiten, die das Weibchen bei der Partnerwahl beeinflussen, in *einem* Individuum vereinigt sind, erwartet das Witwenweibchen sie von *zwei* verschiedenen Partnern. Seine Ovulation wird nur durch Beobachtung der Nestbautätigkeit eines Männchens der Wirtsvogelart, der der Pflegevater angehörte, ausgelöst. Zur Begattung bieten sie sich dagegen stets artgleichen Männchen an. Das Witwenweibchen braucht also während der Fortpflanzungszeit immer gleichzeitig zwei Männchen, die verschiedenen Arten angehören und von denen jedes ganz bestimmte Reize auf sie ausübt. Dem artgleichen Männchen schließt sie sich für die Dauer einer ganzen Brutperiode an, während ihr Interesse für ein bestimmtes Wirtsvogelmännchen jeweils erlischt, sobald sie ein Ei in dessen Nest abgelegt hat.

Dieses Verhalten der Weibchen war zweifellos die Ausgangsbasis für jenen Selektionsdruck, der bei den Männchen die vollendeten Nachahmungen der Wirtsvogellaute herausgezüchtet hat. Je vollkommener ein Witwenmännchen die Lautäußerungen der gemeinsamen Wirtsart in seinem Gesang vortrug, desto attraktiver war es für die partnersuchenden Weibchen, denen es damit zusätzliche Reize bot, die sonst nur vom Wirtsvogel kommen.

Die Einplanung der Wirtsvogelstrophen in die Witwengesänge war somit das Ergebnis einer strengen geschlechtlichen Zuchtwahl, die darin bestand, daß die Weibchen bei der Gattenwahl immer wieder Männchen bevorzugten, die ihre Herkunft von der gleichen Wirtsvogelart und damit ihren gleichen Anpassungstyp in ihrem Gesang zu erkennen gaben. Dieses Verhalten hat nichts Vergleichbares in anderen Vogelgruppen. Es hat die Evolution der Witwenvögel nachhaltig beeinflußt und immer wieder zur Erhaltung und Vervollkommnung des hohen Anpassungsgrades beigetragen, der über Sein oder Nichtsein dieser Brutparasiten entscheidet.

Der Brutparasitismus der Viduinae als ethologisches Problem[*]

Prägungsphänomene als Faktoren der Rassen- und Artbildung

Der Übergang von selbständiger Brutpflege zu parasitischer Fortpflanzungsweise hat die beteiligten Vogelgruppen und -arten physiologisch und ethologisch schwerwiegend verändert. Wer nach der Paarung und Eiablage sich um nichts mehr zu kümmern braucht, hat einen anderen Hormonhaushalt als selbstbrütende Verwandte und kann es sich leisten, die komplizierten Brutpflegetriebhandlungen rückzubilden. Damit ist jedoch für solche Arten das Funktionsgefüge der Fortpflanzungshandlungen keineswegs generell vereinfacht; nur sind die Bedeutungsschwerpunkte verlagert und neue Verhaltensweisen aus latent vorhandenen Anlagen entstanden, die den Brutparasiten einen vollwertigen biologischen Enderfolg, das Aufwachsen einer für die Erhaltung der Art ausreichenden Zahl von Nachkommen gewährleisten.

Im Brutparasitismus der Viduinae hat die Evolution besonders elegante Prägungserfolge erzielt. Die Untersuchung der ethologischen Grundlagen dieses Fortpflanzungsmodus und seiner Entwicklung bis zur heutigen Vollkommenheit sei Konrad Lorenz gewidmet, der als erster die biologische Bedeutung des Prägungsphänomens erkannte.

I. Beschaffung und Haltung der Tiere, Untersuchungsmethoden

Erforderlich war die genaue Kenntnis des Verhaltens möglichst vieler Arten der Viduinae, der Estrildidae und der Ploceidae. Vor Beschaffung der ersten

[*] Professor Dr. Konrad Lorenz zum 60. Geburtstag gewidmet.

Viduinen hatte ich jahrelang eine Anzahl von Estrildidenarten gehalten und gezüchtet. Die Kenntnis der Lautäußerungen einer ihrer Arten ermöglichte die Deutung einer Gelegenheitsbeobachtung (S. 171), die Ausgangspunkt der vorliegenden Untersuchungen war.

Seit 1949 hielt ich über 500 Estrildiden in 48 Arten, seit 1955 82 Viduinen in 10 Arten und im selben Zeitraum rund 50 Ploceiden in 5 Arten.

Viduinae: *Steganura paradisaea* Linne; *St. obtusa* Chapin; *St. orientalis aucupum* Neumann; *St. o. orientalis* Heuglin; *St. o. kadugliensis* Bowen; *St. togoensis* Grote; *Hypochera ch. chalybeata* Müller; *Hypochera ch. amauropteryx* Sharpe; *Hypochera nigerrima* Sharpe; *Vidua macroura* Pallas; *Vidua hypocherina* Verreaux; *Tetraenura regia* Linne; *Tetraenura fischeri* Reichenow.

Estrildidae: *Uraeginthus bengalus* Linne; *Uraeginthus granatinus* Linne; *Uraeginthus ianthinogaster* Reichenow; *Estrilda astrild* Linne; *Estrilda troglodytes* Lichtenstein; *Estrilda melpoda* Vieillot; *Estrilda paludicola roseicrissa* Reichenow; *Estrilda p. ochrogaster* Salvadori; *Estrilda melanotis quartinia* Bonaparte; *Estrilda atricapilla* Verreaux; *Estrilda erythronotos* Vieillot; *Estrilda caerulescens* Vieillot; *Lagonosticta vinacea* Hartlaub; *Lagonosticta rubricata virata* Bates; *Lagonosticta rhodopareia jamesoni* Shelley; *Lagonosticta rara* Antinori; *Lagonosticta senegala* Linne; *Lagonosticta s. brunneiceps* Sharpe; *Lagonosticta senegala rendalli* Hartert; *Lagonosticta rufopicta rufopicta* Fraser; *Lagonosticta nitidula* Hartlaub; *Hypargos niveoguttatus* Peters; *Mandingoa nitidula schlegeli* Sharpe; *Cryptospiza reichenovii* Hartlaub; *Clytospiza monteiri* Hartlaub; *Pytilia phoenicoptera* Swainson; *Pytilia lineata* Heuglin; *Pytilia afra* Gmelin; *Pytilia m. damarensis* Neunzig; *Pytilia m. thamnophila* Clancey; *Pytilia m. jessei* Shelley; *Pytilia m. grotei* Reichenow; *Ortygospiza atricollis atricollis* Vieillot; *Ortygospiza a. bradfieldi* Roberts; *Amandava subflava* Vieillot; *Amadina fasciata* Gmelin; *Amadina erythrocephala* Linne; *Spermestes cucullatus* Swainson; *Spermestes fringilloides* Lafresnaye; *Odontospiza caniceps* Reichenow; *Amandava amandava* Linne; *Lonchura striata* Linne; »Japanisches Mövchen«; *Lonchura castaneothorax* Gould; *Lonchura maja* Linne; *Lonchura malacca* Linne; *Aidemosyne modesta* Gould; *Poëphila acuticauda* Gould; *Poëphila cincta* Gould; *Chloëbia gouldiae* Gould; *Erythrura cyaneovirens* Peale; *Erythrura psittacea* Gmelin; *Erythrura trichroa* Kittlitz; *Erythrura prasina* Sparrman; *Taeniopygia guttata* Vieillot; *Neochmia phaëton* Hombron & Jacquinot; *Stagonopleura guttata* Shaw.

Ploceidae: *Philetairus socius* Latham; *Sporopipes squamifrons* Smith;

Euplectes afer Gmelin; *Coliuspasser macrourus* Gmelin; *Niobella ardens* Boddaert. Die Balz einiger Euplectinenarten (*Drepanoplectes jacksoni* Sharpe; *Coliuspasser progne* Boddaert und *Euplectes orix franciscanus* Isert) konnte ich in mehreren Zoologischen Gärten beobachten.

In den Sommermonaten lebten die Vögel in insgesamt 8, zum Teil bepflanzten Freivolieren (4 × 2 m bis 8 × 5 m), die mit geschützten Innenräumen in Verbindung standen, im Winter in geräumigen Innenvolieren (2 × 2 m bis 4 × 2 m) bei 20–25° C.

Für die Tonbandaufnahmen setzte ich die Estrildiden- und Viduinen-Männchen in meiner Wohnung, wo keine Störungen durch andere Vogelstimmen zu befürchten waren, einzeln in 40 × 25 × 30 cm große Käfige und ließ sie sich dort 2 bis 3 Wochen, manchmal wesentlich länger, eingewöhnen. Für die Aufnahmen des gesamten Lautäußerungsinventars einer Estrildidenart waren immer mehrere Monate, in einigen Fällen 2–3 Jahre erforderlich. Bei einer einzigen, in den Volieren fleißig singenden Art (*Tetraenura fischeri*) gelangen bisher keine Tonbandaufnahmen, trotz wochenlanger Haltung im Käfig. Im allgemeinen waren jüngere Männchen im Käfig singbereiter als ältere, die meist wesentlich scheuer sind.

II. Verbreitung und systematische Gliederung der Viduinae

Die Viduinen sind eine auf die aethiopische Region beschränkte Vogelgruppe, die in mehreren Gattungen, Arten und Rassen über die Steppen und Savannengebiete vom Südrande der Sahara im Norden bis ins äußerste Kapland im Süden, von Eritrea und Somalia im Osten bis in die küstennahen Gebiete Senegals im Westen verbreitet sind. Alle Autoren stellen sie in eine weitgefaßte Familie der Webervögel (*Ploceidae*), sind jedoch uneins über die passende Untergruppe. So teilt Shelley (1886) die *Ploceidae* in drei Unterfamilien (Viduinae, Spermestinae und Ploceinae), wobei er zu den *Viduinae* außer den hier behandelten Brutparasiten noch die heute in der Unterfamilie der *Euplectinae* zusammengefaßten Arten vereinigt. Ganz abweichend beurteilt Reichenow (1913) die Ploceiden, die er in zwei Unterfamilien, die *Ploceinae* und die *Spermestinae* teilt. Zu letzteren rechnet er die Gattungen *Euplectes, Coliuspasser, Diatropura* (die heutigen *Euplectinae*) sowie die Prachtfinken, die bei Shelley den Rang einer eigenen Unterfamilie einnahmen. Innerhalb dieser Gruppe stehen diese zwischen den genannten Gattungen und den Viduinen, wobei Reichenow an eine vermittelnde Stellung der

Prachtfinken denkt. Beiden Autoren war die brutparasitische Fortpflanzungsweise der Viduinen und das Vorhandensein von Rachenzeichnungen und Schnabelpapillen bei ihren Nestlingen, eine Besonderheit, die sie mit den Prachtfinken teilen, noch nicht bekannt. Nach der Entdeckung dieser Merkmale (S. 163) vereinigte Chapin (1917) die Prachtfinken und die Viduinen in einer Unterfamilie Estrildinae in der Überzeugung, daß das Auftreten dieses innerhalb der Passeres einmaligen Merkmals auf enge phylogenetische Beziehungen zwischen beiden Gruppen hindeutet.

In neuerer Zeit haben Neunzig 1929, Mayr und Amadon 1951 und Steiner 1955 die Prachtfinken von den Webervögeln getrennt. Mayr und Amadon sowie Steiner halten Beziehungen zu primitiven insektenessenden Singvögeln für wahrscheinlich. Die Frage nach den phyletischen Beziehungen der Viduinen ist damit noch brennender geworden. Da eine endgültige Entscheidung in dieser Frage für das Verständnis der vorliegenden adaptiven Konvergenzen und der Rassen- und Artbildung unumgänglich ist, muß sie (S. 228) eingehend erörtert werden.

In ihrem Habitus lassen die Viduinen weitgehende Übereinstimmungen erkennen, die sie als gut umgrenzte Gruppe kennzeichnen. Bei allen Arten wechseln die Männchen zu Beginn der Fortpflanzungszeit von einem weberartigen Ruhekleid, das jeweils fast völlig dem des erwachsenen Weibchens entspricht, in ein hochdifferenziertes Prachtkleid, das – mit Ausnahme einer Gattung (*Hypochera*) – durch 4 stark verlängerte, von Art zu Art verschieden ausgebildete mittlere Steuerfedern sowie durch großflächige Verteilung der Farben Schwarz, Weiß, Braun und Gelb ausgezeichnet ist. Der Schnabel der Viduinen ist entweder schwarz (*Steganura*), rot, grau oder hell hornfarben. Die Schnabelfarbe kann beim An- und Ablegen des Brutkleides wechseln (*Steganura*), oder sie bleibt zu allen Jahreszeiten verhältnismäßig konstant, wird jedoch bei den Männchen der rotschnäbeligen Arten zur Brutzeit deutlich satter.

In der Beurteilung der Verwandtschaftsbeziehungen der Viduinen untereinander finden sich ebenso verschiedene Auffassungen wie in anderen Vogelgruppen. Sie reichen von der Anerkennung von 5 Genera (*Steganura* Reichenbach, *Vidua* Cuvier, *Tetraenura* Reichenbach, *Linura* Reichenow; *Hypochera* Bonaparte) bis zur Zusammenfassung aller ihrer so unterschiedlichen Formen in einer einzigen Gattung *Vidua* (Delacour und Edmond-Blanc 1934). Ebenso widerspruchsvoll werden die Artgrenzen beurteilt. Bei *Steganura* unterscheidet Chapin (1922) 2 Arten, während Delacour und Edmond-Blanc (1934), v. Boetticher (1955) und Friedmann (1960) alle Formen in einer einzigen Spezies vereinigen. Alle 17 beschriebenen Formen von *Hypochera* ordnen v. Boetticher (1955) und Friedmann (1960) zu 3 Arten zusammen, während Mackworth-Praed und Grant (1949) 8 selbständige Spezies anerkennen. White (1963) will sogar alle Formen in einer einzigen Art zusammengefaßt wissen.

III. Entdeckung des Brutparasitismus

Obwohl die Viduinen zu den häufigsten Kleinvögeln Afrikas gehören und einige Arten überdies alljährlich zu Zehntausenden auf den europäischen Vogelmarkt gelangen, war ihr Fortpflanzungsmodus doch lange Zeit in völliges Dunkel gehüllt. Erst 1907 wies Roberts Brutparasitismus bei *Vidua macroura* nach, ebenso Mörs (1925), ein Vogelliebhaber und Feldornithologe aus Transvaal, für *Tetraenura regia*.

In den Nestern von Wellenastrilden (*Estrilda astrild*) fand er häufig Eier, die sich zwar nicht in der Farbe – alle Estrildiden-Eier sind weiß – wohl aber in ihrer Größe und Form von denen der Nestinhaber unterschieden. Als er häufig Weibchen der Dominikanerwitwe (*Vidua macroura*) bei Nestbesuchen beobachtete, fand er unter den Nestlingen der Wellenastrilde sogenannte »Dickköpfe« mit der gleichen Rachenzeichnung wie die Nestgeschwister. Später stellte er sie auch unter ausgeflogenen Jungvögeln des Wellenastrild fest, und als er schließlich welche einfing und in der Voliere aufwachsen ließ, legten diese im Jugendkleid von den Nestgeschwistern kaum unterscheidbaren Individuen nach der Mauser das Ruhekleid von *Vidua macroura* an. Schließlich fand Mörs größere Eier auch in den Nestern des Granatastrild (*Uraeginthus granatinus*), und auch sie erwiesen sich als die eines Brutparasiten, der Königswitwe (*Tetraenura regia*), deren Jungvögel sich nur durch ihre etwas stärkeren Köpfe von den Nestgeschwistern unterschieden. In ihren Rachenzeichnungen und später im Jugendkleid stimmten sie jedoch völlig – mit Ausnahme des bei jungen Granatastrilden bereits schwach blauen Bürzels – mit jenen überein.

Mit dieser vorbildlichen Kombination von Freilandstudien und Volierenhaltung war damit für zwei der Viduinen ihr brutparasitischer Fortpflanzungsmodus nachgewiesen. In der Folge wurde von anderen Beobachtern in den Brutgebieten beider Arten noch eine Anzahl von Nestern anderer Vogelarten, die dazu oft aus anderen Familien stammten, mit Viduineneiern gefunden. Als von *Vidua macroura* parasitiert zählt Friedmann (1960) insgesamt 18 Arten auf, darunter Ploceinen, Sporopipinen, Euplectinen, Sylviiden, Emberiziden und Cardueliden. Von *Tetraenura regia* hat man nach *Friedmann* Eier in den Nestern von 7 Arten vermutet. Mit welchem Recht diese Funde für ein Parasitieren bei den genannten Arten sprechen, vgl. S. 225.

Für die anderen Arten der Viduinen gelang der Nachweis parasitischer Fortpflanzungsweise zum Teil erst später. Nach der überaus gründlichen Zusammenstellung Friedmanns wurden Eier von *Hypochera ch. chalybeata* bei 2, solche von *Hyp. ch. amauropteryx* bei 2 von *Hyp. funera* bei 3 Arten Estrildiden gefunden. Für die Glanzwitwe (*Vidua hypocherina*) und die Strohwitwe (*Tetraenura fischeri*) stand der Nachweis eines Wirtsvogels noch aus.

Auch für die *Steganura paradisaea* hat Mörs wohl als erster ein Parasitieren beim Buntastrild (*Pytilia melba*) festgestellt, aber leider nicht veröffentlicht, sondern nur Roberts mitgeteilt, der sie 1939 bei Besprechungen der Neunzigschen Befunde bekanntgab. Später wurden in Größe und Form abweichende Eier in Gelegen des Buntastrild noch häufig gefunden, so vor allem von Chapin (1954) u. a. Aber auch hier legten spätere Gelegenheitsbeobachtungen von vermutlichen *Steganura*-Eiern in den Nestern einer größeren Anzahl anderer Arten auch für die Paradieswitwen ein weites Wirtsspektrum nahe. Friedmann (1960) erwähnt 9 Arten, bei denen mit einiger Sicherheit Eier von Paradieswitwen gefunden wurden, unter ihnen Sperlinge (Passerinae) *Widahvögel* (Euplectinae) und Prachtfinken (Estrildidae). So entstand der Eindruck, daß die Viduinen eine erhebliche Zahl von Vogelarten ihres jeweiligen Wohngebietes als Brutpfleger beanspruchten, ähnlich wie das beim europäischen Kuckuck, vielen seiner tropischen Verwandten sowie einer Reihe von Icteriden der Fall ist.

IV. Die Neunzigschen Befunde und seine These von der Wirtsspezifität der Viduinen

Mit dem Auffinden von Viduineneiern in den Nestern einer größeren Reihe von Vogelarten aus den unterschiedlichsten Verwandtschaftsgruppen schien das Bild, das sich über den Brutparasitismus in dieser Vogelgruppe darbot, recht gut abgerundet zu sein. Die Nestlinge der Parasiten schienen sowohl in allen für ihr Konkurrieren mit so verschiedenen Nestgeschwistern entscheidenden *Verhaltensweisen* als auch in ihren *Nahrungsansprüchen* so vielseitig zu sein, daß eine ungestörte Entwicklung in jedem Fall gewährleistet war.

Zwar hatte schon Mörs (1925) die überraschende Übereinstimmung der Rachenzeichnung der Nestlinge von *Vidua macroura* und *Tetraenura regia* mit denen ihrer Nestgeschwister, *Estrilda astrild* und *Uraeginthus granatinus* geschildert, jedoch wurden diese Übereinstimmungen von späteren Autoren zwar als Hinweis für eine Bevorzugung dieser Wirte gewürdigt, im Hinblick auf das offenbar weite Wirtsspektrum der Arten aber nicht als entscheidende Bedingung anerkannt.

Durch Mörs' (1925) soeben erwähnte Befunde angeregt, versuchte Neunzig für weitere Viduinenarten, deren brutparasitische Lebensweise bisher nur vermutet wurde, die betreffenden Wirtsvögel ausfindig zu machen. Dazu verglich er die Verbreitungsgebiete von *Steganura paradisaea, Tetraenura fischeri, Vidua hypocherina* und *Hypochera chalybeata* mit denen der Rassenkreise verschiedener Estrildiden und untersuchte dort, wo sich Kongruenzen der Artareale ergaben, an Museumsmaterial die Jugendkleider der jeweiligen Viduinen und der im gleichen Gebiet lebenden, als Wirte verdächtigen Estrildiden. Denn schon die Verbreitungsgebiete der beiden als Brutparasiten nachgewiesenen Arten (*Vidua macroura, Tetraenura regia*) deckten sich überraschend gut mit denen jener beiden Estrildidenarten, in deren Nestern junge Parasiten mit Sicherheit aufgewachsen waren. Wo also Verbreitungsgebiete und Jugendkleider übereinstimmten, da versuchte Neunzig auch die Rachenzeichnungen zu vergleichen.

Die hierfür notwendigen Prachtfinkennestlinge konnte sich Neunzig von Vogelliebhabern, in deren Volieren alljährlich tausende junger Estrildiden erbrütet werden, verhältnismäßig leicht beschaffen. *Estrilda astrild* gehört zu den regelmäßig importierten Prachtfinken, deren Zucht in Gefangenschaft zwar nicht regelmäßig, so doch relativ häufig gelingt. Einige der Rassen von *Pytilia melba* kommen in unregelmäßigen Abständen auf den Vogelmarkt. Auch diese Art legt und brütet gut in der Voliere, aber die Altvögel ziehen ihre Jungen, mangels geeigneten Aufzuchtfutters, so gut wie nie auf. Deshalb konnte Neunzig gerade von dieser Art, wie auch von den in Gefangenschaft schwer züchtbaren Arten *Uraeginthus granatinus* und *Estilda erythronotos*, frischgeschlüpfte Jungvögel mehrfach erhalten. *Uraeginthus ianthinogaster* war 1928 erstmals lebend nach Europa gelangt; die erste Gefangenschaftszucht dieser Art gelang 1960 in England (Boosey 1960). Hier war der Autor also, wie bei den nachfolgenden Viduinen, auf Vermutungen angewiesen.

Wesentlich schwieriger gestaltete sich die Beschaffung vergleichbaren Materials bei den zu untersuchenden Viduinen. In Unkenntnis der parasitischen

Fortpflanzungsweise der Viduinen, vor allem aber weil sich alle Arten und Individuen in Gefangenschaft als notorische Eierfresser erweisen, pflegen Prachtfinkenzüchter Witwenvögel nicht in ihren Brutvolieren zuzulassen. Deshalb sind Viduinen bisher nur ausnahmsweise gezüchtet worden. Neunzig hat zweifellos nie einen Nestling gesehen; er mußte sich mit Museumsbälgen flügger Jungvögel begnügen.

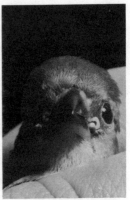

Abb. 1 *Vidua macroura,* links Rachenzeichnung und Schnabelpapillen eines 9 Tage alten Nestlings, rechts 46. Lebenstag; die Papillen des Unterschnabels trocknen ein.

Die Schnabelpapillen und Rachenzeichnungen junger Estrildiden und Viduinen werden nach dem Selbständigwerden der Jungvögel meist sehr bald zurückgebildet und verschwinden in vielen, jedoch nicht in allen Fällen, spurlos. Der Beginn dieses Schwundes ist oft auch innerhalb einer Art individuell sehr variabel. So trocknen bei etwa 20 % junger Papageiamadinen (*Erythrura trichroa*) die blauen Leuchtpapillen des Unterschnabels schon am Tage des Nestverlassens ein, während sie bei den gleichaltrigen Nestgeschwistern bis über die Zeit des Selbständigwerdens hinaus, also mindestens weitere drei Wochen, in voller Ausbildung erhalten bleiben. Bei einem Jungvogel von *Vidua macroura,* dessen Jugendentwicklung ich verfolgen konnte, waren die perlmutterglänzenden Ringwülste des Oberschnabels (Abb. 1) am 46. Lebenstage gerade noch erkennbar, die Papillen des Unterschnabels trockneten bereits ein.

So war zu erwarten, daß Neunzigs Feststellungen auch nicht unangezweifelt blieben. Obwohl seine Methode, aus der Kongruenz der Verbreitungsgebiete, der Übereinstimmung der Rachenzeichnungen und der Ähnlichkeit der Jugendkleider auf ein Wirt-Parasit-Verhältnis zu schließen, einwandfrei und durchaus legitim war, brachten ihn seine ungenügend belegten Daten über die Rachenzeichnungen der Viduinen um die Anerkennung seiner Schlußfolgerungen.

Die Ergebnisse seiner Untersuchungen ließen Neunzig ein Parasit-Wirt-Verhältnis bei folgenden Artenpaaren voraussagen:
1. *Vidua hypocherina* bei *Estrilda erythtronotos delamerei*.
2. *Tetraenura fischeri* bei *Uraeginthus ianthinogaster*.
3. *Vidua macroura* bei *Estrilda astrild*.
4. *Hypochera chalybeata* bei *Lagonosticta senegala*.
5. *Steganura paradisaea* bei *Pytilia melba*.

In allen 5 Fällen stimmen Verbreitungsgebiete, Jugendkleider und Rachenzeichnungen so gut überein, daß sich anscheinend je eine Viduinenart einer einzigen Wirtsvogelart extrem angepaßt hatte. Neunzig deutete diese Anpassung als eine von den Wirtsvögeln auf die Brutparasiten ausgeübte Selektion, wie Swynnerton (1918) und Rensch (1924, 1925) das am Beispiel der Mimikry von Kuckuckseiern (*Cuculus canorus* Linné) experimentell nachweisen konnten. Wie Shelley (1905) stellt Neunzig die Viduinen als Unterfamilie der Webervögel im weiteren Sinne in die Nähe der Feuerweber und Widahvögel (*Euplectinae*), mit denen sie die Tendenz zu extremer Verlängerung der Steuerfedern und durchweg den jahreszeitlichen Wechsel zwischen einem auffälligen Prachtkleid und einem unscheinbaren weibchenfarben Ruhekleid gemeinsam haben.

Gegen diese Befunde und Schlußfolgerungen hat vor allem Friedmann (1929, 1960) mit großer Entschiedenheit Stellung genommen. Sein Widerspruch gründete sich vor allem darauf, daß die Eier von mindestens 4 der von Neunzig als wirtsspezifisch angesehenen Viduinenarten in den Nestern von so verschiedenen Vögeln wie Ploceiden, Sylviiden, Passerinen und anderen gefunden wurden, was mit der Vorstellung einer adaptiven Festlegung auf eine einzige Wirtsvogelart nicht vereinbar schien. Auch glaubte Hoesch (1939), die von Neunzig beschriebene Übereinstimmung der Rachenzeichnungen von *Steganura paradisaea* und *Pytilia melba* nicht bestätigt zu finden. Bei einem flüggen Jungvogel von *Steganura paradisaea* fand er nur den in der Mediane des Gaumens liegenden schwarzen Punkt, den auch die Jungvögel von *Pytilia melba* zeigen, nicht aber deren 2 seitlich davon gelegene auffällige blauviolette Flecke (Farbtafel 1). Schließlich schien Hoesch die von Neunzig beschriebene Übereinstimmung der Jugendkleider beider Arten nicht überzeugend genug. Er fand, daß sie gerade auf der Unterseite, die der fütternde Altvogel im Nest nicht zu sehen bekommt, am ausgeprägtesten sei.

Beide Feststellungen sind nicht zutreffend. Die weitgehende Übereinstimmung der Jugendkleider ist auf der Farbtafel (1) dargestellt; im übrigen erlangt sie erst nach dem Ausfliegen des jungen Brutparasiten ihre Bedeutung. Die blauvioletten Flecken des Sperrachens junger Paradieswitwen entfärben sich wenige Minuten nach dem Tode, wie ich an einem Nestling von *Steganura obtusa*, K. Sabel (mündl.) an jungen *Steganura o. aucupum*, feststellen konnte. Sie sind dagegen selbst bei erwachsenen, mehrjährigen Vögeln noch schwach und in geringer Ausdehnung vorhanden. Bei einem 5 Monate alten Jungvogel von *Steganura o. aucupum* war selbst der schwarze Gaumenpunkt noch voll erhalten und die violetten Flecken deutlich sichtbar. Da Hoesch offensichtlich einen geschossenen Jungvogel untersucht hatte, konnte er die Rachenzeichnung nicht einwandfrei beurteilen.

Die in so vieler Beziehung zutage tretenden Widersprüche zwischen den gesichert erscheinenden, in Wirklichkeit aber äußerst flüchtigen und zum Teil unzutreffenden Freilandbeobachtungen und den Neunzigschen Befunden hatten die Ablehnung seiner Schlußfolgerungen durch fast alle stellungnehmenden Autoren wie Chapin (1929), Hoesch (1939) und Friedmann (1929, 1960) zur Folge. Gegen seine Vorstellungen von der Wirtsspezifität der Viduinen sprach das offenbar weite Wirtsspektrum mehrerer Arten. Das Vorhandensein von Rachenzeichnungen und Schnabelpapillen dagegen sahen Chapin und Friedmann als Ausdruck naher verwandtschaftlicher Beziehungen zwischen beiden Vogelgruppen an und führten sie auf eine Gemeinsamkeit des Bauplans zurück, ohne die die Entwicklung des Brutparasitismus der Viduinen nicht vorstellbar erschien.

So standen sich in der phylogenetischen und ethologischen Beurteilung des Phänomens zwei diametral entgegengesetzte Auffassungen offensichtlich unvereinbar gegenüber, deren Beweisführungen beiderseits schwache Stellen aufwiesen. Eine definitive Entscheidung ließ sich deshalb dem Anschein nach nur von jahrelangen, eingehenden Freilandbeobachtungen erhoffen.

V. Die Gesänge der Viduinen

Wenn die drei bis vier Monate währende Fortpflanzungsruhe, während welcher die Viduinen-Männchen das weibchenfarbene Ruhekleid tragen, etwa zur Hälfte vorüber ist, fangen sie langsam wieder zu singen an. Gegen

Ende dieser Ruhezeit sind die Gonaden noch ganz klein, aber der Gesang ist voll entwickelt, und wenn – etwa bei *Steganura* – die ersten schwarzen Fahnenden der beiden mittelsten Steuerfedernpaare und die ersten schwarzen Konturfedern des Prachtkleides an Flügeln und Rücken durchbrechen, singen die Männchen bereits fast ebenso ausdauernd wie später nach der Umfärbung. Während der ganzen Brutzeit, in der die Männchen das Prachtkleid tragen, Singwarten verteidigen und ihre Reviermarkierungsflüge ausführen, wird der Gesang fast nur durch Nahrungssuche, Balz und Kämpfe unterbrochen. Nach Friedmann (1960) endet die Fortpflanzungsperiode zeitlich etwas vor dem Beginn der Mauser, zum Ruhekleid. Auch in meinen Volieren verstummten die *Steganura*-Männchen 2–3 Wochen, ehe ihnen meist gleichzeitig die beiden mittelsten, stark verbreiterten Steuerfedern ausfielen, denen wenige Tage danach die beiderseits anschließenden längeren Schmuckfedern folgen.

Dieser Verlust des Hauptschmuckes leitet den mehrere Wochen währenden Wechsel ins Ruhekleid ein.

Die Aufzeichnungen der Forschungsreisenden über die Gesänge der Viduinen sind äußerst dürftig und wohl stets das Ergebnis flüchtiger Beobachtungen und entsprechender Tagebuchnotizen. So erklärt sich, daß fast alle den Gesang der gerade beobachteten Art als ein Aneinanderreihen hart oder schrill klingender, einsilbiger Töne beschreiben. Damit aber haben sie nur eine einzige, die lauteste der vielen Strophen, aus denen sich die Gesänge der Viduinen zusammensetzen, gehört. Nur wenige Beobachter beschrieben neben dieser Strophe noch andere Gesangselemente, so aus dem Freileben vor allem Heuglin, Priest, Chapin, Moreau, bei Volierenvögeln Schütze, Wolters, Russ, Neunzig und Krabbe.

Übersicht der bisher aus Frei- und Gefangenleben beschriebenen Lautäußerungen und Gesänge der Viduinae

Steganura paradisaea: Friedmann (1960): ». . . monosyllabic chirping sounds that seemed more mellow, less strident, than the corresponding note of the pintail (*Vidua macroura*, Ref.).« Heuglin (1869) ». . . der Ruf ist flötend, der eigentliche Gesang eintönig.«

Roberts (1938) Voice: A sharp *chip*; males also sing, a rather sparrowlike succession of notes.

Russ (1879): »Der Gesang zeichnet sich durch seine Einfachheit aus, der

Lockton ist ein wenig lautes, etwas flötendes Zirpen, das auch im Fluge gehört wird.«

Mackworth-Praed (1953): »Nothing particularly recorded«: (Nominatform) »Unrecorded«; (*Steg. o. orientalis*).

Tetraenura regia: Friedmann (1960): »The song of the shafttail seemed to me at the time a little softer and less distinctly broken into syllables (als der von *Vidua macroura*, Ref.).«

Townsend (zit. nach W. T. Page 1907): »very lavish in the morning with his little if not lovely song.«

Tetraenura fischeri: Friedmann (1960): »In my field notes, I described the song as like that of the pintail (*Vidua macroura*, Ref.) but more modulated and the notes more run together.«

Mackworth-Praed und Grant (1955): »A short buntinglike song (Elliot) ... A small sweet rather lisping Serinlike song (Moreau).»

Krabbe (1931): »Der Gesang besteht aus einer Reihe zwitschernder Töne, die in gleichmäßiger Tonlage in immer schneller werdendem Tempo vorgetragen werden; die Einleitung dazu bildet ein mehrmaliges *ti tü* ...«

Vidua hypocherina: Friedmann (1960): »The only notes that I ever heard from the blue widow bird were monosyllabic, rather weak but high chipping notes not distinguishable to my ear from the ordinary call notes of the pintail, *Vidua macroura*. I never heard what may be the true courtship song, and no one else has recorded anything about it.«

Hypochera chalybeata: Friedmann (1960): »The song is a rapid but rather formless series of notes, quite similar to that of the pintail, *Vidua macroura*, but slightly huskier and buzzier.« Bates (1930): »...a few scattering notes.« Wolters (1960) fand im Gesang der Nominatform ein häufig vorkommendes, dem Lied von *Lagonosticta senegala* ähnliches, sehr auffallendes Motiv, das etwa mit *Psi-wi, ti-tü-wi* wiedergegeben werden könnte.

Hypochera chalybeata amauropteryx: Belcher (1930): »...a pleasing little strain.« Friedmann (1960) »The song is quite similar to that of the pintail (*Vidua macroura*), a rapidly repeated series of notes neither rising nor descending in pitch and possessed a little carrying power. The only note that I ever heard was a somewhat rasping single *tsip* or *dsib* note.«

Hypochera chalybeata amauropteryx: Chapin (1954): »...a call note often given while flying, a harsh *chah-chah-chah*, and a song consisting of thin twittering *chwee* syllables.«

Hypochera funerea: Vincent (1936): »The call or twitter (probably the song) reminded me of that of a linnet both in duration and tone.«

Wolters (1960): »...ein entfernt an *Anthus trivialis* erinnerndes *zjüe, zjüe*...das ganze Lied klingt nicht so abgehackt schäckernd wie bei *chalybeata*, als vielmehr in höherem Maße rauchschwalbenartig, wenn auch rauher schwatzend« (*wilsoni*).

1. Die Gesänge der Atlaswitwen (*Hypochera chalybeata*)

A) Der Gesang der Nominatform

Unter einer Sendung afrikanischer Girlitze, die ich 1955 von einem westdeutschen Händler bezogen hatte, war ein Paar der alljährlich zu Tausenden aus dem Senegalgebiet importierten Atlaswitwen (*Hypochera ch. chalybeata*). Das halb ins Prachtkleid vermauserte Männchen begann wenige Tage später zu singen. Zunächst glaubte ich aus dem Gewirr der verschiedensten Gesänge, Lockrufe und sonstigen Stimmäußerungen in den Volieren das laute Futterbetteln einer Geschwisterschar junger Amaranten (*Lagonosticta s. senegala*) herauszuhören. Nähere Beobachtung ergab dann aber, daß diese Bettellaute von dem Atlaswitwen-Männchen in der typischen aufgerichteten Singhaltung der Viduinen vorgetragen wurden. Die Nachahmung dieser Bettelrufe entsprach völlig der natürlichen Situation: zuerst zweisilbige Rufe eines einzelnen Jungvogels, in die dann die Stimmen anderer Jungvögel einfielen; es schwoll an und ab, wechselte in Tempo und Aufeinanderfolge der einzelnen Rufelemente und endete schließlich nach mehrfacher Wiederholung, worauf nach kurzer Pause andere Strophen folgten.

Innerhalb eines Zeitraums von etwa 15 Min. konnte ich bei diesem singenden Männchen neben anderen Strophen Imitationen des gesamten Lautäußerungsinventars von *Lagonosticta senegala* feststellen, das mir aus langjähriger Haltung und Zucht dieser Art in allen Einzelheiten vertraut war. Nachgeahmt wurden außer den Bettelrufen auch Erregungsrufe, Distanzrufe, Nestlocken und die Gesangstrophe des *senegala*-Männchens.

Neben diesen einer Estrildidenart entlehnten Lautformen besitzt das *chalybeata*-Männchen eine Reihe ganz anders klingender Gesangspartien, so als auffälligste eine schnelle Aufeinanderfolge hart schäckernder Laute, die, nur geringfügig in Tempo und Klangfarbe abgeändert, bei sämtlichen Viduinen vorkommt. Diese im folgenden als »Schäckerstrophe« bezeichnete Gesangspartie ist offenbar das, was die Freilandbeoachter »den Gesang« der betreffenden Viduinenart nannten, ein einfaches Aneinanderreihen harter, ein-

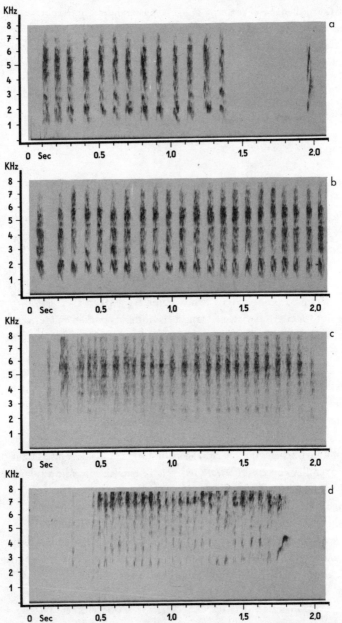

Abb. 2 Die Schäckerstrophe der Viduinen a) *Hypochera ch. chalybeata*, b) *Hypochera ch. amauropteryx*, c) *Tetraenura regia*, d) *Steganura p. paradisaea*,

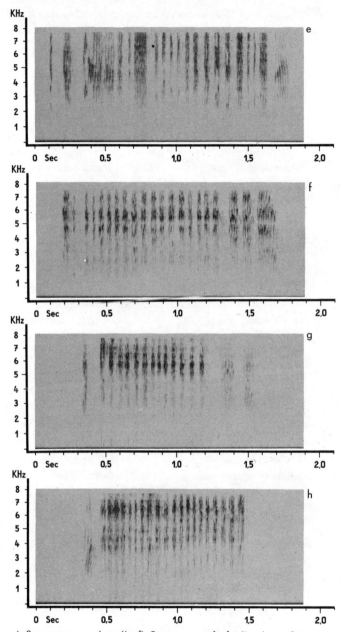

e) *Steganura o. orientalis*, f) *Steganura o. kadugliensis*, g) *Steganura o. aucupum*, h) *Steganura (interjecta) togoensis*.

silbiger Töne (Abb. 2. S. 172). Da die Schäckerstrophe bei allen Arten am lautesten ist und am weitesten trägt, wird es verständlich, daß viele Beobachter nur sie zu hören bekamen. Bei allen mir bisher zugänglichen Formen von *Hypochera* (*chalybeata, ultramarina, amauropteryx*) ist die Schäckerstrophe wesentlich länger als bei den meisten anderen Viduinen. Sie kann bei einem Platzwechsel oder während des Fluges mit zögernden Einzelrufen einsetzen, geht dann aber sehr bald in ihr typisches Tempo über und mündet gegen den Schluß oft in einen rhythmischen, durch kurze Pausen unterbrochenen Vierklang aus.

Außer der Schäckerstrophe hat das *Hypochera*-Männchen weitere, durchweg kürzere, in Silbenzahl und Klangfarbe verschiedene Gesangselemente, die mehr oder weniger häufig auftreten. Vergleichbares gilt für die Gesänge fast aller anderen Viduinen, so für *Vidua macroura, Tetraenura regia* und *Tetraenura fischeri*. In den Gesängen der Paradieswitwen (*Steganura*) ist ihre Anzahl sehr reduziert, hier spielt nur die Schäckerstrophe noch eine wesentliche Rolle.

So setzt sich der Gesang von *Hypochera chalybeata* aus Strophen zweier herkunftsmäßig und klanglich deutlich verschiedenen Anteilsgruppen zusammen, von denen die erste sämtliche Lautäußerungen von *Lagonosticta senegala*, die zweite die gruppenspezifischen, harten und schäckernden Laute umfassen. Im folgenden stellen wir in diesem Sinne den die Estrildidenlaute umfassenden »Wirtsvogelstrophen« die »Viduinenstrophen« gegenüber.

Schon beim ersten Eindruck wirken die Viduinenstrophen, vor allem die Schäckerstrophe ausgesprochen ploceidenhaft. Ihr harter Klang, die häufigen Wiederholungen und ihre weittragende Lautstärke unterscheiden sie von allen mir bekannten Estrildidengesängen. Besonders ähneln sie den Lockrufen und Gesängen der *Euplectinae*, vor allem *Quelea, Euplectes, Coliuspasser* usw., deren Reviergesänge vorwiegend oder ganz aus Wiederholungen harter, schäckernder oder wetzender Einzeltöne bestehen.

a) Die Lautäußerungen des Amaranten (Lagonosticta s. senegala)

Das Inventar der Lautäußerungen des Amaranten umfaßt folgende Elemente (s. a. Harrison 1956, 1962, Kunkel 1959, Steinbacher-Wolters 1953 ff.).

Erregungsruf: beide Geschlechter lassen bei Störungen am Nest, Annäherung eines Feindes, Eindringen eines fremden Artgenossen oder anderer Estrildiden in das engere Brutrevier (Nestnähe) ein schmatzendes *zeck* hören. Die Länge der Pausen zwischen den einzelnen Rufen wechselt mit dem Erregungsgrade, ist aber in der Regel recht konstant. Den Erregungsruf als Alarmruf zu bezeichnen, ist deswegen nicht ganz zutreffend, weil damit nur eine seiner vielen Motivationen bezeichnet wird.

Distanzruf: beide Geschlechter rufen auf Abstand ein weiches, überaus modulationsfähiges, einsilbiges *die;* Gatten nehmen damit von weitem Kontakt auf, aber ganz leise geäußert dient es auch als Stimmfühlungslaut. Eine scharfe Trennung zwischen Stimmfühlungslaut und Distanzruf, die bei manchen Carduelinen sehr ausgeprägt ist (*Pyrrhula*, Nicolai 1956), fehlt bei vielen Estrildiden (Immelmann 1962). Wegen ihrer überaus großen Modulationsfähigkeit, welche feinste Stimmungsschattierungen des Rufes widerspiegelt, ist diese Lautäußerung von verschiedenen Beobachtern auch sehr verschieden beschrieben und funktionell gedeutet worden.

Nestlocken: auf einen geeigneten Nistplatz macht das Amaranten-Männchen sein Weibchen durch ein leises, nur aus nächster Nähe hörbares wisperndes Tongebilde aufmerksam, das sich etwa mit *wiswiswiswiswiswiswiswiswis* wiedergeben läßt. Es ist nur an einen zeitlich engbegrenzten Teil des Brutzyklus gebunden und darauf berechnet, daß das Weibchen immer beim nestsuchenden Männchen bleibt. So ruft das Männchen auch noch im Rohbau des halbfertigen Nestes, um das Weibchen zu erneutem Einschlüpfen und zu Innenarbeiten zu verlassen. Bei vielen anderen Estrildiden ist der Nestlockruf akustisch wesentlich wirkungsvoller, so etwa bei *Poëphila cincta, Stagonopleura guttata*, den meisten *Lonchura*-Arten und bei *Uraeginthus granatinus* (S. 185). Für *Neochima phaëton* beschreibt Immelmann (1962) sogar einen »Fernnestlockruf«, mit dem ledige Männchen unverpaarte Weibchen auf größere Entfernungen an prospektive Nistplätze zu locken suchen.

Gesang: Der Gesang des Amaranten-Männchens ist eine zwei- bis sechssilbige, aus weichen Flötentönen bestehende Strophe, deren Elemente gleiche Länge haben, gut gegeneinander abgegrenzt sind und sich in gleicher Tonhöhe bewegen, gegen ihr Ende jedoch etwas ansteigen. Eine Gesangsstrophe beginnt stets mit einem einzelnen Erregungsruf, einer etwas leiseren Nachahmung seines Vorbildes. In seiner einfachsten Form besteht der Gesang aus dem einleitenden Erregungsruf und zwei Flötentönen. Die Bevorzugung zwei- oder mehrsilbiger Gesangsstrophen ist individuell verschieden. Ich kenne Männchen, die stets nur zweisilbig sangen, andere, die zwischen zwei- und mehrsilbigen Strophen wechselten. Trotz dieser individuellen Eigenheiten ist der Gesang der Art sehr einheitlich und mit keinem anderen Estrildidengesang zu verwechseln. Selbst die nächstverwandten *Lagonisticta*-Arten (*rubricata, rhodopareia, rufopicta*) singen so abweichend, daß sie auch in Bruchstücken der Gesänge sicher zu erkennen sind.

Bettelrufe des Jungvogels: In den ersten Lebenstagen sind die Nestlinge fast völlig stumm; später äußern sie während der Fütterung leise wispernde Bettelrufe. Kurz vor und nach dem Verlassen des Nestes sowie in den folgenden zwei Wochen, in denen der Jungvogel noch auf die Fütterung durch die Eltern angewiesen ist, bettelt er mit 2 gleich starren, ständig wiederholten Silben, einem dem Erregungsruf ähnlichen *zet* und einem unmittelbar anschließenden *tet*. Es klingt also wie *zet-tet-zet-tet*; die Pause zwischen beiden Silben bleibt annähernd konstant, die zwischen 2 Silbenpaaren wird bei steigernder Erregung immer kürzer. Das Bettelgeschrei einer ganzen Geschwisterschar, die den mit Futter anfliegenden Altvogel umringt, steigert sich zu einem Stimmengewirr, in dem die Elemente der Bettelrufe weitgehend verschmelzen, die Pausen unregelmäßig verteilt sind und die Gesamtzahl der Einzellaute pro Zeiteinheit extrem gesteigert ist.

b) Die Nachahmung der Wirtsvogellaute durch die Atlaswitwe (Abb. 3)

Das *Hypochera*-Männchen kann seinen Gesang mit einem beliebigen Motiv beginnen, bevorzugt aber zunächst bestimmte Strophen. Fast alle von mir gehörten Männchen begannen mit einzelnen Erregungsrufen des *senegala*-Männchens und fuhren mit anderen Lauten fort, häufig mit dem Jungvogelbetteln. Normalerweise herrschen zu Anfang des Gesangsvortrages *senegala*-Motive vor; plötzlich werden sie durch die Schäckerstrophe und andere Viduinenstrophen abgelöst. Die Vortragsfolge ist äußerst wechselnd, aber niemals werden längere Wirtsvogelmotive, etwa der Gesang, das Nestlocken oder die Bettelstrophe unterbrochen, etwa weil dem Sänger etwas Neues einfiele oder ein Rivale auftaucht. Immer beendet er eine begonnene Strophe, bevor er zu einem anderen Motiv übergeht. Viduinen- und Wirtsvogelstrophen folgen einander in buntem und unvoraussagbarem Wechsel.

Den prozentualen Anteil der Motive aus Viduinen- und Wirtsvogelstrophen habe ich einmal auf dem Tonband ausgezählt. Während 6 Gesangsminuten waren es 148 Erregungsrufe (102 aufeinanderfolgende in 55 Sek.), 16 Distanzrufe, 42 Gesangsstrophen, 3 Nachahmungen einer Fütterung und 5 Nestlockserien des Amaranten. Dem standen 10 Schäckerstrophen und insgesamt 2 der übrigen Viduinenstrophen gegenüber. Dieses Verhältnis ist bei allen von mir verhörten *chalybeata*-Männchen annähernd gleich, jedoch nur

Der Brutparasitismus der Viduinae 177

beim ungestörten Gesangsvortrag eines durch Artgenossen nicht beeinflußten Vogels. Bei aggressiver oder sexueller Stimmung gewinnt die eine oder andere Anteilsgruppe plötzlich die Überhand und drängt die andere zeitweilig völlig zurück (S. 212).

Die Übereinstimmungen zwischen der Nachahmung der Wirtsvogellaute und ihrem Vorbild, den Lauten des Amaranten, gehen so weit, daß nicht nur die Erregungsrufe in den typischen Abständen einander folgen, sondern auch die zahlreichen, stimmungsabhängigen Modulationen des Distanzrufes in völlig gleicher Klangfarbe wiedergegeben werden. Darüber hinaus ahmt das *Hypochera*-Männchen ansteigende Erregung eines *senegala*-Männchens durch Beschleunigung der Erregungsrufe und Verkürzung der Pausen, heftiges Rufen nach dem Partner durch immer lauter werdende Distanzrufe nach. Auch die individuellen Bevorzugungen zwei- oder mehrsilbiger Strophen der *senegala*-Männchen haben ihre Parallele bei *Hypochera*-Männchen.

Die Meisterleistung des *Hypochera*-Gesanges ist jedoch die täuschend genaue klangliche Nachahmung einer Fütterung, beginnend mit den zweisilbigen Bettelrufen eines flüggen Jungvogels und in mitreißendem *crescendo* und *accelerando* übergehend in das minutenlang anhaltende vielstimmige Bettelgeschrei einer sich um den futterbringenden Altvogel drängenden Geschwisterschar. Die Vielstimmigkeit bringt das *Hypochera*-Männchen durch willkürliche Änderung und Verkürzung der Pausen einerseits zwischen den Silbenpaaren und andererseits den einzelnen *zet* und *tet* zustande, sowie durch Aneinanderreihen von teilweise miteinander verschmelzenden gleichlautenden Elementen in schnellem, jedoch ständig wechselndem Tempo (S. 179).

Ich kenne nur zwei weitere Vogelarten, die zu ähnlicher Leistung, einer Imitation gleichzeitig rufender oder singender Vögel befähigt sind: die Indische Schama (*Kittacincla malabarica* Gould) sowie die Nordamerikanische Spottdrossel (*Mimus polyglottus* Linné). Von einem Männchen der letzteren haben P. P. Kellog und A. A. Allen Tonbandaufnahmen im östlichen Massachusetts gemacht, das u. a. die Stimmen einer durcheinanderrufenden Schar von Blauhähern vollendet imitiert.

Die einzige Wirtsvogelstrophe, die zwar im Rhythmus, in der Struktur und Klangfarbe mit ihrem Vorbild übereinstimmt, es jedoch in Lautstärke und Ausdehnung übertrifft, ist die Nachahmung des wispernden Nestlockens des *senegala*-Männchens (S. 175). Diese so kurze und leise Äußerung ist bei im Freien oder in der Voliere nestbauenden Vögeln nur aus allernächster Nähe zu hören. So war mir die wesentlich lautere und ausgedehntere Nachahmung

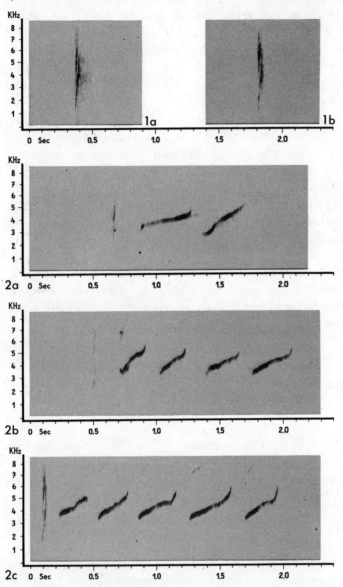

Abb. 3 Die Wirtsvogelimitationen im Gesang von *Hypochera ch. chalybeata*. 1 a) Erregungsruf von *Lagonosticta s. senegala*, b) Nachahmung durch *Hypochera ch. chalybeata*. 2 a) Zweisilbige Gesangsstrophe von *Lagonosticta s. senegala*, b), c) Vier- und fünfsilbige Nachahmung durch *Hypochera ch. chalybeata*.

Der Brutparasitismus der Viduinae

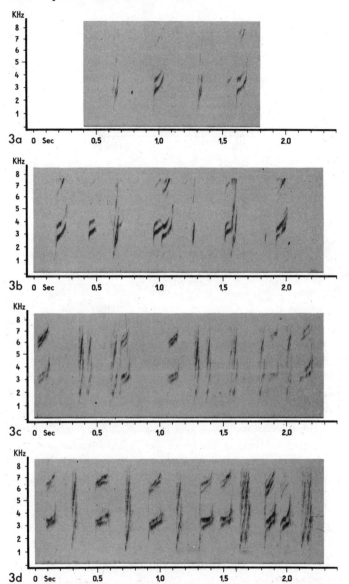

Abb. 3 fortgesetzt 3 a) 2 zweisilbige Bettellaute eines *senegala*-Jungvogels (*zet-tet – zet-tet*), b) Betteln zweier Jungvögel, die Elemente verschmelzen z. T. miteinander (*tet-tet-zet – tettet-zet-tetzet-tet*). c) Nachahmung des gleichzeitigen Bettelns mehrerer Jungvögel durch *Hypochera ch. chalybeata* (*tet-zetzet-zettet – tet-zetzet-zetzet-zettet-zet-tet*), d) *tet-zet-tet-zet-tet-zet-tettetzetzet-tettet-zetzet*.

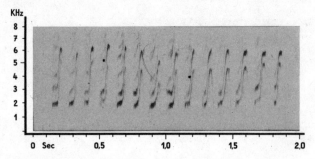

Abb. 3 Schluß 4. Nachahmung des Nestlockens des *senegala*-Männchens durch *Hypochera ch. chalybeata*.

dieser Wirtsvogellaute aus dem Gesang der Atlaswitwe seit mehreren Jahren bekannt, bevor es mir gelang, sie beim Amaranten nachzuweisen. Daß es sich bei den von allen *Hypochera*-Männchen vorgetragenen ausgedehnten wispernden Tonreihen um das Nestlocken des Wirtsvogels handeln mußte, war wegen ihrer Übereinstimmung mit den Nestlockrufen anderer verwandter Estrildiden (*Uraeginthus granatinus*) mit einiger Sicherheit vorauszusagen. Die Länge und Lautstärke ihrer Nachahmung durch die Atlaswitwe erreichen die Nestlockreihen des *senegala*-Männchens wohl in keinem Falle; wir haben es hier mit einer akustischen Übertreibung des Vorbildes zu tun, die im Dienste einer besonderen Funktion (S. 192) entwickelt wurde.

Da *Hypochera ch. chalybeata* zu den am häufigsten eingeführten afrikanischen Vögeln zählt, hörte ich sie auch bei Vogelliebhabern, in Zoologischen Gärten, auf Vogelausstellungen und gelegentlich selbst in Zoohandlungen. Alle Männchen sangen völlig gleich. So oft ich einen längeren, ungestörten Gesangsvortrag verfolgen konnte, enthielt er alle für diese Art typischen Viduinenstrophen und den gesamten Wortschatz des Wirtsvogels.

B) Der Gesang von Hypochera chalybeata ultramarina

Im Tschadseegebiet schließt sich an das Verbreitungsgebiet der Nominatform, die im Westen bis in die küstennahen Gebiete des Senegal geht, das einer zweiten Rasse (*Hypochera chalybeata neumanni* Alexander) an. Im östlichen Sudan, Abessinien und Eritrea wird die Art durch eine dritte Rasse (*Hypochera chalybeata ultramarina* Gmelin) vertreten. Von dieser konnte ich die Gesänge dreier Männchen, die aus Massaua importiert waren, un-

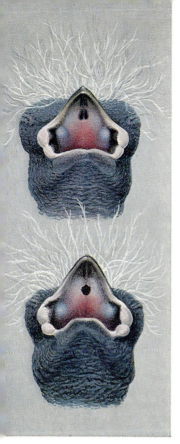

Paradieswitwen-Männchen (oben links), Buntastrild-Männchen (oben rechts) und 30tägige Jungvögel (links Paradieswitwe, rechts Buntastrild); daneben die Sperrrachen eintägiger Jungvögel (oben Paradieswitwe, unten Buntastrild).

a) Atlaswitwenpaar (links Männchen, rechts Weibchen); b) Amarantenpaar (unten Männchen, oben Weibchen); c) 16täigige Atlaswitwe (oben), 16täigiger Amarant (unten).

tersuchen. Die Wirtsvogelstrophen umfassen alle Laute von *Lagonostictasenegala brunneiceps* die im gleichen Gebiet lebt und stimmlich von der Nominatform kaum zu unterscheiden ist. Unter den Viduinenstrophen dieser östlichen Atlaswitwenrasse findet sich dagegen ein typisches fünfsilbiges Motiv, das bei der Nominatform nicht zu hören ist, das sich dagegen bei der rotschnäbeligen Form *amauropteryx* wiederfindet.

Von den drei norafrikanischen Rassen der Atlaswitwe konnte somit die westlichste (*chalybeata*), wie die östliche (*ultramarina*) untersucht werden. Ihre Wirtsvogelmotive sind Nachahmungen der in den gleichen Gebieten lebenden Rassen von *Lagonosticta senegala*. Zwischen beiden liegen die Verbreitungsgebiete von *Hypochera chalybeata neumanni* und *Lagonosticta senegala flavodorsalis* Zedlitz. Es darf wohl mit einiger Berechtigung vorausgesagt werden, daß sich zwischen diesen beiden Formen das gleiche Wirt-Parasit-Verhältnis findet, wie bei ihren östlichen und westlichen Nachbarn.

C) Der Gesang der Rotschnabel-Atlaswitwe (Hypochera chalybeata amauropteryx)

Diese einzige Atlaswitwe mit korallenrotem Schnabel wurde bisher selbst von Delacour und Edmond-Blanc (1934), die eine extreme Zusammenfassung der Gattungen und Arten der Viduinen befürworteten, als selbständige Art behandelt. Boetticher (1952) ist sogar versucht, *amauropteryx* und die ähnlich gefärbte, jedoch langschwänzige *Vidua hypocherina* als Rassen einer Art anzusehen und dabei *hypocherina* als eine »Diskrepanzform« (Kleinschmidt 1952) aufzufassen. Nur Wolters (1960) erwog, ob nicht auch *amauropteryx*, trotz ihrer abweichenden Schnabelfarbe, in die *chalybeata*-Gruppe gehört.

Die Viduinenstrophen im Gesang von *amauropteryx* entsprechen weitgehend denen von *ultramarina*, vor allem in einem beiden gemeinsamen fünfsilbigen Motiv, das der Nominatform fehlt. Die Schäckerstrophe ist sehr ausgedehnt und zerfällt zu Beginn und gegen ihr Ende oft in rhythmisch aneinandergereihte Einzeltöne.

Auch in ihren Wirtsvogelstrophen weicht *amauropteryx* von den beiden nordafrikanischen Rassen *ultramarina* und *chalybeata* nicht ab. Sie trägt wie jene den gesamten Lautschatz von *Lagonosticta senegala* vor. Im Brutgebiet dieser rotschnäbeligen Atlaswitwe leben die beiden Amarantenrassen *rendalli* und *pallidicrissa,* die nicht merklich anders singen als die Nominatform. Während diese die Gesangsstrophe des *senegala*-Männchens wie ihr Vorbild sowohl zwei- als auch mehrsilbig vorträgt, sangen alle Männchen von *amauropteryx* sie immer mehrsilbig. In Klangfarbe und Tempo konnte ich keine Unterschiede feststellen. Ob die im Gebiet der Wirtsvogelrasse *pallidicrissa* lebenden Atlaswitwen stimmlich und morphologisch von den neben *rendalli* lebenden abweichen, konnte ich bisher nicht untersuchen.

In den Gesängen der drei Atlaswitwenformen lassen sich also keinerlei Unterschiede finden, die eine Artselbständigkeit von *amauropteryx* befürworten ließen. Die besondere Ähnlichkeit einer Viduinenstrophe läßt auf besonders enge verwandtschaftliche Beziehungen zwischen *amauropteryx* und *ultramarina* schließen. Auch die von ihnen parasitierten Wirtvogelrassen (*rendalli* und *brunneiceps*) stehen sich morphologisch näher als jede von ihnen der Nominatform.

2. Der Gesang der Königswitwe (*Tetraenura regia*)

Tetraenura regia bewohnt die trockenen Dornbuschsteppen des südlichen Afrika und kommt außerdem in einem isolierten kleinen Gebiet im südlichen Moçambique (Sul do Save) vor. Diese Population wurde erst kürzlich entdeckt und von Da Rosa Pinto (1959, 1961) als besondere Rasse *Vidua regia woltersi* abgetrennt. Das Verbreitungsgebiet der Art deckt sich fast völlig mit dem von *Uraeginthus granatinus* (Abb. 4).

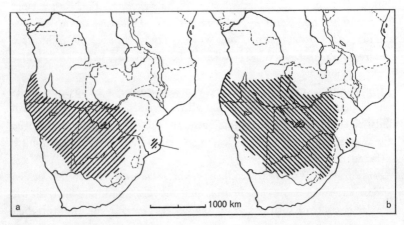

Abb. 4 Verbreitung von a) *Tetraenura regia*, b) *Uraeginthus granatinus* (siehe Text).

a) Die Viduinenstrophen

Der Aufbau des Gesanges des Königswitwen-Männchen gleicht im wesentlichen dem der Atlaswitwen (*Hypochera*). Wie jene singt das ungestörte Männchen Viduinenstrophen und Motive einer Estrildidenart, *Uraeginthus granatinus*, in buntem Wechsel. Die Schäckerstrophe ist normalerweise kürzer, klingt jedoch ähnlich wie bei den mir bekannten *Hypochera*-Arten, und tritt im Gesang auch etwa ebenso häufig auf wie bei den Atlaswitwen. Die anderen Viduinenstrophen weichen z. T. erheblich im Klang von denen der *Hypochera*-Arten ab; ihre Homologisierbarkeit ist dennoch mit einem hohen Grad an Wahrscheinlichkeit möglich. Besonders gut stimmen Struktur, Klangfarbe und Aufbau der Viduinenstrophen mit denen von *Tetraenura fischeri* (S. 193) überein, jedoch nicht mit denen von *Vidua macroura*, die von fast allen Autoren in die allernächste Nähe von *Tetraenura regia* gestellt wird.

b) Die Lautäußerungen des Granatastrild (*Uraeginthus granatinus*)

Uraeginthus granatinus ist Bewohner der trockenen Dornbuschsteppen von Süd-Angola und Südwestafrika bis zum südlichen Rhodesien, Transvaal und Betschuanaland. Clancey (1959) hat die blasser gefärbten Populationen aus dem südlichen Südwestafrika als besondere Rasse, *Uraeginthus g. siccatus* abgetrennt. Die Berechtigung dieser Abtrennung müßte durch Untersuchung der Gesänge bestätigt werden. Dagegen kann die erst kürzlich von dem gleichen Autor im südlichen Moçambique (Inhambane District, Sul do Save) entdeckte, vom übrigen Areal der Art getrennt lebende Population mit kleineren und blasseren Männchen wohl als gut unterscheidbare geographische Rasse (*Uraeginthus g. retusus* Clancey) angesehen werden.

Der Granatastrild gehört zu den stimmfreudigsten Estrildiden. Beide Geschlechter machen von ihren abwechslungsreichen Lautäußerungen reichen und lautstarken Gebrauch.

Die *Erregungsrufe* von *Lagonosticta senegala* und *Uraeginthus granatinus* klingen ähnlich; immerhin kann selbst der Beobachter sie nach Lautstärke und Frequenzumfang ohne Schwierigkeit unterscheiden. Auch hier werden bei ansteigender Erregung die typischen Pausen oft verkürzt und die Rufe lauter. Bei Annäherung eines anderen Männchens und Begrüßung des vorübergehend abwesenden Weibchens tritt die *Erregungsstrophe* an ihre Stelle, schnell gereihte Erregungsrufe abgewandelter Klangfarbe in typischem, oft rhythmisch gegliedertem Tempo. Der mit dem Verhalten der Art Vertraute kann ihr Auftreten aus der Gesamtsituation voraussagen. Während der Paarbildungs- und Brutzeit läßt das Männchen bei fast jeder Begegnung mit der Partnerin die Erregungsstrophe hören.

Begrüßungstrophe des Weibchens. Auf die Begrüßung des angepaarten Männchens antwortet das Weibchen regelmäßig mit einer überaus klangvollen, meist 8–9silbigen Begrüßungsstrophe, die durch 2 reine Flötentöne, in ihrer Mitte und am Ende, gekennzeichnet ist. Das Weibchen setzt mit dieser streng geschlechtsgebundenen Strophe während der letzten Takte der Erregungsstrophe des Männchens ein oder schließt sich Sekunden nach deren Ende an.

Wie viele Estrildiden singen auch die *granatinus*-Weibchen ihre Begrüßungsstrophe jedes ein wenig anders, so daß selbst der geübte Beobachter die Unterschiede hört; doch ist das einheitliche Bild der Strophe in keiner Weise verwischt. Jedes *granatinus*-Männchen kennt außer allen anderen Lauten die Begrüßungsstrophe seines angepaarten Weibchens bis in alle Einzelheiten, was sich durch Tonbandaufnahmen nachweisen läßt.

Uraeginthus granatinus hat einen sehr engen Paarzusammenhalt, der mit ungewöhnlich früher Verlobung beginnt und wohl nur durch den Tod eines der Partner lösbar ist. In zwei Fällen sah ich, daß brutlustige *granatinus*-Männchen wochen- ja monatelang zu ihren kranken Weibchen hielten, obwohl diese das Nestlocken und Balzanträge unbeantwortet ließen und gesunde, unverpaarte fremde Weibchen sich ihnen ständig antrugen.

Gesangsstrophe des Männchens: Der Gesang des *granatinus*-Männchens ist eine etwas schleifende, entfernt an Rauchschwalbengesang erinnernde Strophe, die länger und anders gegliedert ist als die weibliche Begrüßungsstrophe; doch endet sie wie jene mit einem allerdings leiseren und weniger reinen Flötenlaut. Normalerweise wird diese Gesangsstrophe mehrfach wiederholt, indem der Sänger an den Schlußton unmittelbar die ersten schleifenden Anfangstöne der neuen Strophe anschließt und diese Aufeinanderfolge mehrfach wiederholt. Das Männchen trägt seine Gesangsstrophe vor allem dann vor, wenn es sich in ausgesprochen gelöster, ungestörter Stimmungslage befindet und das Weibchen nicht in seiner Nähe weilt. Allerdings singt sie es auch während der Halmbalz, bei der es mit einem Nistsymbol im Schnabel die Partnerin umhüpft, die bei solcher Gelegenheit oft die gleiche Strophe in etwas verkürzter Form unter denselben Balzbewegungen hören läßt (s. a. Anmerkungen von Immelmann, Nicolai und Wolters zu Harrison 1962).

Der Brutparasitismus der Viduinae

Nestlocken: Das Nestlocken des Männchens ist eine langanhaltende Serie wispernder Töne, die der bedeutenderen Größe der Art entsprechend wesentlich lauter sind als die von *Lagonosticta*. In Aufbau und Struktur der Strophe besteht jedoch große Ähnlichkeit, und die Laute beider Arten sind zweifellos homolog. Bei einigen Estrildiden bleibt das Nestlocken des Männchens nicht nur streng auf den Nistplatz beschränkt (*Zonaeginthus oculatus*, Immelmann 1962). Auch das *granatinus*-Männchen kann der Partnerin schon in einiger Entfernung von einem erwählten Nistplatz durch das Nestlocken seine Stimmung anzeigen und sie dann erst durch Voranfliegen zur Besichtigung einladen. Das Nestlocken ist, wie bei den meisten Estrildiden, nur zur Zeit der Paarbildung, Nestbesichtigung und des Nestbaus zu hören, aber nie mehr, während das Paar fest brütet oder kleine Nestlinge betreut.

Wutlaut: Der Granatastrild ist während der Fortpflanzungszeit gegen fremde Artgenossen, aber auch andere Estrildiden außerordentlich aggressiv und vertreibt sie mit einer mehrfachen Wiederholung rauher *chäh-chäh-chäh-chäh*-Laute von hohem konstantem Frequenzumfang.

c) Nachahmungen der Wirtsvogellaute durch die Königswitwe (Abb. 5)

Wie die Männchen der Atlaswitwen ist auch das Königswitwen-Männchen an keine starre Folge im Vortrage der Motive seines Gesanges gebunden. So kann es mit einzelnen Erregungsrufen oder einer Erregungsstrophe des *granatinus*-Männchen beginnen. Sehr häufig leitet es jedoch den Gesang durch eine ganz bestimme Viduinenstrophe ein, die mehrfach wiederholt wird, bevor der Sänger in ein anderes Motiv übergeht. Vergleicht man die Gesänge von *Hypochera* und *Tetraenura*, ohne über Herkunft und Bedeutung der einzelnen Motive etwas zu wissen, so fallen zuerst die bei *Tetraenura* längeren Pausen zwischen den einzelnen Motiven auf. Bei ungestörtem Vortrag sind schon die meist in drei- oder vierfacher Wiederholung gesungenen Viduinenstrophen durch 1–2 Sek. währende Pausen voneinander getrennt. Beim Wechsel in eine andere Motivserie ist sie regelmäßig länger. In 6 Min. sang ein *regia*-Männchen 22 Erregungsrufe, 10 Erregungsstrophen, 5 Begrüßungsstrophen, 18 Gesangsstrophen, 3 Wutlaut- und 2 Nestlock-Serien des Wirtsvogels. Dem standen 6 Schäckerstrophen, 8 Viduinen-Stimmfühlungslaute und 40 andere Viduinenstrophen gegenüber.

Mit Ausnahme der Bettelrufe junger Granatastrilde, die in den Gesängen aller von mir verhörten *regia*-Männchen fehlten, trägt auch bei dieser Art

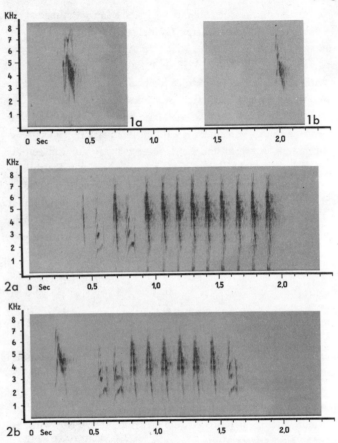

Abb. 5, Anfang: Die Wirtsvogelimitationen im Gesang von *Tetraenura regia*. 1 a) Erregungsruf von *Uraeginthus granatinus*, b) Nachahmung durch *Tetraenura regia*, 2 a) Erregungsstrophe von *Uraeginthus granatinus*, b) Nachahmung durch *Tetraenura regia*.

jeder Sänger alle Lautäußerungen des Wirtsvogels vor. Die Erregungsrufe und Stimmfühlungslaute beider Geschlechter, die Erregungsstrophe, Wutlaute und Gesang des Männchens, sowie die Begrüßungsstrophe des Weibchens kann ich von ihren Vorbildern nicht unterscheiden. Noch nach 7jähriger Haltung beider Arten in den großen, mit Büschen, Bäumchen und Graswuchs bepflanzten Außenvolieren kann ich, ohne den Sänger zu sehen, an keinem Merkmal entscheiden, ob die gehörten *granatinus*-Laute von den Astrilden selber oder einem der singenden *regia*-Männchen stammen. Nur am Auftre-

Der Brutparasitismus der Viduinae

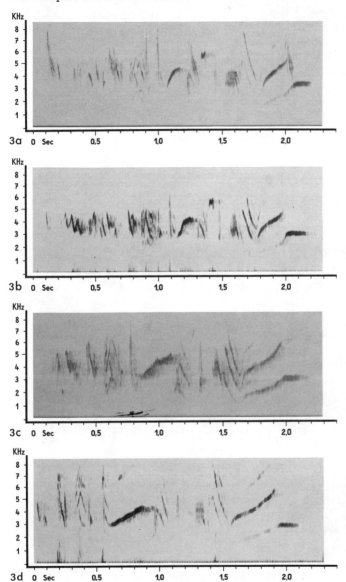

Abb. 5 fortgesetzt 1: Begrüßungsstrophe zweier Weibchen von *Uraeginthus granatinus* (3 a, 3 c) und die Nachahmung der Begrüßungsstrophe durch zwei Männchen von *Tetraenura regia* (3 b, 3 d).

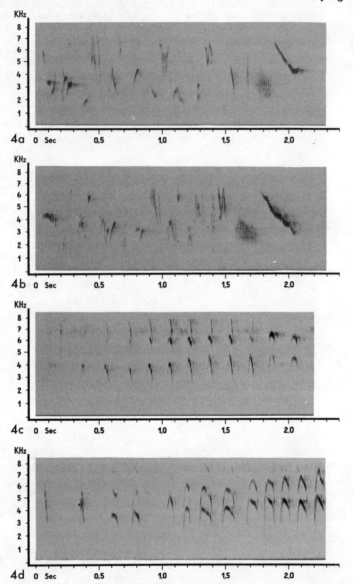

Abb. 5 fortgesetzt 2: Gesangsstrophe des Männchens von *Uraeginthus granatinus* (4 a), Nachahmung durch *Tetraenura regia* (4 b), Nestlocken des Männchens von *Uraeginthus granatinus* (4 c), Nachahmung des Nestlockens durch *Tetraenura regia* (4 d).

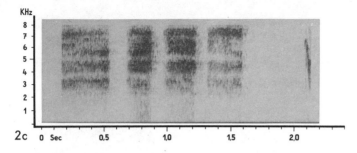

Abb. 5, Schluß: Nachahmung der Wutlaute von *Uraeginthus granatinus* durch *Tetraenura regia*.

ten der ersten Viduinenstrophen, die in keinem längeren Gesangsvortrag der Königswitwe fehlen, erkennt man die *granatinus*-Laute als Nachahmungen. Selbst die Wirtsvögel sind nicht in der Lage, die Imitationen des *regia*-Männchens von den arteigenen Lauten zu unterscheiden (S. 211).

Neben der überraschend gleichartigen Klangfarbe, Rhythmik und Lautstärke der Wirtsvogelnachahmungen fällt im Gesangsvortrag des Königswitwen-Männchens vor allem die häufig auftretende Koppelung zwischen der Erregungsstrophe des *granatinus*-Männchens und der Begrüßungsstrophe des Weibchens auf. Letztere tritt nur ausnahmsweise allein auf; fast immer geht ihr die Erregungsstrophe des Männchens unmittelbar voraus. Das *regia*-Männchen ahmt also nicht nur wahllos verschiedene Wirtsvogellaute in buntem Wechsel nach, so wie sie auch im Freileben zu hören sind, sondern darüber hinaus imitiert es das Lautbild eines streng geregelten Verhaltensablaufs, wie er sich in den Brutgebieten der Art täglich abspielt. Die Seltenheit isoliert vorgetragener Nachahmungen der weiblichen Begrüßungsstrophe entspricht der Seltenheit der Situation, in der ein *granatinus*-Weibchen seinen zurückkehrenden Partner mit einer Strophe begrüßt, ohne daß dieser ihr mit seiner Erregungsstrophe zuvorkommt. Die Erregungsstrophe des *granatinus*-Männchens kann dagegen, wie beim Vorbild, durchaus allein vorgetragen werden. Dem weiten Spielraum ihrer Motivationen entsprechend ist sie eine der häufigsten Lautäußerungen des Wirtsvogel-Männchens.

Während in den Gesängen von *Hypochera chalybeata*, *ultramarina* und *amauropteryx* das Nestlocken des Wirtsvogel-Männchens häufig auftritt und sein Vorbild zudem in Lautstärke und Ausdehnung übertrifft, gehört das Nestlocken des *granatinus*-Männchens zu den vor allem im ungestörten Vortrag seltenen Strophen der Königswitwe; oft habe ich es tagelang nicht ge-

Abb. 6 Männchen der Königswitwe macht Weibchen durch Vortragen des Nestlockrufes der Wirtsvogelart auf ein bauendes Wirtsvogel-Männchen aufmerksam.

hört. Eine Gelegenheitsbeobachtung verhalf hier zu einer Klärung. Ein in ruhigem Wechsel zwischen Wirtsvogel- und Viduinenstrophen singendes Männchen brach plötzlich eine Serie von Viduinenstrophen vorzeitig ab, ging ohne Pause in heftiges *granatinus*-Nestlocken über und starrte dabei in vorgereckter, waagerechter Haltung in eine bestimmte Richtung. Dort fing in halber Höhe eines Wacholders (*Juniperus*) ein *granatinus*-Männchen zu bauen an. Solange der Vogel im Nest beschäftigt war, sang das Königswitwen-Männchen eine Serie der *granatinus*-Nestlocklaute nach der anderen und schwieg sofort, sooft der Astrild abflog, um neues Material zu holen; dann fing es schon wieder an, bevor das wiederanfliegende Männchen mit seiner Last den zukünftigen Nistort erreicht hatte. Wie spätere gezielte Beobachtungen ergaben, unterbrachen fortpflanzungsfähige *regia*-Männchen beim Anblick nestbauender Wirtsvögel alle anderen Tätigkeiten und sangen sofort die *granatinus*-Nestlockserie in der vorgestreckten, auf den Ort des Ereignisses gerichteten Körperhaltung (Abb. 6). Da auch andere Viduinen-Männchen (*Steganura, Hypochera, Vidua*) ihre Weibchen bei der Suche nach Wirtsvogelnestern und zur Eiablage begleiten, halte ich es für nahezu sicher, daß das *regia*-Männchen durch das Vortragen des Nestlockens sein Weibchen auf Nester des Wirtsvogels aufmerksam macht, die der Partnerin möglicherweise entgangen wären (Abb. 7). Der Selektionsdruck, der auf der Ausbildung einer Lautäußerung aus einem bestimmten Funktionskreis des Wirtsvogels als soziales Ausdrucksmittel liegt, ist durch die Tatsache gegeben, daß das *regia*-Weibchen nur beim Anblick von Brutvorbereitungen

Der Brutparasitismus der Viduinae 191

Abb. 7 Weibchen von *Uraeginthus granatinus* erwartet im Nest sitzend das Material herbeitragende Männchen.

eines Wirtsvogelpaares ovuliert (S. 248) und sich nur in diesem Zustande begatten läßt. Gelingt es dem Männchen also, durch Auffinden eines vom Weibchen unbemerkt gebliebenen Wirtsvogelnestes sie durch seine Nachahmung des Nestlockens auf dieses aufmerksam zu machen, so steigen für die Partnerin die Aussichten für vermehrte Eiablage und für das Männchen die für häufigere Paarungen.

Aus dem zunehmenden Ausbau der Nestlocknachahmung zu sexueller Mitteilungsfunktion erklärt sich auch ihre relative Seltenheit im normalen Gesangsvortrag. Nur wenn ein Männchen während eines Brutzyklus lange Zeit keine bauenden Wirtsvögel sah, singt er gelegentlich Nestlockserien, die wohl Ausdruck eines hohen Staues einer nicht abreagierbaren Verhaltensweise sind. Da die für Tonbandaufnahmen ausgewählten Viduinen-Männchen zur Ausschaltung störender anderer Vogelstimmen tage- und oft wochenlang in Einzelkäfigen isoliert gehalten werden mußten, gelang eine Aufnahme dieser Nestlockstrophe im normalen Gesangsvortrag eines *regia*-Männchens erst nach 6jähriger Haltung. Während dieser Zeit hatte ich den Vogel während jeder Brutzeit mehrmals tage- und selbst wochenlang gekäfigt, ohne daß auf den vielen jeweils aufgenommenen Tonbändern sich eine einzige dieser Strophen gefunden hätte.

Als ich daraufhin auch bei den Hypochera-Arten vor allem bei *Hypochera ch. chalybeata*, in deren Gesang die Nestlockstrophe des Wirtsvogels häufig auftaucht, auf das Verhalten der Männchen beim Anblick nestbauender Amaranten achtete, ergab sich dasselbe: auch das *Hypochera*-Männchen zeigt besichtigende oder bauende Wirtvogelpaare durch ausgedehnte Nestlockserien in derselben, zum Nest hinweisenden Körperhaltung wie die Königswitwe an. Ein solches Männchen sang seine Nestlockstrophen sogar, als ein kränkelndes Amaranten-Weibchen gegen Abend in ein fremdes, unbenutztes Prachtfinkennest flog, um dort, vor der nächtlichen Abkühlung besser geschützt, zu schlafen. Diese ausgesprochen regressive Verhaltensweise des Weibchens – *Lagonosticta senegala* ist im Gegensatz zu einer Reihe anderer Estrildiden kein Nestschläfer – wurde von dem *Hypochera*-Männchen also falsch gedeutet; die Situation war keinesfalls eine Nestbesichtigung, die eine baldige Eiablage erwarten ließ.

Das im Gesang der *Hypochera*-Männchen häufige Nestlocken ist eine auffällige Parallele zu bestimmten ritualisierten Verhaltensweisen einiger Phasianiden, deren Männchen während der Fortpflanzungszeit ihren Partnerinnen Leckerbissen unter bestimmten, aus dem Funktionskreis der Brutfürsorge entlehnten Zeremonien und Locktönen anbieten (Schenkel 1958). Bei einigen Arten, so bei *Gallus gallus* Linne ist die Funktion der Futtervermittlung noch voll erhalten; das Männchen sucht und übergibt die soeben gefundene Nahrung einer seiner Hennen. Bei *Polyplectron, Pavo* u. a. wird diese Verhaltensweise mehr und mehr ritualisiert und durch ein mimisches Hinweisen (»frontale Präsentation«) auf nicht vorhandenes Futter ersetzt. Aber selbst der Haushahn holt gelegentlich, vor allem die Favoritin seiner Hennenschar, mit Futterlocktönen herbei, ohne etwas anbieten zu können, was die Reaktionsbereitschaft der Weibchen keineswegs ermüdet. Die Parallele zum hypertrophierten Nestlocken der *Hypochera*-Männchen liegt in der beiden Fällen gemeinsamen Erweiterung der Mitteilungsfunktion. O. Heinroth könnte das Futterlocken des Haushahns, der nichts anzubieten hat, etwa übersetzt haben: »Ich bin ständig auf der Suche nach Futter«, und das Nestlocken des *Hypochera*-Männchens: »Ich suche ständig nach Nestern.«

Die soziale Bedeutung der Erweiterung der Funktion dieser Verhaltensweisen in zwei ganz verschiedenen Vogelordnungen liegt wohl im wesentlichen in der Festigung des Paarzusammenhaltes begründet und wirkt als Dauerreiz auf die Fortpflanzungsstimmung des Weibchens.

3. Der Gesang der Strohwitwe (*Tetraenura fischeri*)

Tetraenura fischeri ist Bewohner der trockenen Dornbuschsteppen, vom Hauaschtal in Abessinien und Somalia durch Kenya bis zum mittleren Tanzania. Die Südgrenze der Verbreitung der Art liegt im Iringa-Distrikt (Tanzania). Im südlichen Abessinien wurde die Strohwitwe auch in der Nähe der am Errer Gota-Fluß liegenden Sümpfe, also in einem vom üblichen recht abweichenden Biotop gefunden (Pease in Ogilvie-Grant und Reid 1901). Das Verbreitungsgebiet dieser Art deckt sich fast völlig mit dem von *Vidua hypocherina* J. und E. Verreaux. Nähere Angaben über Fundorte macht Friedmann (1960).

a) Die Viduinenstrophen

Das Strohwitwen-Männchen hat den leisesten aller mir bekannten Viduinengesänge; selbst die Schäckerstrophe ist akustisch nicht sehr wirkungsvoll, vor allem, wenn man sie mit denen der *Hypochera*-Formen vergleicht. Die übrigen Viduinenstrophen sind denen von *Tetraenura regia* sehr ähnlich, nur viel leiser. In diesen Anteilen des Viduinengesanges gleicht die Strohwitwe am meisten der Königswitwe und belegt damit, unabhängig von anderen Befunden, die nahe Verwandtschaft der beiden Arten.

Die Wirtsvogelelemente des Gesanges umfassen alle Laute *einer* Estrildidenart: *Uraeginthus ianthinogaster*.

b) Die Lautäußerungen des Veilchenastrild (Uraeginthus ianthinogaster)

Uraeginthus ianthinogaster ist von Südabessinien und Somalia durch ganz Kenya bis zum mittleren Tanzania (Gebiet von Dodoma und Iringa) verbreitet und bewohnt wie *Tetraenura fischeri* die Dornbuschsteppe. Die Art hat mindestens 4 gut unterscheidbare Rassen (*ianthinogaster, hawkeri, somereni, roosevelti*) gebildet, die sich außer in der Färbung und Schnabeldicke offenbar auch in ihren ökologischen Ansprüchen unterscheiden. Die Verbreitungsgebiete von *Tetraenura fischeri* und *Uraeginthus ianthinogaster* decken sich völlig.

Fünf der insgesamt 7 Lautäußerungen von *ianthinogaster* sind den besprochenen Ruf- und Gesangstypen der nahe verwandten *Uraeginthus gra-*

natinus homolog, zwei von ihnen, das Kontakttrillern und die Rufstrophe des Männchens, sind Neuerwerbungen dieser Art mit besonderer Funktion. Obwohl der *Erregungsruf* etwas anders und leiser klingt, erkennt man in ihm doch sofort die dem entsprechenden Ruf der nächstverwandten *Uraeginthus granatinus* homologe Lautäußerung.

Die *Erregungsstrophe* ist wie bei *granatinus* aus einer in bestimmter Lautstärke und Geschwindigkeit aneinandergereihten Folge von Erregungsrufen entstanden. Sie ist wie jene eine selbständige Lautäußerung mit eigener Motivation, scheint mir jedoch seltener vorzukommen als bei *granatinus* und ist leiser und kürzer.

Gesangsstrophe des Männchens:

Noch stärker als die Begrüßungsstrophe des Weibchens weicht der Gesang des *ianthinogaster*-Männchens von dem der nächstverwandten Art ab. Er beginnt mit leise knackenden, schwirrenden Lauten und schließt mit einem trillernden Klanggebilde ab. Dem Gesang von *Uraeginthus granatinus* ähnelt er so wenig, daß selbst ein guter Kenner afrikanischer Estrildidengesänge kaum auf nahe Verwandtschaft schließen würde. Mehr erinnert er mich an den Gesang von *Hypargos niveoguttatus* Peters, was einerseits zu der relativ engen Verwandtschaft von *Hypargos,* den *Lagonosticta*-Arten und *Uraeginthus* paßt und andererseits sich auch gut in unser Bild von der Ausbildung artisolierender Mechanismen fügt, die offenbar häufig mit der Differenzierung der für die Paarbildung bedeutsamen Lautäußerungen beginnt (S. 250).

Die Verbreitungsgebiete von Granatastrild und Veilchenastrild sind heute weit voneinander getrennt. Die starke Differenzierung in den Gesängen beider Arten – Kontakttrillern und Rufstrophe eignen nur einer von beiden – läßt sicher darauf schließen, daß es schon lange Zeit gute Arten sind.

Das Männchen singt vor allem in gelöster, störungsfreier Stimmungslage.

Rufstrophe des Männchens:

Das *ianthinogaster*-Männchen ruft nach dem abwesenden Partner mit 9 klangvollen, weit hörbaren Tönen. Diese Rufstrophe wiederholt es in kurzen Abständen so lange, bis das Paar wieder vereinigt ist. Harrison (1962) stellte fest, daß der Gesang bei einigen afrikanischen Estrildiden neben seiner Funktion bei der Balz auch soziale Bedeutung erlangt hat, indem ein vereinsamtes Männchen durch ihn nach dem verlorenen Weibchen ruft. *Uraeginthus ianthinogaster* hat offenbar unter einem besonderen Selektionsdruck beide Funktionen auch stimmlich streng getrennt und somit unverwechselbar gekennzeichnet. Besonders ausgebildete Rufstrophen konnte ich noch bei *Pytilia melba citerior* und *Hypargos niveoguttatus* feststellen.

c) Die Imitation der Wirtsvogellaute durch die Strohwitwe

Das Strohwitwen-Männchen beginnt seinen Gesang meist mit einer langen Serie von Kontakttrillern des Wirtsvogel-Männchens (*Uraeginthus ianthinogaster*). Diese Strophe meint Krabbe (1931), wenn er »den Gesang« der Strohwitwe »eine Reihe zwitschernder Töne« nennt, »die in gleichmäßiger Tonlage in immer schneller werdendem Tempo vorgetragen werden«. Dieser Wirtsvogelnachahmung läßt das Strohwitwen-Männchen, wie das der Königswitwe, in unvoraussagbarem Wechsel Viduinenstrophen folgen sowie die Erregungsstrophe, Rufstrophe und Gesangstrophe des *ianthinogaster*-Männchens in gleicher Lautstärke und ununterscheidbarer Klangfarbe.

4. Die Gesänge der Paradieswitwen (*Steganura*)

Die 7 bisher beschriebenen morphologisch sehr einheitlichen Formen der Gattung *Steganura* unterscheiden sich im wesentlichen nur durch die Form und Länge des Schmuckfederpaares. Dieses schließt an das ebenfalls verbreiterte, jedoch wesentlich kürzere zentrale Steuerfedernpaar an und bildet mit ihm zusammen einen komplizierten Raschelapparat (Koenig 1962). Weitere Unterschiede bestehen in der Farbe des Nackenbandes, das hellgelb, braungelb oder dunkelbraun sein kann, der Tönung der Unterseite und der Ausdehnung und Farbtiefe des Brustbandes (Abb. 8).

Die so geringfügigen strukturellen Unterschiede haben viele Autoren (Delacour und Edmond-Blanc 1934, Böttischer 1955, Friedmann 1960) bewogen, alle sieben Formen als Rassen einer einzigen Art aufzufassen, obwohl bereits Chapin (1922) darauf aufmerksam gemacht hatte, daß sich die Verbreitungsgebiete dreier Formen (*paradisaea, obtusa, orientalis*) an zwei Stellen, im Süden und Osten Afrikas überschneiden (Abb. 9). *Paradisaea* mit ihren distal auffällig verschmälerten längsten Schmuckfedern lebt in weiten Teilen ihres mittleren Verbreitungsgebietes neben der breitschwänzigen *obtusa* und stößt im Nordosten in das Gebiet der dieser ähnlichen, jedoch kleineren und schmalschwänzigeren Rasse *orientalis* vor. Chapin schlug vor, die schmalschwänzige *paradisaea* von *obtusa* und den nordafrikanischen Formen *aucupum, interjecta* und *orientalis* artlich zu trennen. Die Ergebnisse dieser Untersuchung bestätigen die Artselbständigkeit von *paradisaea*, widersprechen jedoch der Auffassung Chapins, daß die Formen *obtusa, interjecta, orientalis* und *aucupum* geographische Rassen *einer* Art sind.

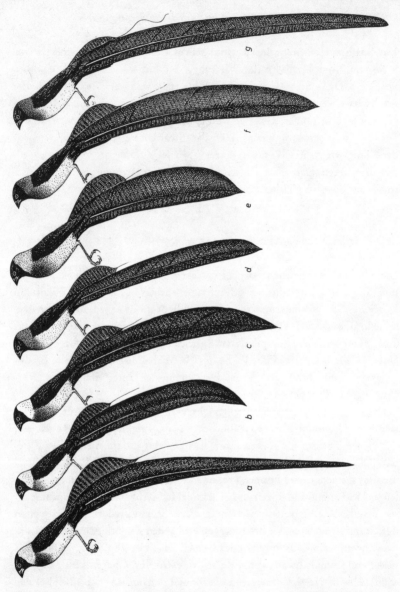

Abb. 8 Die Arten und geographischen Rassen der Paradieswitwen (*Steganura*): a) *Steganura paradisaea subspec.*, b) *Steg. o. orientalis*, c) *Steganura o. kadugliensis*, d) *Steganura o. aucupum*, e) *Steganura obtusa*, f) *Steganura interjecta*, g) *Steganura togoensis*.

Der Brutparasitismus der Viduinae

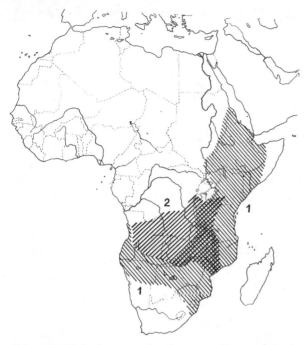

Abb. 9 Die Verbreitung von *Steganura paradisaea* und *Steganura obtusa*. 1. *Steg. paradisaea*, 2. *Steg. obtusa*; gekreuzte Schraffur: Gebiet sympatrischer Verbreitung.

A) Der Gesang der Paradieswitwe *(Steganura paradisaea subspec.)*

Die Pardieswitwenpopulationen innerhalb des riesigen Verbreitungsgebietes der Art sind trotz der Übereinstimmung in der Form der längsten Schmuckfedern, die distal stark verschmälert sind, keineswegs so einheitlich, wie Chapin (1922) angibt. Die Vögel aus dem nördlichsten Teil des Verbreitungsgebietes (Eritrea, Abessinien) sind erheblich kleiner, ihr braunes Brustband ist enger und heller; die langen Schmuckfedern sind kürzer und schmäler, und ihre Verjüngung beginnt proximaler als bei den südlichsten Populationen (Angola, Südwestafrika, Transvaal). Von Norden nach Süden nimmt die Schwanzlänge und Breite zu, wie ich an dem gesamten Material der Museen in Frankfurt, Bonn, Berlin und New York feststellen konnte.

Meine Vögel stammten aus Südafrika, doch war der genaue Fangort nicht mehr zu ermitteln. Alle Männchen hatten einen reinweißen Bauch, das tiefe, ausgedehnte Braun der Brust ist scharf begrenzt (Farbtafel). Dagegen haben die *paradisaea*-Populationen des östlichen und nord-östlichen Afrika durchweg einen deutlich gelblich getönten Bauch.

a) Die Viduinenstrophen

Die Viduinenstrophen sind bei den Paradieswitwen zugunsten der Wirtsvogelelemente des Gesanges stark reduziert. Bei *Steganura paradisaea* ist nur noch die Schäckerstrophe erhalten geblieben, die bei einem meiner Männchen regelmäßig mit dem Erregungsruf *gib* des Wirtsvogels abschließt. Sie kann wie bei den anderen Viduinen unvoraussagbar im Gesang auftauchen. Das Männchen schließt mit ihr regelmäßig die Schaubalz (S. 233) ab.

b) Die Lautäußerungen des Buntastrild (Pytilia melba damarensis)

Im Vergleich zu den *Uraeginthus*- und *Lagonosticta*-Arten ist *Pytilia melba* eine wenig stimmfreudige Art. Außer den unterschiedlichen Gesangsstrophen beider Geschlechter konnte ich nur zwei weitere Lautäußerungen feststellen: *Der Erregungsruf gib* ist unter ähnlichen Umständen zu hören, wie ihn *Laganosticta senegala* und *Uraeginthus* (S. 174 u. 183) äußern. Er ist jedoch sehr viel seltener, klingt völlig anders und ist nur durch seine übereinstimmende Motivation als homolog zu erkennen.

Distanzruf: Die Geschlechter rufen nacheinander mit einem entfernt amselartig klingenden, sehr hohen, schwer zu lokalisierenden *sieh*.

Gesang des Männchens: Die Gesangsstrophe des *damarensis*-Männchens ist einer der längsten Estrildidengesänge und dauert 16 Sek. (*Uraeginthus granatinus* 2 Sek., *Lagonosticta senegala* 1,1–1,2 Sek.). Der Gesang des Männchens beginnt immer mit einem Laut, der so klingt, wie wenn ein Tropfen ins Wasser fällt.

Es folgt ein langer und unmittelbar anschließend ein kürzerer Pfeifton, dann die gurgelnde, trillernde Gesangsstrophe, die mit einem flötenden Dreiklang abschließt. Meist wird das Ganze zweimal wiederholt, indem das Männchen an den Dreiklang unmittelbar den Beginn der nächsten Strophe anschließt, dem jedoch jetzt die beiden einleitenden Pfeiflaute fehlen.

Ein besonderer Nestlockruf fehlt dem *damarensis*-Männchen. Der Gesang hat hier zusätzlich diese Funktion übernommen. Das bauende Männchen läßt ihn halblaut aus dem Nest hören, wenn es seine Partnerin anlocken will.

c) Die Wirtslautnachahmungen der Paradieswitwe

Die Wirtslautnachahmungen beschränken sich fast völlig auf die vollendete Wiedergabe des Gesanges des *melba*-Männchens. Dieser beginnt entweder mit dem hierfür typischen Glucklaut oder zwei überlauten Distanzrufen und folgt dann dem komplizierten Vorbild Ton für Ton bis zum abschließenden flötenden Dreiklang. Daran kann, wie beim Buntastrild, unmittelbar der Anfang einer nächsten Strophe angehängt werden. Der Erregungsruf taucht häufig als Abschluß der Schäckerstrophe auf, jedoch niemals in längerer Folge wie bei den Formen *aucupum, orientalis* und *kadugliensis*. Manche *paradisaea*-Männchen äußern in einer längeren Pause zwischen 2 .Gesängen einzelne Erregungsrufe und Stimmfühlungslaute in derselben Lautstärke wie das Vorbild.

Während die Lautstärke der Wirtsvogelstrophen des Königswitwen-Männchens genau der des Vorbildes entspricht, übertrifft die des *paradisaea*-Männchens das Vorbild erheblich. Der leise Gesang des *melba*-Männ-

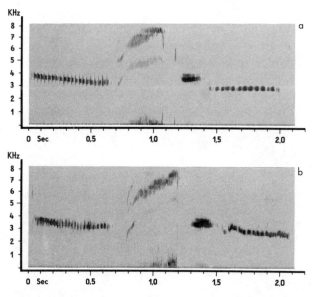

Abb. 10 Wirtsvogelimitation im Gesang von *Steganura paradisaea*: a) Ausschnitt aus dem Gesang von *Pytilia melba damarensis*, b) Gleicher Ausschnitt d. Gesangsimitation von *Steganura paradisaea subsp.*

chens mußte für die von hohen Singwarten aus vortragenden Paradieswitwen wesentlich verstärkt werden.

Obwohl der genaue Fangort der mir zur Verfügung stehenden, aus einem Import stammenden Vögel dieser Art nicht feststellbar war, steht außer Zweifel, daß er innerhalb des Verbreitungsgebietes der Rasse *damarensis* des Buntatrild gelegen haben muß; die völlige Übereinstimmung der Wirtsvogelimitationen in ihren Gesängen mit den Lautäußerungen von *Pytilia melba damarensis* ist nicht anders erklärbar. Inzwischen konnte ich die Gesänge der Buntastrildenrassen *percivali, melba grotei, jessei* und *citerior* (Abb. 11) untersuchen und Tonbandaufnahmen anfertigen. Die Gesänge dieser Rassen unterscheiden sich voneinander und von der Nominatform um so mehr, je weiter entfernt sie von ihr wohnen.

Während der Gesang von *P. m. damarensis* noch deutlich als abgewan-

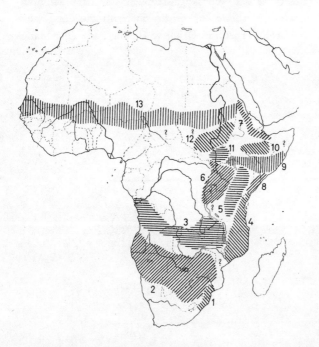

Abb. 11 Verbreitung der Rassen von *Pytilia melba* (nach Wolters 1963). 1. *thamnophila* Clancey, 2. *damarensis* Neunzig, 3. *melba* Linné, 4. *grotei* Reichenow, 5. *percivali* van Someren, 6. *belli* Og.- Grant, 7. *jessei* Shelley, 8. *kirki* Shelley, 9. *jubaensis* van Someren, 10. *affinis* Elliot, 11. *soudanensis* Sharpe, 12. *clancei* Wolters, 13. *citerior* Strickland. (Bastardierungszonen zwischen 5 u. 8, 6 u. 11, 7 u. 10).

delter *melba*-Gesang zu erkennen ist und der von *P. m. grotei* Unterschiede zu beiden aufweist, hört man bei der in Eritrea isoliert zwischen rotzügeligen Rassen lebenden *P. m. jessei* Gemeinsamkeiten mit *melba* nur noch in der allgemeinen Klangfarbe, aber nicht mehr im Strophenaufbau. Obwohl es mir bisher nicht gelungen ist, Paradieswitwen aus den Verbreitungsgebieten weiterer Formen der grauzügeligen Rassengruppe zu erhalten, läßt sich doch voraussagen, daß ihre Wirtsvogelimitationen denen der Buntastrildenrassen ihres jeweiligen Wohngebietes entsprechen, die Art also wirtsparallele Rassen gebildet hat, die bei ihren extremen Formen auch strukturelle Unterschiede aufweisen.

B) Der Gesang der Senegalparadieswitwe (Steganura orientalis aucupum)

Diese braunnackige und relativ kurzschwänzige Paradieswitwenform wird seit Jahrhunderten regelmäßig aus dem Senegalgebiet (Dakar) importiert. Der Wirtsvogel war bisher unbekannt.

a) Die Viduinenstrophen

Wie bei allen Paradieswitwen ist auch hier der Anteil der Viduinenstrophen nur gering; er beschränkt sich auf die Schäckerstrophe, eine weitere dreisilbige, mehrfach wiederholte schirkende Strophe und eine Folge kurzer Laute, die entfernt an die Alarmrufreihen des Feldsperlings (*Passer montanus* Linne) erinnern. Alle drei Strophen treten unabhängig voneinander im Gesang auf.

b) Die Lautäußerungen von Pytilia melba citerior

Die Wirtsvogelimitationen der Senegalparadieswitwe habe ich ebenso wie die der Formen *orientalis* und *kadugliensis* erst nach Jahren bestimmen können. Sie umfassen im wesentlichen drei Elemente: eine minutenlang anhaltende im Tempo wechselnde Folge von *wit*-Rufen, zwei aufeinanderfolgende abfallende Pfeiftöne und zwei kurze im Aufbau verschiedene gurgelnde Strophen. Die beherrschenden Elemente sind die *wit*-Rufreihen und die zweisilbige Pfeifstrophe, während die gurgelnden Strophen recht selten auftreten. Erst als es mir gelang, ein Männchen der vom Senegalgebiet bis Eritrea verbreiteten selten eingeführten *Pytilia m. citerior* zu beschaffen, ließen sich diese von den Gesängen der süd- und südostafrikanischen Buntastrildenrassen so verschiedenen Laute als Nachahmungen des Wortschatzes dieser Form bestimmen: Auf das Vorspielen eines Tonbandes mit dem Gesang der Senegalparadieswitwe antwortete das *citerior*-Männchen sofort mit den gleichen *wit*-Rufen und ging später in die zweisilbige Pfeifstrophe über, die es ebenso modulierte wie die Witwen-Männchen. Nach kurzer Isolierung konnte ich bei dem *citerior*-Männchen insgesamt 3 verschiedene Gesangsstrophen hören, eine Rufstrophe, eine Kurzform der Rufstrophe und schließlich die eigentliche sehr kurze Gesangsstrophe, die als einziges in der *Klangfarbe* eine gewisse Ähnlichkeit mit der Nominatform hat.

c) Die Nachahmung der Wirtsvogellaute

Das *aucupum*-Männchen beginnt so gut wie immer mit einer längeren, von wechselnden Pausen unterbrochenen Folge von *wit*-Rufen. Die sich anschließende zweisilbige Pfeifstrophe kann ein- bis dreimal wiederholt werden, bevor der Sänger wieder zu den einleitenden *wit*-Rufen zurückkehrt. Die Rufstrophe und die Gesangstrophe des Wirtsvogels, als die sich die S. 201 erwähnten gurgelnden Strophen erwiesen, treten unvoraussagbar als seltene Bestandteile des Gesangsvortrages auf, aber immer erst nach der soeben beschriebenen Einleitung. Die Kurzform der Rufstrophe bekam ich bei meinen *aucupum*-Männchen nicht zu hören.

Abb. 12 *Steganura o. kadugliensis*, Männchen an der Tränke.

Der Brutparasitismus der Viduinae

C) Die Gesänge von *Steganura o. orientalis* und *Steganura o. kadugliensis*

Im Tschadseegebiet schließt an das Verbreitungsgebiet der braunnackigen Form das einer gelbnackigen an, die im Osten bis nach Eritrea geht und dort bis in das Gebiet von *Steganura paradisaea* vorstößt. Aus dem südlichen Kordofan (Kadugli) beschrieb Bowen (1931) schließlich eine *orientalis* sehr ähnliche, aber etwas größere Rasse (*kadugliensis*) mit anders geformten Schmuckfedern (Abb. 12). Eine auch nur annähernde Umgrenzung des Verbreitungsgebietes von *kadugliensis* ist nach dem geringen in den Museen vorhandenen Material nicht möglich (Abb. 13). Ich habe Männchen beider Formen gehalten; ihre nur wenig verschiedenen Gesänge können zusammen besprochen werden.

Die Wirtsvogelstrophen beider Formen, denen der braunnackigen, westafrikanischen Form (*aucupum*) sehr ähnlich, umfassen die *wit*-Rufreihen und die zweisilbige Pfeifstrophe, die bei *kadugliensis* stärker abgewandelt ist als bei *orientalis* (Abb. 14). Beide Formen singen außer den *wit*-Rufreihen solche von erheblich abweichender Klangfarbe, die offenbar zum Wortschatz

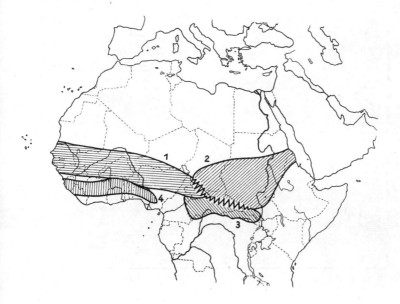

Abb. 13 Verbreitung von *Steganura o. aucupum* (1); *Steg. o. orientalis* (2); *Steg. interjecta* (3); *Steg. togoensis* (4). Zick-zack-Linie: Gebiete fraglicher Beziehungen der Formen. (Überlappung?).

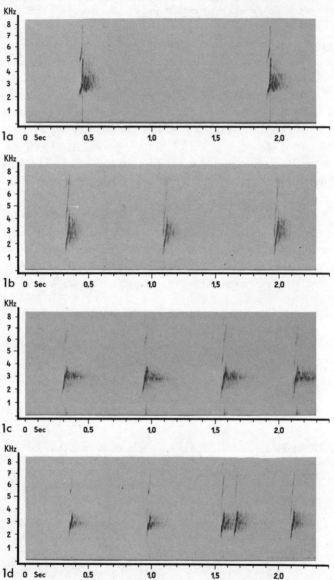

Abb. 14 Wirtslautnachahmungen in den Gesängen von *Steganura o. aucupum, Steg. o. orientalis* und *Steg. o. kadugliensis*. 1 a) *wit*-Rufe von *Pytilia melba citerior*, b) Imitation durch *Steg. o. kadugliensis*, c) Imitation der *wit*-Rufe des unbekannten Wirtsvogels durch *Steg. o. orientalis*.

Der Brutparasitismus der Viduinae

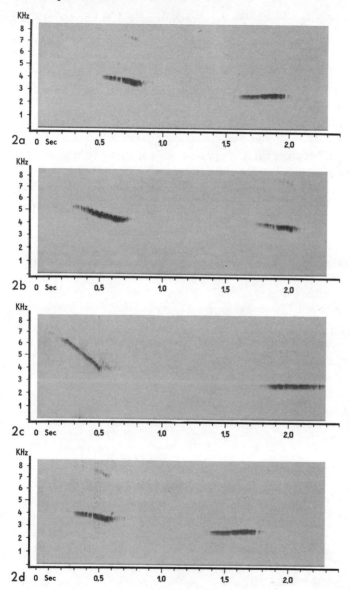

Abb. 14 Schluß: 2 a) Zweisilbige Pfeifstrophe von *Pytilia m. citerior*, b) Imitation durch *Steg. o. aucupum*, c) Imitation der zweisilbigen Pfeifstrophe des unbekannten Wirtsvogels durch *Steg. o. kadugliensis*, d) Imitation der zweisilbigen Pfeifstrophe des unbekannten Wirtsvogels durch *Steg. o. orientalis*.

ihrer Wirtsvögel gehören. Eine der Gesangsstrophe von *citerior* ähnliche Imitation konnte ich nur bei *orientalis*, nicht bei *kadugliensis* hören.

Leider erhielt ich bisher noch keine Vertreter der Buntastrildenrassen, die in den Gebieten von *orientalis* und *kadugliensis* leben, so daß eine Entscheidung, bei welchen Rassen von *Pytilia melba* diese beiden Formen parasitieren, noch aussteht. Die Ähnlichkeit ihrer Wirtsvogelimitationen mit denen der Senegalparadieswitwe lassen jedoch keine Zweifel darüber, daß ihre Wirte *Pytilia melba citerior* verwandtschaftlich sehr nahe stehen und mit Sicherheit in die rotzügelige Rassengruppe gehören, die von den grauzügeligen Formen stimmlich sehr abweicht. *Aucupum*, *orientalis* und *kadugliensis* sind also ein Kreis nahe verwandter Paradieswitwenformen, die eine selbständige Art bilden. Im äußersten Osten leben sie neben *Steganura paradisaea*, ohne sich mit ihr zu vermischen.

D) Der Gesang der Breitschwanzparadieswitwe (Steganura obtusa)

Diese erst 1922 von Chapin beschriebene Form ist von Angola über das östliche Südrhodesien bis nach Kenya und im südöstlichen Kongo verbreitet und lebt in weiten Gebieten ihres Areals neben *Steganura paradisaea*. Ihr Gesang umfaßt alle Lautäußerungen von Wieners Astrild (*Pytilia afra*).

a) Die Viduinenstrophen

Steganura obtusa verfügt über eine kurze Schäckerstrophe und eine weitere Viduinenstrophe, die wie ein kurzer, harter Triller klingt.

b) Die Lautäußerungen von Wieners Astrild (Pytilia afra)

Der unterschiedliche Verwandtschaftsgrad der Arten innerhalb der Gattung *Pytilia* kommt auch in ihren Lautäußerungen zum Ausdruck. Wortschatz und Gesang von *Pytilia afra* und *P. phoenicoptera* haben einige Ähnlichkeiten. Zu *Pytilia melba* bestehen dagegen keine vergleichbaren Beziehungen mehr.

Als *Stimmfühlungslaut* und *Distanzruf* dient ein den Stimmen frischgeschlüpfter Hühnerküken recht ähnlicher Laut, der überaus modulationsfähig ist und je nach seiner Betonung, Lautstärke und Klangfarbe für geringe oder weitere Entfernung verwandt werden kann.

Der *Gesang* besteht aus drei verschiedenen Strophen. Er wird meist durch eine lange Folge von zwei- oder dreisilbig aneinandergefügten knatternden Tönen eingeleitet. Nach einiger Zeit taucht als zweites Gesangselement eine Reihe weicher Flötentröne auf, der nach 1 Sek. ein kurzes, krächzendes *chäh* folgt. Die Flötenstrophe ist ausgesprochen sexuell motiviert. Das Männchen läßt sie, außer im normalen Gesangsvortrag, als Nestlockruf hören und fordert durch sie unter Schwanzflirren seine Partnerin auf, die Begattungsstellung einzunehmen.

c) Die Lautnachahmungen

Steganura obtusa imitiert in ihrem Gesang nicht nur den gesamten Wortschatz von *Pytilia afra* (Abb. 15), auch die Häufigkeitsverteilung der drei Gesangsstrophen entspricht völlig der des Vorbildes. Wie beim Wirtsvogelmännchen nehmen lange Reihen der zwei- und dreisilbigen Knatterlaute den Hauptteil des Gesangsvortrages ein, und wie bei jenem werden sie plötzlich durch eine Flötenstrophe unterbrochen, auf die in gleichem Abstand wie beim Vorbild das *chäh* folgt.

Flötenstrophe und *chäh*-Laut können wie bei Wieners Astrild auch einzeln für sich auftreten.

4. Der Gesang der Togoparadieswitwe (*Steganura togoensis*)

Die Grenzen des Verbreitungsgebietes dieser lang- und schmalschwänzigsten Paradieswitwe liegen noch nicht endgültig fest. Sie wird offenbar häufig mit der weiter nördlich lebenden Senegalparadieswitwe und wohl auch mit der östlichen Form *interjecta* Chapin verwechselt, denen sie in der Farbe des Nackenbandes (braun), nicht aber in der Länge und Breite der Schmuckfedern gleicht (Abb. 9 u. 16).

Die Wirtsvogelstrophen der *togoensis*-Männchen gleichen fast völlig dem Gesang des Auroraastrild (*Pytilia phoenicoptera*), unterscheiden sich jedoch von ihnen durch eine an Wieners Astrild erinnernde einleitende Folge von Knatterlauten. Im Gebiet von *togoensis* lebt der Rotmaskenastrild (*Pytilia hypogrammica* Sharpe), den ich bisher lebend nicht erhalten

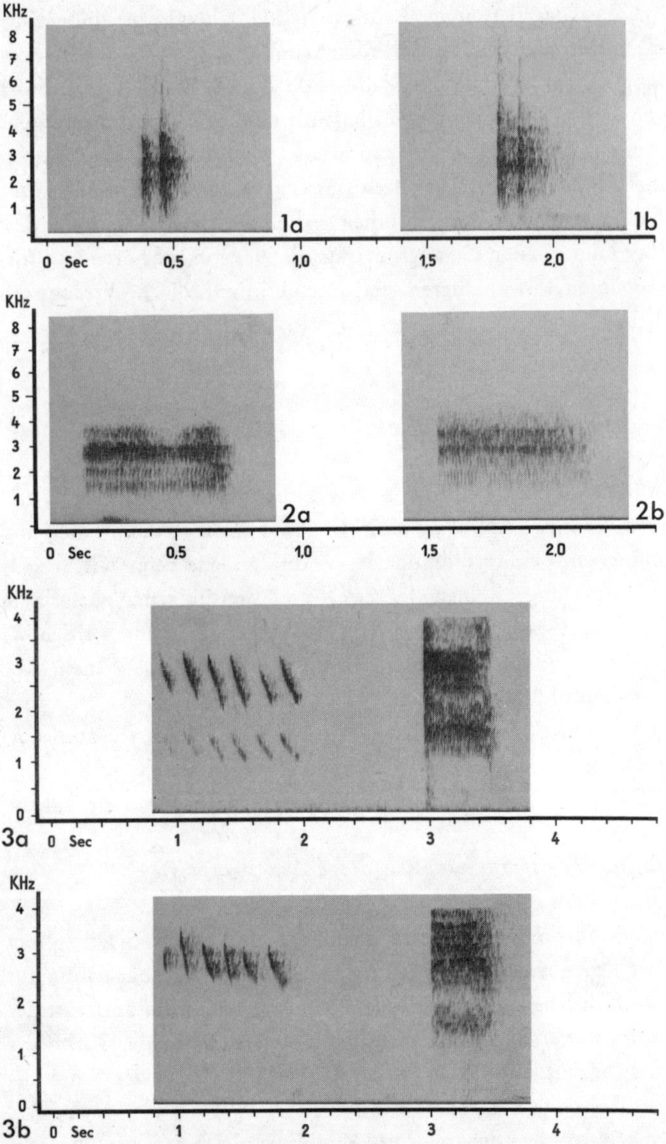

Abb. 15 Wirtslautnachahmungen von *Steganura obtusa*. 1 a) Gesangseinleitende Knatterlaute von *Pytilia afra*, b) Nachahmung durch *Steganura obtusa*, 2 a) *chäh*-Strophe von *Pytilia afra*, *b)* Nachahmung durch *Steg. obtusa*, 3 a) Flötenstrophe und *chäh*-Strophe von *Pytilia afra*, b) Nachahmung durch *Steg. obtusa* (a und b mit doppelter Geschwindigkeit)

Abb. 16 Togo-Paradieswitwe.

konnte. Da die Wirtsvogelimitationen der *togoensis*-Männchen Merkmale vom Auroraastrild umfassen, spricht viel für die Annahme, daß der Rotmaskenastrild der Wirt dieser Form ist. Eine endgültige Entscheidung ist jedoch erst möglich, wenn ich Männchen dieser Art beschaffen und ihre Gesänge untersuchen kann. Auch müßte noch die mir bisher nicht zugängliche Form *interjecta*, die wahrscheinlich bei *Pytilia phoenicoptera* parasitiert (Chapin 1954), untersucht werden. Als gesichert darf jedoch jetzt schon gelten, daß *togoensis* bei einer dieser beiden *Pytilia*-Arten parasitiert und damit Artselbständigkeit gegenüber *obtusa* einerseits und *orientalis* andererseits erlangt hat, was auch in der von *obtusa* völlig verschiedenen Balz (S. 233) zum Ausdruck kommt.

5. *Die Gesänge der Dominikanerwitwe (Vidua macroura) und der Glanzwitwe (Vidua hypocherina)*

Die Gesänge dieser beiden einander sehr nahe stehenden Arten, die sich auch in ihrem Balzverhalten von allen anderen Viduinengattungen in mehrfacher Hinsicht unterscheiden, ließen keinerlei sichere Nachahmungen irgendeiner Estrildidenart erkennen. Für *Vidua macroura* ist *Estrilda astrild* aus mehreren Teilen des riesigen Verbreitungsgebietes, das vom Südrande der Sahara bis ins äußerste Kapland reicht, einwandfrei als Wirt nachgewiesen. In weiten Teilen des nördlichen Teiles des Verbreitungsgebietes von *Vidua macrou-*

ra kommt jedoch *Estrilda astrild* nicht vor und wird dort durch die nahe verwandte *Estrilda troglodytes* vertreten. Diese Art stellt also dort wohl den Wirtsvogel, wie schon Neunzig (1929) vermutete. Aus West- (Senegalgebiet) und Südafrika (Rhodesien) importierte Dominikanerwitwen zeigen deutliche Strukturunterschiede. Die Südafrikaner sind wesentlich größer, haben eine etwas verschiedene Schwanzform und -haltung, und die Weibchen- und Ruhekleider weichen farblich voneinander ab. *Vidua macroura* scheint also durchaus keine so einheitliche Art zu sein, sondern gleichfalls Rassen, wenn nicht gar Arten gebildet zu haben, die sich morphologisch freilich kaum in den Prachtkleidern der Männchen, jedoch in der Größe, Flügellänge und in den Weibchenkleidern unterscheiden.

Das Gleiche scheint, zumindest bei einem Merkmal, für *Vidua hypocherina* zuzutreffen. Meine drei aus dem südlichen Teil (Arusha) des Verbreitungsgebietes stammenden Männchen haben im Prachtkleid *graue* Schnäbel mit dunkler Spitze und Firste. Friedmann (1960) beschreibt die Schnabelfarbe als »fleshy brown at base, dusky brown terminally« (S. 92), »bright red« (S. 57), Mackworth-Praed und Grant (1953) als »brownish«, Neunzig (1929) und v. Boetticher (1955) beschreiben und bilden *Vidua hypocherina* mit *korallenrotem* Schnabel ab. Es scheint also auch diese Art in verschiedenen Teilen ihres Verbreitungsgebietes, zumindest in der Schnabelfarbe, deutliche Unterschiede aufzuweisen.

6. Zusammenfassende Bemerkungen über die Wirtslautnachahmungen in den Viduinengesängen.

Bei der Identifizierung der Wirtsvogelimitationen in den Gesängen der verschiedenen Viduinen war ich in den ersten Jahren ausschließlich auf das Gehör angewiesen. Es hing also alles von möglichst genauer Kenntnis der Estrildidenlaute ab, denn ein unmittelbarer Vergleich zwischen Vorbild und Nachahmung, wie er durch gleichzeitiges oder aufeinanderfolgendes Abspielen zweier Tonbänder zu erreichen ist, war nur in wenigen Zufallssituationen möglich. Wenn sich die Gelegenheit ergab, habe ich deshalb die Vögel selber befragt, ob sie die Nachahmungen in den Witwengesängen als arteigene Laute erkannten. Unter »normalen« Verhältnissen, in einer von Viduinen und Estrildiden bewohnten Voliere, reagieren Prachtfinken auf die Imitationen arteigener Laute in den Gesangsvorträgen ihrer Brutparasiten ebensowenig, wie sie auf Lautäußerungen beliebiger fremder Artgenossen antworten. Jeder kennt die Stimme seines Partners sehr genau und läßt fremde Artgenossen, solange sie nicht in sein unmittelbares Brutrevier eindringen, ganz unbeachtet. Ein ständiges Antworten auf artgleiche Lautäußerungen würde auch im Freileben den normalen Brutablauf nur stören. Dagegen reagieren Einzelgänger, die ein starkes soziales Anschlußbedürfnis aufstauten, auf Imitationen artgleicher Lautäußerungen ebenso erregt wie auf die unsichtbarer Artgenossen.

Als ich ein soeben eingetroffenes *Uraeginthus granatinus*-Männchen, das der Vorbesitzer längere Zeit allein unter anderen Prachtfinken gehalten hatte, aus dem Versandkasten befreite, sang im angrenzenden Vogelzimmer hinter geschlossener Tür ein Königswitwen-Männchen. Bei der ersten *granatinus*-Imitation antwortete der Neuankömmling in Sekundenbruchteilen mit ausgedehnten Erregungsstrophen, genau so wie er einem unsichtbaren Artgenossen geantwortet hätte.

Das erste mir erreichbare *Steganura obtusa*-Männchen ahmte in den ersten Tagen nur die Knatterstrophe von *Pytilia afra* nach. Als ich, um eine schnelle Entscheidung über die Wirtsvogelart herbeizuführen, je ein verwitwetes *Pytilia phoenicoptera*- und *P. afra*-Männchen in Einzelkäfigen in seine Nähe stellte, antwortete, sowie im bald wieder einsetzenden Gesang des *Steganura*-Männchens die ersten Knatterlaute auftauchten, das *afra*-Männchen sofort mit lauten Kontaktrufen. Das *phoenicoptera*-Männchen schwieg.

Selbst Jungvögel von *Lagonosticta senegala* erkannten die Bettellaut-Serien im Gesang der Atlaswitwe mit Sicherheit. Die flüggen Jungvögel einer Brut, die ich für Tonbandaufnahmen mit den Eltern in die Wohnung geholt hatte, waren durch den Umgebungswechsel so verstört, daß sie nicht zu betteln wagten. Ich hörte im Nebenzimmer bei geöffneter Tür ein Atlaswitwentonband ab; bei den ersten Bettelrufen begann zuerst einer der Jungvögel zögernd zu betteln, und bald fielen auch die anderen ein. Das Betteln fremder Jungvögel, für das sie die Nachahmung offensichtlich hielten, wirkte sich entspannend auf ihre eigene ängstliche Stimmungslage aus.

Die Variationsbreite der Wirtslautnachahmungen aller bisher untersuchten Viduinenarten liegt innerhalb derjenigen der Laute des jeweils zugehörigen Estrildidenwirtes (S. 177). Von zwei *Steganura paradisaea*-Männchen begann eines seine Strophe stets mit zwei übertrieben lauten Distanzrufen von *Pytilia melba*, das andere mit einer Reihe von Stimmfühlungslauten und dem den Wirtsgesang kennzeichnenden einleitenden Glucklaut. Eines meiner *Steganura obtusa*-Männchen sang in gut einjähriger Beobachtungszeit niemals die Flötenstrophe, sondern nur die Knatterlaute und die krächzende Endstrophe des Wirtsvogels. Atlaswitwen-Männchen bevorzugen in der Nachahmung der Gesangsstrophe des Wirtsvogels dieselbe Silbenzahl wie die Männchen von *Lagonosticta senegala*. Eine Entscheidung in der wichtigen Frage, ob und in welchem Zeitraum der Nachahmer die Wirtslaute erlernt, ist von der Aufzucht durch andere als die arttypischen Wirtsvögel zu erwarten. Zur Zeit habe ich zwei 4 und 5 Monate alte von Mövchen aufgezogene Viduinenmännchen, von denen ich eines (*Steganura o. aucupum*) der Freundlichkeit K. Sabels verdanke. Aus ihren noch undifferenzierten Jugendgesängen ergaben sich vor Abschluß des Manuskriptes noch keinerlei Anhaltspunkte, die eine Entscheidung dieser Fragen erlauben. Daß die Wirtslautnachahmungen im Verlaufe der Evolution der Viduinen in den Schatz der phylogenetischen Informationen übergegangen sind, halte ich für unwahrscheinlich.

Für die Annahme, daß die Nachahmungen in den Viduinengesängen sich unter dem Einfluß sexueller Zuchtwahl entwickelt und vervollkommnet haben (S. 247), sprechen auch folgende Tatsachen. Viduinen- und Wirtsvogelstrophen sind im unbeeinflußten Gesang der Königs-, Fischers- und Atlaswitwen-Männchen unregelmäßig verteilt. Aber wenn sich dem Sänger ein artgleiches Weibchen zeigt, so begrüßt er es immer mit Wirtsvogelstrophen, bei *Tetraenura regia* und *Hypochera chalybeata* vor allem mit der Nachahmung einer Serie von Nestlockrufen. Das Männchen singt jetzt minutenlang ausschließlich Wirtsstrophen und erst nach Abklingen der ersten starken Erregung auch wieder die Schäcker- und andere Viduinenstrophen. Wenn dagegen plötzlich ein artgleiches Männchen in der gleichen oder der Nachbarvoliere erscheint, was dem Eindringen eines Rivalen in das Territorium entspricht, dann bricht es in eine Serie von Viduinenstrophen aus und stürzt sich sofort auf den Eindringling, um ihn zu vertreiben. Sind die Männchen durch ein Volierengitter voneinander getrennt, so fliegen sie immer wieder an diesem nebeneinander her und wiederholen ständig ihre Viduinenstrophen, die erst nach Abklingen der stärksten aggressiven Stimmung, wenn die Männchen wieder ihre Singwarten beziehen, durch Wirtsvogelstrophen unterbrochen werden.

In aggressiver Stimmung überwiegen also die eigenen stammesgeschichtlich alten Gesangsteile, bei sexueller die erworbenen Nachahmungen. Diese beiden in den meisten anderen Vogelgesängen so schwer oder gar nicht trennbaren Motivationen sind in den Viduinengesängen durch das Überwiegen der einen oder anderen Anteilsgruppe deutlich gekennzeichnet.

Die unterschiedliche Häufigkeitsverteilung der Viduinenstrophen in den

Gesängen der verschiedenen Arten ist deutlich mit der jeweiligen Stärke des artspezifischen Aggressionstriebes korreliert. Bei den sehr aggressiven Dominikaner- und Königswitwen spielen die Viduinenstrophen auch im ruhigen Gesangsvortrag noch eine wesentliche Rolle, während die friedlichen Paradieswitwen fast nur noch Wirtsvogelstrophen singen.

Beim Vergleich der Klangspektrogramme von Estrildidenlauten und ihren Nachahmungen ist zu bedenken, daß natürlich in keinem einzigen Falle Wirtsvogel- und Viduinen-Männchen frühere Beziehungen zueinander hatten. Keines der Viduinen-Männchen war etwa Adoptivkind eines der zum Gesangsvergleich herangezogenen Wirtsvogel-Männchen. In allen Beispielen handelte es sich um Wildfänge, die unabhängig voneinander und oft in erheblichen Zeitabständen (bis zu 4 Jahre) importiert wurden. Eine größere als die gezeigte Übereinstimmung ist selbst zwischen verschiedenen Individuen der gleichen Prachtfinkenart nicht vorhanden. Das Klangspektrogramm vermag übrigens die große Mannigfaltigkeit der Estrildidenlaute nur sehr unvollständig wiederzugeben und ist deshalb, wie Koehler (1962) überzeugend klarstellte, *keineswegs* die einzig objektive Methode der Identifizierung. Deutlich verschieden klingende Laute, die weder Vogel noch geschulter Beobachter jemals verwechseln würden, sehen im Klangspektrogramm sehr ähnlich aus und lassen die artspezifischen Unterschiede nicht deutlich genug hervortreten. Das Gehör vermag die bestehenden Unterschiede wesentlich genauer zu analysieren; seinem Schiedsspruch ist deshalb in jedem Falle die größere Bedeutung beizumessen.

VI. Die Sonderstellung der Estrildiden in ihrer Brutpflege

Wenn in einer abgeschlossenen Vogelgruppe jede Art über den gesamten Wortschatz einer einzigen Vogelart aus einer anderen Verwandtschaftsgruppe verfügt, so müssen wir daraus auf besonders enge Beziehungen zwischen beiden Arten schließen. Im Hinblick auf die brutparasitische Fortpflanzungsweise der Viduinen und die Tatsache, daß die Estrildiden unter den bisher aus dem Freileben bekanntgewordenen Arten, in deren Nestern Viduineneier gefunden wurden, am stärksten vertreten sind, fragt es sich nun, ob diese Vogelgruppe etwa durch irgendwelche Besonderheiten ihrer Brutfürsorge als alleinige Wirtsvögel der Viduinen in Frage kommt.

1. Die Fütterungstechnik

Da die Prachtfinken neben Wellensittich und Kanarienvogel die bei weitem am häufigsten in Gefangenschaft gehaltenen Kleinvögel sind, ist seit langem bekannt, daß die Elternvögel ihre Jungen mit vorverdauter Nahrung aus dem Kropf füttern. Kropffütterung ist auch in anderen Vogelordnungen verbreitet, so etwa bei den *Psittaci, Columbidae* und unter den *Passeres* besonders bei den Carduelinen. Ein schwerwiegender Unterschied zwischen jungefütternden Carduelinen und Estrildiden besteht jedoch in der Technik der Futterübergabe. Während die Carduelinen den Nahrungsbrei schubweise aus dem Kropf würgen und in den Schnabel des Nestlings stecken, wobei es jeweils nur zu einem kurzen Kontakt zwischen Eltern- und Jungvogelschnabel kommt, ist die Fütterung der Estrildiden ein langanhaltender Akt, in dessen Verlauf der Altvogel dem Nestling einen großen Teil des Kropfinhaltes durch pumpende Bewegungen des Oesophagus übergibt. Dabei kommt es zu einem sehr festen und anhaltenden Kontakt zwischen den Schnäbeln. Nur zu Beginn eines Fütterungsvorgangs würgt der Altvogel unter seitlichem Kopfschleudern etwas Nahrungsbrei in die Mundhöhle; dann ergänzt er ihn ohne Unterbrechung des Schnabelkontaktes durch Hochpumpen. Wie fütternde Carduelinen verteilen auch die Estrildiden den bei einem Besuch mitgebrachten Nahrungsvorrat an alle sperrenden Nestlinge, wobei sie jeweils beim Wechsel zum nächsten Jungvogel das Pumpen unterbrechen. Haben die Jungvögel ein Alter von 2–3 Wochen erreicht, so umklammern sie den Schnabel des fütternden Altvogels so fest, daß er sie oft nur durch heftiges Kopfschütteln loswird.

So unerheblich diese Unterschiede in der Fütterungstechnik auf den ersten Blick erscheinen mögen, können sie doch auf ein hohes stammesgeschichtliches Alter zurückblicken. Die Druckpumpentechnik der Estrildiden ist unter allen *Passeres* einmalig und hat einen Spezialisationsgrad erreicht, der die Aufzucht junger Estrildiden durch Altvögel jeder anderen Vogelgruppe unmöglich macht. Vor Probleme dieser Art werden Vogelliebhaber, die in ihren Volieren Estrildiden, Carduelinen, Ploceiden und Emberiziden halten, häufig gestellt, wenn sie etwa gezwungen sind, für ein verlassenes Gelege oder Jungvögel irgendeiner Estrildidenart geeignete Ammeneltern auszuwählen. Alle Versuche, solche Nestlinge von Carduelinen – etwa Kanarien, die als Domestikationsform fast alle fremden Carduelinenjungen annehmen und füttern – aufziehen zu lassen, sind bisher in unzähligen Fällen fehlgeschlagen. Das Gleiche gilt für die Aufzucht junger Carduelinen, Emberizi-

Der Brutparasitismus der Viduinae

den oder Ploceiden durch Estrildideneltern. Als potentielle Ammeneltern für verlassene Estrildidenjunge kommen deshalb ausschließlich andere Estrildiden, vor allem das japanische Mövchen, die jahrhundertealte Domestikationsform des asiatischen Spitzschwanzbronzemännchens, in Frage.

Die Unfähigkeit der Altvögel beider Gruppen, Jungvögel der anderen Gruppe aufzuziehen, ist durchaus nicht nur in dem Fehlen bzw. Vorhandensein von Rachenzeichnungen und Schnabelpapillen begründet. Nicht domestizierte Arten beider Gruppen lassen sich freilich schon nach dem Schlupf durch die Andersartigkeit der Nestlinge in Rachenfarbe und Bettelbewegungen von jedem Fütterungsversuch abhalten. Die domestizierten Formen, Kanarienvogel und Japanisches Mövchen, versuchen zwar gelegentlich frischgeschlüpfte Junge zu füttern, aber stets ohne Erfolg. Offenbar haben die Estrildiden zugleich mit der Druckpumpentechnik des Altvogels eine besondere Atemtechnik der Jungen entwickelt, die nach Fütterungsbeginn einsetzt und bei andersartiger Fütterung zu Luftnot und Erstickungsanfällen führt, wie man das etwa bei jungen Prachtfinken sieht, die ein Kanarienvogel zu füttern versucht.

Noch stärker unterscheiden sich in der Fütterungstechnik die Estrildiden von den meisten Ploceiden, Emberiziden und Sylviiden. Alle diese Gruppen füttern nicht aus dem Kropf, sondern tragen schon den kleinen Nestlingen winzige Ballen von Insekten und Spinnen in der Schnabelspitze zu. Das konnte ich beim Siedelweber (*Philetairus socius*), Haus- und Feldsperling (*Passer domesticus* u. *P. montanus*) und verschiedenen Ammernarten (*Emberiza*) beobachten; viele weitere Beispiele sind in der Literatur verstreut. Größere Junge erhalten ganze Futtertiere, so *Philetairus* Orthopteren, Emberiziden und Sperlinge Raupen usw. An solchen Futterbrocken würden selbst flügge Estrildidenjunge ersticken. Niemals trägt ein fütternder Prachtfink selbst großen Jungen Futtertiere im Schnabel herbei, wie das etwa auf der Farbtafel 4 (Friedmann 1960) von R. E. Hogue bei *Pytilia melba* dargestellt ist. Im übrigen füttert *Pytilia melba* flügge Jungvögel vorwiegend, wenn nicht ausschließlich, mit halbreifen Grassamen, die sie nur im Kropf herbeitragen kann.

Van Someren (1956) hat kürzlich für mehrere Euplectinen-Arten (*Niobella ardens laticauda* Lichtenstein, *Coliuspasser capensis xanthomelas* Rüppel, *Drepanoplectes jacksoni* Sharpe) gleichfalls Kropffütterung der Nestjungen durch das Weibchen festgestellt, wodurch sich diese Gruppe deutlich von der Mehrzahl der anderen Ploceiden unterscheidet. Nach seiner ausführlichen Beschreibung sieht der Fütterungsvorgang bei *Drepanoplectes*, dessen Weibchen jeweils kleine Futterportionen heraufwürgt und nacheinander an die Nestjungen verteilt, ausgesprochen carduelinenartig aus. Von entscheidender Bedeutung ist die Beobachtung van Somerens, daß diese Arten bereits die kleinen Nestlinge mit halbreifen, vorverdauten Grassamen füttern. Aus der Verwendung von Körnernahrung als Aufzuchtfutter hat sich in so verschiedenen Gruppen wie den *Columbidae, Psittacidae, Carduelinae* und *Estrildidae* unabhängig die Kropffütterung als einzig mögliche Technik entwickelt, weil sich nur im Kropf größere Körnermengen transportieren lassen.

Die weit einfachere und deshalb wohl stammesgeschichtlich ältere Methode der Fütterung unvorverdauter Nahrungsteile aus der Schnabelspitze läßt die Möglichkeit eines künstlichen Jungenaustausches zwischen diesen Gruppen sehr viel eher zu. Auch im Freileben beteiligten sich unverpaarte Einzelgänger an der Aufzucht nicht nur artgleicher, sondern oft art- und selbst gattungsfremder Jungvögel, die jedoch stets Formen mit gleichem Fütterungstypus angehören.

Einige wenige *Passeres* (*Prunella*, *Passer luteus* Lichtenstein [Kunkel 1961], *Textor cucullatus* Müller u. a.) haben beide Fütterungsweisen; die kleinen Nestlinge füttern sie aus dem Kropf, die großen aus der Schnabelspitze.

2. Die Bettelstellung der Jungvögel

Auch im Bettelverhalten weichen die Estrildiden von allen anderen *Passeres* ab. Bei den meisten Arten dreht das Frischgeschlüpfte Hals und Kopf um 90 bis 160°, so daß die Öffnung des Sperrachens mehr oder weniger schräg, im Extremfalle senkrecht nach oben weist. Dabei pendelt der Kopf hin und her, außerdem kann bei einigen Arten die Zunge in etwas langsamerem Tempo der Kopfbewegung folgen. So zeigen die Jungvögel einiger Arten, wie *Uraeginthus granatinus* und *Pytilia melba*, das typische Halsverdrehen vom ersten Lebenstage bis weit nach dem Ausfliegen während andere, wie *Amadina fasciata* und *Amadina erythrocephala*, es völlig verloren haben (Eisner 1961). Selbst bei nahe verwandten Arten kann die eine, *Erythrura cyaneovirens*, als Nestling noch schwach pendeln, während die andere, *Erythrura trichroa*, es während der Nestlingszeit ganz aufgegeben hat. Überdies hängt das Kopfpendeln und Halsverdrehen stark vom Hunger ab; bei normalerweise stark pendelnden Arten bettelt der satte Jungvogel,

Der Brutparasitismus der Viduinae

Abb. 17 Betteln und Füttern der Estrildiden. a) Bettelstellung eines 20täg. Jungvogels von *Uraeginthus granatinus*, b), c) Fütterung durch das Männchen, d) Männchen von *Pytilia melba grotei* mit 30täg. Jungen; das neben dem Männchen sitzende Junge bettelt schwach. Gaumenpunkt und helle Farbflecken des Rachens sichtbar.

indem er diese Bewegungen nur schwach andeutet (Abb. 17 d, s. a. Immelmann 1962). Bei den *Pytilia*-Arten *afra* und *phoenicoptera* drückt zudem der Nestling beim Sperren den Zungenboden so stark hoch, daß der verbreiterte Zungenhinterrand an den Gaumen stößt und die Oesophagusöffnung völlig verdeckt. Außerdem ist das Betteln dieser Arten durch die geringe Öffnung des Schnabels gekennzeichnet. Selbst bei großem Hungerzustand erreicht der Öffnungsgrad der Sperrachen dieser Jungvögel kaum jemals den anderer Estrildidennestlinge.

3. Rachenzeichnungen und Schnabelpapillen

Wie seit langem bekannt ist, zeichnen sich die Estrildiden von allen anderen Singvogelfamilien, außer den Viduinen, durch von Art zu Art wechselnde, hochspezialisierte Zeichnungsmuster der Sperrachen aus. Im einfachsten Falle sind es fünf schwarze, auf hellem Gaumengrunde im Fünfeck angeordnete Flecken, dazu zwei Zungenbasisflecken und ein dunkler Halbmond auf dem Unterschnabelgrund. Unabhängig davon ist auf den ausgeprägten, seitlichen Schnabelwülsten oben und unten je ein weiterer rundlicher Fleck, meist als Protuberanz mit vom Schnabelwulst abstechender Färbung ausgebildet. Dieser Grundtypus hat die verschiedenartigsten Abwandlungen erfahren, die über eine starke Vermehrung der Zahl der Rachenpunkte und Papillen (*Amandava*), ihre Verschmelzung zu einer hufeisenförmigen Zeichnung (*Lonchura* u. a.) bis zur Ausbildung der Papillen zu lichtreflektierenden Leuchtorganen (*Erythrura, Chloëbia*) reichen.

Die unterschiedliche Ausbildung der Rachenzeichnung und ihre taxonomische Verwertbarkeit hat Steiner (1960) gründlich behandelt. Hier sei ihre Bedeutung als Schlüsselreiz für die Fütterleistung des betreuenden Altvogels besprochen.

Von 1955 bis 1963 konnte ich bei Hunderten junger Estrildiden die Jugendentwicklung beobachten und habe in vielen Fällen verlassene Gelege oder frischgeschlüpfte Jungvögel in die Nester fremder Arten unterschiedlichen Verwandtschaftsgrades verbracht. Aus den zahlreichen Beobachtungen, die so die Selektivität des Wahrnehmungsapparates der Altvögel im Ansprechen auf die Rachenzeichnungen und Bettelbewegungen der Nestlinge beleuchteten, seien hier vorerst nur einige bezeichnende Fälle besprochen.

Legt man zu frischgeschlüpften Jungvögeln einer beliebigen Estrildidenart ein einzelnes, gleichaltriges artfremdes mit abweichender Rachenzeichnung, so wird der Fremdling normalerweise bei jeder Fütterung übergangen und verhungert. Der fütternde Altvogel bemerkt selbst im Halbdunkel des überwölbten, oft noch stark mit Federn ausgepolsterten Nestes die abweichende Zeichnung des Sperrachens und lehnt im typischen Falle sofort und ein für allemal ab. Weicht die Rachenzeichnung so wenig ab wie bei den nahe verwandten *Poëphila*-Arten und werden sie nicht durch weitere Abweichungen, etwa in der Schnelligkeit des Kopfpendelns, im Fehlen oder Vorhandensein von Nestlingsdaunen, noch zusätzlich verstärkt, so kann der Fremdling in den ersten Lebenstagen mitgefüttert werden. Je stärker jedoch der heranwachsende Jungvogel von den Nestgeschwistern abweicht, desto häufiger wird er bei den Fütterungen übergangen, er bleibt in seiner Entwicklung mehr und mehr zurück und stirbt schließlich an Entkräftung. Dabei sind seine Aussichten um so geringer, je mehr eigene Nestlinge das Elternpaar zu versorgen, d. h. Gelegenheit hat, die reaktionsspezifische Energie an optimalen Objekten aufzubrauchen. Brütet ein Estrildidenpaar auf einem unbefruchteten Gelege und ist die normale Brutdauer schon überschritten, so ist zuweilen seine endogene Reizproduktion so stark, daß die Kinderlosen auch in Rachenzeichnung und anderen Schlüsselreizen sehr abweichende Jungvögel anderer Arten adoptieren und sogar bis zur Selbständigkeit aufziehen. So adoptierte bei mir ein Mischpaar (*Lagonosticta rufopicta* x *Uraeginthus bengalus*), das mehrere unbefruchtete Gelege weit über die normale Zeitigungsdauer hinaus bebrütet hatte, bei seiner 4. Jahresbrut 2 frischgeschlüpfte *Poëphila cincta*-Junge und zog sie bis zur Selbständigkeit auf. Bei F. Karl (mündl. Mitteilung) adoptierte ein gleichfalls sein unbefruchtetes Gelege überbrütendes Paar von *Lagonosticta rara* einen in ihr Nest gelegten bereits mehrtägigen Jungvogel von *Stagonopleura guttata*, der nach dem Ausfliegen wesentlich größer als arteigene Junge war und völlig abweichende Rachenzeichnung und Bettellaute hatte. Andererseits ließ ein Paar von *Lagonosticta senegala* bei mir ein zunächst adoptiertes, frischgeschlüpftes Junges von *Uraeginthus granatinus*, nachdem es 8 Tage gefüttert hatte, plötzlich im Stich, indem es zwar weiter huderte, jedoch nicht mehr fütterte. Die Rachenzeichnungen von *Lagonosticta* und *Uraeginthus* sind einander wesentlich ähnlicher als die zwischen Wirtseltern und Adoptivjungen in den beiden zuvor besprochenen Fällen. Ein Paar japanischer Mövchen, das einen einzelnen gleichalterigen Nestling von *Poëphila cincta* betreute, nahm das verlassene *granatinus*-Junge an und fütterte es eine weitere Woche mit; dann überging es plötzlich den *granatinus*-Jungvogel bei den Fütterungen und fütterte nur noch den *cincta*-Nestling, dessen Rachenzeichnung und Bettellaute der der arteigenen Jungen ähnlicher, wenn auch noch sehr abweichend waren, bis zur Selbständigkeit.

Nun könnte man aus der Tatsache, daß das japanische Mövchen, dieser älteste domestizierte Kleinvogel, als Amme für viele Estrildidenarten mit den unterschiedlichsten Rachenzeichnungen, Bettelbewegungen und Bettellauten ständig benutzt wird, den voreiligen Schluß ziehen, es habe seine Selektivität in bezug auf das Aussehen und Verhalten der arteigenen Jungen weitgehend oder völlig verloren. Das ist jedoch keineswegs der Fall. Unter Vogelliebhabern gilt die Faustregel, daß das Mövchen-Elternpaar neben den fremden Jungvögeln keine eigenen im Nest haben und daß außerdem die Adoptivjungen nicht verschiedenen Arten angehören dürfen. Ist die erste Bedingung nicht erfüllt, so werden fast immer nur die eigenen Jungen gefüttert [1]; wird letztere vernachlässigt, so werden Junge derjenigen der beiden Arten, die verwandtschaftlich den Ammeneltern näherstehen, bevorzugt. Diese Bevorzugung geht meist früher oder später in ausschließliche Fütterung der Nestinsassen dieser Art über. Hier wird also ein Fehlen der Selektivität durch die enorme domestikationsbedingte endogene Reizproduktion bzw. starkes Sinken der Reaktionsschwelle der Brutpflegetriebhandlungen vorgetäuscht. Ein besonders eindrucksvolles Beispiel hierfür hat Wagner (1932) geschildert:

Ein Mövchenpaar hatte 4 *Pytilia phoenicoptera*-Junge bis zur Selbständigkeit aufgezogen. Da diese Jungvögel durch ihre Rachenzeichnung, Zungenhaltung, Öffnung des Sperrachens, sowie dichte Bedaunung von den nackten Mövchennestlingen denkbar verschieden sind, werden sie selbst von Mövchen nur selten mit vollem Enderfolg adoptiert. In der darauf folgenden Brut erhielt das Mövchenpaar wiederum *phoenicoptera*-Eier, und auch die daraus schlüpfenden Jungen wurden vorbildlich gefüttert und hatten bereits das Nest verlassen. Da verließen in einem im gleichen Raume stehenden Käfig, in dem ein weiteres Mövchenpaar eigene Junge betreute, diese gleichfalls ihr Nest. Das hartnäckige Bettelgeschrei der arteigenen Jungen im gleichen Raum veranlaßte das Mövchenpaar, die Adoptivjungen nicht weiter zu beachten. Die beiden Altvögel hingen ständig am Gitter ihres Käfigs und versuchten, zu den bettelnden arteigenen Jungen zu gelangen, so daß die bisher betreuten Adoptivjungen verhungerten. Der Besitzer hatte aus

---

[1] Immelmann (1969) ließ häufig junge Zebrafinken von Mövchen aufziehen, die arteigene Junge im Nest hatten. Auch die Aufzucht der Jungvögel *zweier fremder* Arten (*Euodice cantans, Taeniopygia guttata*) gelang im gleichen Nest mehrfach.

Der Brutparasitismus der Viduinae

Zeitmangel die Ursache der plötzlichen Vernachlässigung zu spät entdeckt und konnte nicht mehr eingreifen.

Viduinenjungvögel wurden von nicht domestizierten Estrildideneltern in allen mir bekannten Fällen nur dann adoptiert, wenn sie der ohnehin bei der betreffenden Art parasitierenden Spezies angehörten oder dieser sehr nahe standen, so daß die Nestlinge denen der eigenen Jungen sehr ähnlich sahen. Ein Jungvogel von *Steganura obtusa*, der bei F. Karl von einem Paar von *Pytilia phoenicoptera* mit einem eigenen Jungvogel erbrütet worden war, wurde, obwohl er einen Tag älter und größer war und wesentlich lebhafter bettelte, von den Pflegeeltern ständig benachteiligt, obwohl er in seiner Rachenzeichnung (schwarzer Gaumenpunkt, der den Jungvögeln von *Pytilia phoenicoptera* fehlt) nur wenig anders, in seiner Bettelhaltung und Bedaunung für unser Auge ununterscheidbar war. Er war nur dadurch zu erhalten, daß man das *phoenicoptera*-Nestgeschwister stundenweise fort-

Abb. 18 Nestlinge von a) *Pytilia afra* (Wirtsvogel) am ersten Lebenstag, b) *Steganura obtusa* (Brutparasit) am ersten Lebenstag.

nahm; dann widmeten sich die Pflegeeltern in diesen Zeiten ausschließlich ihm, wodurch ein gewisser Ausgleich zustande kam. – Ein unter einem Paar *Euodice malabarica* Linné, das mehrfach eigene Junge aufgezogen hatte, geschlüpftes *Steganura togoensis*-Junges verhungerte in 24 Stunden, ohne daß die Altvögel auch nur versucht hätten, ihn zu füttern. Während der *obtusa*-Jungvogel wie seine Wirtsgeschwister (*Pytilia afra*) stark bedaunt ist (Abb. 18), sind die *Euodice*-Jungvögel nackt und haben eine denkbar abweichende Rachenzeichnung (Hufeisenmuster). Einen anderen *obtusa*-Jungvogel, der bei mir unter Mövchen geschlüpft und zwei Tage gefüttert worden war, brachte ich zu einem sein unbefruchtetes Gelege überbrütenden Paar von *Pytilia phoenicoptera* bei K. König. Er wurde dort adoptiert und bis zum Ausfliegen gefüttert. Hier hatte das Wirtspaar keine eigenen Jungvögel, die eine Benachteiligung des fremden Jungvogels bewirkt hätten. – Eines meiner Paare von *Poëphila cincta* fütterte einen unter ihm schlüpfenden Jungvogel von *Vidua macroura* nicht, obwohl er der einzige Nestinsasse war. Er wurde nach 12 Std. von einem Mövchenpaar mit noch unvollständigem Gelege adoptiert, dort 9 Tage lang gefüttert und dann aufgegeben. Ein zweites Mövchenpaar, dem ich einen 2tägigen *Steganura*-Nestling fortgenommen hatte, adoptierte diesen bereits sehr großen und von dem bisher gefütterten in Rachenzeichnung und Aussehen denkbar verschiedenen Nestling (Abb. 19) und fütterte ihn 8 Std. nach der Übernahme erstmals. Selbst bei dieser stark domestizierten Art ist also die mächtige endogene Reizproduktion des Fütterungstriebes oft nicht stark genug, um die Selektivität völlig auszuschalten.

Den einzigen mir bekannten Ausnahmefall schilderte Lloyd (1955): ein Paar von *Lagonosticta senegala* adoptierte einen höchst abweichenden Nestling von *Steganura* und zog ihn auf.

Abb. 19 Nestling von *Vidua macroura*, 9 Tage alt, keine Bedaunung.

Der Brutparasitismus der Viduinae

Wir können also abschließend feststellen, daß die Estrildiden gleichzeitig mit der Differenzierung der Rachenzeichnung ihrer Nestlinge eine hohe Selektivität des Reizempfängers entwickelt haben, die nur in besonderen, biologisch irrelevanten Ausnahmefällen verschleiert werden kann.

VII. Die Estrildiden als alleinige Viduinenwirte

Die geschilderten Unterschiede in der hochspezialisierten Fütterungstechnik der Estrildiden einerseits und den verschiedenen Modi in den übrigen Gruppen andererseits lassen nun mit Sicherheit aussagen, daß die Viduinen sich entweder auf Estrildiden als Wirte spezialisieren oder auf das Parasitieren bei dieser Vogelgruppe verzichten mußten. Zwischen der Druckpumpenfütterung der Estrildiden und irgendeiner der anderen geschilderten Weisen der Brutfürsorge gibt es keine Kompromisse, die es den Viduinen etwa ermöglicht haben könnten, sowohl bei dieser als auch bei einer der anderen Gruppen zu parasitieren. So konnte ich auch die vollkommene Einstellung auf die estrildidenhafte Fütterungsweise und auf die jeweils artgemäßen Bettelbewegungen bei allen Viduinen nachweisen, deren Jugendentwicklung ich beobachten konnte (*Vidua macroura, Steganura obtusa*) (Abb. 20). Die offensichtlich gelegentlich durch Fehlleistungen (S. 227) in Ploceiden-, Emberiziden- und Sylviidennester gelangenden Viduineneier sind deshalb in jedem Fall verloren. Der geschlüpfte Jungvogel verhungert, sobald sein Dottervorrat verbraucht ist, d. h. spätestens nach 24–36 Std., auch wenn diese »Wirte« über die Andersartigkeit im Aussehen, Betteln und in der Rachenzeichnung der Fremdlinge zunächst *hinwegsehen* sollten.

Überblickt man daraufhin noch einmal die von Friedmann (1960) lückenlos und kritisch zusammengetragenen Literaturhinweise über Funde von Viduineneiern in Nestern von Ploceiden, Emberiziden und Sylviiden, so steht dem kein einziger *Beleg* für ein Aufwachsen von Viduinenjungen in den Nestern irgendeiner dieser Gruppen gegenüber; niemand hat darin heranwachsende und später ausfliegende Nestlinge je gesehen. In allen Fällen wurde allein die Tatsache des *Auffindens* weißer Eier, deren Viduinenherkunft gesichert schien, als *Nachweis* des *Parasitierens* der als Produzenten in Frage kommenden Viduinenart bei der betreffenden Vogelart gewertet. Bei der Wichtigkeit der Frage, ob die Viduinen hochadaptive Brutparasiten sind oder über ein großes Wirtsspektrum mit weitester Toleranz gegenüber den unterschiedlichen Aufzuchtbedingungen einer großen Zahl verschiede-

ner Pflegeeltern verfügen, ist es mir unbegreiflich, daß sich keiner dieser vielen Berichterstatter jemals der Mühe unterzogen hat, das Schicksal von Viduineneiern in den aufgefundenen Nestern irgendeiner dieser Arten weiterzuverfolgen.

Wie sorglos selbst sonst zuverlässige Autoren solche »Nachweise« führten, möge nur ein Beispiel zeigen. Grote (1925) heuerte im südlichen Tanzania kleine Negerjungen an, die ihm junge »Webervögel« sammeln sollten. Unter diesen wahllos zusammengetragenen Jungvögeln befand sich eines Tages unter einer Anzahl von Nestlingen von *Textor cucullatus nigriceps* Layard ein solcher von *Vidua macroura*. Grote schloß daraus, daß *Vidua macroura* gelegentlich bei *Ploceus cucullatus* parasitiert. Friedmann (1960) hat diesen Schluß mit Recht angezweifelt. Der Viduinennestling war mit einiger Sicherheit einem *Estrilda*-Nest entnommen und im Verlaufe der wahllosen Sammelaktion unter die jungen Weber geraten.

Alle bisher in fortgeschrittenem Alter in Nestern gefundenen oder nach dem Ausfliegen bei der Fütterung und Führung durch ihre Pflegeeltern beobachteten Viduinenjungvögel wurden *ausschließlich* durch Estrildiden betreut. Dagegen findet sich kein einziger Fall, in dem ein Heranwachsen junger Viduinen bei irgendeinem Ploceiden, Emberiziden oder Sylviiden nachgewiesen werden konnte.

Nach Roberts (1928) erlegte R. D. Bradfield 1925 bei Quikborn (Damaraland) einen Jungvogel von *Tetraenura regia* der von einem Paar Schnurrbärtchen (*Sporopipes squamifrons* Smith) gefüttert wurde. Würde diese Beobachtung zutreffen, so läge hier der einzige Fall der Aufzucht eines Viduinenjungvogels durch Nicht-Estrildiden vor. *Sporopipes* füttert jedoch sicher nicht mit der Druckpumpentechnik der Estrildiden, die ja Voraussetzung für die Möglichkeit einer Futterübergabe an Viduinenjunge ist. Beide Arten der Gattung (*Sporopipes squamifrons* A. Smith und *Sp. frontalis* Daudin) werden gelegentlich importiert und gelten unter Vogelliebhabern als »schwer züchtbare« Arten, weil sie in den ersten Lebenstagen der Jungen winzige Insekten oder als Ersatz die kleinen Puppen von Wiesenameisen (*Lasius sp.*) brauchen und auch die Heranwachsenden ausschließlich mit Insektenkost füttern (Engel 1909). Um diese Schwierigkeiten zu umgehen, unterlegten Vo-

Abb. 20 Betteln und Futterübernahme junger Viduinen, a), b) 19tägiger Jungvogel von *Steganura obtusa* bettelt Pflegevater *(Pytilia phoenicoptera)* an, c) Fütterung: Der Jungvogel umklammert mit seinem Schnabel fest den des Altvogels (vgl. m. Abb. 18 b, c). d) Japanisches Mövchen füttert junge *Steganura o. aucupum*.

gelliebhaber Sporopipinen-Gelege oder frischgeschlüpfte Nestlinge häufig Japanischen Mövchen, die im gleichen Brutstadium waren. Alle diese Versuche sind ausnahmslos fehlgeschlagen, weil die prospektiven Wirtseltern die Fremdlinge nicht füttern konnten. Erst kürzlich berichtete Sandel (1958) über einen solchen Versuch, bei dem die jungen *Sporopipes squamifrons* erwartungsgemäß verhungerten. Bradfield muß also die Begegnung des *Sporopipes*-Paares mit dem besagten *regia*-Jungvogel ungenau beobachtet und falsch gedeutet haben. Junge Estrildiden und Viduinen wehren sich häufig gegen Angriffe anderer Kleinvögel, indem sie in Bettelrufe ausbrechen und sogar die Bettelstellung einnehmen: eine Überlagerung infantiler Verhaltensweisen und der Abwehrstellung des Altvogels, die bei Jungvögeln auch in anderen Vogelgruppen in entsprechenden Situationen vorkommt (*Columba livia* Linne, eigene Beobachtung). Möglicherweise war die junge Witwe dem Nest eines *Sporopipes*-Paares zu nahe gekommen, und Bradfield deutete die Begegnung dieser äußerst aggressiven kleinen Weber mit dem in der beschriebenen Weise abwehrenden Witwenjungen als einen Fütterungsakt. Um den Fall zu klären, hätte Bradfield, statt den Vogel zu schießen, ihn nur eine oder zwei Stunden weiter zu beobachten brauchen. Ungenaue und voreilig publizierte Beobachtungen dieser Art haben leider die Viduinenliteratur in großer Zahl belastet und zu einer jahrzehntelangen Verschleierung der wirklichen Verhältnisse geführt.

Endlich ist zu fragen, warum Viduineneier nicht allzu selten in den Nestern von Nicht-Estrildiden abgelegt werden. Alle diese Fälle sind als Fehlleistungen zu werten, wie sie im Brutpflegeverhalten in fast allen anderen Vogelgruppen vorkommen, so unvollständiger Nestbau, unpassende Ortswahl (Heinroth 1926), Verlegen von Eiern bei Störungen im Nest, Verwendung ungeeigneten Aufzuchtfutters (Howard 1954) und Spezialisierung des fütternden Elternpaares auf eine einzige, in zu starker Konzentration für die Nestlinge schädliche Nahrung. In allen diesen Fällen geht entweder schon das Gelege verloren, oder die Jungvögel sterben während der Nestlingszeit oder selbst noch nach dem Ausfliegen.

Bei Viduinen kann die Fehlleistung des Ablegens von Eiern in ungeeignete Wirtsnester mehrere Ursachen haben:

1. Das Nest des vom Viduinen-Weibchen beobachteten Estrildidenpaares wurde kurz vor der unaufschiebbaren Eiablage zerstört oder ausgeraubt (Baumschlangen, andere Vögel, Kleinräuber, Menschen).

2. Zwei oder mehrere Viduinen-Weibchen hatten unabhängig voneinander die Brutvorbereitungen des gleichen Wirtsvogelpaares beobachtet, woll-

ten am gleichen Tage und zu gleicher Stunde ihre Eier darin ablegen, kämpften um den Zugang zum Nest, und die schwächere mußte weichen. Für diesen Fall liegen Freiland- (Morel 1959) und eigene Gefangenschaftsbeobachtungen vor.

3. Das Viduinen-Weibchen hatte die Brutvorbereitungen eines Wirtspaares in seinen Endstadien oder gar erst entdeckt, als bereits das erste oder zweite Ei abgelegt war. Das eigene Ei war daher erst legereif, als das Wirtsvogelpaar bereits fest auf seinem frischen Gelege brütete und deshalb sein Nest erfolgreich verteidigte. – Morel (1959) konnte zwar beobachten, wie ein Weibchen von *Hypochera ch. chalybeata* in Anwesenheit des Wirtsvogel-Weibchen (*Lagonosticta s. senegala*) sein Ei ablegte; bei anderen Arten, vor allem bei *Pytilia melba*, wehrt jedoch vor allem das brütende Männchen fremde Vögel am Nest erbittert ab, so daß hier, zumindest gelegentlich, dem Viduinen-Weibchen die Eiablage nicht gelingen dürfte. Gegen diese möglichen Behinderungen haben die Viduinen eine Sicherung entwickelt, die ihnen eine meist ungestörte Eiablage gewährleistet. Sie legen ihre Eier gelegentlich zu *unvollständigen* Wirtsvogelgelegen, die nur vorübergehend von den Nestinhabern aufgesucht werden, und zwischen 14 und 16 Uhr, wenn Passeres selbst vollständige Gelege vorübergehend unbedeckt lassen.

In allen solchen Fällen sucht das Viduinen-Weibchen in seiner Bedrängnis irgendein anderes Nest in der Nähe auf, wobei es offensichtlich überwölbte, also estrildidenartige bevorzugt. In Nestern von Offenbrütern wie *Prinia*, *Emberiza* und *Serinus* wurden deshalb verlegte Viduineneier auch viel seltener als in überwölbten Webernestern gefunden.

Zweimal konnte ich ein solches Verlegen beobachten. Ein Weibchen von *Steganura o. orientalis* wollte sein Ei in ein Nest ablegen, vor dem schon ein anderes, offensichtlich unmittelbar legebereites Weibchen wartete. Es wurde von diesem bei jeder Annäherung erbittert vertrieben, flog schließlich in die Außenvoliere und legte dort in etwa 5 m Entfernung nach einigen Inspektionen sein Ei in eine leere Halbnisthöhle aus Holzbeton, die keine Spur von Niststoffen enthielt. – Ein anderes, ebenso am Betreten des Wirtsnestes mehrfach gehindertes *Steganura obtusa*-Weibchen ging in ein leerstehendes, jedoch mit Genist ausgelegtes Schlafnest eines Paares von *Lonchura striata* und legte dort innerhalb weniger Sekunden sein Ei ab. – Während selbstbrütende Passeres in entsprechenden Situationen (Zerstörung des Nestes oder Behinderung) das Ei irgendwo auf dem Boden ablegen oder vom Sitzplatz fallen lassen, suchen Viduinen-Weibchen, wenn irgend möglich, andere Nester auf.

Das Vermehrungspotential der Viduinen wird durch solche Fehlleistungen wohl kaum stärker beeinträchtigt als bei anderen Vögeln, bei denen viel zahlreichere Brutpflegehandlungen fehlgehen können. Das gelegentliche Verlegen in ungeeignete Nester wurde durch die Verteilung der von jedem Viduinen-Weibchen insgesamt abgelegten Eier auf eine Vielzahl von normalerweise geeigneten Wirtsvogelnestern und damit einer Aufteilung des Risikos wahrscheinlich völlig kompensiert.

VIII. Die Verwandtschaftsbeziehungen der Viduinen

In den Erörterungen der Verwandtschaftsbeziehungen der Viduinen sind bisher Verhaltensweisen, deren stammesgeschichtlicher und taxonomischer Wert, z. B. bei Anatiden, Phasianiden und Carduelinen hinlänglich erwiesen ist, ganz unberücksichtigt geblieben. Einige Balzformen der Viduinen sind zwar aus dem Freileben beschrieben, doch hat niemand den Versuch gemacht, sie auf Gemeinsamkeiten mit denen der beiden fraglich verwandten Gruppen zu prüfen. Der Vergleich der Grundelemente der Balz der Viduinen mit denen der Estrildiden einerseits und der Euplectinen andererseits läßt eindeutige Schlüsse über die verwandtschaftlichen Beziehungen dieser Vogelgruppen zu.

1. Das Balzverhalten der Estrildiden

Die Balz der Prachtfinken behandelten letzthin gründlich vergleichend Steiner 1955, Morris 1958, Kunkel 1959, Goodwin 1960 b, 1962, Harrison 1962, Immelmann 1962 u. a.; so genügt hier ein allgemeiner Überblick. Das Grundelement der Estrildidenbalz ist eine ritualisierte Nestbaubewegung. In seiner ursprünglichsten und weitestverbreiteten Form hüpft das Männchen mit einem Halm oder einer Feder im Schnabel um seine Partnerin herum, indem es in steifer Körperhaltung rhythmisch-knicksend das Nistsymbol schräg aufwärts stößt. Dieser Grundtyp der Estrildidenbalz erfährt die verschiedensten Abwandlungen; das Nistsymbol kann fehlen, die Kopfhaltung und die Form der Balzsprünge kann sich ändern; *Stagonopleura* und *Poëphila* bauen infantile, ritualisierte Bettelbewegungen in den Balztanz ein.

Die Begattungsstellung der Estrildiden weicht von der aller anderen bisher daraufhin beobachteten Passeres ab. Das Weibchen duckt sich leicht

Der Brutparasitismus der Viduinae

vor dem werbenden Männchen und vibriert sehr schnell senkrecht mit dem Schwanz (Abb. 21).

Alle Estrildiden sind streng monogam und unterhalten sehr enge persönliche Beziehungen zum Ehepartner; bei vielen Arten putzen die Gatten einander das Kopfgefieder und schlafen gemeinsam im Nest.

Abb. 21 Begattungsstellung der Euplectinen, Viduinen und Estrildiden, a) *Coliuspasser macrourus*, b) *Vidua macroura*, c) *Pytilia melba*, d) Männchen von *Vidua macroura* im Rüttelflug (Kopulationsflug) über dem Weibchen.

2. Das Balzverhalten der Euplectinen

Die Balzformen der verschiedenen Ploceidengruppen haben mit denen der Estrildiden nichts gemeinsam, eine Tatsache, auf die Steiner (1955) mit allem Nachdruck hingewiesen hat. Die Abweichungen sind so ausgeprägt, daß sie auch den kühnsten Homologisierungsversuchen von vornherein jede Grundlage entziehen. Hier sei nur die für den Vergleich wichtige Balz der Euplectinen behandelt, zu deren Kenntnis vor allem Lack (1935), Moreau (1938), van Someren (1945, 1956, 1958), Skead (1956) und Emlen (1957 beigetragen haben.

Am ausführlichsten hat Emlen (1957) die Balzformen verschiedener Euplectinenarten vergleichend beschrieben, dessen Einteilung wir hier folgen.

Die wichtigsten Balzformen der Euplectinen sind: 1. Hochgereckte Drohhaltung an der Reviergrenze, wobei das Männchen auffällige Gefiedermerkmale zur Schau stellt. 2. »Hummelartiger« Balzflug mit aufgestelltem Körpergefieder bei *Euplectes afra, Euplectes hordeacea* u. a. oder Reviermarkierungsflüge mit langwallendem Schwanz (*Niobella ardens, Coliuspasser progne*). 3. Schaubalz vor dem Weibchen, bei der das Männchen auf einem Zweig mit knicksend-pumpenden oder um die Hochachse pendelnden Körperbewegungen um die Partnerin wirbt. 4. Paarungsflug vor dem Weibchen. Von diesen Balzformen gibt es mancherlei Abweichungen, die jedoch durchweg das einheitliche zugrunde liegende Muster erkennen lassen. Bezeichnend für die Euplectinenbalz sind ferner starkes Aufblähen bestimmter Bezirke des Kleingefieders und durch Verlangsamen der Flügelschlagfrequenz auffällige Schauflüge. Ein rituelles Zeigen von Nistmaterial, wie es der Grundtypus der Estrildidenbalz ist, fehlt hier völlig. Die Beziehungen zwischen den Geschlechtern sind sehr unpersönlicher Art, es gibt keine feste Paarbindung über die eigentliche Fortpflanzungszeit hinaus, kein Gefiederkraulen, kein Nebeneinanderschlafen in Körperkontakt, wie es für die Estrildiden so bezeichnend ist.

Die Begattungsstellung der Euplectinen-Weibchen ist von der einzigartigen der Estrildiden grundverschieden. Wie bei den meisten Passeres wartet das Weibchen in geduckter Haltung auf das Männchen. Bei *Coliuspasser macrourus* und wohl auch bei den anderen Arten gleicht die Begattungsstellung völlig der der Viduinen.

3. Das Balzverhalten der Viduinen

Von den vielen Balzbewegungen der Viduinen sind merkwürdigerweise nur zwei der auffälligsten beschrieben worden, der hüpfende Rüttelflug vor der Kopulation, der für alle Viduinen bezeichnend ist, und der hochaufsteigende Imponierflug der Paradieswitwen-Männchen (Friedmann 1960). Keine dieser beiden Verhaltensweisen ist für irgendeine der Arten die einzige Balz-

Der Brutparasitismus der Viduinae

form; die zweite kommt nur in der Gattung *Steganura* vor. Die folgende Beschreibung der Balzformen der Viduinen beschränkt sich auf die wesentlichsten Elemente, die einen Vergleich mit denen der Estrildiden einerseits und den Euplectinen andererseits zulassen. Sie werden eingehender zu einem späteren Zeitpunkt behandelt werden, wenn Filmaufnahmen über alle mir zugänglichen Arten vorliegen. Die Zeichnungen wurden ausnahmslos nach Fotos angefertigt.

Steganura: Die unterschiedlichen Verwandtschaftsbeziehungen innerhalb der Formen der Gattung, die schon aus dem Parasitieren bei verschiedenen *Pytilia*-Arten und -rassen erschlossen wurden, kommen auch in ihren Balzbewegungen zum Ausdruck. Sie sind um so verschiedener, je ferner sich die Wirtsvögel stehen. So können wir aus 2 voneinander unabhängigen Informationsquellen Schlüsse auf die phyletischen Beziehungen der Paradieswitwenformen ziehen. Die älteste Balzhandlung ist zweifellos der hüpfende *Rüttelflug* vor dem Weibchen, der die Kopulation einleitet und sich bei al-

Abb. 22 Balzformen von Paradieswitwen *(Steganura)*, a) *Steganura obtusa*, Männchen beim Würgen, b) Raschelknicksen (extreme Streckhaltung), c) Kopfpendeln, d) *Steganura paradisaea*, Männchen bei der Schaubalz.

len anderen Viduinen ebenfalls findet. Die Auffassung, daß der Rüttelflug von in Volieren gehaltenen Paradieswitwen eine raumbedingte Abwandlung des Imponierfluges darstellt, ist irrig. Beides sind selbständige und voneinander unabhängige Balzformen, zwischen denen es keine Übergänge gibt. Der auf- und absteigende Rüttelflug des Männchen unmittelbar vor dem auf einem Zweig sitzenden Weibchen wird von lautem Schwanzrascheln begleitet. Allen Formen von *St. paradisaea* ist offenbar auch der *Imponierflug* gemeinsam. Im beschränkten Raum der Voliere können die Männchen ihn nur andeuten, indem sie in weitausholendem Wellenflug das Gehege durchmessen.

Die schwerstwiegenden Unterschiede zeigen *Steganura paradisaea* und *Steganura obtusa*. *Steganura paradisaea* hat eine Schaubalz, bei der das Männchen den Kopf weit in den Nacken drückt, den Körper schräg aufwärts stellt und bei stillstehendem Kopf ins Leere schnäbelt. Dabei dreht es den Körper, ohne die Kopfhaltung zu ändern, um die Hochachse nach beiden Seiten, wie ein sich im Winde drehender Wetterhahn (Abb. 22 u. 23). Die

Abb. 23 Schaubalz von *Steganura paradisaea*. Verdrehen des Körpers um die Hochachse.

Der Brutparasitismus der Viduinae 233

Schaubalz geht völlig stumm vor sich, das Männchen wendet sich abwechselnd um je 45° nach beiden Seiten und bricht plötzlich mit einer lauten Schäckerstrophe ab. Es folgt entweder Kopfpendeln oder ein Imponierflug; im Freien steigt der Vogel dabei in schrägem Winkel bis 100 m hoch und bricht mit jähem Sturzflug ab. Zum *Kopfpendeln* entfernt das Männchen sich in betont langbogigem Flug einige Meter von dem Weibchen, schaut schräg über die Schulter zu ihm zurück und wendet den Kopf schnell hin und her, wobei die Mediane auf das Weibchen weist. Dann folgt immer ein Kopulationsversuch; das Männchen fliegt zur Partnerin und steigt vor ihr im Rüttelflug auf und ab, bis sie in Paarungsstellung geht. Manchmal fliegt das Männchen nach einer Schaubalz oder einem Imponierflug auf den Boden, trippelt dort eigenartig »schleichend« einige Sekunden umher, erhebt sich dann unvermittelt und fliegt unmittelbar ohne Zwischenlandung zur Partnerin hin.

Steganura obtusa hat mit *paradisaea* nur den Weitbogenflug, den Rüttelflug und das Kopfpendeln gemeinsam, also die Verhaltensweisen, die auch bei allen anderen Paradieswitwen vorkommen. Anstelle der Schaubalz von *paradisaea* stehen das *Würgen* und das *Raschelknicksen*. Beim Würgen dreht das Männchen in Sichtweite des Weibchen diesem den Rücken zu, beugt sich weit nach unten und macht hier mit sich rhythmisch öffnendem und schließendem Schnabel würgend-fütternde Bewegungen ins Leere. Dabei bewegen sich Kopf und Hals aus der Waagerechten tief nach unten, wodurch oberflächlich der Eindruck entsteht, als nähme das Männchen wie ein schnell pickender Hühnervogel irgend etwas auf. Das Würgen ist offenbar ein stark ritualisiertes Füttern ins Leere, ein Verhaltensrelikt einer früher funktionstüchtigen Verhaltensweise. Ihm folgt entweder das Kopfpendeln (Abb. 22) oder das Raschelknicksen, beides Balzbewegungen, die dem Rüttelflug und der Kopulation unmittelbar vorausgehen. Während das Männchen sich zum Kopfpendeln immer einige Meter vom Weibchen entfernt und dann über die Schulter zu ihr zurückblickt, fliegt es zum Raschelknicksen in ihre Nähe, richtet sich mit eng angelegtem Gefieder steil auf, geht mit gebeugten Fersengelenken auf den Sitzplatz herunter und schnellt unmittelbar darauf mehrmals in rascher Folge steil hoch, ohne den umklammerten Sitzplatz loszulassen (Abb. 22). Dabei erzeugen die an der geriffelten Breitseite des zentralen Federpaares reibenden Fahnenkanten der großen Schmuckfedern ein laut raschelndes Geräusch, zumal das zentrale Federpaar bei jedem Hochschnellen extrem aufgestellt wird. Es ist gegen das zweite Schmuckfederpaar unabhängig beweglich und ermöglicht dadurch dessen reibenden Fahnenkanten, seine ganzen Flächen zu bestreichen. *Steganura obtusa* verfügt also über 5 verschiedene Balzäußerungen, von denen nur 3 mit entsprechenden bei *Steganura paradisaea* sicher homologisiert werden können; die anderen beiden sind Neuerwerbungen dieser Art.

Die bei den einander am fernsten stehenden *Pytilia*-Arten *melba* und *afra* parasitierenden Witwen haben somit auch die unterschiedlichsten Balzbewegungen entwickelt.

Den drei Rassen von *Steganura orientalis* fehlen sowohl die Schaubalz als auch Raschelknicksen und Würgen. Bisher sah ich bei ihnen nur den Weitbogenflug, den Rüttelflug und das Kopfpendeln, das *aucupum* und *orientalis* bei etwas anderer Kopfhaltung weniger starr ausführten.

Diese Unterschiede zeigen deutlich, daß man ebensowenig von »der« Balz »der« Paradieswitwe sprechen kann, wie von »dem« Gesang »des« Buntastrild. In jedem Falle ist die genaue Art- und Rassenbestimmung unerläßlich, wenn die Feststellungen verwertbar sein sollen.

Vidua: Die beiden Arten (*macroura, hypocherina*) der Gattung *Vidua* haben in ihren Balzformen mit den Paradieswitwen nur den Rüttelflug gemeinsam; er ist bei *macroura* am stärksten differenziert. Das Männchen rüttelt bis 30 Sek. lang 60–70 cm mit wallenden Schmuckfedern auf und ab. Bezeichnend sind die herabhängenden Beine und der weit vorgestreckte Kopf (Abb. 21). Wie bei den *Steganura*-Arten ist das Körpergefieder im Rüttelflug eng angelegt. Vor einem Rüttelflug fliegt das *macroura*-Männchen häufig auf den Boden, trippelt dort unter fächernden Flügelbewegungen, die den Trockenbewegungen anderer Passeres ähnlich sehen, hin und her; dann fliegt es unvermittelt auf. In aggressiver Stimmung stellen Dominikanerwitwen häufig den Schwanz mit den langen Schmuckfedern senkrecht auf. Beide Arten haben als einzige Viduinen ritualisierte Stoßflüge, die mit jeweils einem drohenden *chäh* in unmittelbarer Nähe der Partnerin enden. Das Weibchen weicht diesen Angriffen stets im letzten Augenblick aus, ohne indes wirklich zu fliehen. Auf eine Anzahl solcher Stoßflüge, durch die sich auch *hypocherina* als nahe *macroura*-Verwandte ausweist, folgen dann Rüttelflüge und Begattung.

Tetraenura: Bei *Tetraenura regia* und *fischeri* habe ich außer dem Rüttelflug bisher keine weiteren auffälligen Balzbewegungen gesehen. Die Königswitwe fliegt oft noch weit über dem Revier umher, um Rivalen aufzufinden und zu vertreiben. Ihre aggressive Grundstimmung läßt sich dabei aus den Viduinenstrophen ablesen, die sie während dieser Suchflüge hören läßt.

O. Koenigs (1962) Vermutung, die »sehr harten« Schmuckfedern von *Te-*

traenura fischeri seien wie die der *Steganura*-Arten Geräuscherzeuger, trifft nicht zu. Die vier grashalmartigen Schmuckfedern der Art haben den weichsten und biegsamsten Schaft aller Viduinen-Schwänze. Das geht schon aus der starken Krümmung der Schmuckfedern hervor, deren geringes Gewicht die Schäfte stark abbiegt. Die überaus schmalen Fahnen schließen nicht; sie sind wie die Schäfte äußerst weich und als Schallerreger ganz untauglich.

Hypochera: Meine Beobachtungen über die Balzbewegungen der Atlaswitwen sind unvollständig, da ich bisher nur 3 Rassen von *Hypochera chalybeata* eingehender und eine zweite Art, *Hypochera nigerrima,* nur sehr kurz beobachten konnte. Alle haben den Rüttelflug, bei dem die Männchen, vor allem *amauropteryx,* das Körpergefieder stark aufblähen, so daß der rüttelnde Vogel wie eine Federkugel wirkt. Das Männchen fliegt vor einem Rüttelflug fast stets auf den Boden; der Flug selber ist bei weitem nicht so ausgeprägt wie bei *Vidua macroura.* Es rüttelt unmittelbar vor der auf einem Zweig sitzenden Partnerin, aber nur 10 bis 20 cm auf und ab.

Ein weiteres bei *Hypochera chalybeata amauropteryx* beobachtetes Verhalten läßt keinerlei Orientierung zum Weibchen erkennen. Das Männchen sitzt dabei ruhig auf einem Zweig, hebt abwechselnd den linken und rechten Flügel leicht ab und macht mit dem Schnabel Scheinputzgewegungen ins Lere, jedoch mit deutlicher Orientierung auf die äußeren Flügelkanten. Es folgen ebensolche Scheinputzbewegungen an der Brust, ohne daß der Schnabel das Gefieder berührt. Zwischen dem Scheinputzen am Flügel und an der Brust schüttelt das Männchen auffällig das Gefieder. Die Ableitung dieser Verhaltensweise und ihre Wirkung auf Artgenossen steht völlig offen.

Die Begattungsstellung des Viduinen-Weibchen gleicht völlig der der Euplectinen und hat nichts mit der der Estrildiden gemeinsam. Sie duckt sich mit zitternden Flügeln und erwartet das vor ihr rüttelnde Männchen mit schräg aufwärts gerichtetem Kopf und leicht geöffnetem Schnabel (Abb. 22).

Fast alle Balzbewegungen der Euplectinen finden sich bei den Viduinen in abgewandelter Form wieder. Der Imponierflug der Paradieswitwen ist den Schauflügen (*undirected flight display,* Emlen 1957) offensichtlich homolog und stellt eine besonders hochdifferenzierte Form dieser Verhaltensweise dar. Der Rüttelflug ist dem hummelartigen Auf- und Niedersteigen der *Euplectes*-Arten verwandt. Aufstellen des Schwanzes und Zurückwerfen des Kopfes (Schaubalz bei *Steganura paradisaea*) findet sich bei *Drepanoplectes jacksoni* in vergleichbarer, wenn auch abgewandelter Form wieder, und das Raschelknicksen von *Steganura obtusa* ist offenbar den Luftsprüngen dieser Art homolog. Wie den Euplectinen fehlen den Viduinen ri-

Abb. 25 Fünf Viduinenarten und ihre Wirtsvögel.
I. In der Schemazeichnung schwarz: a) *Steganura paradisaea* subspec. Männchen ad., c) *Pytilia m. melba* Männchen ad., d) *Steganura paradisaea*, 30täg. Jungvogel, f) *Pytilia melba*, 30täg. Jungvogel, e_1) *Steg. paradisaea*; Rachenzeichnung eines frischgeschlüpften Nestlings, f_1) *Pytilia melba*, Rachenzeichnung eines frischgeschlüpften Nestlings.
II. Schräggestreift: a) *Steganura obtusa* Männchen ad., b) Weibchen ad., c) *Pytilia afra* Männchen ad., d) Weibchen ad., e) *Steg. obtusa*, 19täg. Jungvogel, f) *Pytilia afra*, 19täg. Jungvogel.
III. Weiß: a) *Tetraenura regia* Männchen ad., b) Weibchen ad., c) *Uraeginthus granatinus* Männchen ad., d) Weibchen ad., e) *Tetraenura regia*, 20täg. Jungvogel, f) *Uraeginthus granatinus*, 20täg. Jungvogel.
IV. Quadratgemustert: a) *Tetraenura fischeri* Männchen ad., b) Weibchen ad., c) *Uraeginthus ianthinogaster* Männchen ad., d) Weibchen ad., e) *Tetraenura fischeri*, 20täg. Jungvogel, f) *Uraeginthus ianthinogaster*, 20täg. Jungvogel.
V. senkrecht gestreift: a) *Hypochera ch. chalybeata* Männchen ad., b) Weibchen ad., c) *Lagonosticta s. senegala* Männchen ad., d) Weibchen ad., e) *Hypochera chalybeata*, 17täg. Jungvogel, f) *Lagonosticta senegala*, 17täg. Jungvogel.

tualisierte Nestbaubewegungen in der Balz, soziale Gefiederpflege, Nebeneinanderschlafen der Geschlechter und ganz allgemein eine feste persönliche, vom Territorium unabhängige Paarbindung, wie sie für die Estrildiden bezeichnend ist.

Die Balz der Viduinen ist somit ohne jeden Zweifel eine echte Euplectinenbalz, in der sich eine Fülle vergleichbarer und von denen der Estrildiden grundverschiedener Verhaltenselemente wiederfindet. Allein aus der Berücksichtigung dieses Verhaltenskomplexes geht die Euplectinenverwandtschaft der Viduinen eindeutig hervor.

IX. Die Viduinen als spezialisierte Euplectinen-Verwandte

Die Meinungsverschiedenheiten über die verwandtschaftlichen Beziehungen der Viduinen beruhen offensichtlich auf einer unterschiedlichen Bewertung der Einzelmerkmale dieser Vögel. Wenn eine Tiergruppe Merkmale zweier anderer in sich vereinigt, so ist eine definitive Entscheidung, zu welcher dieser beiden Gruppen reale phylogenetische Beziehungen bestehen, nur durch das Auffinden echter Homologien und somit stammesgeschichtlich alter Gemeinsamkeiten herbeizuführen.

So müssen wir also aus dem Mosaik von Euplectinen- und Estrildidenmerkmalen, das die Viduinen darstellen, zunächst die vermutlich phylogenetisch jüngeren und zweifellos adaptiven heraussuchen. Was übrigbleibt, ist dann sowohl unter den Viduinenarten, als auch im Vergleich mit den entsprechenden als potentielle Verwandte in Frage kommenden Gruppen, den Euplectinae und den Estrildidae, nach den bekannten Homologiekriterien zu untersuchen. Die Homologisierbarkeit wird um so wahrscheinlicher, in je zahlreicheren, möglichst voneinander unabhängigen Merkmalen möglichst viele Arten der untersuchten Gruppen übereinstimmen (Remane 1956).

Die Estrildiden»ähnlichkeit« der Viduinen beschränkt sich ausschließlich auf Merkmale der Jungvögel, von denen der Anpassungswert jedes einzelnen, so die Rachenzeichnung, Bettelstellung, Futterübernahme, Bettelrufe (Abb. 24) und Jugendkleider, als gesichert angesehen werden muß. Wenn diese Anpassungen nicht in jedem einzelnen Merkmal bis zur Ununterscheidbarkeit evoluiert sind, so besagt das nur, daß hier der vom Wirtsvogel ausgeübte Selektionsdruck nicht stark genug war, um schwerwiegende Bauplanänderungen notwendig zu machen. So fehlt etwa den flüggen Jungvögeln von *Tetraenura regia* die bereits schwach bläuliche Bürzelfärbung

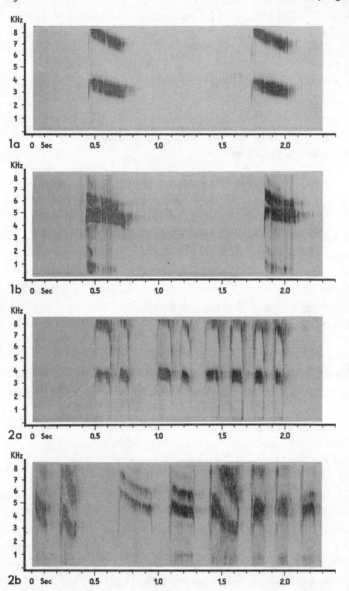

Abb. 24 Standortlaute und Futterbetteln von Wirtsvogel und Brutparasit, 1 a) Standortlaut von *Pytilia afra*, 19täg. Jungvogel, b) Standortlaut von *Steganura obtusa*, 19täg. Jungvogel, 2 a) Futterbetteln von *Pytilia afra*, 19täg. Jungvogel, b) Futterbetteln von *Steganura obtusa*, 19täg. Jungvogel.

der Wirtsgeschwister, *Uraeginthus granatinus*. Die zusätzliche Entwicklung dieses Merkmals, das offensichtlich keinen Signalwert für die Fütterleistung der Altvögel besitzt, hätte insofern erhebliche Anforderungen an die Umkonstruktion eines kleinen Bereiches des Kleingefieders dargestellt, als die Viduinen nicht über Strukturfarben verfügen. Der Farbton des Jugendkleides der soeben ausgeflogenen *Steganura obtusa* gleicht dem der Nestgeschwister *Pytilia afra* völlig, nur fehlt ihm die bei jenen schon angedeutete metamere Bänderung der Unterseite, der braunrötliche Bürzel und die orangefarbene Säumung der Hand- und Armschwingen. Die offensichtliche Toleranz der Wirtseltern gegenüber dem Fehlen dieser Merkmale hat beiden Arten ihre Ausbildung erspart.

Selbst die Rachenzeichnung stimmt nicht in allen Fällen mit der der Wirtsgeschwister völlig überein, vor allem dort nicht, wo die Wirtsvogelart bestimmte ursprünglich vorhandene und für die Verwandtschaftsgruppe typische Muster rückgebildet hat. So trägt der *Steganura obtusa*-Nestling neben den beiden blauvioletten Flecken noch den schwarzen Gaumenpunkt, der in der Gattung *Pytilia* nur noch bei *melba* als letzter Rest der ursprünglichen Fünfpunkt-Zeichnung erhalten geblieben ist. Den Wirtsgeschwistern (*Pytilia afra*) fehlt jedoch dieser schwarze Gaumenpunkt, und die bei *melba* schon beim Schlupf vorhandenen blauen Farbflecken traten erst am 4. Lebenstage auf. *Steganura obtusa* hat diesen Reduktionsprozeß nicht mitgemacht, offenbar weil der AAM der Wirtsvogelart keinen besonderen Selektionsdruck auf sein Verschwinden ausübte.

Hat der Viduinen-Jungvogel seine Selbständigkeit erlangt, so gehen alle seine Estrildidenähnlichkeiten rasch verloren. Er wechselt vom einfarbigen Jugendkleid in das euplectinenhafte erste Ruhekleid mit der typischen Streifenzeichnung an Kopf und Rücken. Sehr bald äußert er die ersten euplectinenartigen Laute – junge Männchen als erstes die Schäckerstrophe –, zeigt als ersten Ansatz euplectinentypischer Fortpflanzungshandlungen den Rüttelflug vor Artgenossen und legt nach Erreichen der Geschlechtsreife das euplectinenähnliche Prachtkleid an.

Die entscheidende Frage in der Beurteilung der phylogenetischen Beziehungen der Viduinen lautet also: Sind die estrildidenartigen Jugendmerkmale Ausdruck hohen stammesgeschichtlichen Alters und den entsprechenden Strukturen der Estrildiden homolog, oder sind sie *caenogenetisch*, d. h. in *adaptiver Konvergenz* an bestimmte Anforderungen der Umwelt für einen begrenzten Zeitraum jugendlicher Entwicklung entstanden? Remane (1952) hat anhand vieler Beispiele dargelegt, daß für die Ermittlung des natürlichen Systems die Erforschung ontogenetischer Stadien im Sinne des Biogenetischen Grundgesetzes zwar in vielen Fällen (60–70 %) richtige Folgerungen zuläßt, in den übrigen, die schon E. Haeckel als *caenogenetisch* den *palingenetischen* gegenüberstellte, jedoch nicht anwendbar ist und zu Fehlschlüssen führt.

Nachdem der Anpassungswert der estrildidenartigen Jugendmerkmale als gesichert gelten kann, muß nunmehr die Gegenfrage erhoben werden, wie die Viduinen in allen anderen Merkmalen zu ihrer Euplectinenähnlichkeit gekommen sein sollten. Diese Frage ist bisher von den Verfechtern der Estrildidenverwandtschaft der Viduinen (Chapin 1929, 1954, Friedmann 1960), soweit ich sehe, ganz unbefriedigend oder gar nicht beantwortet worden. Eine solch überraschende Übereinstimmung, wie sie in morphologischen und ethologischen Merkmalen (Weibchen-Kleider, Prachtkleider und jahreszeitlicher Wechsel zwischen Pracht- und Ruhekleid der Männchen, Balz, Stimme) zwischen den Euplectinen und den Viduinen vorliegt, wäre doch nur vorstellbar, wenn jedes einzelne dieser Merkmale durch einen besonderen auf ihm lastenden Selektionsdruck, der eine solche Angleichung der Altvögel zweier nicht näher verwandter Gruppen zuwege bringen könnte, herausgezüchtet wäre. Dafür zeigen sich aber keinerlei Anhaltspunkte. Die Übereinstimmung zwischen Euplectinen und Viduinen sind keine beliebigen Ähnlichkeiten, sondern echte Homologien. Damit sind die Inkongruenzen zwischen Jung- und Altvogelmerkmalen der Viduinen in vergleichbarer Weise aufzuklären, wie das in entsprechenden Zweifelsfällen bei Wirbellosen, deren differierende Larval- und Imaginalmorphologie einander widersprechende phylogenetische Deutungen zur Folge hatten, fast stets gelungen ist (Remane 1952).

Die einzige in jüngerer Zeit vorgetragene Beurteilung der Viduinen, die sich mit meinen Vorstellungen völlig deckt, ist die kurze Stellungnahme Steiners (1960). Auch E. Mayr (briefl. 1960) ist unabhängig von Steiner und mir von der Euplectinenverwandtschaft der Viduinen überzeugt.

X. Die Evolution der Viduinen

1. Das stammesgeschichtliche Alter des Brutparasitismus

Der Nachweis des Anpassungswertes der estrildidenähnlichen Jugendmerkmale wirft die weitere Frage nach dem stammesgeschichtlichen Alter des

Der Brutparasitismus der Viduinae

Brutparasitismus der Viduinen auf. Im Gegensatz zu Friedmann (1960) und mit Southern (1954) halte ich es für relativ hoch. Die extreme Anpassung in morphologischen und Verhaltensmerkmalen an die zeitlich eng umgrenzte Jugendentwicklung einer in ihrer Brutpflege hochselektiven anderen Vogelgruppe hat den Viduinen wohl als einzigen Brutparasiten eine optimale eigene Vermehrung ermöglicht, ohne das Vermehrungspotential ihrer Wirte wesentlich zu schädigen, was ja bei fast allen anderen brutparasitierenden Gruppen (*Indicatoridae, Icteridae, Cuculi*) der Fall ist.

Die Ausgangsform der Viduinen hat sich verhältnismäßig früh vom Euplectinenstamm abgezweigt. Nur so lassen sich die vielen euplectinenhaften morphologischen und Verhaltensstrukturen erklären, die sich bei den Viduinen wiederfinden. Die Estrildiden waren zu dieser Zeit wohl in einigen ihrer heute hochdifferenzierten Brutpflegetriebhandlungen noch nicht so spezialisiert. Sehr wahrscheinlich hatten sie noch keine oder nur sehr einfach gestaltete Rachenzeichnungen, und der AAM der Altvögel war wenig selektiv. Mit dieser Prämisse ist die adaptive Merkmalsausbildung der Viduinen hinreichend zu erklären. Die Differenzierung der Rachenzeichnungen unterlag bei ihren Jungvögeln wohl von Anfang oder von sehr frühen Stadien an dem gleichen Selektionsdruck wie bei ihren jeweiligen Nestgeschwistern und konnte sich somit völlig parallel entwickeln. Das gleiche dürfte für die anderen estrildidentypischen Merkmale (Fütterungstechnik) gelten, die wir heute als *conditio sine qua non* vorfinden. Mit diesen Feststellungen ist zwar nichts über das absolute Alter des Brutparasitismus ausgesagt, jedoch läßt sich mit einiger Sicherheit zeigen, an welcher Stelle sich im Stammbaum der Ploceidae (s. l.) die ersten Ansätze dazu aufspüren lassen.

2. Das Prägungsphänomen als Ausgangssituation und artisolierender Mechanismus

Wie sich der Übergang von selbständiger Brutpflege zu parasitischem Fortpflanzungsmodus vollzogen hat, läßt sich mit einiger Wahrscheinlichkeit nur nachzeichnen, wenn es gelingt, Verhaltensweisen an rezenten Vogelarten aus der engeren Verwandtschaft der Brutparasiten ausfindig zu machen, die eine solche Entwicklung ermöglicht und begünstigt haben. Friedmann (1960) hat alle bekannten Verhaltensweisen der *Ploceidae* einschließlich der Prachtfinken daraufhin durchmustert und nimmt an, daß Nachlassen und endlicher Verlust des Nestbautriebes, was für mehrere Estrildiden (*Amadi-*

na erythrocephala, Clytospiza monteiri, Nesocharis shelleyi, N. ansorgei) zutrifft, letztlich in brutparasitische Fortpflanzungsweise übergehen kann. Wären die Viduinen von Estrildiden herzuleiten, so hätten wir damit eine mögliche Deutung der Ausgangssituation, die allerdings einer Zusatzhypothese bedarf. Nachdem wir jedoch die Viduinen als abgeleitete Euplectinen erkannt haben, müssen wir folgerichtig bei diesen nach Verhaltenswurzeln suchen, die eine solche Entwicklung begünstigt haben könnten. Nachlassen des Nestbautriebes, das wie bei *Clytospiza monteiri* in offenbar obligatorische Benutzung leerstehender Fremdnester einmündet, ist bei den *Euplectinae* nicht bekannt. Dagegen gibt es hier im Gegensatz zu den Estrildiden Gattungen wie *Euplectes*, bei denen allein das Männchen das Brutnest baut, während z. B. bei *Drepanoplectes* und *Coliuspasser* das Weibchen der alleinige Baumeister ist.

Den ersten Typus, des allein bauenden Männchen, möchte ich für den ursprünglichen halten. Das Verlegen der Balz vom Nest auf besondere Balzplätze (*Euplectes* → *Drepanoplectes*) ist eine Entwicklungsrichtung, die mit extremer Ausgestaltung des männlichen Prachtkleides einherging und dazu führte, daß der Bautrieb beim Männchen verlorenging und vom Weibchen von bloßer Beschäftigung mit der Innenausstattung des Nestes auf Heranschaffen von Nistmarial und Bau der Rohkonstruktion ausgeweitet wurde.

Bevor die *Euplectinae* durch intensive Freilandbeobachtungen auf mögliche Verhaltenswurzeln, die zum Brutparasitismus geführt haben könnten, näher untersucht sind, lassen sich nur Vermutungen darüber äußern, wie es zu gelegentlichem Erbrüten von Euplectinen durch Estrildiden gekommen sein kann. Die beiden mir am wahrscheinlichsten dünkenden Möglichkeiten sind: 1. *Konkurrenz* um einen *Nistplatz,* an dessen ersten Anfängen ein Euplectinen- und ein Estrildidenpaar unabhängig voneinander gearbeitet hatten und den nach seiner Vollendung jedes der beiden Beteiligten als sein Eigentum betrachtete und umkämpfte. Solche Kämpfe werden mit Erbitterung und bis zur Entscheidung erst dann geführt, wenn beide Weibchen bereits gelegt haben und der Brutbeginn unmittelbar bevorsteht. Siegt das Estrildidenpaar, so hat es ein oder mehrere fremde Eier in seinem Gelege. 2. Euplectinen-Weibchen, deren Nest unmittelbar vor der Eiablage durch Räuber zerstört wurde, verlegen in ein in der Nähe stehendes, ähnliches gebautes Estrildidennest.

Kann man so über die Möglichkeiten, die zur Bebrütung fremder Eier im eigenen Gelege geführt haben, nur Vermutungen äußern, so lassen sich doch recht sichere Angaben darüber machen, welche Abänderungen im Normalverhalten durch Wirtseltern aufgezogene Jungvögel gezeigt und wie diese schließlich zu obligatem Brutparasitismus geführt haben dürften.

Jeder in elterlicher Pflege aufwachsende Jungvogel empfängt während der Zeit der Abhängigkeit von seinen Betreuern Eindrücke, die sein späteres Verhalten z. B. im Sozialleben, gegenüber Feinden, bei der Fortpflanzung und Biotopwahl in oft sehr einschneidender Weise bestimmen. Bei normaler arttypischer Jugendentwicklung im Freileben verschmelzen die erblich fixierten und individuell erworbenen Elemente, die das Gesamtverhalten des Individuums bestimmen, zu einer Einheit in voller Harmonie mit den Anforderungen der Umwelt. Die Erkenntnis, daß wesentliche Verhaltenskomplexe durch Jugenderlebnisse bestimmt und für das ganze Leben des Individuums fixiert werden, blieb daher Forschern vorbehalten, die Jungvögel selber aufzogen oder durch artfremde Pflegeeltern betreuen ließen (Heinroth, Lorenz). Es darf wohl ohne Übertreibung behauptet werden, daß dieses von Lorenz (1935) als *Prägung* bezeichnete und näher analysierte Phänomen bei reiner Beobachtung freilebender Tiere bisher noch nicht entdeckt, geschweige denn in seiner Bedeutung erkannt worden wäre.

Die Auswirkungen der Aufzucht durch artfremde Pflegeeltern auf das spätere Verhalten des Individuums sollen an einem Singvogel, der vergleichbare Verhaltensänderungen zeigt, besprochen werden (vgl. auch Nicolai 1956, 1959). Zieht man weniger als 10 Tage alte Gimpelnestlinge (*Pyrrhula pyrrhula* Linne), die den Menschen noch nicht von den eigenen Eltern unterscheiden, von Hand auf, so übertragen sie sämtliche auf die Eltern bezogenen Verhaltensweisen auf den menschlichen Pfleger: sie betteln ihn um Futter an, nach Verlassen des Nestes fliegen sie ihm entgegen und machen ihm im Alter von etwa 7 Wochen die ersten Balzanträge. Zur Zeit der Geschwisterverlobungen tragen sie sich dem Pfleger oder einem anderen persönlich gut bekannten Menschen an, und beide Geschlechter konzentrieren ihren sonst auf den Vater gerichteten Lerneifer auf die menschliche Stimme. Je länger und ausschließlicher der Vogel von Artgenossen isoliert in menschlicher Gesellschaft gehalten wird, um so fester ist später die Bindung an ihn: die Prägung wird irreversibel, wenn er vor Ablauf der ersten Fortpflanzungsperiode seines Lebens keine Gelegenheit hatte, mit Artgenossen Kontakt aufzunehmen.

Zwischen der Irreversibilität der Prägung lang isoliert gehaltener Junggimpel und dem kaum wahrnehmbaren Prägungseffekt bei in der Geschwisterschar aufgewachsenen, die nur bis zum Selbständigwerden ausgeprägten Kontakt zum menschlichen Pfleger hatten, finden sich alle nur denkbaren

Übergänge, die von der Dauer der Isolation von Artgenossen und der Stärke der sozialen Beziehungen zum Pfleger abhängen. Hatte der Jungvogel erst einige Zeit nach dem Selbständigwerden seine ersten Begegnungen mit Artgenossen, so war immer eine partielle Prägung auf die Art des Pflegers, sei es Mensch, Kanarienvogel oder Grünling, nachzuweisen. Grundsätzlich ebenso äußert sich Prägung in anderen Singvogelgruppen. Bei Estrildiden werden vornehmlich alle mit dem Schlaf- oder Brutnest zusammenhängenden Verhaltensweisen durch die Pflegeeltern beeinflußt. Jungvögel von Arten, die nach dem Ausfliegen das Nest nie mehr aufsuchen (*Chloëbia gouldiae, Pytilia afra, Erythrura trichroa*), schlafen, wenn sie von Mövchen aufgezogen werden, jede Nacht mit den Pflegeeltern im Nest und halten sich auch tagsüber häufig darin auf. Nach dem Selbständigwerden, in der Phase frühsexueller Betätigung, die wie bei Cardueliden etwa bei 7 Wochen alten Vögeln beginnt, erwacht bei solchen teilweise fremdgeprägten Estrildiden das Interesse für die Nester, und sie verfolgen besonders aufmerksam den Nestbau derjenigen Art, bei denen sie aufwuchsen. Häufig schlüpfen sie in die halbfertigen Bauten ein, tragen Genist herbei und versuchen, es im Innern einzubauen. Junge Weibchen fühlen sich durch die Balz und das Zu-Nest-Tragen von Wirtsvogel-Männchen umworben und versuchen, die Stelle ihrer Partnerinnen einzunehmen, indem sie im Nest auf das Niststoffe sammelnde Männchen warten. Am eifrigsten sind darin junge Weibchen, die ohne Geschwister im Ammennest aufwuchsen und daher besonders eng an die Pfleger gebunden sind. Diese Versuche werden von den nichtsahnenden Nestbesitzern als Konkurrenz um den Nistplatz aufgefaßt und stets erbittert abgewiesen. Die Jungvögel schließen sich später stärker aneinander an, wobei die gemeinsame Bindung an die Ammenart sich als ausgesprochen ehebahnend erweist. Hält man von einer Estrildidenart in einer Voliere mehrere annähernd gleichalte Geschwisterscharen, die zum Teil von artgleichen Eltern, zum Teil von Ammeneltern aufgezogen wurden, so suchen diese ihren späteren Partner bevorzugt unter den Jungvögeln aus, die sich wie sie selber stark zu der Art der ehemaligen Ammeneltern hingezogen fühlen, an deren Nestern sie sich kennenlernen. Diese Bevorzugung vermag Art- und selbst Gattungsgrenzen zu überspringen. Nachdem ich lange vergeblich versucht hatte, Mischpaare zwischen den australischen Arten *Stagonopleura guttata* und *Poëphila cincta* zu erzielen, gelang ein solcher Versuch, der vorher regelmäßig an dem Widerstand der prospektiven Partner scheiterte, ohne mein Zutun, als in einem Mövchennest ein Männchen von *Stagonopleura* und in einem zweiten ein Weibchen von *Poëphila* etwa gleichzeitig flügge wurden. Die Jungvögel fanden bald nach dem Selbständigwerden zusammen und hielten zeitlebens als Paar zueinander.

Angesichts der weiten Verbreitung des Prägungsphänomens in den verschiedensten Vogelordnungen kann man wohl mit Sicherheit sagen, daß die ersten Viduinenvorfahren, die in Estrildidennestern aufwuchsen, in ähnlicher Weise partiell auf die Art ihrer Pflegeeltern geprägt wurden, wie das bei anderen *Passeres* der Fall ist. Auch über die Auswirkungen dieser Prägung lassen sich aus Analogien in den Verhaltensweisen der Fortpflanzung zwischen Estrildiden und Euplectinen (Arbeitsteilung der Geschlechter beim Nestbau) Aussagen machen. Die Weibchen haben wohl, wie solche aus anderen Vogelgruppen, mit gleicher Arbeitsteilung beim Nestbau in der frühsexuellen Phase ihrer Jugendentwicklung sich in gleicher Weise um die Nester und Brutvorbereitungen gerade ihrer Wirtsvogelart gekümmert. Nach der Jugendmauser und der anschließenden Ruheperiode zeigte sich der Prägungserfolg, wie bei anderen fremdgeprägten Vögeln, in der ersten Fortpflanzungsperiode wieder mit voller Stärke. Hier mögen die Weibchen, wenn nicht immer, so doch oft die Nestbautätigkeit der arteigenen Männchen, die wie bei den Estrildiden einen wesentlichen Teil des Paarbildungszeremoniells ausmachen, wenig beachtet haben. Dagegen schlossen sie sich an Paare der ehemaligen Wirtsvogelart an und verstanden die Nestbautätigkeit der Männchen als auf sie selbst gerichtete Werbung. Die Abfuhr, die ihnen das erwählte Männchen erteilte, vermochte die durch seine Nestbautätigkeit und ihre eigenen Nestbesuche eingeleitete Ovulation ebensowenig zu beeinträchtigen, wie das in vergleichbaren Fällen in anderen Vogelgruppen der Fall ist.

Dafür ein Beispiel: ein im Jugendkleid gefangenes Weibchen von *Amandava amandava*, das ich ohne Gesellschaft von Artgenossen in einer Voliere hielt, die als einzige Estrildiden ein Paar der wesentlich größeren, verwandtschaftlich sehr fern stehenden und stimmlich sehr abweichenden australischen *Stagonopleura guttata* beherbergte, schloß sich diesem Paar an und versuchte, das Männchen für sich zu gewinnen. Es war während des Nestbaues ständig in seiner allernächsten Nähe, schlüpfte bei jeder Gelegenheit in den halbfertigen Bau ein und baute ihn innen aus. Das mit seiner artgleichen Partnerin vollauf beschäftigte Männchen beachtete ihre Begattungsaufforderungen nicht und vertrieb sie am und vor allem im Nest wie jeden anderen unerwünschten Störenfried. Trotz der mangelnden Reaktion des geliebten Objektes ovulierte das *amandava*-Weibchen gleichzeitig mit dem *guttata*-Männchen und legte die ersten Eier ihres Geleges in deren Nest. An einer Bebrütung wurde es allerdings von dem Paar gehindert, das sein Nest verteidigte. In jeder weiteren Brut dieses Paares war das *amandava*-Weibchen in gleicher Weise mit ihnen synchronisiert. Bei einer der letzten Bruten, als es von dem anfänglich arglosen *guttata*-Weibchen mit zunehmender Heftigkeit am Betreten der halbfertigen Brutkammer gehindert wurde, baute es in den wirren, kürbisgroßen Haufen von Genist unmittelbar unter der Nestkammer des *guttata*-Paares ein eigenes kleines Nest, legte dort genau am gleichen Tage wie das *guttata*-Weibchen ihr erstes Ei und bebrütete später ihr taubes Gelege allein.

Daß aus dieser anfänglichen Bindung an ein Ersatzobjekt im Laufe des ersten Brutsommers eine echte partielle Prägung auf die Art *Stagonopleura guttata* geworden war, erwies sich in den späteren Jahren. Ich beschaffte ihr im Herbst nach ihrem ersten Brutsommer ein artgleiches Männchen, das sie monatelang ablehnte und bei jedem Annäherungsversuch abbiß. Obwohl sie schließlich den Werbungen des Männchens nachgab, hielt sie ihre Bindung an die fremde Art aufrecht. Noch 4 Jahre nach ihrem ersten Brutsommer veranlaßte sie ihr Männchen durch Voranfliegen und Nestlocken, sein Brutnest unmittelbar unter dem eines Paares von *Stagonopleura guttata* zu bauen. Ihre Bindung bezog sich also nicht nur auf Individum, sondern auf die Art.

In der Anfangsphase der Entwicklung zum Brutparasitismus waren für die in Estrildidennestern aufgewachsenen Euplectinen-Weibchen artgleiche und Wirtsvogel-Männchen annähernd gleichwertige Geschlechtspartner, wie das auch bei teilweise geprägten Tauben-, Cardueliden- und Estrildidenindividuen der Fall ist. Die Besamung ihrer Eier durch artgleiche Männchen war deshalb wohl in jedem Falle gesichert, selbst dann, wenn sie sich ebenso häufig dem erwählten Wirtsvogel-Männchen anboten. Eine Begattung durch diese kam wegen der streng einehigen Paarbindung der Estrildiden, vor allem aber wegen der völlig abweichenden Begattungsstellung der Euplectinen niemals zustande. Bei über 500 Individuen von 48 Estrildidenarten habe ich niemals geschlechtliche Annäherungen an Vertreter anderer Vogelgruppen, geschweige denn Begattungsversuche gesehen.

Die Bebrütung der eigenen Eier im Nest des erwählten Estrildiden-Männchens wurde dem Weibchen durch die hartnäckige Abwehr des Paares verwehrt. Häufig mag es dann ein zweites und selbst drittes Männchen seiner ehemaligen Wirtsart aufgesucht und so seine Jahresgesamtproduktion an Eiern auf mehrere Nester verteilt haben. Mit dieser unbeabsichtigten, unter dem Druck der Verhältnisse erfolgten Verstreuung der Eier war der erste Schritt zur Reduktion des Bruttriebes getan. Der Verlust der Eier im von

Der Brutparasitismus der Viduinae 247

den Wirtsvögeln verteidigten Nest entsprach der Situation, die bei anderen Vögeln die Produktion von Nachgelegen zur Folge hat. Eine entsprechende Situation, der ständige Eierraub durch den Menschen, hat im Verlaufe der Domestikation bei mehreren Vogelarten (Haushuhn, Hausente, Hausgans) zu extremer Steigerung der Fortpflanzungskapazität geführt, die regelmäßig mit progressivem Schwund des Bruttriebes einhergegangen ist.

Mit der Fortentwicklung zum Brutparasitismus hat sich die partielle Prägung auf die Wirtsvogelart bei den Weibchen in einer scharfen Trennung der unterschiedlichen Funktionstypen des artgleichen und des Wirtsvogel-Männchens auf einem ganz bestimmten Niveau eingespielt. Nestbauer und Kopulationspartner, die für die Weibchen nichtparasitierender Arten unbedingt in einem Individuum vereinigt sein müssen, gehören beim Vidunien-Weibchen verschiedenen Arten an. Das artgleiche Männchen ist nur noch Kopulationspartner, mit dem das Weibchen für die Dauer einer Brutperiode zusammenlebt; die Wirtsvogel-Männchen sind Nur-Nestbauer, denen sie sich nacheinander in »psychischer« Polygamie anschließt. Die für die Auslösung der Ovulation wichtigeren Reize setzt zweifellos das Wirtsvogel-Männchen. Ohne Anwesenheit von Wirtsvögeln, ohne deren Nestbautätigkeit, die das Weibchen beobachten muß, ovuliert es nicht, während es andererseits ohne Anwesenheit eines artgleichen Männchens Eier ablegen kann, wenn ein bauendes und kopulierendes Wirtsvogelpaar vorhanden ist. Paarungsanträge an das Wirtsvogel-Männchen habe ich bei Viduinen-Weibchen niemals gesehen, dagegen deutliche Abwehrhaltung gegen dessen Partnerin am Nest.

Die Auswirkungen der partiellen Prägung auf die Wirtsvogelart äußerten sich bei den Männchen der Viduinenvorfahren in ihrem Geschlecht entsprechenderweise. Die auffälligste Verhaltensänderung war wohl die Übernahme von Gesangsteilen und Kontaktrufen des Pflegevaters in den eigenen Gesang, zu dessen angeborenen Elementen diese erworbenen kamen. Im Gegensatz zu den Estrildiden zeigen junge Ploceiden aus mindestens zwei mir bekannten Gruppen (Passerinae, Euplectinae) eine Beeinflussung des angeborenen Artgesanges durch artfremde Vögel: *Passer domesticus* Linne (Stoner 1942, Kipps 1956); *Passer luteus* Lichtenstein (eig. Beob.); *Quelea erythrops* Hartlaub (Kunze 1961).

Mit der Modifikation des Gesanges durch Bestandteile des Wirtsvogellautschatzes waren für die Männchen der Viduinenvorfahren die wesentlichsten für die Fortentwicklung zum Brutparasitismus bedeutsamen Verhaltensänderungen eingetreten. Da die passive Rolle der Euplectinen-Männchen in der Paarbildung ihnen für das Gewinnen einer Partnerin nur den

Nestbau, die Balz am Nest und in seiner unmittelbaren Umgebung sowie den Gesang als Werbemittel gestattet, unterlag die Vervollkommnung des Nachahmungstalentes sehr bald einer starken, sexuellen Selektion. Ebenso wie junge, durch artfremde Pflegeeltern geprägte Estrildiden bei der Wahl des Ehepartners gleichgeprägte Individuen bevorzugen (S. 244), haben offenbar die in Wirtsvogelnestern aufgewachsenen Weibchen der Viduinenvorfahren solche artgleiche Kopulationspartner bevorzugt, die durch ihren Gesang ihre gleiche Herkunft bekundeten.

Lassen sich über die psychischen Ursachen der selektiven Bevorzugung gleichgeprägter Individuen in der Gattenwahl bei Estrildiden vorerst nur Vermutungen äußern, so kann man über die Vorliebe der Viduinen-Weibchen für wirtsvogelnachahmende Kopulationspartner Aussagen mit hohem Wahrscheinlichkeitsgrad machen. Sie wurden ja in der sensiblen Phase ihrer Jugendentwicklung nicht nur auf die morphologischen Merkmale der Wirtsart, sondern selbstverständlich auch auf deren Lautäußerungen geprägt. Von ihnen trägt das Weibchen ein ebenso vollständiges, ihre Bedeutungen und Motivationen umfassendes »Bild« zeitlebens in sich, wie auch das Männchen. Die vollständige Beherrschung der Wirtsvogellaute ist ja für ihre Ovulation von entscheidender Bedeutung, denn nur diese Fähigkeit erlaubt es ihr, mit größtmöglichem Erfolg auf die Suche nach fortpflanzungsgestimmten Wirtsvögeln zu gehen. Die Synchronisierung mit dem Wirtsvogelpaar wird neben optischen Eindrücken, wie die Beobachtung der Nestbautätigkeit und der Kopulationen, zu einem wesentlichen Teil durch akustische Reize, die Lautäußerungen, die diese Handlungen begleiten, gewährleistet.

Unter den in ihren Revieren singenden artgleichen Männchen waren somit diejenigen begehrteste Kopulationspartner, die möglichst viel aus dem Wortschatz der gemeinsamen Wirtsart vortrugen. Sie lieferten dem Weibchen Reize, die ihre Fortpflanzungsstimmung in gleicher Weise und mit denselben Mitteln anregten wie die Wirtsvögel.

Das Nachahmungstalent fremdgeprägter Singvögel und Papageien ist selbst bei gleichaufgezogenen Jungvögeln einer Brut sehr verschieden. Von den Söhnen des kanariengeprägten Gimpel-Männchen Blaugelb lernten nicht alle den Kanariengesang des Vaters mit gleicher Vollkommenheit, obwohl sich alle darum bemühten. Dasselbe gilt für handaufgezogene Wellensittiche und andere Papageien. So haben wohl auch die Männchen der Viduinenvorfahren ihre Wirtslaute sehr verschieden vorbildgetreu nachgesungen. Solange nur ein kleiner Teil der Population in Wirtsnestern aufgewachsen war, mögen die schwachen Nachahmer im Wettbewerb um die Weibchen nicht wesentlich benachteiligt gewesen sein. Mit der raschen Ausbreitung dieser neuen ethologischen Variante dank der raschen Steigerung ihres Vermehrungspotentials, vor allem aber durch die höheren Überlebenschancen, die die Weibchen ihrer Nachkommenschaft durch die Verteilung der Eier auf viele Nester sicherten, setzte jedoch eine scharfe geschlechtliche Zuchtwahl auf die Vervollkommnung der Wirtslautnachahmungen im Männchengesang ein. Sie hat zu immer besserer Ausbildung dieser Gesangselemente in der Tonqualität, der Häufigkeitsverteilung und Vollständigkeit, zum Erfassen des gesamten Wortschatzes der Wirtsart, ja zur akustischen Wiedergabe ganzer Verhaltensabläufe, so des Begrüßungszeremoniells, Futterbettelns und Nestlockens, geführt.

Waren schon die ersten fremdgeprägten Euplectinen-Männchen durch die auffällige Modifikation ihrer Gesänge für normal aufgewachsene Weibchen der gleichen Population weniger attraktiv als solche, die den arttypischen Gesang vortrugen, so schieden sie um so mehr als Kopulationspartner aus, je stärker die Vervollkommnung der Wirtsvogelimitationen in ihren Gesängen durch die Selektion von seiten der gleichgeprägten Weibchen vorangetrieben wurde. Nach verhältnismäßig kurzer Zeit – gemessen im Zeitmaß der Stammesgeschichte der Passeres – lebten im Areal der Euplectinenart zwei ethologische Rassen nebeneinander, die sich zunächst nur im Verhalten, je nach ihren Jugenderlebnissen, unterschieden. Dadurch wurden sie sehr bald streng sexuell isoliert; schließlich unterblieb der Genaustausch ganz, und damit war der Weg für die Ausbildung und zunehmende Vervollkommnung der adaptiven Merkmale sowie gleichzeitig für die morphologische Differenzierung von der Ausgangsform frei.

Während die Selektion bei den Weibchen dieser neuen Variante sehr bald diejenigen Mutanten förderte, die eine möglichst große Eizahl produzierten, eine Verhaltensänderung, die immer und in den verschiedensten Vogelgruppen zum Verlust des Bruttriebes führt, hat sie die überflüssig gewordene Nestbautätigkeit der Männchen nur mittelbar beeinflußt. Verhaltensweisen dieser Art werden durch Prägungseinflüsse bei keiner mir bekannten Vogelart in irgendeiner Weise verändert. Die Viduinen-Männchen haben zweifellos am Anfang der Entwicklung zum Brutparasitismus wie ihre Euplectinenvorfahren völlig artgemäße Nester gebaut und sie den herumstreifenden Weibchen angepriesen. Da jedoch keiner der beiden Weibchentypen ihr Nestbauen würdigte, geschweige denn Eier in ihre Nester legte, war diese bei den Euplectinen für die Anwerbung einer Partnerin entscheidende Verhaltensweise nutzlos geworden. So verkümmerte sie zunehmend und ist bei den rezenten Viduinen völlig verschwunden. An die Stelle des verlorenen Werbemittels traten andere komplizierte Balzhandlungen und vor allem die vollendete Nachahmung der Wirtsvogellaute.

Der Verlust des Nestbautriebes war also *nicht* die *Ausgangssituation,* die zum Brutparasitismus führte, sondern ein *sekundärer* Prozeß: das Aufgeben einer nutzlos gewordenen Verhaltensweise, die durch Fortfall des sie bedingenden Selektionsdruckes verschwand.

3. *Die wirtsparallele Rassen- und Artbildung*

Die enge Bindung der Viduinen an die jeweilige Wirtsvogelart, die sich in frühen prägsamen Phasen der Jugendentwicklung schließt und bei jedem Individuum zu einer so genauen Kenntnis des Aussehens, Verhaltens und der Stimme der Art der Pflegeeltern führt, wie sie andere Vogelarten nur von der eigenen Spezies haben, mußte ihre Evolution von Anfang an aufs engste mit der ihrer Wirte verknüpfen. Während die Stammformen der heutigen Viduinenwirte, der Gattungen *Pytilia, Estrilda, Granatina* und *Lagonostica,* wohl im wesentlichen eine *geographische* Rassen- und Artbildung durchgemacht haben, die nach Huxley (1942), Mayr (1942) und Rensch (1947) wohl der häufigste Artbildungsmodus ist, vollzog sich die Differenzierung ihrer Brutparasiten unmittelbar unter ihrem Einfluß.

Als erste Merkmalsänderungen traten in räumlich getrennten Singvogelpopulationen einer einheitlichen Art mit weitem Verbreitungsgebiet neben morphologischen zweifellos sehr früh schon stimmliche Unterschiede auf. Einige aneinandergrenzende morphologisch wenig differenzierte Rassen des Buntastrild (*Pytilia melba*) haben bereits deutlich verschiedene Gesänge (S. 201); eine isoliert lebende Unterart (*jessei*) singt noch abweichender, und ein Vertreter der morphologisch stärker verschiedenen rotzügeligen Rassengruppe (*citerior*) ist an seinem Gesang kaum noch als zu *Pytilia melba* gehörig zu erkennen. Deutliche Unterschiede in den Gesängen fanden sich auch bei den von mir untersuchten geographischen Rassen *coccinea, pyrrhula* und *griseiventris* des Gimpels (*Pyrrhula pyrrhula* L.).

Die vollendeten Wirtslautnachahmungen der heutigen Viduinen, die auch die rassischen, ja die individuellen Besonderheiten getreu wiedergeben, ermöglicht nun eine Grundannahme: wenn in einer zunächst einheitlichen Estrildidenart, die von einer Viduinenart parasitiert wurde, die ersten stimmlichen Differenzierungen auftraten, so breiteten sie sich ebenso geschwinde auch bei den Brutparasiten aus. Denn die ersten in den Nestern abweichend singender Wirtsvogel-Männchen aufwachsenden Viduinen-Männchens übernahmen unmittelbar diese Abweichungen aus dem Gesang des Pflegevaters. Je stärker diese stimmlichen Unterschiede, die wohl stets, durch die Wirkung pleiotroper Gene, mit morphologischen Differenzierungen gekoppelt waren, bei der Wirtsvogelpopulation sich als isolierender Mechanismus auswirkten, um so stärker beeinflußten sie auch das »Wirtsvogelbild« und gleichzeitig die Partnerwahl bei ihren Brutparasiten. Dehnte eine solche geographisch isoliert lebende Wirtsvogelpopulation ihr Gebiet sekundär aus und stieß sie dabei in das einer anderen vor, so konnte sie sich entweder in der Kontaktzone mit ihr wieder vermischen, oder beide konnten ineinander *transgredieren,* ohne Mischpopulationen zu bilden (Stresemann u. Timofeeff-Ressovsky 1947, Mayr 1942). Wie die heutige Verbreitung der Viduinenarten und -rassen und die ihrer Wirte zeigt, sind alle Viduinen, deren Wirte Artselbständigkeit erreichten, ebenfalls und offenbar gleichzeitig zu guten Arten geworden. In einigen Fällen scheinen die durch Prägung erworbenen, für die geschlechtliche Isolation entscheidenden Mechanismen bei den Brutparasiten genauer zu arbeiten und, wenn ihre Wirtsprachtfinken ihre Gebiete sekundär erweiterten, eine strengere sexuelle Isolation zu gewährleisten als bei ihren Wirten. Während die zwei Rassengruppen des Buntastrild an mehreren Stellen durch Bastardpopulationen verbunden sind, haben die sie parasitierenden Paradieswitwenformen zwei selbständige Arten (*paradisaea, orientalis*) gebildet, die sich nicht nur morphologisch, sondern auch in ihren Balzbewegungen deutlich unterscheiden. Zu einer genauen Klärung dieser Verhältnisse bedarf es freilich noch eingehender weiterer Untersuchungen.

Die *morphologische* Differenzierung der Viduinen ist dagegen, soweit sie nicht adaptive Merkmale, wie Rachenzeichnungen und Jugendkleider, betraf, unabhängige Wege gegangen. Sie zeigt wie so oft, daß die Merkmalsausbildung in den einzelnen Gattungen sehr verschieden schnell verläuft. Die reine Ermittlung von Ähnlichkeitswerten führt deshalb zwangsläufig zu irreführenden systematischen Schlußfolgerungen. So sind die Zwillingsarten *Uraeginthus granatinus* und *U. ianthinogaster* und ihre Brutparasiten *Tetraenura regia* und *T. fischeri* offenbar gleichalte Arten, aber die strukturelle Differenzierung ist bei den Brutparasiten wesentlich weiter gediehen als bei ihren Wirtsarten. Das hat viele Autoren veranlaßt, die beiden Viduinen als Angehörige zweier Gattungen, *Tetraenura* und *Linura,* die Estrildiden dagegen als Rassen einer Art aufzufassen. In der Gattung *Steganura* hingegen sind die morphologischen Unterschiede so gering, daß wohl niemand einander so ähnlichen Formen Artselbständigkeit zuerkennen würde, hätten wir nicht das seltene Glück, das Naturexperiment befragen zu können, das in der Überschneidung der Verbreitungsgebiete dreier Formen deren Artselbständigkeit nachweist. Weder die Form der Schwanzfedern noch die Farbe des Nackenbandes geben uns hier über die Verwandtschaftsbeziehungen Auskunft (Abb. 9). Die durch die Prägung auf die Wirtsvogelart entstandene und von Generation zu Generation neu gefestigte sexuelle Isolation darf daher auch in den Fällen als wirksamer, artisolierender Mechanismus erwartet werden, in denen sie sich wegen disjunkter Verbreitung der Formen nicht manifestieren kann (*togoensis – aucupum; orientalis – obtusa* usw.).

Soll sich also die Rassen- und Artbildung der Viduinen in dieser Weise parallel mit der ihrer Wirtsvögel vollzogen haben, müssen die Viduinengattungen-, -arten und -rassen stammesgeschichtlich ebenso alt sein wie die der von ihnen parasitierten Estrildiden. Das läßt sich bis zu den niedersten systematischen Kategorien nachprüfen und erlaubt gleichzeitig einige Voraussagen:

1. Im Verbreitungsgebiet einer einheitlichen Wirtsvogelart, die keine Rassen gebildet hat, darf der Brutparasit ebenfalls keine Rassenbildung zeigen.

2. Keine Estrildidenart oder -rasse wird von zwei Viduinenarten parasitiert.

3. Überschneiden sich die Verbreitungsgebiete zweier Viduinenformen, so ist allein aus dieser Tatsache die Voraussage abzuleiten, daß sie verschiedene Wirtsvogelarten parasitieren.

4. Der Verwandtschaftsgrad vikariierender Formen einer schwer zu beurteilenden Viduinengruppe (*Steganura, Hypochera*) läßt sich mit Sicherheit nur durch die Bestimmung ihrer Wirtsvögel ermitteln.

Die Gültigkeit der Ableitung dieses Artbildungsmodus konnte, wie ich glaube, an den bisher vorliegenden Ergebnissen wahrscheinlich gemacht werden. Sie muß jedoch an den äußerst verwickelten Verhältnissen in der Gattung *Hypochera*, die nach Friedmann (1960) in mindestens 10 morphologisch geringfügig (verschiedenfarbiger Metallglanzschimmer des Gefieders, Unterschiede in der Schnabel- und Fußfarbe sowie der Färbung von Handschwingen und Steuerfedern) abweichenden Formen, die z. T. vikariieren, z. T. sympatrisch verbreitet sind, nachgeprüft werden.

Auch die Möglichkeit eines sekundären Wirtswechsels, der die tatsächlichen Verwandtschaftsverhältnisse verschleiern könnte, muß noch eingehend untersucht werden. Sie ist theoretisch auf der Stufe der Unterarten denkbar, indem eine Viduinenrasse ihr Gebiet dorthin ausdehnt, wo ihr Wirt sich mit einer ihm nahestehenden Form verbastardiert. Daß eine Viduinenform, die bereits Artselbständigkeit erreicht hat, auf eine andere im gleichen Gebiet lebende Estrildiden*art* überwechselt, was mit dem S. 226 beschriebenen Verlegen beginnen könnte, halte ich für ganz unwahrscheinlich, denn sie begibt sich damit aller ihrer Anpassungsvorteile. Die Chancen der Nachkommenschaft, im Nest der neuen Art, der sie keine adaptiven Merkmale zu bieten haben, zu überleben, sind äußerst gering und auf wenige seltene Sonderfälle beschränkt. Entscheidend für das Überleben des Viduinenjungen im Estrildidennest ist eben seine Ununterscheidbarkeit von den Wirtsgeschwistern, dank einer Summe von Merkmalen, die nacheinander während der Nestlingszeit ihren Bedeutungschwerpunkt erlangen.

XI. Klassifikation der Viduinen

Die hier vorgeschlagene Neugruppierung der Viduinen ist im wesentlichen schon in den vorhergehenden Kapiteln begründet worden. Sie zeigt, daß die älteren Autoren bei der Aufstellung ihrer Gattungen die verwandtschaftlichen Beziehungen durchaus richtig beurteilen, so daß ich von der alten Nomenklatur nur in einem Punkte (Vereinigung von *regia* und *fischeri* in einem Genus) abweiche. Andererseits wird deutlich, daß eine Zusammenfassung aller Vertreter dieser so mannigfach differenzierten Unterfamilie in einem einzigen Genus (*Vidua*), wie es Delacour und Edmond-Blanc (1934) vorschlugen, das so unterschiedliche Gattungs- und Artenalter unberücksichtigt läßt und den Weg der Stammesgeschichte völlig verschleiert. Stresemann hat die reuevolle Rückkehr zur »alten« Nomenklatur seit langem (zuletzt 1961) vorausgesagt; diese Entwicklung ist auch in der Beurteilung der Verwandtschaftsbeziehungen in anderen Vogelgruppen (*Anatidae*, *Estrildidae*) in vollem Fluß.

Steganura ist, obwohl in einigen morphologischen Strukturen und Verhaltensweisen von den Gattungen *Tetraenura* und *Hypochera* abweichend, diesen beiden doch relativ nahe verwandt. Sie hat mindestens 4, wahrscheinlich aber 5 Arten gebildet, deren Beziehungen zueinander denen ihrer Wirtsvögel entsprechen. Ihr Brutparasitismus ist auf die Gattung *Pytilia* beschränkt; er erfaßt sämtliche Arten und wahrscheinlich auch sämtliche Rassen dieses Genus.

Steganura paradisaea, deren Artselbständigkeit bereits Chapin (1922) richtig erkannte, ist keine einheitliche Spezies. Sie zerfällt in eine Anzahl noch unbeschriebener ethologischer Rassen, deren Verbreitungsgebiete sich voraussagbar mit denen der süd- und einigen der ostafrikanischen Rassen des Buntastrild decken und deren geographisch am weitesten entfernt lebende Populationen sich auch morphologisch schon deutlich unterscheiden. Ihre Nächstverwandte ist *Steganura orientalis*, die mindestens drei Rassen (*orientalis, kadugliensis, aucupum*) gebildet hat. Die Zeitdauer der Isolierung der Gattung *Steganura* von den anderen Viduinengattungen entspricht der der Gattung *Pytilia* von den Gattungen der anderen Viduinenwirte (*Estrilda, Granatina, Lagonosticta*).

Die älteste Viduinengattung ist *Vidua*, die sowohl zu *Steganura* als auch zu den beiden verbleibenden Genera deutliche Unterschiede aufweist und in vieler Beziehung isoliert steht. Sie hat zwei Arten (*macroura, hypocherina*) gebildet, die wahrscheinlich wiederum in eine Anzahl von wirtsspezifischen Rassen zu gliedern sind. Die Streitfrage, ob *hypocherina* eine langschwänzige *Hypochera*-Art oder eine schwarze *macroura*-Verwandte ist, muß zugunsten letzterer Auffassung entschieden werden. Wirtsvögel von *Vidua macroura* sind *Estrilda astrild*, im Nordwesten des Verbreitungsgebietes wahrscheinlich *Estrilda troglodytes* und vielleicht noch andere nahe verwandte *Estrilda*-Arten. Eine Rassen- und möglicherweise Artbildung ist wahrscheinlich. Der Wirtsvogel von *Vidua hypocherina* konnte aus eigenen Untersuchungen bisher nicht ermittelt werden.

Die Gattung *Tetraenura* umfaßt zwei Arten, *regia* und *fischeri*, die sich in den Prachtkleidern der Männchen stark, in den Ruhe- und Weibchenkleidern nur wenig unterscheiden. Sie parasitieren die Arten *Uraeginthus granatinus* und *Uraeginthus ianthinogaster* und sind als Arten offenbar genau ebenso alt wie ihre Wirtsvögel. *Tetraenura regia* hat die beiden geographisch vikariierenden Rassen *regia* und *woltersi* gebildet, deren Verbreitungsgebiete sich mit denen der Wirtsvogelrassen *granatinus* und *retusus* decken. Eine Rassenbildung von *Tetraenura fischeri* ist wahrscheinlich; schon Neunzig (1929) vermutete sie aufgrund abweichender Jugendkleider, die mit denen der Wirtsvogelrassen des jeweiligen Wohngebietes übereinstimmen.

Die *Tetraenura* am nächsten stehende Gattung ist *Hypochera*. Sie hat mindestens zwei, wahrscheinlich mehrere Arten gebildet, deren Selbständigkeit durch Identifizierung der Wirtsvögel nachweisbar ist. Bei der Nominatform einer Art (*Hypochera chalybeata*) konnte der Wirtsvogel (*Lagonostic-*

ta s. senegala) aus Freilandbeobachtungen (Morel 1955) nachgewiesen und durch Gesangsuntersuchungen bestätigt werden. Für die Rassen *ultramarina* und *amauropteryx* konnte ich Rassen der gleichen Wirtsvogelart (*brunneiceps, rendalli*) aus dem Gesang der Männchen ermitteln. Problematische Formen, deren systematische Stellung erst durch Auffinden der Wirtsvögel zu klären ist, sind *codringtoni, nigeriae wilsoni, nigerrima* und *camerunensis*.

Zusammenfassung

Die vorliegende Untersuchung hat eine Analyse der Verhaltensweisen der Viduinen, die den besonderen Verhältnissen ihrer brutparasitischen Fortpflanzungsweise angepaßt sind, eine Klärung ihrer Verwandtschaftsbeziehungen untereinander und zu anderen Vogelgruppen sowie einen Rekonstruktionsversuch der Entstehungsgeschichte ihres Brutparasitismus zum Gegenstand. Dazu wurden über 500 Estrildiden in 48 Arten, 82 Viduinen in 10 und rund 50 Ploceiden in 5 Arten gehalten, zum Teil gezüchtet, ihr Verhalten untersucht sowie ihre Stimmen auf Tonbändern aufgenommen und klangspektrographiert.

Die Gesänge der Viduinen setzen sich aus zwei Anteilsgruppen zusammen, von denen die eine weberartige Elemente, die andere das gesamte Inventar der Lautäußerungen jeweils einer Estrildidenart umfaßt. Die Gesangselemente beider Anteilsgruppen können in unvoraussagbarem Wechsel aufeinanderfolgen; bei sexueller Motivation herrschen die Nachahmungen der Estrildidenlaute, bei aggressiver die angeborenen, stammesgeschichtlich alten, euplectinenartigen Gesangspartien vor. Aus den Gesängen der Viduinen können somit die von ihnen parasitierten Wirtsvögel ermittelt werden. Für einige Arten und Rassen gelang dadurch der Nachweis der bisher unbekannten Wirtsvögel, für andere konnten aus Freilandbeobachtungen vermutete Wirtsvögel bestätigt oder ausgeschlossen werden.

Die Nominatform von *Hypochera chalybeata* ahmt Gesang, Distanzrufe, Stimmfühlungslaute, Nestlocken und das mehrstimmige Futterbetteln einer Jungvogelschar des Wirtsvogels *Lagonosticta s. senegala,* ihre geographischen Rassen *ultramarina* und *amauropteryx* ahmen die entsprechenden Lautäußerungen der in ihren Verbreitungsgebieten lebenden Rassen *brunneiceps* und *rendalli* der gleichen Wirtsvogelart nach.

Tetraenura regia trägt Erregungsrufe, Erregungsstrophe, Begrüßungsstrophe, Gesang, Nestlocken und Wutlaute von *Uraeginthus granatinus* vor. Die Nachahmung der Begrüßungsstrophe des *granatinus*-Weibchens folgt im Gesang des *regia*-Männchens meist unmittelbar der einer solchen der Erregungsstrophe des *granatina*-Männchens. Das *regia*-Männchen koppelt also situationsgemäß zwei Wirtsvogelstrophen, die zum Begrüßungszeremoniell eines Paares der Wirtsart gehören. Auf ein bauendes *granatinus*-Paar macht das *regia*-Männchen seine Partnerin durch Vortragen einer Serie von Nestlockrufen des *granatinus*-Männchens aufmerksam.

Der Wirtsvogel von *Tetraenura fischeri* ist *Uraeginthus ianthinogaster*, dessen Wortschatz (Kontakttrillern, Erregungsrufe, Erregungsstrophe, Gesang, Rufstrophe) das Männchen vorträgt. Die angeborenen weberartigen Gesangselemente sind denen von *Tetraenura regia* sehr ähnlich.

Von den Paradieswitwen (*Steganura*) konnten 6 der bisher beschriebenen 7 Formen untersucht werden. *Steganura paradisaea* parasitiert die süd- und ostafrikanischen Rassen des Buntastrild (*Pytilia melba*). Die nächstverwandte Art ist *Steganura orientalis*, die 3 Rassen (*aucupum, orientalis, kadugliensis*) gebildet hat. Der Wirtsvogel von *Steganura o. aucupum* ist *Pytilia melba citerior*, die Wirte von *orientalis* und *kadugliensis* sind *citerior* nahestehende, der rotzügeligen Rassengruppe angehörige Formen des Buntastrild.

Steganura obtusa ist eine selbständige Art, ihr Wirtsvogel ist *Pytilia afra*. Artselbständigkeit hat auch die langschwänzige Form *togoensis* erreicht, deren Wirtsvogel wahrscheinlich *Pytilia hypogrammica* ist.

Aus den Gesängen von *Vidua macroura* und der nahe verwandten *Vidua hypocherina* konnten keine Wirtsvogelstrophen ermittelt werden. Beide Arten sind nicht einheitlich; ihre Populationen variieren in Größe, Form der Schmuckfedern und Weibchenkleidern (*macroura*) oder in der Schnabelfarbe (*hypocherina*).

Die Wirtsvogelstrophen in den Viduinengesängen sind nicht nur für das menschliche Ohr, sondern auch für die Wirtsvögel selber von deren arteigenen Lauten nicht zu unterscheiden. Anschlußsuchende Einzelvögel von *Pytilia melba, Pytilia afra, Uraeginthus granatinus* und *Lagonosticta senegala* antworten auf die Nachahmungen ihrer Brutparasiten wie auf die Lautäußerungen von Artgenossen. Durch einen Platzwechsel verschüchterte, unselbständige Jungvögel von *Lagonosticta senegala* begannen sofort wieder zu betteln, als sie auf einem Tonband den Gesang eines *Hypochera chalybeata*-Männchens mit der Nachahmung der *senegala*-Bettellaute hörten.

Als Wirtsvögel der Viduinen kommen nur Estrildiden in Betracht. Ihre sehr spezielle, von der aller anderen Passeres abweichende Fütterungstechnik zwang die Viduinen zu extremer Anpassung, die ihnen das Parasitieren bei jeder anderen Vogelgruppe verwehrt. Die Estrildiden haben, parallel mit der Differenzierung der Rachenzeichnungen ihrer Nestlinge, eine hohe Selektivität des Wahrnehmungsapparates der brutpflegenden Altvögel entwickelt. In Rachenzeichnung, Bettelbewegungen, Bedaunung und anderen Merkmalen abweichende Jungvögel anderer Arten werden normalerweise nicht gefüttert. Die Übereinstimmung zwischen den Jungvögeln einer Viduinenart und denen jeweils einer Estrildidenart ist ein Spezialfall von Mimikry, der durch einen von den Wirtseltern ausgehenden Selektionsdruck entstand und jede Viduinenart in ihrer Fortpflanzung an eine einzige Estrildidenart bindet.

Bei der Klärung der strittigen Verwandtschaftsbeziehungen der Viduinen müssen alle adaptiven (Jungvogel-) Merkmale unberücksichtigt bleiben. Die Viduinen weisen sich in ihrer Balz, den angeborenen Gesangselementen, dem jahreszeitlichen Wechsel zwischen Brut- und Ruhekleid und in ihren Gefiedermerkmalen als nahe Verwandte der *Euplectinae*, einer Unterfamilie der Weber (*Ploceidae*), aus. Die euplectinenartigen Balzformen der Viduinen, die keinerlei Gemeinsamkeit mit denen der Estrildiden haben, werden besprochen.

In der Evolution der Viduinen wurde ihre Wirtsspezifität durch die Selektivität der Estrildiden erzwungen. Die Fixierung auf die Wirtsvogelart hat in Prägungsphänomenen ihren Ursprung und wird durch sie aufrechterhalten. Das Zusammenfinden der Geschlechtspartner gleicher Anpassungstypen wird durch die Prägung auf die Wirtsvogelart gewährleistet, die sich bei den Männchen in der Übernahme des gesamten Wortschatzes der Wirtsart, bei den Weibchen darin manifestiert, daß sie nur durch Beobachten der Brutvorbereitungen eines Wirtspaares in Fortpflanzungsstimmung kommen und ovulieren. Die Vervollkommnung der Wirtsvogelstrophen in den Gesängen der Viduinen-Männchen unterlag von den Anfangsphasen der Entwicklung zum Brutparasitismus an einer strengen geschlechtlichen Zuchtwahl, indem die Weibchen solche Kopulationspartner bevorzugten, die in ihrem Gesang die Lautäußerungen der gemeinsamen Wirtsart möglichst vollständig und vorbildgetreu imitierten. Bei den rezenten Viduinen sind die Wirtsvogelstrophen in den Gesängen der Männchen der wirksamste artisolierende Mechanismus.

Die Rassen- und Artbildung der Viduinen hat sich parallel mit der ihrer Wirtsvögel vollzogen. Die Verwandtschaftsbeziehungen ihrer Formen entsprechen denen der von ihnen parasitierten Estrildidenformen und blicken auf das gleiche stammesgeschichtliche Alter zurück. Dieser Artbildungsmodus hat zur Folge gehabt, daß alle Viduinenformen, deren Wirte Artselbständigkeit erlangten, gleichfalls selbständige Arten wurden, daß keine Estrildidenart von zwei Viduinenarten parasitiert wird und daß eine Rassenbildung der Brutparasiten nur dort stattfand, wo auch die Wirte Rassen gebildet haben. Daraus ergibt sich weiterhin, daß Viduinenformen, deren Verbreitungsgebiete sich überschneiden, stets verschiedene Wirtsvogelarten parasitieren und der Verwandtschaftsgrad vikariierender Formen einer Viduinengruppe (*Steganura*, *Hypochera*) sich nur durch die Bestimmung ihrer Wirtsvögel ermitteln läßt.

Die Viduinen bilden 4 Gattungen (*Steganura, Vidua, Tetraenura, Hypochera*), deren älteste *Vidua* ist. Sie hat zwei Arten (*macroura, hypocherina*) gebildet. *Vidua hypocherina* ist keine langschwänzige *Hypochera*-Art, sondern eine schwarze *macroura*-Verwandte. Königs- und Strohwitwe (*Tetraenura regia* und *Tetraenura fischeri*) sind nahe verwandte Arten, die die *Uraeginthus granatinus* und *Uraeginthus ianthinogaster* parasitieren. Die Gattung *Tetraenura* steht der Gattung *Hypochera* näher als *Vidua*.

Die komplizierten Verwandtschaftsbeziehungen der Atlaswitwen (*Hypochera*) mit mindestens 10 morphologisch in Metallglanzschimmer des Gefieders, Schnabel- und Fußfarbe unterschiedenen Formen, die zum Teil vikariieren, zum Teil sympatrisch verbreitet sind, können nur durch das Auffinden ihrer Wirtsvögel geklärt werden. Die Atlaswitwen haben mindestens zwei, wahrscheinlich jedoch weitere Arten gebildet und sind Brutparasiten bei der Gattung *Lagonosticta*. Die rotschnäbelige Form *amauropteryx* ist keine selbständige Art, sondern eine geographische Rasse von *Hypochera chalybeata*.

Beobachtungen an Paradieswitwen (Steganura paradisaea L., Steganura obtusa Chapin) und der Strohwitwe (Tetraenura fischeri Reichenow) in Ostafrika*

Freilebende Witwenvögel (*Viduinae*) in ihrem natürlichen Lebensraum und die Beziehungen dieser Brutparasiten zu ihren Wirtsvögeln zu beobachten war mein Wunsch, seit ich vor Jahren mit Untersuchungen über die ungewöhnliche Fortpflanzungsweise in dieser Vogelgruppe begann. Er wurde Wirklichkeit durch zwei Forschungsstipendien der Fritz-Thyssen-Stiftung und eines der Max-Planck-Gesellschaft, die mir jeweils mehrmonatige Forschungsreisen nach Ostafrika und Kamerun ermöglichten.

Die nachstehend geschilderten Beobachtungen konnte ich im wesentlichen im Verlauf zweier dieser Reisen anstellen, von denen die erste (von der Fritz-Thyssen-Stiftung unterstützt) vom 27. Januar bis zum 31. Mai 1966 durch Tanzania und das südliche Kenya, die zweite (von der Max-Planck-Gesellschaft unterstützt) vom 16. Januar bis zum 10. Juni 1969 abermals durch Kenya und Tanzania führte (Abb. 1).

Steganura paradisaea – Spitzschwanzparadieswitwe

Das Verbreitungsgebiet der Spitzschwanzparadieswitwe erstreckt sich von Abessinien südwärts bis Transvaal und Natal und westwärts bis Angola und Südwestafrika. An zwei Stellen wird das Areal von *Steganura paradisaea* von den Verbreitungsgebieten zweier anderer Paradieswitwenarten überlagert: Vom Tschad-See-Gebiet her dringt *Steganura orientalis* nach Osten über Abessinien bis nach Eritrea in das Gebiet von *paradisaea* vor und im südöstlichen Kongo, im westlichen, mittleren und südlichen Tanza-

---

* Professor Dr. E. Stresemann zum 80. Geburtstag gewidmet.

Abb. 1 Karte des bereisten Gebietes in Tanzania.

nia, sowie in Sambia und im mittleren Mozambique lebt neben ihr die Breitschwanzparadieswitwe (*Steganura obtusa*).

Steganura paradisaea ist Brutparasit bei den grauzügeligen Rassen des Buntastrild (*Pytilia melba*), die sich von den rotzügeligen durch einen grauen Zügelstrich, der die rote Kopfmaske unterbricht, unterscheiden. Sie bewohnen den ganzen westlichen, südlichen und mittleren Teil des Verbreitunsgebietes der Witwe, während die rotzügeligen Rassen, die Wirtsvögel der Sudanparadieswitwe (*Steganura orientalis*), vom Senegal bis nach Eritrea und Abessinien, im Sudan sowie in Ost-Kenya und Nordost-Tanzania vorkommen. In Eritrea lebt eine grauzügelige Rasse (*jessei*), von den weiter südlich verbreiteten grauzügeligen Subspezies (*belli, percivali*) durch die dazwischenliegenden rotzügeligen Rassen *soudanensis*, *affinis* und *jubaensis* getrennt (Wolters, 1963).

Im äußersten Osten ihres Verbreitungsgebietes, in Teilen Eritreas und Abessiniens, lebt *Steganura orientalis* neben *Steganura paradisaea*, ohne mit ihr zu bastardieren. Das Vorkommen von *Steganura paradisaea* im Gebiet von *Steganura orientalis* ist zunächst noch rätselhaft. Denn die Art kann nicht gut die gleiche rotzügelige Rasse des Buntastrild parasitieren. Die Rassen- und Artdifferenzierung der Wirte hat bei den Viduinen zur parallelen Rassen- und Artbildung geführt (Nicolai 1964) und wird durch die unterschiedlichen Wirtsvogelstrophen in den Gesängen der Männchen aufrechterhalten. Man müßte also zu der – völlig hypothetischen – Annahme eines sekundären Wirtswechsels Zuflucht nehmen, der dadurch zustande gekommen sein könnte, daß *paradisaea* vom äußersten Norden ihres Verbreitungsgebietes, in dem die grauzügelige *Pytilia melba*-Rasse *jessei* lebt, weiter nach Süden in das Gebiet rotzügeliger Formen vorgedrungen ist, diese als Wirtsvögel übernommen und sich deren sehr abweichenden Gesang angeeignet hat. Würden aber *paradisaea* und *orientalis* gleiche Wirtsvogelstrophen in ihren Gesängen vortragen, wäre die wesentlichste Bastardierungsschranke aufgehoben. Als Alternative zu dieser Möglichkeit bliebe nur die Annahme, daß *paradisaea* im *orientalis*-Gebiet zwar die dort ansässigen rotzügeligen *melba*-Formen parasitiert, jedoch den Gesang der ursprünglich parasitierten grauzügeligen Buntastrildenform – vermutlich der in Eritrea lebenden *P. melba jessei* – beibehalten hat, wodurch die Artisolierung gegenüber *Steganura orientalis* gewährleistet wäre. Diese Annahme erscheint mir aber so unwahrscheinlich und bedarf so vieler Zusatzhypothesen, daß sie nicht weiter diskutiert werden soll.

Am einfachsten ist meiner Meinung nach das Vorkommen der Spitzschwanzparadieswitwe im Gebiet von *Steganura orientalis* zu erklären, wenn man annimmt, daß die grauzügelige *Pytilia melba jessei* wesentlich weiter nach Süden verbreitet ist, als das bisher bekannt wurde. Im Gebiet der Nord-Paré-Berge fand ich bei Kisangiro und Lembeni Buntastrilde der rotzügeligen Form *kirki* vor, die dort Hunderte von Kilometern westlich ihres bisher bekannten im ostafrikanischen Küstengebiet gelegenen Verbreitungsgebietes neben der grauzügeligen Form *percivali* lebt. Eine ähnliche, bisher unbekannte Ausweitung des Verbreitungsgebietes von *Pytilia melba jessei* würde die sympatrische Verbreitung von *St. orientalis* und *paradisaea* hinreichend erklären.

Beobachtungen im Brutgebiet

Die Spitzschwanzparadieswitwe ist – zumindest in Ostafrika – keine häufige Art. In vielen Gebieten, in denen *Pytilia melba* zahlreich ist, fehlt sie völlig, in anderen fand ich einzelne Männchen, die standorttreu waren, aber offensichtlich keinerlei Verbindungen zu einer größeren Population der Art hatten. Solche Einzelmännchen beobachtete ich bei Dar es Salaam (Anfang Februar 1966), Morogoro (Mitte Februar 1966), im Mikumi National Park (Anfang März 1966) und bei dem Dorf Karatu, auf halbem Wege zwischen Manyara-See und Ngorongoro-Krater (Anfang Mai 1966). Mitte Februar 1967 fand ich auf halbem Wege zwischen Nairobi und dem Magadi-See, unweit der Abzweigung der nach Olorgesaille führenden Piste etwa 20 *Steganura paradisaea*, in einem großen Schwarm von *Amadina fasciata*, *Tetraenura fischeri* und *Vidua hypocherina*. Die Männchen befanden sich, ebenso wie die der anderen beiden Viduinen-Arten, in der Mauser zum Brutkleid und waren daher noch nicht territorial.

Während der gesamten Zeit, die ich im Spätwinter und Frühjahr 1966 in Ostafrika verbrachte, habe ich nur in zwei Gebieten größere Brutpopulationen der Spitzschwanzparadieswitwe aufgefunden. Eine davon lebte bei Iringa, in Süd-Tanzania, die andere im Nordosten des Landes zwischen Kisangiro und Lembeni im Bereich der Nord-Paré-Berge.

Iringa (10. März bis 8. April 1966)

Etwa 15 km nördlich von Iringa, unmittelbar hinter dem kleinen Flugplatz Nduli, liegt ein typisches Strauchsteppengebiet, in das Maisfelder, eine aufgegebene verwilderte Sisalplantage sowie Einzelhütten der Maisbauern eingestreut sind. Dieses nur etwa 10 km² große Gebiet beherbergt die größte Population von *Steganura paradisaea*, die ich in Ostafrika angetroffen habe. Neben dieser Art und ihrem ebenfalls sehr häufigen Wirtsvogel, *Pytilia melba*, lebt dort eine kleine Population von *Steganura obtusa*, deren Wirtsvogel, *Pytilia afra*, in ebenfalls geringer Bestandsdichte, *Tetraenura fischeri* mit ihrem Wirt, dem Veilchenastrild (*Uraeginthus ianthinogaster*), die langschwänzige, schwarze Glanzwitwe (*Vidua hypocherina*) sowie zwei Atlaswitwenarten, die grünglänzende *Hypochera chalybeata codringtoni* sowie die mattschwarze *Hypochera nigerrima*. Der Wirtsvogel der Glanzwitwe ist noch nicht mit Sicherheit bekannt; er ist aus dem Gesang der Art nicht zu identifizieren, da *Vidua hypocherina*, ebenso wie die nahe Verwandte *Vidua macroura* keine Wirtslautnachahmungen im Gesang vorträgt. Der von Neunzig (1929) vermutete und auf Grund der Übereinstimmung der Jugendkleider wahrscheinlich gemachte Wirtsvogel, der Elfenastrild (*Estrilda erythronotos*), kommt im Gebiet vor. Der Wirtsvogel von *Hypochera ch. coringtoni*, *Lagonosticta senegala*, ist häufig, der von *Hypochera nigerrima*, *Lagonosticta rhodopareia*, auf den Südwesten des Gebietes beschränkt.

Weitere Estrildidenarten im Beobachtungsgebiet waren: *Amadina fasciata* (Bandfink), *Spermestes cucullatus* (Kleinelsterchen), *Uraeginthus bengalus* (Schmetterlingsfink), *Uraeginthus angolensis* (Angola-Schmetterlingsfink) und *Estrilda astrild* (Wellenastrild).

Die Dominikanerwitwe (*Vidua macroura*) fand ich 1966 in geringer Zahl im Gebiet vor. Drei Jahre später war sowohl sie als auch ihr Wirtsvogel, der Wellenastrild, verschwunden.

Der Imponierflug

Als ich am 11. März dieses Gebiet erstmals betrat, war die Balzaktivität der Paradieswitwen auf ihrem Höhepunkt. Oft konnte ich bis zu vier Männchen gleichzeitig über ihren Revieren im Imponierflug langsam dahinflattern sehen.

Zu diesem Imponierflug steigt das Männchen von einer seiner Singwarten mit schnellen Flügelschlägen in einem Winkel von 45–60° schräg auf, bis es eine Höhe von 20–100 m erreicht hat. Dort geht der Steigflug in einen Horizontalflug über: Der Vogel streicht mit gleichmäßig schnell schwirrenden Flügelschlägen in stark reduzierter Geschwindigkeit geradlinig dahin. Dabei ist das mittlere, stark verbreiterte Schmuckfedernpaar extrem aufgestellt (Abb. 2). Die Flugbahn geht zunächst, meist mehrere hundert Meter in gerader Richtung dahin. Dann kann der Vogel auf einem weit entfernten Baum einfallen oder einen Bogen beschreiben, zurückkehren und in der Nähe seines Abflugortes wieder Fuß fassen. Er bricht den Balzflug ab, indem er die Flügel anlegt, steil herabschießt und dabei die Geschwindigkeit des Fallens durch mehrfaches kurzes Ausbreiten der Flügel abbremst. Der Imponierflug der Spitzschwanzparadieswitwe erinnert durch die gleichmäßig schwirrenden Flügelbewegungen und die extreme Verlangsamung der Fluggeschwindigkeit, durch die der Vogel in hoher Luft wie ein kleiner Hubschrauber wirkt, an die entsprechenden Flugmanöver verschiedener Euplec-

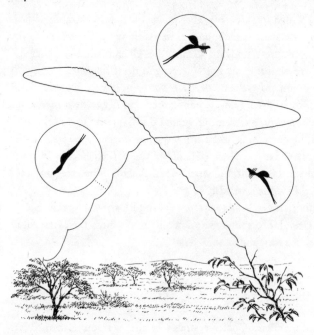

Abb. 2 Der Imponierflug der Spitzschwanz-Paradieswitwe. Die im Horizontalflug zurückgelegte Strecke ist meist wesentlich länger als das hier dargestellt werden konnte.

tinen, wie *Euplectes orix, Coliuspasser capensis, Coliuspasser progne* und besonders *Coliuspasser ardens.* Keine dieser Arten steigt aber so hoch in die Luft hinauf wie die imponierfliegende Paradieswitwe, und bei keiner geht die Flugdemonstration über solch weite Strecken hinweg. Die stammesgeschichtlich nahen Beziehungen zwischen Viduinen und Euplectinen zeigen sich auch in diesen Gemeinsamkeiten in der Ausbildung des Imponierfluges.

Wenn man ein imponierfliegendes Paradieswitwenmännchen längere Zeit beobachtet, so zeigt sich, daß der Vogel immer wieder auf den gleichen Bäumen oder hohen Sträuchern und dort wiederum auf ganz bestimmen Zweigen, die über die Krone emporragen, einfällt. Es sind die innerhalb seines Reviers liegenden Singbäume. Kaum hat der Vogel dort Fuß gefaßt, richtet er sich auf und trägt einmal oder mehrfach die Gesangsstrophe des Buntastrilden vor, zwischen die gelegentlich die Schäckerstrophe eingeschaltet wird (Nicolai 1964). In den Morgen- und frühen Vormittagsstunden sowie am Nachmittag ab 16 Uhr ist die Balzaktivität der Männchen auf ihrem

Beobachtungen an Paradieswitwen

Höhepunkt. Dann hält es sie nur wenige Augenblicke, für die Dauer des Vortrages einer oder weniger Gesangsstrophen, auf ihren Singbäumen, bevor sie zum nächsten Demonstrationsflug aufsteigen.

Wenn der Vogel zum Imponierflug oder einem gewöhnlichen Platzwechsel abfliegt, hört man das für die *Steganura*-Männchen charakteristische Raschelgeräusch (Koenig 1962), das dadurch entsteht, daß die oberen Ränder der langen Schmuckfedern über die eigenartig geriffelte Flächen des mittleren Schmuckfedernpaares reiben. Die Funktion dieses Raschelgeräusches ist noch ungeklärt. Der zum Imponierflug aufsteigende Vogel läßt außerdem in der Regel eine aus wenigen Tönen bestehende kurze Strophe hören. Sie ist aus Einzeltönen aus dem Gesang der jeweiligen geographischen Rasse des Wirtsvogels zusammengesetzt, bildet also eine extreme »Kurzfassung« der Wirtsvogelstrophe, wie sie der Wirt selber nie produziert. Im Zusammenhang mit der Frage, ob die Wirtsvogelstrophen im Viduinengesang erlernt werden müssen oder etwa erblich fixiert sind, ist die Existenz dieser Kurzstrophe von großem Interesse.

Will das Männchen lediglich von einem seiner Singbäume zu einem benachbarten gelangen, so legt es diese Strecke nicht im Imponierflug zurück. Für einen solchen Platzwechsel wird der weitbogige Normalflug derart umgewandelt, daß die Bögen sehr kurz und besonders tief werden und die Geschwindigkeit so weit wie möglich reduziert erscheint. Wie beim Imponierflug stellt das Männchen das mittelste Schmuckfedernpaar dabei extrem auf.

Rivalenbegleitflug

Überfliegt ein fremdes Männchen das Territorium, so steigt der Revierinhaber auf, holt den Eindringling ein und fliegt, sich $1/2$ bis 1 m unter ihm haltend, so weit mit, bis der Fremdling über die Reviergrenze hinausgelangt ist. Beide Vögel durchmessen so über weite Strecken in überaus elegantem

Abb. 3 Rivalenbegleitflug (Begleitstrecke stark verkürzt).

weitbogigen Flug den Luftraum, wobei der Revierinhaber alle Schwenkungen und Richtungsänderungen des Rivalen mitmacht und das Revier dadurch gegen jeden Landeversuch abschirmt. Ich habe nie gesehen, daß ein in dieser Weise begleiteter Fremdling jemals versucht hätte, im fremden Territorium einzufallen. Zu einem Angriff des Revierbesitzers kommt es dabei nicht. Er beschränkt sich darauf, sich ständig unter dem Eindringling haltend, ihn bis zur Reviergrenze zu begleiten, schwenkt dann ab und fällt im Sturzflug auf dem nächstgelegenen Singbaum wieder ein.

Ist es einem fremden Männchen dagegen gelungen, in das Revier einzudringen und Fuß zu fassen, ohne daß der Inhaber das rechtzeitig bemerkte, so wird es ohne Vorwarnung massiv angegriffen. Der Revierinhaber stürzt sich auf den Eindringling, dieser weicht im letzten Augenblick aus und beide Vögel schwenken nun in eleganten Bögen um Büsche und Bäume herum, bis der Fremde aufgibt und flieht. Er wird so lange attackiert, bis er über Baumhöhe aufsteigt und nach oben zu entkommen trachtet. Dann setzt sich der rechtmäßige Inhaber unter ihn und begleitet ihn ohne weitere Angriffe bis zur Reviergrenze.

Parasitierungsrate

Zwischen dem 15. März und 6. April konnte ich mit Hilfe kleiner Negerjungen 15 Nester des Buntastrild auffinden und auf ihren Inhalt untersuchen. Von diesen 15 Nestern enthielten 13 eines oder mehrere Eier von *Steganura paradisaea*, also 86,7 %. Diese sind durch ihre bedeutendere Größe leicht von den Eiern des Wirtes zu unterscheiden (Abb. 4). In der Regel fand ich zwei oder drei *Steganura*-Eier, seltener eines neben dem meist aus vier Eiern bestehenden Gelege des Wirts vor. Sie werden normalerweise zugelegt, wenn das *P. melba*-Weibchen sein Gelege vollzählig hat, gelegentlich

Abb. 4 Inhalt eines Nestes von *Pytilia melba*. Links das Gelege des Nestinhabers (4 Eier), rechts drei Eier von *Steganura paradisaea*, die von drei Weibchen am gleichen Tage abgelegt wurden (Iringa, März 1966).

gleichzeitig mit dem letzten Ei des Wirtes, meist aber am darauffolgenden Tag.

Finden sich zwei oder drei *Steganura*-Eier im Nest, so stammen sie wohl in den meisten Fällen von mehreren Weibchen, wie die folgende Beobachtung zeigt:

Am 13. März finde ich ein *P. melba*-Nest mit drei frisch gelegten Eiern. Eine Kontrolle am Spätnachmittag des 14. März ergibt, daß das Weibchen das vierte und letzte Ei hinzugelegt hat. Am Nachmittag des 15. März liegen sieben Eier im Nest, drei davon sind Eier von *Steganura paradisaea*. Da alle am gleichen Tage gelegt wurden, stammen sie von drei verschiedenen Weichen (Abb. 4).

Am 23. März liegen acht Eier im Nest. Ein Paradieswitwenweibchen hatte am Vortage ein viertes Ei hinzugelegt. Solche nachgelegte *Steganura*-Eier finden sich selten. Sie stammen von Weibchen, die ein legereifes Ei nicht in das vorgesehene Nest ablegen konnten, weil es kurz vorher zerstört wurde.

Die drei jungen Paradieswitwen schlüpften am 25. März, nach zehntägiger Brutdauer, die jungen Buntastrilde erst am 26. März.

Von den beiden *Pytilia-melba*-Nestern, die keine *Steganura*-Eier enthielten, stand eines unter dem Grasdach einer Negerhütte, das zweite in einem niedrigen Busch. Das erstere war das einzige von 51 Nestern dieser Art (36 im Jahre 1969), das an einer menschlichen Behausung errichtet war. Ein anderer Prachtfink, *Lagonosticta senegala*, legt sein Nest dagegen gerne in Eingeborenenhütten an. Die Verlustquote ist dort wesentlich geringer als bei freistehenden Nestern.

Die abendliche Schwarmstunde

Während der Hauptaktivitätszeit nehmen die Männchen kaum Nahrung auf. Erst in den Mittagstunden fallen sie am Boden ein und suchen dort nach ausgefallenen Grassamen (Abb. 5). Gegen Abend erlischt der Trieb, das Revier zu verteidigen. Kurz vor Sonnenuntergang schließen sich Männchen, Weibchen und ausgewachsene Jungvögel zu Schwärmen von 8–15 Individuen zusammen und gehen gemeinsam auf Nahrungssuche. Die Vögel fallen auf Fußpfaden im Busch oder anderen freien Stellen im Grasland ein und klauben dort die aus den Ähren gefallenen Grassamen vom Boden auf. Gelegentlich werden tief herabhängende Ähren und Rispen mit dem Schnabel erfaßt und herabgezogen, doch sind die Vögel nicht in der Lage, sie am

Tab. 1 Gelegedaten und Parasitierungsrate in 36 Nestern von *Pytilia melba*.
Nester enthielten am Fundtage bzw. nach Vervollständigung des Geleges:

Lfd. Nr.	Fund-datum	Eier		Jungvögel		Alter	nachgelegte Eier. in Klammern: Bebrütungsstand
		P. melba	*St. paradisaea*	*P. melba*	*St. paradisaea*		
1	27. III.	3	1				
2	27. III.	4	1				
3	28. III.	3	2				
4	29. III.	4	3				
5	29. III.	2	2				
6	1. IV.	4	2				
7	2. IV.			3	2	13 Tage	
8	3. IV.			1	1	5 Tage	
9	3. IV.			2	2	14 Tage	
10	6. IV.	2	2				
11	8. IV.			2	2	14 Tage	
12	11. IV.	4	—				
13	11. IV.	1	1				1 (Gelege hochbebrütet nachgelegtes Ei frisch)
14	11. IV.	5	2				
15	12. IV.	4	—				
16	13. IV.	5	3				
17	13. IV.	4	2				
18	14. IV.	3	2				
19	14. IV.			3	1	15 Tage	
20	17. IV.	4	4				
21	17. IV.	4	2				
22	24. IV.	5	3				
23	24. IV.	5	5				
24	25. IV.			3	1	10 Tage	
25	27. IV.			2	2	9 Tage	
26	28. IV.	4	1				
27	29. IV.	4	2				
28	30. IV.			2	2	4 Tage	1 (5 Tage)
29	1. V.			4	2	10 Tage	
30	8. V.			2	3	1 Tag	2 (3 Tage)
31	9. V.			2	1	13 Tage	
32	16. V.	3	3				
33	22. V.			1	2	8 Tage	1 (4 Tage)
34	22. V.			2	2	6 Tage	
35	26. V.			4	2	9 Tage	
36	31. V.			3	1	14 Tage	

Abb. 5 Männchen der Spitzschwanz-Paradieswitwe bei der Nahrungssuche.

Boden mit den Füßen festzuhalten. *Steganura paradisaea* ist, wie alle anderen Viduinen, nicht kletterfähig. Die Vögel fliegen niemals Grashalme an, um dort hängend die Ähren und Rispen auszubeuten, wie das manche Euplectinen und Estrildiden tun.

Nähert man sich einer solchen nahrungsuchenden Abendparty, so steigen die Vögel gemeinsam auf und fliegen im Schwarmverband einige hundert Meter weiter, um dort am Boden wieder einzufallen. Wenn die kurze Dämmerung fortgeschritten ist, versammelt sich der ganze Schwarm auf einem trockenen Busch oder Baum (Abb. 6). Dabei zeigt sich, daß die Aggressivität der Männchen gegeneinander nicht völlig erloschen, sondern nur stark unter Hemmung gesetzt ist. Es gibt kleine Auseinandersetzungen: Ein Männchen stößt auf ein anderes, dieses weicht kurz aus und fliegt auf einen anderen Zweig des gleichen Baumes. Diese kleinen Reibereien führen jedoch niemals dazu, daß der Schwarm auseinanderfällt oder Männchen vertrieben werden. – Die verlockende Nähe der Weibchen während der Schwarmstunde verführt manche Männchen dazu, der einen oder anderen einen Kopulationsantrag zu machen (Abb. 6). Ich habe jedoch nie gesehen, daß es während einer solchen Party zu Begattungen kam. Die Weibchen wehren jeden solcher An-

Abb. 6 Abendschwarm bei Sonnenuntergang. Eines der Männchen im Rüttelflug (Kopulationsflug) vor einem Weibchen.

träge ausnahmslos ab. Die Kopulationen finden immer in den frühen Morgenstunden und gegen Abend in den Revieren und auf den Singbäumen der Männchen statt, wobei die Initiative stets vom Weibchen ausgeht.

Ob eine solche Abendparty auch gemeinschaftlich übernachtet, konnte ich nicht mit Sicherheit beobachten. Die Vögel fliegen bei fortschreitender Dämmerung im Schwarmverband ab und verschwinden im Dunst des Abends. Bei einer anderen Viduinenart (*Hypochera funerea purpurascens*) konnte ich gemeinschaftliches Übernachten von etwa 30 Männchen und Weibchen in einem dichten Baum beobachten (Nicolai 1967).

Die abendliche Vergesellschaftung der tagsüber streng territorialen Paradieswitwe ist eine Parallele zu der von Immelmann (1962) beschriebenen »Sozialstunde« bestimmter koloniebrütender australischer Estrildiden. Bei diesen treffen sich mehr oder weniger alle Mitglieder der Kolonie mehrfach am Tage auf bestimmten Bäumen oder Sträuchern, begrüßen sich dort intensiv und treiben sogar soziale Gefiederpflege. Im Gegensatz zu diesen Prachtfinken finden sich die Paradieswitwen während der Fortpflanzungsperiode nur am *Abend* zusammen, und ihr Hauptanliegen ist die gemeinsame Nahrungssuche und die sich vermutlich anschließende gemeinschaftliche Übernachtung.

Gemeinsame Nahrungssuche *während* des Tages findet sich dagegen bei der Leierschwanzwida (*Drepanoplectes jacksoni*). Diese zu den Euplectinae, den selbständig Brutpflege betreibenden nächsten Verwandten der Viduinen gehörige Art, konnte ich im Grasland des Ngorongoro-Kraters in etwa 1700 m Höhe an den Balzplätzen beobachten. Dort hatten die Männchen im Gras ihre Tanzplätze im Abstand von 30–100 m angelegt, die sie gegen jeden Rivalen erbittert verteidigten. Mehrmals am Tage stiegen auf den Flugruf eines von ihnen alle Männchen der Kolonie auf und verschwanden im Schwarmverband fliegend in der Ferne. Nach 10–20 Minuten kehrten alle gemeinschaftlich zurück und jedes fiel auf seinem Tanzplatz wieder ein. Ich habe an anderen Stellen des Kraters solche nahrungsuchenden *Drepanoplectes*-Gruppen beobachtet: Die Männchen waren dort wie die *Steganura* mit Weibchen und vorjährigen Jungvögeln vergesellschaftet.

Rassenzugehörigkeit des Wirtsvogels

Noch bevor ich die ersten Buntastrilde im Beobachtungsgebiet aus nächster Nähe gesehen hatte, konnte ich dem Gesang der Paradieswitwenmännchen, die überall die jeweiligen Dialekte ihrer Wirtsvögel bis in alle Einzelheiten genau wiedergeben, entnehmen, daß die Population weder zu der Rasse *percivali* noch zu *grotei* gehörte. Beide Subspecies haben Gesänge, die von denen der Iringa-Vögel sehr stark abweichen. *Pytilia melba grotei* bewohnt das ostafrikanische Küstengebiet »vom nördlichen Tanzania südwärts mindestens bis zum Sambesi, vielleicht bis Beira, westwärts bis ins Gebiet von Morogoro in Tanzania und bis zum südlichen Nyassaland« (Wolters in Immelmann-Steinbacher-Wolters 1965). *Pytilia melba percivali* ist im Hochland von Kenya, östlich des großen Grabens und südwärts durch Tanzania bis in die Gegend von Dodoma beheimatet. Von beiden Rassen sind die Vögel der Iringa-Population sowohl durch Farbmerkmale als auch durch ihren sehr verschiedenen Gesang deutlich unterschieden. Sie gehören aber auch nicht zu der im südwestlichen Sudan und Uganda bis zum Kiwu-See-Gebiet, den nördlichen Ufern des Tanganyika-Sees sowie den Inseln des Victoria-Sees und Kavirondo lebenden Rasse *P. m. belli*, wie H. E. Wolters feststellen konnte, der Vögel aus dem Iringa-Bezirk (z. T. in meinem Beobachtungsgebiet bei Nduli gesammelt), die im Museum für Naturkunde in Karlsruhe aufbewahrt werden, mit solchen der Rasse *belli* aus dem Berliner Museum vergleichen konnte. Als letzte Möglichkeit, die Iringa-Population von *Pytilia melba*, die, wie die Stücke aus dem Karlsruher Museum zeigen, bis Mbeya verbreitet ist, irgendeiner der bisher beschriebenen *melba*-Rassen zuzuordnen, bliebe noch ein Vergleich mit Stücken der erst kürzlich von Stuart Irwin u. Benson (1967) neubeschriebenen Rasse *P. m. hygrophila* aus Nordost-Zambia und Nord-Malawi, zu dem ich bisher keine Möglichkeiten hatte. So muß eine Klärung der Rassenzugehörigkeit der Iringa-Buntastrilde einer weiteren Untersuchung vorbehalten bleiben. In diesem Zusammenhang interessiert zunächst nur, daß die Männchen von *Steganura paradisaea* in diesem Gebiet, wie in allen anderen, den Dialekt der bodenständigen Wirtsvogelrasse vorbildgetreu wiedergeben.

Nord-Paré-Berge (Kisangiro/Lembeni) 11. April bis 28. Mai 1966

Entlang der Nordwest-Flanke des Paré-Gebirges lebt eine Population von *Steganura paradisaea* neben *Tetraenura fischeri*, *Hypochera chalybeata*, *Vidua hypocherina* und *Vidua macroura*. Ich habe dort in der obengenannten Zeit im wesentlichen bei Kisangiro und zwischen Kisangiro und Lembeni beobachtet. Diese Population war kleiner als die bei Iringa, und die Reviere der Männchen waren daher größer. Die Vögel stimmten im übrigen aber in allen Verhaltensweisen – mit Ausnahme des Gesanges – mit denen der Iringa-Population überein.

Ein glücklicher Zufall bescherte mir die Beobachtung eines Männchens, das – temporär oder permanent – stumm war. Ich wollte von diesem Vogel Tonbandaufnahmen machen, da einer seiner Singbäume besonders günstig für das Aufstellen des Parabolspiegels lag. Das Männchen machte seine Balzflüge ganz normal und fiel in unregelmäßigen Abständen auf diesem Baum ein, auf den ich das Mikrofon gerichtet hatte. Da er, wie jedes andere Männchen, nach dem Einfallen die Singhaltung einnahm und ich im Glas seine Kehl- und Schnabelbewegungen beobachten konnte, brauchte ich einige Zeit, bis mir klar wurde, daß dieser Vogel stimmlos war. Ich habe ihn eine Woche lang beobachtet und mußte feststellen, daß er in dieser Zeit von keinem Weibchen aufgesucht wurde, obwohl die Brutzeit auf ihrem Höhepunkt war. Zu Prachtkleid, Revierbesitz und artgemäßem Revierverhalten muß als entscheidendes Erkennungsmerkmal der Gesangsvortrag der Wirtsvogelstrophe kommen. Wenn dieser fehlt, hat ein Männchen in einer normalen Population, also in der Konkurrenz mit singenden Artgenossen, keine Chance, sich fortzupflanzen.

Alle Männchen der Population, die ich hören oder auf Tonband aufnehmen konnte, trugen die Gesangsstrophe der grauzügeligen *Pytilia melba percivali* vor, die in diesem Gebiet an der Ostgrenze ihrer Verbreitung lebt. Fast ebenso häufig, wenn nicht häufiger, fand ich bei Kisangiro jedoch eine rotzügelige Buntastrildform vor, bei der es sich nur um die im ostafrikanischen Küstengebiet von Chisimaio (Somalia) bis Lamu (Kenya) verbreitete *P. m kirki* handeln kann, die hier soweit nach Westen vorgedrungen ist. Da ich die Rasse *percivali* im Institut mehrfach gehalten und auch ihren Gesang auf Tonband aufgenommen habe, bereitete es mir keine Schwierigkeiten, die beiden Formen im Gelände an Gefiedermerkmalen auseinanderzuhalten. *Percivali* ist durch das wenig ausgedehnte Rot der Kopfmaske, den grauen Zügelstreif und das reine Gelb der Brust von *kirki* zu unterscheiden, deren Rot viel weiter auf die Brust herunterreicht und deren roter Zügelstreif auch im Feldstecher deutlich zu erkennen ist.

Ich habe in den sechs Wochen meines Aufenthaltes im Paré-Gebiet keine Mischtypen zwischen beiden Formen gesehen, ebensowenig bei einem einwöchigen Besuch dort im Februar 1969. Das Museum A. Koenig besitzt allerdings, wie mir H. Wolters freundlicherweise mitteilte, unter mehreren Stücken von reinem *percivali*-Typ, die bei Lembeni gesammelt wurden, auch zwei Stücke, die intermediäre Merkmale beider Formen zeigen. So scheinen zwar gelegentliche Bastardierungen zwischen *percivali* und *kirki* vorzukommen, im allgemeinen leben jedoch beide Formen dort unvermischt nebeneinander, was für eine weitgehende Fortpflanzungsisolierung zwischen ihnen spricht.

Da *Pytilia melba kirki* wohl sicher einen anderen Gesang hat als die grauzügelige *percivali* (es gelang mir nicht, singende Männchen zu beobachten oder gar aufzunehmen), dürfte *Steganura paradisaea* dort nur *P. m. percivali* zu parasitieren. Dafür spricht auch der einzige Nestfund von *P. m. kirki*, der mir am. 30. 4. gelang. Vier Jungvögel hatten das Nest gerade verlassen, und in ihrer Gesellschaft befand sich keine junge Paradieswitwe. Das Nest war also unparasitiert geblieben.

Wenn weitere Beobachtungen dort oder in anderen Gebieten, in denen zwei Buntastrildenformen nebeneinander leben, ergeben sollten, daß, wenn nur eine von ihnen parasitiert wird, es immer diejenige ist, deren Gesang auch die *Steganura*-Männchen vortragen, so wäre die bisher nur aus der Beobachtung erschlossene extreme Spezialisierung der einzelnen Paradieswitwenpopulationen selbst auf die geographische Rasse des Wirtes nachgewiesen. Solche Paradieswitwenpopulationen würden sich in den Kontaktzonen ihrer Wirtsvogelrassen oder dort, wo eine von ihnen in das Gebiet einer anderen vordringt, nicht vermischen und damit das Kriterium der Artselbständigkeit erfüllen. Die rotzügelige Rassengruppe von *Pytilia melba* halte ich auf Grund ihrer von denen aller grauzügeligen Rassen grundverschiedenen Gesänge ohnehin für eine selbständige Art. Dafür spricht auch das hier geschilderte sympatrische Vorkommen grauzügeliger (*percivali*) und rotzügeliger (*kirki*) Stücke im Paré-Gebiet.

Iringa (25. März bis 1. Juni 1969)

Ein zweiter Aufenthalt in Iringa im Frühjahr 1969 war dem Vorhaben gewidmet, junge Witwen von Japanischen Mövchen, die ich von Seewiesen mitgenommen hatte, aufziehen zu lassen, um die Frage zu klären, ob die Wirtsvogelstrophen im Viduinengesang erlernt werden müssen oder angeboren sind. Vier Paare, die in zusammenlegbaren Käfigen untergebracht waren, zogen in neun Wochen 15 *Steganura paradisaea*, 6 *Tetraenura fischeri* sowie 3 *Uraeginthus ianthinogaster*, 4 *Lagonosticta rhodopareia* und 5 *Uraeginthus bengalus* auf. Über die Einzelheiten dieser Aufzuchten und die Auswirkungen der Fehlprägung auf die Gesangsentwicklung der jungen Viduinenmännchen werde ich später berichten.

Wiederum lernte ich kleine Negerjungen an, die bei der Nestersuche halfen und innerhalb kurzer Zeit begriffen hatten, daß ich nur an Nestern von *Pytilia melba, Uraeginthus ianthinogaster, Lagonosticta senegala* und *Lagonosticta rhodopareia* interessiert war. Erhebliche Schwierigkeiten bereitete es, ihnen klarzumachen, daß sie nur den Standort eines Nestes zeigen, nicht aber die ganze Brut herbeibringen sollten. Der Sinn des Unternehmens ist ihnen wohl bis zum Schluß unverständlich geblieben.

Mit Hilfe dieser Negerkinder, die wochenlang ganztätig auf Nestersuche waren, konnte ich Gelegedaten und Parasitierungsrate von 36 *Pytilia-melba*-Nestern erfassen. Dabei sind alle Bruten unberücksichtigt geblieben, die vor Vervollständigung des Geleges ausgeraubt wurden. Von diesen 36 Nestern enthielten 34 Eier oder Jungvögel von *Steganura paradisaea*. Die Parasitierungsrate betrug demnach 94,5 %. Neun der Nester enthielten je ein Ei oder einen Jungvogel, 18 je zwei, 5 je drei, eines 4 und ein letztes 5 Eier des Brutparasiten.

In drei der parasitierten Nester hatten Paradieswitwenweibchen noch Eier nachgelegt, als die Gelege schon hoch bebrütet waren (2 × 1, 1 × 2 Eier), in einem Falle einen Tag vor dem Schlupf. In einem vierten Nest lag ein 4 Tage bebrütetes Ei unter achttägigen Jungen. Es war also hineingelegt worden, als die Jungen schon vier Tage alt waren.

Verhalten der Jungvögel im Nest

Die jungen Paradieswitwen schlüpfen, sofern die Eier nicht später als einen Tag nach Vervollständigung des Wirtsvogelgeleges ins Nest gelangten, früher als die Wirtsgeschwister, was der kürzeren Bebrütungszeit für das *Steganura*-Ei entspricht. Sie sind schon beim Schlupf etwas größer als die Jungvögel von *P. melba,* und dieser Größenunterschied verstärkt sich noch im Verlaufe der Nestlingszeit. Schon als Frischgeschlüpfte sind sie von ihren Nestgeschwistern durch ihren kürzeren und kompakteren Schnabel, dessen obere Firste gerade oder sogar leicht konkav gewölbt ist, zu unterscheiden. Dagegen ist der Schnabel schon beim neugeborenen Buntastrild feiner und die Firste deutlich konvex geformt. Diese Unterschiede werden noch auffälliger, wenn die Jungvögel heranwachsen, und sind im Alter von 14 Tagen auch für den Ungeübten unschwer wahrzunehmen (Abb. 7).

Beobachtungen an Paradieswitwen

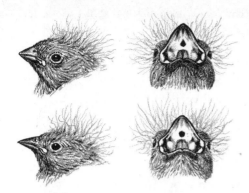

Abb. 7 Kopfprofile und Rachenzeichnungen 13tägiger Jungvögel von *Steganura paradisaea* (oben) und *Pytilia melba* (unten). Beachte die Unterschiede im Kopfprofil und in der Form des schwarzen Gaumenpunktes.

Im Sperrachen stimmen die rote Farbe des Gaumens, die beiden blauvioletten leuchtenden Farbflecken, deren Blau nach oben in das Rot ausstrahlt, und die schwarze Färbung von Unterschnabelgrund und Zunge völlig überein. Ein geringfügiger Unterschied besteht dagegen in der Form des schwarzen Gaumenpunktes und darin, daß die glänzend weißen Wülste des Oberschnabels bei der jungen *Steganura paradisaea* etwas tiefer angesetzt sind (Abb. 7).

Die Ammenaufzucht junger Paradieswitwen durch Japanische Mövchen gab mir die Möglichkeit, das Verhalten der jungen Brutparasiten im Nest mit dem der Wirtsgeschwister zu vergleichen. Schon kurz nach dem Schlupf sperrt die junge Paradieswitwe anhaltender als der junge Buntastrild. Mit zunehmendem Alter wird der Unterschied in der Hartnäckigkeit und Ausdauer des Bettelns zwischen ihr und den Wirtsgeschwistern immer ausgeprägter. Die drehenden, estrilden-typischen Halsbewegungen, die die Viduinen in Anpassung an ihre brutparasitische Fortpflanzung entwickelt haben, sind intensiver, die Betteltöne lauter und fordernder. Ist der mit vollem Kropf zum Nest kommende Altvogel nicht sofort fütterbereit, so schießen die jungen Witwen hoch, packen ihm beim Schnabel und versuchen so, die Futterübergabe zu erzwingen. Das hatte bei der Ammenaufzucht durch Mövchen den Erfolg, daß sie regelmäßig zuerst, vor den jungen Buntastrilden mit Nahrung versorgt wurden. Diese Bevorzugung hatte eine ständige Minderung des an die jungen Buntastrilde gelangenden Futteranteils zur Folge und führte regelmäßig dazu, daß diese immer schwächer wurden und in der

Entwicklung zurückblieben, so daß ich sie nach einigen Tagen stets ins Ursprungs- oder ein anderes Nest mit gleichaltrigen Jungen zurückbringen mußte. Mit Mövchen als Pflegeeltern ist es mir in keinem einzigen Falle gelungen, junge Buntastrilde zusammen mit den im gleichen Nest geschlüpften Paradieswitwen aufzuziehen, was zum Teil allerdings daran lag, daß sie die früh einsetzende Körnerfütterung der Pflegeeltern weniger gut vertrugen als die jungen Witwen. *Pytilia melba* füttert die Nestlinge in den ersten 8–10 Lebenstagen ausschließlich, später vorwiegend mit Insekten.

Im Buntastrildennest habe ich dagegen keine solche Benachteiligung der *melba*-Jungen beobachten können. Sie wurden von den eigenen Eltern, trotz ihrer meist geringeren Größe, ebensogut versorgt wie die jungen Brutparasiten. Das übersteigerte Bettelverhalten der jungen Witwen muß also unter dem Selektionsdruck entstanden sein, eine Bevorzugung der arteigenen Jungen durch das Elternpaar durch massive Reizproduktion zu kompensieren. Es scheint also, daß die Eltern trotz der erstaunlichen Angleichung der jun-

Abb. 8 Zwölftägige Jungvögel von Buntastrild und Spitzschwanz-Paradieswitwe aus einem Nest. a) Der nach vorn sperrende Nestling ist eine Paradieswitwe.
b) Ein Buntastrild.

Beobachtungen an Paradieswitwen

gen Brutparasiten an die eigenen Kinder doch geringfügige Unterschiede wahrnehmen und die dadurch heraufbeschworene Gefahr für die Fremdlinge nur durch ihr hypertrophiertes Bettelverhalten abgewendet werden kann.

Die jungen Paradieswitwen verlassen, ebenso wie die Wirtsvogeljungen, am 16. Lebenstage das Nest. Sie sind dann bereits besser flugfähig als die jungen Buntastrilde, die nur von Zweig zu Zweig flattern können. Dieser Unterschied wird in den auf das Nestverlassen folgenden Tagen noch größer; er entspricht der im Vergleich zu *P. melba* weitaus größeren Flugfähigkeit der Paradieswitwe. – Mit 27–30 Tagen waren die von Mövchen aufgezogenen *Steganura*-Jungen selbständig.

Steganura obtusa – Breitschwanzparadieswitwe

Die Breitschwanzparadieswitwe konnte ich im Mikumi-Park und bei Iringa beobachten. In beiden Gebieten lebt diese Art neben *Steganura paradisaea*.

Ende Februar 1966 waren die Männchen im Mikumi Park noch in der Mauser zum Brutkleid begriffen. Die langen Schmuckfedern hatten erst die Hälfte oder zwei Drittel ihrer endgültigen Länge erreicht. Ich fand mehrfach kleine Gruppen von mehreren Männchen und Weibchen tagsüber auf der Nahrungssuche an Wegrändern. Die Männchen waren also noch nicht territorial. Dagegen hatten sie um den 20. März 1969 schon ihre Reviere besetzt und waren tagsüber nicht mehr mit Artgenossen vergesellschaftet.

Abb. 9 Zwölftägiger Nestling der Spitzschwanz-Paradieswitwe.

Auch bei einem *obtusa*-Männchen, das Eingeborene am 31. März 1969 in meinem Beobachtungsgebiet bei Iringa lebend gefangen hatten und mir zum Kauf anboten, waren die langen Schmuckfedern noch nicht ganz ausgewachsen; die dicken Schäfte waren am proximalen Ende noch mit Blut gefüllt.

Da ich mich jeweils nur einige Tage im Mikumi Park aufhielt, kann ich über die Größe der dort lebenden *obtusa*-Population keine Angaben machen. Ich traf die Vögel ausschließlich im Westteil des Parks und an der durch das Parkgebiet führenden Hauptstraße. Die *obtusa*-Population in meinem Beobachtungsgebiet bei Iringa blieb in ihrer Größe weit hinter der von *Steganura paradisaea* zurück. In dem engeren Gebiet waren wohl nicht mehr als 5–6 Männchen ansässig. Genaue Angaben sind wegen der Größe ihrer Reviere nicht möglich.

Die Breitschwanzparadieswitwe scheint keinen besonderen Imponierflug zu haben. Ich habe sie nie in hoher Luft mit gleichmäßigem Flügelschlag dahinflattern sehen, wie die Männchen der Spitzschwanzparadieswitwe. Wenn die Vögel von einem ihrer Singbäume zu einem weit entfernten anderen wollten, so taten sie das stets im normalen Bogenflug, dessen Bogen allerdings bei solcher Gelegenheit besonders weit ausgedehnt war. Da die einzelnen Männchen sich kaum begegneten, kann ich auch nicht sagen, ob die Art einen Rivalenbegleitflug hat.

Wo Spitzschwanz- und Breitschwanz-Paradieswitwe nebeneinander vorkommen, überschneiden sich die Reviere der Männchen. In meinem Beobachtungsgebiet bei Iringa wurde einer der Singbäume eines *paradisaea*-Männchens auch von einem *obtusa*-Männchen benutzt. Beide Vögel fielen oft im Abstand von wenigen Minuten auf dem gleichen trockenen Zweig dieses Baumes ein und trugen von dort aus ihre sehr verschiedenen Gesangsstrophen vor (Abb. 10). Das *obtusa*-Männchen wurde zwar gelegentlich von dem *paradisaea*-Männchen von diesem Baum vertrieben, doch machten die Angriffe so wenig Eindruck auf den Vogel, daß er immer wieder zurückkehrte. Ein *paradisaea*-Männchen dürfte niemals den Singbaum eines Artgenossen mitbenutzen.

Als eine Taube (*Streptopelia* spec.) auf dem Singbaum eines der Männchen einfiel, wandte es sich ihr zu, begann raschelknixend vor ihr zu balzen und machte anschließend einen Kopulationsversuch. Ich habe vor artfremden Vögeln – mit Vorliebe vor Tauben – balzende und mit Gimpel- und Girlitzweibchen sogar kopulierende Viduinenmännchen in meinen Volieren häufig beobachtet und hielt dieses Verhalten immer für abnorme Gefangen-

Abb. 10 Männchen von *Steganura paradisaea* (links) und *St. obtusa* (rechts) auf der gleichen, von beiden benutzten Singwarte. (Im Zeitabstand von wenigen Minuten aufgenommen.)

schaftserscheinungen. Wie diese Gelegenheitsbeobachtung zeigt, kommt es aber auch bei freilebenden Vögeln vor. Im Oktober 1967 sah ich im Hochland von Adamaoua, in Nord-Kamerun, ein Männchen der Kamerun-Atlaswitwe (*Hypochera camerunensis*) vor einem Mozambiquegirlitz (*Ochrospiza mozambica*) im Rüttelflug Kopulationsversuche machen.

Die Breitschwanzparadieswitwe ist Brutparasit beim Wienerastrild (*Pytilia afra*) und trägt im Gesang alle Lautäußerungen dieser Prachtfinkenart vor (Nicolai 1964). Trotz intensiver Suche ist es mir aber weder bei Iringa noch im Mikumi-Park gelungen, ein Nest dieser Art aufzufinden. Sie war besonders bei Iringa viel weniger häufig als der Buntastrild, was der geringen Kopfstärke der dortigen Population ihres Brutparasiten entspricht.

Verhaltensrelikte in der Balz von *Steganura paradisaea* und *St. obtusa*

Die stationären Balzbewegungen der beiden ostafrikanischen Paradieswitwenarten sind an anderer Stelle (Nicolai 1964) beschrieben worden. Doch habe ich dort keine stammesgeschichtliche Deutung versucht, die hier, nach den Freilandbeobachtungen, nachgeholt werden soll.

Wenn ein Weibchen den Singbaum eines *paradisaea*-Männchens anfliegt, so nimmt das Männchen eine eigenartige Haltung ein. Es winkelt die Fersengelenke an (in den meisten Fällen wesentlich stärker als in Abb. 12 dargestellt), drückt den Kopf weit zurück in den Nacken und vollführt in dieser Kauerhaltung bei stillgehaltenem Kopf schnelle Schnabelbewegungen. Dabei dreht es den Körper in der Hochachse wie ein im Wind spielender Wetterhahn hin und her.

Abb. 11 Männchen der Breitschwanz-Paradieswitwe (*Steganura obtusa*) eine Taube (*Streptopelia* spec.) anbalzend.

Zwei Elemente in diesem Verhaltensablauf lassen Schlüsse auf seine stammesgeschichtliche Wurzel zu. Die Kauerhaltung und der in den Nacken gedrückte Kopf erinnern an die Bettelhaltung des Jungvogels im Nest, die um die Hochachse drehenden Körperbewegungen an Lageänderungen des Nestlings, die ihm in der Schar der Geschwister eine für die Fütterung günstige Position verschaffen sollen. Sie sind stark ritualisiert. Schwerer zu interpretieren erscheint das schnelle Öffnen und Schließen des Schnabels, denn der bettelnde Jungvogel hält den Schnabel unverändert weit offen.

Vergleichbare Schnabelbewegungen finden sich im Funktionskreis der Partnerbeziehungen auch bei anderen Vogelarten aus sehr verschiedenen Verwandtschaftsgruppen, so beim Gimpel (*Pyrrhula pyrrhula*, Nicolai 1956), bei afrikanischen und europäischen Carduelinen (Nicolai 1960) und bei Prachtfinken (Immelmann 1962), dort »Nibbeln« genannt. Alle diese Arten verfüttern vorverdaute Nahrung aus dem Kropf an die Nestlinge.

Beim Gimpel läßt sich nachweisen, daß diese an den Partner gerichteten Schnabelbewegungen eine ritualisierte Vorbereitung zum Füttern sind, die in ihrer ursprünglichen, funktionellen Form die Aufgabe haben, den hochgewürgten Futterbrei im Schnabel zur Übergabe zu konzentrieren. In einem bestimmten Alter während der Jugendentwicklung kann man fließende Übergänge zwischen diesen beiden, beim Altvogel streng getrennten Verhaltensweisen beobachten; aus dem »Schnabelflirt« wird eine effektive Futterübergabe. Bei anderen Carduelinen ist ein solcher fließender Übergang sogar noch bei Altvögeln feststellbar (*Carduelis carduelis*, *Chloris chloris*, *Serinus canaria*).

Da die nächsten Verwandten der Viduinen, die selbständige Brutpflege betreibenden Euplectinae, gleichfalls vorverdaute Nahrung aus dem Kropf an die Nestlinge verfüttern und über identische Schnabelbewegungen vor dem Fütterungsakt verfügen, lassen sich die Schnabelbewegungen des balzenden *paradisaea*-Männchens am besten deuten, wenn man ihnen den gleichen Ursprung zuschreibt.

Damit ist aber in das Gesamtbild des bettelnden Jungvogels, den das Männchen kopiert, ein aktives Element aufgenommen: Der *passiv* auf Futter wartende »Jungvogel« macht seinerseits die vorbereitenden Schnabelbewegungen zu einer *aktiven* Futterübergabe. Um diese merkwürdige Kombination zu verstehen, müssen wir erst eine vergleichbare Balzbewegung der Breitschwanzparadieswitwe kennenlernen.

Das *obtusa*-Männchen verfügt über drei stationäre Balzbewegungen: 1. Beim *Raschelknicksen* wendet das Männchen sich dem Weibchen zu, richtet sich mit eng angelegtem Gefieder steil auf, geht mit gebeugten Fersengelenken auf den Sitzplatz herunter und schnellt unmittelbar darauf mehrmals in rascher Folge steil hoch, ohne den umklammerten Zweig loszulassen. Dabei erzeugen die an der geriffelten Breitseite des zentralen Paares reibenden Fahnenkanten der großen Schmuckfedern ein laut raschelndes Geräusch (Abb. 11 u. 12). 2. Zum *Kopfpendeln* entfernt das Männchen sich in betontem Bogenflug ein Stück vom Weibchen, schaut schräg über die Schulter zu ihm zurück und wendet den Kopf hin und her, wobei die Mediane auf das Weibchen weist (Abb. 12). 3. Beim *Würgen* dreht das Männchen sich vom Weibchen ab, beugt sich weit nach unten und macht hier mit sich rhythmisch öffnendem und schließendem Schnabel würgend-fütternde Bewegungen ins Leere (Abb. 12).

Dieses Würgen ist zweifellos ein ritualisierter *aktiver* Fütterungsakt. Da das Männchen hierbei die gleichen, wenn auch langsameren und stärker rhythmisch ausgebildeten Schnabelbewegungen macht wie das *paradisaea*-Männchen während der Kauerhaltung, gewinnt die Annahme, daß das Schnäbeln auch beim *paradisaea*-Männchen ein Element aus dem aktiven Teil der Futtervermittlung ist, weiter an Wahrscheinlichkeit.

Da es wohl keine Balzbewegungen bei irgendeinem tierischen Organismus gibt, für die nicht ein rezeptorisches Korrelat, ein Empfänger, im Wahrnehmungsapparat des anderen Geschlechts vorhanden ist, der sie so versteht, wie sie »gemeint« sind, läßt sich feststellen, daß Triebhandlungen aus

Abb. 12 Balzformen von Paradieswitwen. a) *Steganura obtusa*, Männchen beim »Würgen«, b) Raschelknicksen, c) Kopfpendeln, d) *Steganura paradisaea*, Männchen bei der Schaubalz (in Kauerhaltung).

dem Funktionskreis der Kinderpflege im Witwenweibchen latent erhalten geblieben sind, die allerdings nur noch auf die in ritualisierter Form vom Männchen gebotenen Signale ansprechen.

Aus der Asche der Vergangenheit sind im Zeremoniell der Partnerbeziehungen uralte, ehemals bedeutungsbeladene Verhaltensweisen und Reaktionen lebendig geblieben, die einst in ihrer funktionellen Form, auf dem langen Wege zum Brutparasitismus von der Selektion sorgfältig eliminiert worden waren.

Tetraenura fischeri – Strohwitwe

Die Strohwitwe ist vom Hauaschtal in Abessinien durch Somalia und Kenya bis zum südlichen Tanzania verbreitet. Ich fand die Art in Kenya, wenige Meilen nördlich von Isiolo, und zwischen Nairobi und dem Magadi-See sowie in Tanzania zwischen Kisangiro und Lembeni, zwischen Iringa und Dabaga und nördlich von Iringa im gleichen Gebiet wie die beiden *Steganura*-Arten. Die Populationen bei Iringa leben dort an der Südgrenze des Verbreitungebietes der Art.

Wie *Steganura paradisaea* hat auch die Strohwitwe das Verbreitungsgebiet ihres Wirtsvogels, des Veilchenastrild (*Uraeginthus ianthinogaster*), zwar von der Nordgrenze (Hauaschtal) bis zur Südgrenze (Iringa) besiedelt, doch sind weite Gebiete innerhalb dieses Großraumes, in denen der Wirtsvogel häufig ist, von ihr unbewohnt. Die Verbreitung ist inselartig, und die Vögel leben in größeren oder kleineren Populationen von kolonieähnlichem Charakter zusammen.

Die Strohwitwenpopulation hatte in meinem Beobachtungsgebiet bei Iringa etwa die halbe Kopfstärke derjenigen von *Steganura paradisaea*. Das kam auch in der Zahl der Funde von Wirtsvogelnestern zum Ausdruck. Im gleichen Zeitraum, in dem 36 *Pytilia-melba*-Nester aufgefunden wurden, konnte ich nur 15 Nester von *Uraeginthus ianthinogaster* registrieren. Da die Nester dieser Art in den gleichen niedrigen Büschen oder Bäumchen standen wie die von *Pytilia melba* und meine Nestersuchergilde sie zudem im gleichen Gebiet fand wie jene, gibt dieses Zahlenverhältnis der Nesterfunde einen brauchbaren Anhaltspunkt für die Dichte der beiden Prachtfinkenpopulationen und das relative Verhältnis ihrer Individuenzahlen. Auf ein Paar von *Uraeginthus ianthinogaster* entfielen also in diesem Gebiet 2,3 Paare von *Pytilia melba*, was in etwa auch dem Verhältnis der auf ihren

Abb. 13 Männchen der Strohwitwe (*Tetraenura fischeri*) auf seiner Singwarte.

Singbäumen registrierten Strohwitwenmännchen zu denen der Spitzschwanzparadieswitwe entsprach.

Revierverhalten

Da die Strohwitwe kurzflügeliger und ein schlechterer Flieger ist als die Paradieswitwenarten, sind auch die von den Männchen verteidigten Reviere kleiner als bei jenen. Die Ausdehnung des Reviers läßt sich wie bei den *Steganura*-Arten aus der Lage und Zahl der Singwarten bestimmen. Während die Paradieswitwen hohe Bäume als Singwarten bevorzugen, sitzen die Strohwitwenmännchen mit Vorliebe auf den höchsten Zweigen großer Büsche, besonders Akazien. Der Platzwechsel von einer zur benachbarten Singwarte ist viel weniger häufig als bei den rastlosen Paradieswitwen. Oft verbringen die Männchen eine viertel oder halbe Stunde auf ihrer Lieblingswarte.

Die Singleistung eines territorialen Männchens ist unvorstellbar. Von Tagesanbruch bis Sonnenuntergang hört man mit kurzen Unterbrechungen das abwechslungsreiche Potpourri aus Viduinen- und Wirtsvogelstrophen, in dem das Kontakttrillern, die Rufstrophe und das Nestlocken des Veilchenastrild die beherrschende Rolle spielen. Selbst die heißen Mittagsstunden bringen keine auffällige Unterbrechung der Gesangsaktivität.

Abb. 14 Strohwitwenmännchen balzt ein Weibchen rüttelschwirrend an.

Beobachtungen an Paradieswitwen

Balz und Kopulation

Fliegt ein Weibchen den Singbaum eines Männchens an, so wird es schon während des Anfluges mit einer explosionsartig hervorbrechenden Serie von Nestlockrufen aus dem Wirtvogellautschatz begrüßt. Die Begleit»musik« zu der Situation »Wirtsvogelpaar bei der Nestgründung«, die dem Weibchen ein in Kürze zur Eiablage geeignetes Nest ankündigt, ist wohl der auf seine Begattungsbereitschaft am stärksten einwirkende Reiz. Deshalb drängt diese Wirtsvogelstrophe augenblicklich alle anderen zurück, sofern durch die Annäherung eines Weibchens für den Sänger auch nur die Spur einer Chance für eine Kopulation besteht. Denn nur ein geringer Prozentsatz solcher »Damenbesuche«, die ein Männchen tagsüber erhält, führt wirklich zu einer Begattung. In den meisten Fällen sieht sich das Weibchen die Darbietungen des Männchens nur für einige Augenblicke an und fliegt dann anscheinend »ungerührt« wieder ab.

Obwohl so ein großer Teil dieser Besuche ergebnislos verläuft, haben sie wohl doch eine wichtige biologische Funktion. Die nur latent vorhandene Fortpflanzungsstimmung des Weibchens wird durch diese Begegnungen angeregt und intensiviert, es läßt sich durch die körperlichen und stimmlichen Darbietungen des Männchens »aufheizen« und verschafft sich Informationen, die es ihr erlauben, die Qualitäten der einzelnen Männchen miteinander zu vergleichen.

Sobald das Weibchen auf dem Singbaum des Männchens eingefallen ist, fängt dieses an, rhythmisch-brausend mit den Flügeln zu schlagen. Bei diesem »Rüttelschwirren« hält der Vogel die Fersengelenke gestreckt und den

Abb. 15 Kopfprofile und Rachenzeichnungen von Strohwitwe (oben) und Veilchenastrild (unten). Links 15tägige Jungvögel, rechts 3tägige Jungvögel. Beachte die Unterschiede im Schnabelprofil und in der Form des mittleren (oberen) Gaumenpunktes.

Körper aufrecht; Kopf und Brust sind dem Weibchen zugewandt. Diese Darbietung kann minutenlang anhalten; sie wird mit einem zweisilben Laut plötzlich abgebrochen, und gleichzeitig fliegt das Männchen auf das Weibchen zu, um einen Kopulationsversuch zu machen. Wenn das Weibchen nicht schon während des Rüttelschwirrens die Begattungsstellung eingenommen hatte, scheitert ein solcher Versuch jedoch regelmäßig; es weicht dem anfliegenden Männchen aus und streicht ab, vom Männchen meist noch ein Stück begleitet. Ich habe Kopulationen stets nur kurz vor Sonnenuntergang gesehen, und niemals hatte ein Männchen dabei Erfolg, wenn es die ausdrückliche Aufforderung des Weibchens nicht abwarten konnte.

Parasitierungsrate

Nachdem der Wirtsvogel der Strohwitwe, der Veilchenastrild (*Uraeginthus ianthinogaster*), durch die Nachahmung seiner Lautäußerungen im Gesang der Witwenmännchen nachgewiesen war (Nicolai 1964), konnte ich meine Suche auf Nester dieser Prachtfinkenart konzentrieren. Zwischen dem 27. März (1. Nest) und dem 19. Mai (15. Nest) konnte ich 15 Nester von *Uraeginthus ianthinogaster* untersuchen und das Ausmaß der Parasitierung feststellen. Von diesen 15 Nestern enthielten 11 jeweils eines oder mehrere Eier bzw. Jungvögel der Strohwitwe. Vier Nester waren mit je einem, 6 mit je 2 und eines mit 3 Eiern oder Jungvögeln parasitiert. Die Parasitierungsrate

Abb. 16 Sperrachen eines 3tägigen Veilchenastrild (*Uraeginthus ianthinogaster*).

betrug demnach 73,4 % und lag damit wesentlich unter der bei *Steganura paradisaea* gefundenen.

Eines dieser Nester enthielt am Fundtage (12. Mai) zwei junge Veilchenastrilde, eine junge Strohwitwe, eine junge Paradieswitwe sowie zwei Strohwitweneier, in denen die Embryonen abgestorben waren. Die vier Jungvögel waren 2–3 Tage alt und hatten alle volle Kröpfe. Auch die junge Paradieswitwe war also, zumindest in den ersten Lebenstagen, trotz ihrer sehr abweichenden Rachenzeichnung adoptiert und gefüttert worden. Zwei Tage später war dieser Jungvogel allerdings aus dem Nest verschwunden, vermutlich von den Pflegeeltern abgelehnt und herausgetragen. Es ist dies der einzige Fall, in dem ich einen Viduinenjungvogel im Nest eines als Wirtseltern ungeeigneten Prachtfinkenpaares vorfand.

Während die junge Paradieswitwe schon als frisch geschlüpfter Nestling durch ihren kürzeren und anders geformten Schnabel von den Wirtsgeschwistern zu unterscheiden ist, gelang es mir zunächst nicht, einen Unterschied zwischen den Jungvögeln von Strohwitwe und Veilchenastrild ausfindig zu machen. Erst nachdem ich mehrfach junge Veilchenastrilde statt der gewünschten jungen Strohwitwen aus den Nestern zur Mövchenaufzucht mitgenommen hatte, die ich wegen ihres weiter fortgeschrittenen Wachstums und der dickeren Schnäbel für Jungvögel des Brutparasiten hielt, und außerdem junge Strohwitwen aus frisch gelegten Eiern von den Mövchen erbrütet und aufgezogen waren, konnte ich folgende Unterschiede feststellen: Die junge Strohwitwe ist in den ersten Lebenstagen nur an dem abweichend geformten mittleren (oberen) Gaumenpunkt von ihren Wirtsgeschwistern zu unterscheiden. Er ist beim jungen Brutparasiten gedrungen nierenförmig, beim jungen Veilchenastrild dagegen elliptisch geformt (Abb. 15). Die tiefe Orangefarbe des Gaumens und das Kornblumenblau der Schnabelwinkelpapillen stimmen bei beiden Arten völlig überein.

Etwa vom achten Lebenstage der Jungvögel zeigt sich auch ein Unterschied in Schnabel- und Kopfform. Der Schnabel des jungen Veilchenastrild wird dicker und klobiger und der Kopf größer als bei der jungen Strohwitwe. Diese Merkmale gestatten es, die Jungvögel von Brutparasit und Wirtsvogel zu unterscheiden, bevor am 12. Lebenstage die jungen Veilchenastrilde an ihren sich aus den Kielen entfaltenden blauen Bürzelfedern und Oberschwanzdecken eindeutig zu identifizieren sind. Bürzelgefieder und Oberschwanzdecken haben bei der jungen Strohwitwe die gleiche rotbraune Farbe wie das übrige Körpergefieder. – Im Gegensatz zur jungen Paradieswitwe, die im Nest fast immer allein an ihrer bedeutenderen Größe von den

Abb. 17 Fünfzehntägiger Jungvogel der Strohwitwe (*Tetraenura fischeri*).

Abb. 18 Achtzehntägiger Jungvogel des Veilchenastrild (*Uraeginthus ianthinogaster*).

Wirtsgeschwistern zu unterscheiden ist, sind Größenunterschiede zwischen den Nestlingen kein Anhaltspunkt für die Unterscheidung von Strohwitwe und Veilchenastrild. Meist sind die jungen Strohwitwen ebensogroß, nicht selten sogar kleiner und weniger weit entwickelt als die Wirtsvogeljungen.

Zwei junge Strohwitwen, die aus frisch gelegten Eiern von Mövchen erbrütet und aufgezogen waren, verließen am Morgen des 16. Lebenstages das Nest.

Zusammenfassung

Während zweier Reisen nach Ostafrika wurden freilebende Populationen zweier Paradieswitwenarten (*Steganura paradisaea* und *St. obtusa*) und der Strohwitwe (*Tetraenura fischeri*) an drei Stellen in Tanzania (Nord-Paré-Berge, Mikumi National Park, Iringa) beobachtet. Alle drei Arten besiedeln das jeweilige Verbreitungsgebiet ihrer Wirtsvögel in größeren oder kleineren Populationen von kolonieartigem Charakter. Diese Kolonien können weit zerstreut liegen. Weite Gebiete, in denen die zugehörigen Wirtsvögel häufig sind, wurden von den Witwen nicht besiedelt.

Die Männchen von *Steganura paradisaea* verteidigen tagsüber große Reviere, aus denen jeder männliche Artgenosse vertrieben wird. Zum Imponierflug steigt das Männchen mit gleichmäßig schnellen Flügelschlägen 20–100 m in die Luft und streicht dann geradlinig, in stark verlangsamtem Flug weite Strecken zurücklegend, über dem Revier dahin. Überfliegt ein Rivale das Revier, so steigt das Männchen auf, setzt sich unter ihn und begleitet ihn bis zur Reviergrenze.

Während der Brutzeit des Jahres 1966 waren in dem Wohngebiet einer *Steganura paradisae*-Population von 15 Nestern des Wirtsvogels (*Pytilia melba*) 13 mit Eiern oder Jungvögeln jener Art belegt (86,7 %). Im gleichen Gebiet waren 1969 von 36 Nestern des Wirtes 34 parasitiert (94,5 %). Kurz vor Sonnenuntergang versammeln sich die Männchen und Weibchen einer Population zur abendlichen *Schwarmstunde*. Die Vögel fliegen im Schwarmverband und gehen gemeinsam auf Nahrungssuche. Die Aggressivität der tagsüber streng territorialen Männchen ist während der Schwarmstunde stark herabgesetzt.

Im Gebiet der nördlichen Paré-Berge leben zwei Formen des Buntastrild (*kirki* und *percivali*) nebeneinander. Die dortige Paradieswitwenpopulation parasitiert jedoch nur eine dieser beiden (*percivali*). Die sich aus diesem Befund ergebenden Fragen werden diskutiert.

Die Jungvögel von *Steganura paradisaea* schlüpfen im allgemeinen früher und sind beim Schlupf größer als die Jungvögel des Wirtsvogels im gleichen Nest. Sie betteln ausdauernder und hartnäckiger und wachsen schneller heran als jene. Trotzdem konnte keine Benachteiligung der eigenen Jungen durch die brutpflegenden Buntastrilde festgestellt werden. Die jungen Paradieswitwen verlassen am 16. Lebenstage das Nest.

In Gebieten, in denen *Steganura paradisaea* und *Steganura obtusa* nebeneinander leben, können sich die Reviere der Männchen beider Arten überschneiden. *Steganura obtusa* hat keinen Imponierflug; ein Rivalenbegleitflug konnte wegen der geringen Individuenzahl der beobachteten Population nicht festgestellt werden. Ein Männchen balzte eine Taube (*Streptopelia* spec.) an und versuchte mit ihr zu kopulieren.

In der stationären Balz der beiden Paradieswitwenarten finden sich Elemente aus dem Funktionskreis der Jungenpflege. Das Männchen von *Steganura paradisaea* kopiert, stark ritualisiert, einen bettelnden Jungvogel. Das Männchen von *St. obtusa* demonstriert dem Weibchen einen aktiven Fütterungsakt. Die stammesgeschichtliche Herkunft der Elemente und ihre Signalwirkung werden diskutiert.

Verbreitung, Populationsdichte, Revierverhalten und Balz der Strohwitwe (*Tetraenura fischeri*) werden beschrieben. Während der Brutzeit des Jahres 1969 waren innerhalb einer Population des Wirtsvogels (*Uraeginthus ianthinogaster*) 11 von 15 Nestern durch die Strohwitwe parasitiert (73,3 %).

Die junge Strohwitwe verläßt am 16. Lebenstage das Wirtsvogelnest.

Rassen- und Artbildung
in der Viduinengattung Hypochera

I. *Hypochera funerea purpurascens* Reichenow – Brutparasit beim Dunkelroten Amaranten *Lagonosticta rubricata* Lichtenstein

In der Vielfalt der Ansichten, die die Taxonomen über die verwandtschaftlichen Beziehungen der Atlaswitwen (*Hypochera*) vorgetragen haben, spiegeln sich die Schwierigkeiten wider, denen sich jeder Forscher bei der Beurteilung der Formen dieser Viduinengattung gegenübersieht. Bis zum gegenwärtigen Zeitpunkt sind 17 *Hypochera*-Formen beschrieben worden. Von ihren Erstbeschreibern meist in den Rang einer selbständigen Art erhoben, wurden viele von späteren Bearbeitern zu geographischen Rassen oder Färbungsphasen anderer Arten erklärt oder ganz in die Synonymie verwiesen. Und dieses Durcheinander der Auffassungen ist verständlich, wenn man bedenkt, daß dem Bearbeiter, der sich allein auf strukturelle Merkmale stützt, nur der Metallglanz des schwarzen Brutkleides der Männchen (grün, blaugrün, blau, violett, blauviolett sowie mattschwarz), die Färbung der Füße (rot oder weiß), die der Schnäbel (rot oder weiß) sowie der Handschwingen und Steuerfedern (schwarz oder braun) als Anhaltspunkte zur Verfügung stehen. Das endgültige Bild, das der jeweilige Bearbeiter von den Beziehungen der Formen zueinander entwarf, hing davon ab, welche taxonomische Bedeutung er jedem dieser Einzelmerkmale und ihren Kombinationen beimaß.

Die Verhältnisse bei den Paradieswitwen (*Steganura*), deren verwandtschaftliche Beziehungen durch den Nachweis der Wirtsvögel aus ihren Gesängen nunmehr als weitgehend geklärt angesehen werden können, zeigen, daß die strukturellen Merkmale durch die sich die sieben Paradieswitwenformen unterscheiden (Farbe des Nackenbandes, Länge und Breite des längsten Schmuckfedernpaares) keine Schlüsse auf ihren systematischen Status erlauben (Nicolai 1964). Auch bei den *Hypochera*-Formen streuen die Merkmalsausprägungen anscheinend beziehungslos; es finden sich braunschwingige mit grünen (*nigeriae*), blauem (*camerunensis*) und violettem Gefiederglanz (*purpurascens, funerea*) und weißfüßige in den gleichen drei Ausprägungen dieses Merkmals. Die einzige rotschnäbelige *Hypochera*-Form (*amauropteryx*) ist rotfüßig, und das schwarze Brutkleid des Männchens erstrahlt in blaugrünem Glanz. Und um das Bild völlig zu verwirren, können rotfüßige Atlaswitwenformen sowohl violett (*funerea*) als auch blau (*ultramarina*) oder grün-glänzend (*codringtoni*) gefärbt sein.

In diese Vielfalt der Formen und der sich überschneidenden Ausprägungen der Merkmale eine Ordnung zu bringen, die Einblick in die stammesgeschichtlichen Vorgänge gewährt, war nur aus brutbiologischen Beobachtungen zu erwarten, und so haben fast alle Autoren die Notwendigkeit solcher Arbeitsweise betont (Bannermann 1949, Chapin 1954, Wolters 1960, Friedmann 1960 u. a.); denn die Frage nach der systematischen Stellung einer Vogelform ist immer mit der Frage nach der natürlichen Fortpflanzungsgemeinschaft identisch und im vorliegenden Falle mit der komplizierten geographischen Verbreitung der Formen nur durch eine erfolgreiche Fahndung nach artisolierenden oder kreuzungsbegünstigenden Merkmalen und deren gründliche Analyse zu lösen.

Die Viduinen sind ohne Zweifel eine monophyletische Gruppe, und ihre Artbildung hat sich, soweit sich das bisher überblicken läßt, von einem gemeinsamen Vorfahren ausgehend, an der Artbildung ihrer Wirtsvogelformen orientiert. Denn jener, durch die Selektivität der Brutpflegetriebhandlungen der Estrildiden gesetzte Selektionsdruck, der die extreme Anpassung an die Jugendmerkmale der Wirtsvögel herausgezüchtet hat, war unter den vielerlei Selektionseinwirkungen zweifellos der mächtigste. Er hat zwangsläufig die Panmixie einer Viduinenform unterbrochen, wenn diese bei der zugehörigen Wirtsvogelform unterbrochen wurde; nur so konnten die Viduinen mit der zunehmenden Differenzierung der Jugendmerkmale bei ihren Wirten »Schritt halten«. Die Aufrechterhaltung einer solchen Trennung wurde durch die Wirtsvogelstrophen in den Gesängen der Viduinenmännchen garantiert, die als bedeutungsbeladenes Signal Partner gleichen Anpassungstyps bereits auf dem Niveau der Subspecies oder sogar noch früher, zum Zeitpunkt des ersten Auftretens stimmlicher Differenzierungen innerhalb einer ursprünglich einheitlichen Estrildiden-Population, bevorzugt zusammenführten.

Rassen- und Artbildung 293

Finden sich also bei einer Viduinenform im Gesang der Männchen Elemente des Lautschatzes einer Estrildidenart, die im Gesang keiner anderen Form vertreten sind, so ist durch diese Feststellung nicht nur der Wirt im gesamten Verbreitungsgebiet dieser Form ermittelt, sondern auch ihre Artselbständigkeit gegenüber allen anderen Viduinen erwiesen.

Zur Klärung der Verhältnisse im mittleren Ostafrika ermöglichte mir die Fritz-Thyssen-Stiftung durch großzügige Unterstützung eine viermonatige Forschungsreise (Ende Januar bis Ende Mai 1966) durch Tanzania. Sie führte von der Küste (Dar es Salaam) nach Morogoro, zum Mikumi National Park, nach Iringa, Dodoma, Arusha, Moshi, in die nördlichen Paré-Berge, zum Ngurdoto Crater National Park und zu den Momella-Seen, zum Manyara-See und zum Ngorongoro-Krater. In den letzten Wochen war ich einige Tage im Tsavo-Park in Kenya, sowie im Nationalpark von Nairobi.

Da die Angehörigen einer Viduinengattung, wie die Verhältnisse bei *Steganura* und *Tetraenura* zeigen, immer nur die Arten *einer* Estrildidengattung parasitieren, konnte ich mich bei der Suche nach den *Hypochera*-Wirten auf die Arten der Gattung *Lagonosticta*, von denen eine bereits als Pflegeart einer Atlaswitwe bekannt war (*Lagonosticta senegala* Wirt von *Hypochera chalybeata*), konzentrieren.

Zur Identifizierung der zu erwartenden Wirtsvogelstrophen in den Gesängen der *Hypochera*-Formen hatte ich deshalb vor Beginn der Reise die Gesänge aller sieben *Lagonosticta*-Arten (*senegala, rubricata, rhodopareia, rara, larvata, nitidula, rufopicta*) auf Tonbänder aufgenommen. In dem bereisten Gebiet kommen drei dieser Arten vor (*senegala, rubricata, rhodopareia*). Von *Lagonosticta rubricata* und *Lagonosticta rhodopareia* standen mir zudem die Gesänge der in Tanzania (*L. rubricata haematocephala, L. r. ugandae*) und Aethiopien (*L. rhodopareia rhodopareia*) lebenden Rassen auf Tonbändern zur Verfügung. Die in Tanzania lebende Rasse *ruberrima von Lagonosticta senegala* weicht, wie sich hreraustellte, stimmlich nur unwesentlich von den vorher untersuchten Rassen *senegala* und *brunneiceps* ab.

Beobachtungen an *Hypochera funerea purpurascens*

Im Jahre 1883 beschrieb Reichenow aus Useguha (Tanzania) eine braunschwingige Atlaswitwenform mit hellen Füßen und weißem Schnabel sowie violettglänzendem männlichem Brutkleid als *Hypochera purpurascens*. Zwölf Jahre vorher hatte Sharpe (1871) aus Angola eine recht ähnliche Form (*nigerrima*) beschrieben, die sich von *purpurascens* im wesentlichen durch das mattschwarze Gefieder unterscheiden sollte. Die geringfügigen Unterschiede zwischen diesen beiden Atlaswitwenformen, die zudem weitgehend sympatrische Verbreitung zeigen, veranlaßte die Mehrzahl der Autoren, *nigerrima* und *purpurascens* als Färbungsvarianten einer Form zu betrachten (v. Boetticher 1952, Delacour 1934, Mackworth und Praed 1955, Wolters 1960). Hier ist *purpurascens* als selbständige Form neben *nigerrima* und in Anlehnung an Friedmann (1960), der beide Formen unter dem älteren Namen *nigerrima* zusammenfaßt, als geographische Rasse von *hypochera funerea* behandelt. Diese Trennung wird im letzten Kapitel begründet.

Hypochera funerea purpurascens ist vom südlichen Abessinien bis Rhodesien und Transvaal und von der Küste im Osten bis etwa ins westliche Kivu-Gebiet verbreitet. Ihr Verbreitungsgebiet überlagert weithin das dreier Rassen (*amauropteryx, codrington*[1], *orientalis*) der Atlaswitwe *Hypochera chalybeata*, die Brutparasit beim Amaranten (*Lagonosticta senegala*) ist. Diese geographischen Verhältnisse, das weiträumige Überschneiden der Verbreitungsgebiete zweier ziemlich deutlich verschiedener Formen, ließen erwarten, daß *purpurascens* eine andere Wirtsvogelart als *chalybeata* parasitiert.

Während meines viermonatigen Aufenthaltes in Tanzania fand ich größere oder kleinere Brutpopulationen von *Hypochera funerea purpurascens* an vier Stellen, im östlichen und im nördlichen Teil des Landes.

Dar es Salaam:

Ein einzelnes singendes Männchen beobachtete ich am 5. Februar etwa 14 km westlich von Dar es Salaam im Gebiet einer Population von *Hypochera chalybeata amauropteryx* und mitten im Revier eines der rotschnäbeligen Männchen. Während die *amauropteryx*-Männchen im fertigen schwarzen Brutkleid auf ihren Singwarten saßen, war bei dem *purpurascens*-Männchen die Mauser vom weibchenfarbenen Ruhekleid ins Brutkleid noch nicht abgeschlossen; nur etwa die Hälfte des Kleingefieders war schwarz. Im Gesang dieses Vogels konnte ich noch keine Wirtsvogelstrophen finden, er wiederholte ständig seine Witwenstrophen und flog nach etwa 5 Minuten ab.

---

[1] Die grünglänzende Form *codringtoni* wurde von Friedmann (1960), Wolters (1960) u. a. als geographische Rasse von *Hypochera chalybeata* betrachtet. Das konnte ich bei Iringa (Nduli) bestätigen. *Codringtoni* ist Brutparasit bei *Lagonosticta senegala* und gehört damit zum Rassenkreis von *Hypochera chalybeata*.

Rassen- und Artbildung

Mikumi National Park:

Zwischen Morogoro und Iringa liegt der erst 1964 eröffnete 450 Quadratmeilen große Mikumi National Park. Hier fand ich eine Population von *Hypochera funerea purpurascens* nach mehrtägiger Suche an einem von dichtem Gebüsch eingefaßten Bachlauf. Die singenden Männchen saßen mit Vorliebe in den trockenen Spitzenästen der vereinzelt am Bachufer stehenden Bäume, und schon der erste Sänger gab Auskunft über die Wirtsvogelart. Er trug neben seinen Witwenstrophen die kurzen, aneinandergereihten Kontakttriller, sowie aus klaren, flötenden Tönen unterschiedlicher Klangfarbe zusammengesetzten 4–5 Strophen umfassenden Gesang des Dunkelroten Amaranten (*Lagonosticta rubricata*) vor. Jedes Männchen hatte einen bevorzugten Singbaum und auf diesem einige wenige trockene Äste, meist im Gipfelbereich, zu denen es zum Singen immer wieder zurückkehrte. So gelang gleich am ersten Tage eine Tonbandaufnahme des Gesanges dieses Vogels.

Flog ein fremdes Männchen den Singbaum an, oder näherte sich ein Männchen der am gleichen Ort lebenden Dominikanerwitwen (*Vidua ma-*

Abb. 1 Im Brutgebiet von *Hypochera funerea purpurascens*. Rechts der Singbaum eines Männchens. Vor dem Land-Rover zieht eine Elefantenherde über die Piste. Mikumi National Park, März 1966.

croura), so wurde es sofort angegriffen und vertrieben, oft über weite Entfernungen hinweg. Trotz dieser Aggressivität, die mir von allen Vuduinenmännchen aus den Volieren bekannt war, bestand doch ein deutlicher Kontakt zwischen den Männchen dieser ungemein dichten Population. In den Mittagsstunden fanden sich oft mehrere Männchen mitten im Revier eines von ihnen in einem niedrigen Busch in Wassernähe zusammen, putzten dort ihr Gefieder und ließen, von gelegentlichen unbedeutenden Auseinandersetzungen abgesehen, keinerlei Agressivität erkennen. Auch zur Nahrungssuche in den schütteren Beständen der Gräser *Digitaria macroblephara* und *Chloris pycnothrix* kamen die Männchen und einige Weibchen von allen Seiten zusammen, schwenkten über dem Grasmeer und fielen zwischen den locker stehenden Grasbüscheln am Boden ein, um dort ausgefallene Samen aufzulesen. Wie alle anderen Viduinen ist *Hypochera* nicht in der Lage, sich an Grashalmen anzuhängen und dort die körnergefüllten Ähren und Rispen auszubeuten, wie das manche Estrildiden (*Spermestes cucullatus, Estrilda astrild* u. a.) tun.

Am gleichen Bachlauf, dessen dichte, aber schmale Ufervegetation unmittelbar in die offene, von wenigen Bäumen und Büschen bestandene Grassteppe überging, lebten von Estrildiden Kleinelsterchen (*Spermestes cucullatus*), Angolaschmetterlingsfink (*Uraeginthus angolensis*), Wellenastrild (*Estrilda astrild*), Wiener Astrild (*Pytilia afra*), *Amarant* (*Lagonosticta senegala*) und die Wirtsart, der Dunkelrote Amarant (*Lagonosticta rubricata*). Ein Nest letzterer Art, in das das Weibchen am Fundtage gerade das dritte des normalerweise aus vier Eiern bestehenden Geleges abgelegt hatte, fand ich im Revier und wenige Meter von dem Singbaum eines der *purpurascens*-Männchen in den Stockausschlägen eines niedrigen Busches dicht über dem Erdboden. Am gleichen Tage beobachtete ich kurz vor Sonnenuntergang, wie das singende *purpurascens*-Männchen von einem Weibchen besucht und zur Begattung aufgefordert wurde. Unmittelbar nach der Kopulation flogen beide Vögel ab, das Männchen kehrte nach wenigen Minuten auf seine Singwarte zurück. Da Viduinenweibchen, wie ich aus Gefangenschaftsbeobachtungen weiß, nur in den Legetagen begattungsreif sind, bin ich überzeugt, daß dieses *purpurascens*-Weibchen am folgenden oder übernächsten Tage ein Ei in das erwähnte Nest gelegt hätte, das im Zentrum des Reviers seines *Lagonosticta rubricata* imitierenden Kopulationspartners lag. Diesen letzten Nachweis zu führen, war mir allerdings nicht vergönnt. In der Nacht wurde das Nest von einem unbekannten Räuber geplündert; ich fand es am nächsten Morgen halbzerstört und leer vor. Zu einer Suche nach anderen *ru-*

Rassen- und Artbildung

bricata-Nestern, für die ich mich wesentlich weiter vom Wagen hätte entfernen müssen, konnte ich mich in diesem Gebiet angesichts der zahlreichen frischen Löwenspuren, die im feuchten Ufersaum eingedrückt waren, und der vollkommenen Unübersichtlichkeit des Geländes, nicht entschließen.

Straße von Mikumi nach Iringa:

Auf der Fahrt von Mikumi nach Iringa flogen in einer Afrikaner-Siedlung, die unter prachtvollen alten Baobab-Bäumen (*Adansonia digitata*) gelegen war, futtersuchende Atlaswitwen vom Wege auf und fielen in den am Straßenrand stehenden Baumriesen ein. Eine Fahrunterbrechung von 10 Minuten genügte, um die violettschimmernden, weißfüßigen und braunschwingigen Männchen als *Hypochera funerea purpurascens* zu bestimmen und ihre *rubricata*-Imitationen im Gesang wiederzufinden, die sie in gleicher Weise wie die Mikumi-Vögel vortrugen.

Moshi:

Vom 10. April bis Ende Mai unternahm ich von Moshi aus tägliche Fahrten in die nördlichen Paré-Berge, das Gebiet von Kisangiro, Mwanga und Lembeni. Im gesamten Gebiet zwischen Moshi und Lembeni fand ich keine *purpurascens*, dagen stellte ich etwa 10 km östlich an der Straße nach Mombasa, sowie in und um die kleinen Eingeborenensiedlungen Kisangiro, Mwanga und Lembeni Atlaswitwen oder ostafrikanischen Rasse *orientalis* der bei *Lagonosticta senegala* parasitierenden Art *Hypochera chalybeata* fest. Diese Vögel unterscheiden sich von *purpurascens* sofort durch rote Füße, schwarze Handschwingen und Steuerfedern und blauen Gefiederglanz. Alle *orientalis*-Männchen trugen reine *senegala*-Strophen vor.

Eine kleine Population von *Hypochera funerea purpurascens* fand ich dagegen am Westrande von Moshi im Bereich der letzten von großen Gärten umgebenen Wohnhäuser. An diese Gärten grenzten ausgedehnte Maisfelder. Auch hier konnte ich die Männchen tagsüber fast ständig auf ihren bevorzugten Singbäumen antreffen und die *rubricata*-Strophen in ihren Gesängen feststellen. Die gesamte Population von etwa 30 Vögeln übernachtete gemeinsam in einem 10 m hohen dichten Laubbaum, der im Garten des Hotels Brühl stand. Dort kamen kurz nach Sonnenuntergang die Atlaswitwen beider Geschlechter von allen Seiten herangeschossen und tauchten in der dichtbelaubten Krone unter. Alle Männchen begannen sofort nach dem Einfallen zu singen; das Stimmengewirr aus Viduinenstrophen und *rubricata*-Imitationen hielt an, bis es fast völlig dunkel war. Im gleichen Baum nächtigten in diesen Tagen auch etwa 15 Fruchttauben (*Treron australis*).

Schlußbetrachtung und Ausblick

Mit dem Auffinden der Wirtsvogelart ist für die Atlaswitwenform *purpurascens* ihre sexuelle Isolation gegenüber *Hypochera chalybeata*, deren Verbreitungsgebiet das ihre weiträumig überlagert, festgestellt. Auch für eine zweite der rätselhaften Atlaswitwenformen steht die Klärung ihrer Wirtsvogelbeziehungen und damit der verwandtschaftlichen Stellung bevor. Ich erhielt kürzlich zwei lebende Atlaswitwen unbekannter Herkunft, die sich durch mattschwarzes Gefieder, dunklere Schwingen und schlankere Körperform von *purpurascens* deutlich unterscheiden. Sie gehören vermutlich zu jener Form, die Sharpe (1871) aus Angola als *Hypochera nigerrima* beschrieben hat und die von fast allen neueren Autoren nur als Farbvariante von *purpurascens* betrachtet und mit jener deshalb unter dem Priorität genießenden Namen *nigerrima* zusammengefaßt wird. Diese Vereinigung ist offenbar nicht berechtigt, denn die beiden Männchen tragen in ihrem Gesang nicht nur von *purpurascens* abweichende Viduinenstrophen vor, auch ihre Wirtsvogelstrophen sind einer anderen *Lagonosticta*-Art entlehnt. Sie klingen weitgehend, wenn auch nicht völlig, wie die Gesangsstrophen der aethiopischen Nominatrasse des Rosenamaranten (*Lagonosticta rhodopareia*), die südlicher von der Rasse *jamesoni* vertreten wird. Bisher war es mir nicht möglich, lebende Vögel der Rasse *jamesoni* zu beschaffen und abzuhören, doch vermute ich, daß die Unterschiede, die zwischen den Wirtsvogelstrophen der *nigerrima*-Männchen und den Gesangselementen von *Lagonosticta rh. rhodopareia* bestehen, in der stimmlichen Verschiedenheit zwischen der aethiopischen Nominatrasse des Rosenamaranten und der ost- und südafrikanischen *jamesoni* ihre Parallele finden. Damit wäre die Form *nigerrima* nicht nur keine bloße Farbvariante von *purpurascens*, sondern eine selbständige Art.

Mit dem Guthaben einer wahrscheinlichen (*nigerrima*) und zweier gesicherter Wirtsvogelbeziehungen (*chalybeata*, *purpurascens*) ist es erlaubt, auch über die Stellung der letzten, im südafrikanischen Raum lebenden Atlaswitwenform (*funerea*) eine Voraussage zu machen. Diese violettschimmernde, braunschwingige und rotfüßige Atlaswitenform lebt anscheinend vom östlichen Rhodesien südwärts durch die östlichen Teile Transvaals und vermutlich auch Moçambique bis Natal und lokal in der östlichen Kap-Provinz. Angaben über ihr Vorkommen in Sambia, Malawi, Ost-Betschuanaland usw. beziehen sich offenbar auf *H. f. purpurascens* oder *H. nigerrima*. Den nördlichen Teil ihres Verbreitungsgebietes teilt sie mit *Hypochera chalybeata amauropteryx* und, obwohl die beiden Formen im allgemeinen oekologisch getrennt leben, kommen sie doch stellenweise im gleichen Gebiet vor. So muß auch *funerea* eine andere Wirtsart parasitieren als es *amauropteryx* tut, und da in einem großen Teil des Verbreitungsgebiets von *funerea* aus der Gattung *Lagonisticta* neben dem Wirt der rotschnäbeligen *Hypochera chalybeata amauropteryx*, dem Amaranten (*L. senegala*), nur noch der Dunkelrote Amarant (*L. rubicata*) vorkommt, dürften die südlichen Rassen letzterer Art die Wirtsvögel von *funerea* sein.

Völlig ungeklärt sind noch die Wirtsvogelbeziehungen und damit die Verwandtschaftsverhältnisse der über Nigeria, Kamerun, den nördlichen Kongo bis zum Sudan und dem nordwestlichen Kenya verbreiteten Atlaswitwenformen *nigeriae*, *camerunensis* und *wilsoni*, von denen die erste grünen, die zweite blauen und die dritte violetten Gefiederglanz zeigt. In diesen Gebieten leben drei *Lagonosticta*-Arten, die west-, zentral- und ostafrikanischen Rassen von *Lagonosticta rubicata*, graue und weinrote Rassen von *Lagonosticta larvata* und die beiden geringfügig verschiedenen Subspecies von *Lagonosticta rara*. Sie alle unterscheiden sich deutlich durch die Gesänge (Nicolai, 1966) und stellen vermutlich die Wirtsvögel dieser Atlaswitwenformen. Die Klärung dieser offenen Fragen ist deswegen von besonderer Bedeutung, weil sich erst durch sie ein lückenloses Bild über die komplizierten Artbildungsvorgänge in dieser Viduinengattung ergeben wird. Ich plane deshalb, in Gebieten, in denen alle drei Formen nebeneinander vorkommen, wie das etwa im südlichen Sudan und Nigeria der Fall ist, zu beobachten und die Wirtslautnachahmungen in den Gesängen der Männchen zu analysieren.

Zwei der sieben *Lagonosticta*-Arten, die Schwesternarten *nitidula* und *rufopicta*, scheinen dem Schicksal des Parasitiertwerdens entgangen zu sein. Für die vom mittleren Angola und dem nordöstlichen Südwestafrika (Caprivi-Zipfel) bis zum Tanganyika-See verbreitete *Lagonosticta nitidula* findet sich keine Atlaswitwenform, die noch »frei« wäre. Deshalb halte ich es angesichts der Tatsache, daß in allen anderen von Viduinen parasitierten Estrildidengattungen von zwei Schwesternarten ausnahmslos *beide* ihre Brutparasiten haben, für unwahrscheinlich, daß *Lagonosticta rufopicta*, die von Westafrika (Gambia) bis Ost-Uganda und zum südlichen Sudan und damit zum großen Teil in den Verbreitungsgebieten der *Hypochera*-Formen *nigeriae, camerunensis* und *wilsoni* lebt, Wirt einer dieser Atlaswitwen ist.

Für diese Annahme sprechen auch die erst kürzlich näher untersuchten Verwandtschaftsbeziehungen innerhalb der Gattung *Lagonosticta*. Von den sieben Arten stehen sich *rubricata rhodopareia* und *rara* besonders nahe, und auch die schwarzmaskige *L. larvata* schließt unmittelbar an sie an. Ein längerer Zeitraum trennt diese vier von *L. senegala*, die sich durch starke Reduktion der Gesangselemente und einige Abweichungen im Verhalten absondert. Von allen diesen Arten unterscheiden sich *nitidula* und *rufopicta* nochmals erheblich durch primitive Gestaltung der Gesänge und abweichende Motivationskonstellation in einer Reihe von Verhaltensweisen. Sie sind wenig differenzierte Endglieder eines frühen Seitenzweiges an dem zu den übrigen Arten führenden Stammast, und so macht sich die relativ lange Zeitspanne ihrer Isolierung auch darin bemerkbar, daß ihnen offenbar keine *Hypochera*-Form auf ihrem Wege gefolgt ist.

Zusammenfassung

Im mittleren Ostafrika überlagern sich die Verbreitungsgebiete zweier deutlich verschiedener Atlaswitwen (*Hypochera*)-Formen, das der weißfüßigen violettschimmernden Form *purpurascens* und die der rotfüßigen, grün- oder blaugrün glänzenden ostafrikanischen Rassen von *Hypochera chalybeata*. Der Wirtsvogel von *purpurascens* war unbekannt; als Wirtsart von *Hypochera chalybeata* war durch Freiland- und Gefangenschaftsbeobachtungen sowie Gesangsanalysen *Lagonosticta senegala* nachgewiesen.

Der in früheren Untersuchungen ermittelte besondere Artbildungsmodus der Viduinen, eine parallele Entwicklung zwischen den Gattungen und Arten der Wirtsvögel und Brutparasiten, war die Grundlage einer Arbeitshypothese, nach der Viduinenformen, deren Verbreitungsgebiete sich ganz oder teilweise überschneiden, nicht den gleichen Wirtsvogel parasitieren können. Die sexuelle Isolation zwischen den Angehörigen zweier Viduinenformen wird im gemeinsamen Verbreitungsgebiet nur auf der Basis einer Spezialisierung auf verschiedene Wirtsvogelarten verwirklicht und durch die Nachahmung der Wirtsvogelstrophen in den Gesängen der Männchen aufrechterhalten.

Die sympatrische Verbreitung von *purpurascens* und *chalybeata* bot die Möglichkeit, die Brauchbarkeit dieser Arbeitshypothese, die sich bei der

Beurteilung der Wirtsvogelbeziehungen und Verwandtschaftsverhältnisse innerhalb der Gattung *Steganura* schon bewährt hatte, nachzuprüfen. Die Beobachtungen im mittleren und nördlichen Tanzania ergaben, daß *purpurascens* Brutparasit bei *Lagonosticta rubricata* ist und damit von *Hypochera chalybeata* sexuell isoliert lebt. Die *purpurascens*-Männchen tragen in ihrem Gesang die wechselvollen, motivreichen Strophen von *Lagonosticta rubricata* vor.

Die in Angola und Kasai sowie in einem Teil der Verbreitungsgebiete von *purpurascens* und *funerea* lebende Form *nigerrima* ist mit großer Wahrscheinlichkeit gleichfalls eine selbständige Art. Zwei meiner Volierenvögel tragen Wirtsvogelstrophen vor, die weitgehend, aber nicht völlig, den Gesangsstrophen der aethiopischen Nominatrasse des Rosenamaranten (*Lagonosticta rhodopareia*) entsprechen. Es wird vermutet, daß diese Unterschiede auf die stimmliche Verschiedenheit der nordostafrikanischen von der südlichen Rasse (*jamesoni*) des Rosenamaranten zurückzuführen sind. Eine definitive Entscheidung in dieser Frage ist erst durch eine Analyse des Gesanges von *Lagonosticta rhodopareia jamesoni* zu erwarten.

Nachtrag

Nach Abschluß des Manuskriptes erschien eine überaus gründliche Arbeit von M. A. Traylor (Relationships in the combassous; Proc. sec. Pan-Afr. Orn. Congr. 1964, The Ostrich, Supplement Nr. 6), die sich mit den Verwandtschaftsbeziehungen der Atlaswitwen eingehend befaßt.

Traylor untersuchte 525 Bälge von *Hypochera*-Männchen im Brutkleid und erkennt danach 9 unterscheidbare Formen (*chalybeata, ultramarina, amauropteryx, codringtoni, centralis, nigerrima, funerea, wilsoni, nigeriae*) an. Von diesen leben nach seinen Befunden die Formen *funerea* und *amauropteryx* nebeneinander, ohne sich zu vermischen, was auch aus den Feldbeobachtungen Irwins (in Friedmann 1960) schon wahrscheinlich gemacht worden war und aus der Spezialisierung auf zwei verschiedene Wirtsvogelarten zu erklären ist. Desgleichen leben in Nordafrika die Formen *chalybeata, nigeriae* und *wilsoni* ohne zu bastardieren nebeneinander. Die Form *nigerrima* betrachtet Traylor als eine Mischform, die zwischen *funerea* und *nigeriae* einerseits und *centralis* (hier *orientalis* genannt) und *nigeriae* anderseits vermittelt. Aus diesen komplizierten Verhältnissen, Bastardierung in einem Teil des Verbreitungsgebietes und sexuelle Isolation in einem anderen Teil, zieht

Traylor die auf Grund seiner Befunde richtige Konsequenz, alle *Hypochera*-Formen in einer einzigen Art zusammenzufassen. Dabei ist er sich der Schwierigkeit dieser einzigartigen Situation durchaus bewußt. So entschließt er sich auch in einer Fußnote, nach Korrespondenz mit Mayr, Stresemann und Wolters, doch drei *Hypochera*-Arten anzuerkennen, die an der Peripherie ihrer Verbreitungsgebiete miteinander bastardieren. Diese Arten sind *chalybeata* (mit den Rassen *centralis, ultramarina, amauropteryx* und *codringtoni*), *funerea* (mit *nigerrima, purpurascens* und *wilsoni*) und *nigeriae*. Diese Anordnung kommt meinen Vorstellungen von der Artbildung der Atlaswitwen erheblich näher. Doch ist auch sie noch nicht voll befriedigend.

Wenn *nigerrima* eine Mischform wäre, so müßte sie die eine oder andere der Wirtsvogelarten ihrer Ursprungsformen parasitieren. Die von mir untersuchten Vögel zeigen jedoch, daß das nicht der Fall ist.

Mit an Sicherheit grenzender Wahrscheinlichkeit sind die Brutparasiten bei der vom südlichen Kenia über Tanzania und Mocambique bis Rhodesien, Transvaal und Zululand verbreiteten Rasse *jamesoni* des Rosenamaranten (*Lagonosticta rhodopareia*). Auch in einem anderen Gebiet, im Bereich der nördlichen Paré-Berge, in dem Traylor nach dem ihm vorliegenden Balgmaterial eine Mischpopulation zwischen *purpurascens* und *orientalis* (dort *centralis* genannt) annimmt, ließen sich keine Anhaltspunkte für eine solche Vermischung finden. Vor Antritt meiner Reise machte mich H. E. Wolters auf die vermutliche Mischlingseigenschaft der Atlaswitwen von Lembeni im Bereich der Nord-Paré-Berge aufmerksam, und ich habe, um diese Frage zu klären, mehrere Wochen in und um Lembeni zugebracht, die Atlaswitwen untersucht und Tonbandaufnahmen gemacht (S. 313). In diesem Zeitraum konnte ich sämtliche im Gebiet singenden Atlaswitwenmännchen verhören: sie hatten ausnahmslos rote Füße, trugen *senegala*-Wirtsstrophen vor und gehörten damit eindeutig zu *Hypochera chalybeata orientalis*. Die variable Färbung – einige Männchen schimmern violettblau statt reinblau wie die typische *orientalis* – reicht wohl nicht hin, um eine Bastardierung anzunehmen. Auch andere *Hypochera*-Formen, wie *chalybeata* und *ultramarina*, variieren in der Färbung von grünlich zu stahlblau (*chalybeata*) und von blau zu violett (*ultramarina*). Der blaue, grüne oder violette Farbglanz schwarzer Vogelfedern kommt durch geringfügige Änderungen in der Federstruktur zustande und unterliegt vermutlich einem monofaktoriellen Erbgang, wie das bei den auf schwarze Gefiederfarbe gezüchteten domestizierten Hühner- und Haustaubenrassen der Fall ist.

In und um Lembeni kommt *Hypochera funerea purpurascens* nicht vor;

Rassen- und Artbildung

die nächste Population lebt bei Moshi, 60 km entfernt. Man müßte also annehmen, daß eine solche Mischpopulation nicht dort entstanden ist, wo sie gegenwärtig lebt und sich geschlossen ein neues Gebiet erobert hat. Eine derart kühne Annahme scheint mir aber durch nichts gerechtfertigt und mit dem Prinzip der sparsamsten Erklärung unvereinbar.

Der dritte Fall einer Bastardierung, den Traylor anführt, scheint mir dagegen gut gesichert und auf ethologischer Grundlage auch erklärlich. Die Vermischung zwischen der rotschnäbeligen *chalybeata*-Rasse *amauropteryx* und der weißschnäbeligen Rasse *codringtoni*, die im südlichen Teil des Verbreitungsgebietes von *codringtoni* zu einem fast völligen Aufgehen der weißschnäbeligen in der rotschnäbeligen Form geführt hat, ist durch das Material Traylors aus Malawi und dem mittleren Zambia überzeugend demonstriert. Die rotschnäbelige Rasse *amauropteryx* hat sich wohl im Süden oder Südwesten Afrikas herausgebildet und breitete sich von dort in nordöstlicher Richtung aus. Bei diesem Vordringen stieß sie auf die weiter nördlich wohnende *codringtoni*, vermischte sich mit ihr im Süden und umging sie im Westen und Osten. *Codringtoni* parasitiert die gleiche Wirtsart, *Lagonosticta senegala*. Die Männchen beider Formen liefern ihren Weibchen durch die Nachahmung der *senegala-Strophen* also die gleichen Reize, doch hatte *amauropteryx* noch etwas anderes anzubieten. Die rote Schnabelfarbe ist innerhalb der *Viduinae* das einzige *morphologische* mimetische Merkmal, das der *Altvogel* trägt. Zwar ist es nicht bei allen Viduinen evoluiert: die *Steganura*-Arten und auch ein großer Teil der Populationen von *Vidua hypocherina* tragen noch den dunklen Schnabel ihrer Euplectinen-Vorfahren. Bei den anderen Viduinen jedoch, die rotschnäbelige Estrildiden-Arten parasitieren, wie *Tetraenura regia, Tetraenura fischeri* und *Vidua macroura,* bieten die Männchen ihren Partnerinnen durch ihre rote Schnabelfärbung ein Wirtsvogelmerkmal, das wohl seine Entstehung ebenso sexueller Selektion verdankt, wie die akustischen mimetischen Signale. Innerhalb der Gattung *Hypochera* ist diese Entwicklung zu roter Schnabelfärbung noch in Fluß. Es ist aber sicher kein Zufall, daß die einzige rotschnäbelige Atlaswitwenrasse (*amauropteryx*) zu einer Art gehört, die die am auffälligsten rotschnäbelige *Lagonosticta*-Art (*senegala*) parasitiert.

Amauropteryx hat heute schon das größte Verbreitungsgebiet aller *chalybeata*-Rassen, und sie ist offenbar in stürmischer Ausbreitung nach Norden begriffen. Überall, wo sie mit anderen *chalybeata*-Rassen in Berührung kommt, sind die Männchen, bei gleichen Wirtsvogelparolen, in der Konkurrenz um die Weibchen voraussagbar denen der anderen Rasse gegenüber durch ihre Rotschnäbeligkeit selektionsbegünstigt. Das hat eine zunehmende Infiltration von *amauropteryx*-Genen in die *codringtoni*-Populationen zur Folge gehabt, und ich bin mit Traylor der Ansicht, daß *codrongtoni* eine im Verschwinden begriffene Rasse ist, die allmählich von *amauropteryx* aufgesogen wird. Das gleiche Schicksal dürfte den weiter nördlich lebenden Rassen *orientalis* und *ultramarina* beschieden sein, wenn *amauropteryx* noch weiter nach Norden vordringt.

In einer Fußnote erwähnt Traylor Beobachtungen von D. N. Mansfield, die er im Manuskript einsehen konnte. Mansfield fand in Malawi *Hypochera funerea* als Brutparasit bei *Lagonosticta rubricata*, was mit meinen Beobachtungen in Tanzania gut übereinstimmt.

NACHSATZ: Während des Erstdruckes dieser Arbeit konnte ich durch das Entgegenkommen von H. E. Wolters ein lebendes Männchen von *Lagonosticta rhodopareia ansorgei* aus Angola und wenig später von einem Händler 4 Paare der Rasse *L. rh. jamesoni*, die aus Nairobi importiert worden waren, erhalten. Der Gesang des *ansorgei*-Männchens weicht von dem der Nominatrasse von *L. rhodopareia* und auch von den Wirtsvogelstrophen der beiden erwähnten Männchen von *Hypochera nigerrima* ab; dagegen gleichen diese Wirtsstrophen von *nigerrima* bis in alle Einzelheiten den Gesangstrophen der Männchen von *L. rh. jamesoni*. Damit ist eine dritte Atlaswitwenform als selbständige Art nachgewiesen, und der Wirtsvogel konnte bis zur geographischen Rasse herab bestimmt werden.

Die Schnabelfärbung als potentieller Isolationsfaktor zwischen Auroraastrild (Pytilia phoenicoptera Swainson) und Streifenastrild (Pytilia lineata Heuglin), Familie Estrildidae

Haben geographisch isolierte Populationen einer polytypischen Art einen gewissen Grad morphologischer Differenzierung erlangt, dann ist die Entscheidung der Frage, ob sie als geographische Rassen zu betrachten sind oder Artselbständigkeit erreicht haben, eine nahezu unlösbare Aufgabe. Die phaenotypische Differenzierung, die nach der räumlichen Isolierung eingetreten ist, liefert an sich keine Information über den Betrag der genetischen Abweichungen. Sie erlaubt keine Aussagen darüber, ob die differierenden morphologischen Merkmale oder Verhaltensweisen zum Hindernis für eine Paarbildung zwischen Partnern der geographisch getrennten Formen geworden sind.

Die taxonomische Einstufung einer geographisch isolierten Form allein aufgrund morphologischer Ähnlichkeit kann daher nur als Notbehelf betrachtet werden, der eine nicht vorhandene Kenntnis des Verwandtschaftsgrades vortäuscht. Ich halte daher jede Änderung der bestehenden taxonomischen Beurteilung, die nur auf der Bewertung dieses Kriteriums beruht, für eine voreilige und unzulässige Maßnahme, solange sie nicht durch eine Untersuchung des Verhaltens der in Rede stehenden Formen unter der speziellen Fragestellung nach der Fortpflanzungsisolierung bestätigt wird.

Solche Untersuchungen haben Curio (1959) am Trauer- und Halbringschnäpper (*Ficedula hypoleuca* und *F. semitorquata*) und Löhrl (1961) am Korsischen und Kanadischen Kleiber (*Sitta whiteheadi* und *S. canadensis*) angestellt. In beiden Fällen galt eine der beiden Arten aufgrund morphologischer Kriterien als geographische Rasse der anderen, und erst das Auffinden schwerwiegender qualitativer und quantitativer Unterschiede im Verhalten ließ ihre Artselbständigkeit erkennen. Für die kritische Bewertung solcher Verhaltensunterschiede ist allerdings die gründliche Kenntnis der

Funktion, die die betreffenden Verhaltensweisen im Sozialleben der Art ausüben, notwendig, denn nur sie erlaubt Aussagen darüber, ob die gefundenen Unterschiede entscheidende Hindernisse für einen normalen Sozialkontakt darstellen. Die reine Registrierung von Verhaltensunterschieden berechtigt ebensowenig zu taxonomischen Entscheidungen wie das Aufzählen der morphologischen Verschiedenheiten.

Die sicherste Methode, solche Probleme zu lösen, besteht darin, die Vögel selber zu befragen, die Angehörigen der isolierten Formen also miteinander in Kontakt zu bringen. Das ist jedoch nur unter bestimmten Voraussetzungen durchführbar:

1. Die Vögel müssen leicht haltbar sein und sich in Gefangenschaft fortpflanzen.

2. Die Unterbringungen müssen so geräumig sein, daß kleine »Populationen«, jeweils mehrere Paare beider Formen, zusammengehalten werden können.

3. Die Vögel müssen sozial veranlagt sein und auch während der Fortpflanzungszeit nicht allzu aggressiv, so daß die Männchen sich auf die Verteidigung der unmittelbaren Umgebung des Nestes beschränken.

Diese Bedingungen schalten für solche Versuche eine große Zahl von Arten von vornherein aus, nämlich alle diejenigen, die keine feste Paarbindung eingehen, die große Reviere verteidigen, außerhalb der Brutzeit asozial leben und nur während der Fortpflanzungszeit vorübergehend einen andersgeschlechtigen Artgenossen im Revier dulden. Nur wenn mehrere Paare beider Formen zusammen gehalten werden und dadurch die Möglichkeit der freien Partnerwahl gegeben ist, kann die Fehlerquelle ausgeschaltet werden, daß infolge von Schwellenerniedrigung nicht-adäquate Partner gewählt werden.

Das Problem

Die nachfolgenden Befunde sind ein Nebenprodukt der Untersuchungen zum Brutparasitismus der *Viduinae*, für die ich alle Arten der Estrildidengattung *Pytilia* (*P. melba*, *P. afra*, *P. hypogrammica* und *P. phoenicoptera*) hielt und ihre Lautäußerungen und Verhaltensweisen verglich. *Pytilia melba* weicht von allen anderen Angehörigen der Gattung in Stimme und Verhalten am stärksten ab (Nicolai 1964). In geringerem Grade gilt dies auch für *Pytilia afra;* sie steht jedoch den beiden anderen Arten näher als *P. mel-*

Die Schnabelfärbung 307

Abb. 1 Auroraastrild (links), Streifenastrild (rechts).

ba. *Pytilia phoenicoptera* und *P. hypogrammica* sind nahe verwandt. Ihre Lautäußerungen und besonders der Gesang sind nahezu identisch. Der auffallendste morphologische Unterschied besteht darin, daß die Männchen von *hypogrammica* im Gegensatz zu *phoenicoptera* eine rote Kopfmaske tragen.

Pytilia phoenicoptera, der Auroraastrild, von dem hier die Rede sein soll, ist von Gambia in Westafrika über Zentralafrika und den östlichen Kongo bis nach Nordwest-Uganda verbreitet. Beide Geschlechter sind weitgehend ähnlich gefärbt: Das Männchen ist oberseits dunkel aschgrau, unterseits etwas heller. Etwa von der Kropfgegend an zieht sich eine feine weißliche Querbänderung über die gesamte Unterseite. Flügel, Schwanz und Bürzel wirken karminrot, da am zentralen Steuerfederpaar beide Fahnen und bei den anschließenden die Außenfahnen sowie die Ränder der Außenfahnen der Hand- und Armschwingen, die Oberschwanzdecken und der angrenzende Teil des Bürzels diese Farbe tragen.

Das Weibchen ist in der Grundfarbe bräunlicher, das Rot an Flügel und Bürzel düsterer und die Querbänderung ist ausgeprägter. Die Schnabelfarbe ist bei Männchen und Weibchen schwarz. Innerhalb ihres großen Verbreitungsgebietes ist die Art recht einheitlich, nur im östlichen Teil weichen die Populationen unerheblich von den westlichen ab und sind daher als geographische Rasse (*emini*) abgetrennt worden.

Im zentralen und westlichen Abessinien lebt, durch Hunderte von Kilometern von *phoenicoptera* getrennt, eine offensichtlich nahe verwandte, ähnlich gefärbte Form, der Streifenastrild, der von Heuglin (1863) als *Pytilia lineata* beschrieben wurde. Im Gegensatz zu *phoenicoptera,* die in beiden

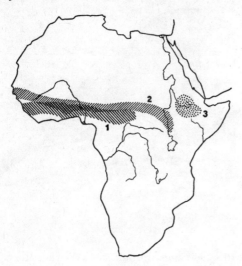

Abb. 2 Verbreitung von *Pytilia hypogrammica* (1), *P. phoenicoptera* (2) und *Pytilia lineata* (3).

Geschlechtern schwarzschnäbelig ist, hat sie einen leuchtend roten Schnabel. Beim Weibchen ist er blasser rot als beim Männchen, und der Oberschnabel hat an der Basis einen dunklen Fleck. Außerdem ist der Schnabel von *lineata* kürzer und gedrungener als der von *phoenicoptera*; der Grundton des Gefieders ist wesentlich heller grau, die Querbänderung ausgeprägter und breiter, das Rot an Flügeln und Schwanz leuchtender.

Ich hatte *Pytilia phoenicoptera* bereits seit Jahren gehalten, als sich mir im Frühjahr 1963 die Gelegenheit bot, ein Paar der sehr selten eingeführten abessinischen Form *lineata* zu beschaffen. Bereits kurz nach der Ankunft begann dieses Paar mit dem Nestbau, das Weibchen legte 4 Eier, und beide Partner zogen drei Junge auf. In einer zweiten Brut des gleichen Jahres wurden nochmals zwei Jungvögel aufgezogen. Zwischen *phoenicoptera* und *lineata* sind nur quantitative Verhaltensunterschiede feststellbar. Die Männchen beider Formen zeigen den für die meisten Estrildiden typischen Balztanz mit Nistsymbol im Schnabel und hüpfen dabei auf dem Sitzast auf und ab, wobei die Füße den Ast loslassen. In der Form dieses Balztanzes fand ich keine Unterschiede, doch führt *lineata* ihn häufiger aus als *phoenicoptera*. Die Lautäußerungen beider Formen sind nahezu identisch. Die Vögel haben einen flötenden Distanzruf, und der Gesang wird übereinstimmend mit einer kurzen, mehrfach wiederholten Folge von Knatterlauten eingeleitet, auf

Die Schnabelfärbung

die ein Doppelton folgt, dessen zweiter Teil gedehnt wird und krächzend-flötend klingt.

Diese Übereinstimmung in den Lautäußerungen schien mir zu bestätigen, daß *phoenicoptera* und *lineata* geographische Rassen der gleichen Art seien, als die sie von allen neueren Bearbeitern betrachtet wurden, denn die morphologisch viel weniger verschiedenen Rassen des Buntastrild (*Pytilia melba*) zeichnen sich durch sehr unterschiedliche Gesänge aus, die um so weniger Gemeinsamkeiten aufweisen, je weiter die Rassen geographisch voneinander getrennt leben. Ich war daher aufs höchste überrascht, als sich herausstellte, daß die Angehörigen beider Formen nichts miteinander zu tun haben wollten und keinerlei Beziehungen zueinander anknüpften.

Der Bastardierungsversuch

Als die Jungvögel von *lineata* im Oktober ihres Geburtsjahres die Jugendmauser abgeschlossen hatten, nach der sie sich als 3 Männchen und 2 Weibchen auswiesen, übersiedelten sie in die größte der zur Verfügung stehenden Volieren, die aus einem Innenraum von 5 × 2 m und einer 8 × 5 m großen anschließenden Freivoliere besteht. Sie beherbergte außer einer Anzahl anderer Estrildidenarten auch 2 Paare von *P. phoenicoptera*. Da sowohl diese als auch die jungen *lineata* bereits feste Paarbindungen eingegangen waren, bestand vorerst keine Möglichkeit der Bastardierung zwischen beiden Formen. Ein *lineata*-Männchen war überzählig und blieb ledig.

Im folgenden Sommer schritten alle Paare zur Brut, die beiden jungen *phoenicoptera*-Paare sowie das Elternpaar und die beiden jungen Paare von *lineata*. Die Auroraastrilde (*phoenicoptera*) zogen insgesamt 5 Jungvögel

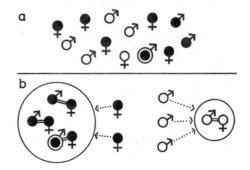

Abb. 3 Schema der Paarbildungen zwischen den Jungvögeln eines Brutjahres von *phoenicoptera* (O) und *lineata* (●), a) August; b) Dezember; ♂ vorjähriges *lineata*-Männchen. Die überzähligen Jungvögel gehen keine Mischehen ein, sondern versuchen an die artgleichen Paare Anschluß zu finden.

(4 Männchen, 1 Weibchen), die Streifenastrilde (*lineata*) 7 Jungvögel (2 Männchen, 5 Weibchen) auf. Von *phoenicoptera* waren also drei Männchen, von *lineata* zwei Weibchen überzählig. Da die Jungvögel beider Formen schon sehr früh, gleich nach dem Ausfliegen, miteinander in Kontakt kamen, waren nunmehr alle Voraussetzungen zu einer freien Partnerwahl und die Möglichkeit zur Bastardierung gegeben.

Aber obwohl die Jungvögel zusammen aufwuchsen, kam es zwischen ihnen nicht zu Paarbildungen. Bei *lineata* verpaarte sich das überzählige Männchen des Vorjahres mit einem der 5 jungen Weibchen; die beiden jungen Männchen wählten zwei weitere der jungen Weibchen. Bei den Jungvögeln von *phoenicoptera* schloß sich das einzige junge Weibchen einem der 4 Männchen an. Die drei überzähligen *phoenicoptera*-Männchen und die beiden gleichfalls überzähligen *lineata*-Weibchen blieben unverpaart. Selbst diese Notsituation vermochte es nicht, Paarbildungen zwischen den beiden Formen zustande zu bringen.

In den folgenden beiden Jahren wurden unter den gleichen Verhältnissen von beiden Formen weitere Jungvögel aufgezogen. Die Bestandsgröße bewegte sich ständig zwischen drei bis fünf Paaren bei *phoenicoptera* und sechs bis acht Paaren bei *lineata*. Die heranwachsenden Jungvögel verpaarten sich im Spätherbst mit einem der gleichen Form angehörigen Altersgenossen. Verwitwete Altvögel wählten aus der jeweils ältesten Brut des Jahrgangs einen jungen Partner, wobei sie immer die Konkurrenz der Jungvögel aus dem Felde schlugen. War für die heranwachsenden Jungvögel oder verwitweten Altvögel kein entsprechender Partner der gleichen Form verfügbar, blieben sie ausnahmslos ledig.

In drei aufeinanderfolgenden Brutjahren trat also *kein einziger Fall* von Bastardierung ein.

Nun besteht kein Zweifel darüber, daß sich Mischehen hätten künstlich gründen lassen, wenn ich die überzähligen unverpaart gebliebenen Einzelvögel aus der Voliere entfernt und paarweise von allen anderen Vögeln über Wochen oder Monate hinweg isoliert gehalten hätte. Das starke soziale Anschlußbedürfnis der Estrildiden und ihre Dauerehigkeit fördern unter Gefangenschaftsbedingungen Paarbildungen selbst zwischen weit weniger nahe verwandten Arten. So gingen, da keine Artgenossen verfügbar waren, Einzelvögel von *Lagonosticta rufopicta* mit solchen von *Uraeginthus bengalus, Lagonosticta nitidula* mit *Hypargos niveoguttatus, Cryptospiza reichenovii* mit *Estrilda melanotis* Mischehen ein. In allen diesen und den meisten anderen Fällen waren die an einer solchen Mischehe beteiligten Partner

Die Schnabelfärbung

die einzigen Vertreter ihrer Art in der Voliere. Schon das Vorhandensein eines wenn auch gleichgeschlechtigen Artgenossen, mehr aber noch die Gesellschaft eines oder mehrerer artgleicher Paare verhindern in der Regel, daß überzählige Individuen Paarbindungen mit Artfremden eingehen. Ihr soziales Anschlußbedürfnis und ihre sexuellen Reaktionen konzentrierten sich ganz auf die Artgenossen, und sie sind darin in der Regel so hartnäckig, daß sie auch nicht zu entmutigen sind, wenn ihre Kontaktsuche von den Paaren immer wieder abgewiesen wird. Solche Einzelvögel sind so sehr damit beschäftigt, den entsprechenden Partner des Paares für sich zu gewinnen, daß sie für ledige Geschlechtspartner anderer Arten keinerlei Interesse entwickeln. Selbst wenn nur ein gleichgeschlechtiger Artgenosse verfügbar ist, ist dieser immer noch ein besseres Objekt als ein artfremdes andersgeschlechtliches Individuum. So entstanden feste Paarbindungen zwischen Weibchen und selbst zwischen Männchen bei Arten, die während der Brutzeit gegen alle gleichgeschlechtigen Artgenossen außerordentlich aggressiv sind, wie *Uraeginthus granatinus* und *Uraeginthus ianthinogaster*.

Sind die Partner eines Mischpaares aber einmal eine feste Paarbindung eingegangen, so halten sie in der Regel ebenso eng zusammen wie artgleiche Paare. Die persönliche Bindung, die für Estrildidenpaare so bezeichnend ist, gelangt dann in voller Stärke zur Entfaltung, und die Ausschließlichkeit, mit der ein solcher Vogel sich einem einzigen Individuum verschreibt, überdauert in der Regel auch die Versuchung, die Mischehe aufzulösen, wenn für einen der beiden Partner nach einiger Zeit ein lediger Artgenosse auftaucht. Für den Beobachter ist es dann überraschend und unverständlich zu sehen, wie der anschlußsuchende Fremdling ebenso hartnäckig abgewiesen wird, als wenn er versuchte, in die Ehe eines artgleichen Paares einzubrechen.

Es ist notwendig, die Bedingungen und Situationen, unter denen Mischpaare zustande kommen (oder die sie verhindern), zu kennen, wenn man aus solchen Beobachtungen Rückschlüsse auf die verwandtschaftlichen Beziehungen der beteiligten Arten ziehen will. In jeder Vogelfamilie und oft sogar in jeder Unterfamilie (etwa bei den Anatiden) liegen andere Verhältnisse vor, die nicht generalisiert werden dürfen. Für die Bewertung unseres Falles können daher nur die speziellen Bedingungen, unter denen *Estrildiden* Paarbindungen eingehen, betrachtet werden; selbst in dieser Gruppe gibt es noch genügend Verschiedenheiten zwischen entfernter verwandten Gattungen.

Wenn also zwischen *lineata* und *phoenicoptera* keine Mischehen zustande kamen, obwohl Geschlechtspartner der anderen Form frei waren, so war dafür zweifellos unter anderem auch die Anwesenheit von Vertretern der eigenen Form verantwortlich, die das soziale und sexuelle Anschlußbedürfnis der Ledigen auf sich lenkten. Das entspricht der Situation, die eintritt, wenn Populationen, die geographisch getrennt waren, sekundär miteinander in Berührung kommen. Nur wenn der Kontakt zu Artgenossen nicht völlig unterbunden ist, können isolierende Faktoren ihre volle Wirksamkeit entfalten.

Obwohl *lineata* und *phoenicoptera* nur in Mikropopulationen miteinander in Berührung kamen, halte ich die Befunde doch für repräsentativ und bin überzeugt, daß sich die beiden Formen, kämen sie in Ostafrika miteinander in Kontakt, nicht anders verhalten würden.

Mit zunehmender Populationsgröße sinkt die Wahrscheinlichkeit der Bastardierung aus den oben geschilderten Gründen immer weiter ab. Für diese strenge Fortpflanzungsisolation müssen also hochwirksame isolierende Faktoren verantwortlich sein, und es fragt sich nun, welcher Art sie sind. Unterschiede im Verhalten und in der Stimme scheiden wohl mit Sicherheit aus. Es ist daher mit größter Wahrscheinlichkeit anzunehmen, daß jenes morphologische Merkmal, das auch dem Menschen sofort ins Auge fällt, das entscheidende Hindernis darstellt, die Schnabelfarbe: rot bei *lineata*, schwarz bei *phoenicoptera*.

Die rote Schnabelfarbe als Artkennzeichen und als Aggression auslösendes Signal

Rote Schnabel- und Gefiederfarbe sind innerhalb der Familie der *Estrildidae* weitverbreitete Merkmale. Unter den rund 120 Arten finden sich nur wenige, die keinerlei Rot am Schnabel oder im Gefieder zeigen. Die Rotfärbung kann sich über das gesamte Federkleid und den Schnabel erstrecken, das Gefieder kann rot oder vorwiegend rot, der Schnabel jedoch farblos, schwarz, bleigrau oder bläulich sein. Sind nur einzelne Partien des Gefieders rot gefärbt, so sitzt dieses Rot fast immer am Kopf, an den Flügeln und im Bürzelbereich. Rotfärbung des Bürzelgefieders und des Flügels hat wohl immer Flugsignalfunktion, wogegen rote Farbe am Kopf im interspezifischen Verkehr als Arterkennungsmerkmal und (oder gleichzeitig) im intraspezifischen Verkehr als sekundäres Geschlechtsmerkmal von Bedeutung ist. Hier soll nur die Rotfärbung des Schnabels und des Kopfgefieders diskutiert werden.

Die Schnabelfärbung

Findet sich Rotfärbung am Schnabel und im Bereich des Kopfgefieders, so schließt die letztere fast immer unmittelbar an die des Schnabels an und erstreckt sich als Augenstreif (*Estrilda astrild, E. troglodytes, Aegintha temporalis*) oder als Gesichtsmaske (*Bathilda ruficauda, Pytilia melba, P. afra* u. a.) über einen größeren oder geringeren Bereich des Kopfes.

Das optische Signal des roten Schnabels wird durch die Einbeziehung der schnabelnahen Partien des Kopfgefieders in die Rotfärbung außerordentlich verstärkt. Die rote Kopfmaske entspricht in ihrer optischen Wirkung einer Verlängerung und Verbreiterung des Schnabels in den vorderen Kopfbereich hinein.

Die wichtige Funktion, die die Rotfärbung des Schnabels im innerartlichen Verkehr hat, ist von Immelmann (1959) an einer Estrildidenart, dem australischen Zebrafinken (*Taeniopygia guttata*) experimentell nachgewiesen worden. Bei *Taeniopygia* ist die Schnabelfärbung erstens ein Artkennzeichen, zweitens ein Merkmal des Altvogels (gegenüber dem schwarzschnäbeligen Jungvogel) und drittens bis zu einem gewissen Grade (durch unterschiedliche Farbtiefe) auch ein Geschlechtsmerkmal. Wird die Schnabelfarbe experimentell verändert, wird sie also etwa beim Altvogel der des Jungvogels angeglichen oder umgekehrt, so ergeben sich schwere Komplikationen im normalen Sozialkontakt, selbst zwischen persönlich miteinander bekann-

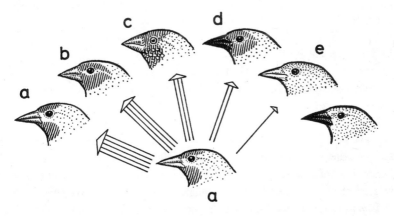

Abb. 4 Schematische Darstellung der summativen, aggressionsauslösenden Wirkung von rotem Schnabel und roter Kopfmaske. Auf die Männchen der mit beiden Merkmalen ausgestatteten *P. melba* wirkt deren Kombination als stärkstes Signal. Rote Kopfmaske (bei schwarzem Schnabel) wirkt stärker als roter Schnabel allein.
a) *Pytilia melba*, b) *P. afra*, c) *Bathilda ruficauda*, d) *P. hypogrammica*, e) *P. lineata*, f) *P. phoenicoptera*.

ten Individuen oder zwischen Eltern und Jungvogel. Eine früher sicher vorhandene Funktion der roten Schnabelfarbe als artisolierendes Merkmal ist gegenwärtig beim Zebrafinken sicher nur noch von untergeordneter Bedeutung, denn die nächstverwandte Art (*Stizoptera bichenovii*) ist schon in ihren Gefiedermerkmalen so verschieden, daß sie allein durch diese genügend gut gekennzeichnet ist.

Innerhalb der Gattung *Pytilia* ist rote und schwarze Schnabelfarbe sowie das Vorhandensein oder Fehlen einer roten Kopfmaske in allen denkbaren Kombinationen verwirklicht:

Pytilia melba: Roter Schnabel, rote Kopfmaske
P. afra: Roter Schnabel, rote Kopfmaske
P. phoenicoptera: Schwarzer Schnabel, grauer Kopf
P. hypogrammica: Schwarzer Schnabel, rote Kopfmaske
P. lineata: Roter Schnabel, grauer Kopf

Rote Kopfmaske ist in der Gattung immer Geschlechtsmerkmal und hat als solches stark aggressionsauslösende Wirkung. Es ist unmöglich, besonders mit der sehr aggressiven *P. melba* irgendeine andere rotmaskige *Pytilia*-Art zusammen in einer Voliere zu halten. Daß die rote Farbe des Schnabels und der Kopfmaske als Auslöser summative Wirkung haben, zeigt sich unter anderem auch darin, daß die Männchen der rotschnäbeligen und rotmaskigen *P. afra* von den *melba*-Männchen heftiger angegriffen werden als die nur rotmaskige *P. hypogrammica*. Erst an dritter Stelle ist *P. lineata* Ziel der Angriffe der *melba*-Männchen. Die schwarzschnäbelige, grauköpfige *P. phoenicoptera* bleibt in der Regel unbehelligt.

Eines der charakteristischen Merkmale solcher Farbkennzeichen mit starker Auslöserfunktion ist es, daß ihre Wirksamkeit sich über Art- und selbst Gattungsgrenzen erstreckt. Das zeigt sich auch wieder in diesem Falle. Während die relativ nahe verwandte *P. phoenicoptera* durch ihre schwarze Schnabelfarbe und den grauen Kopf fast völlig vor den Angriffen der *melba*-Männchen geschützt war, griffen diese die australische, weit ferner stehende *Bathilda ruficauda,* die leuchtend roten Schnabel und Kopfmaske trägt, fast mit der gleichen Erbitterung an wie männliche Artgenossen. *B. ruficauda* hat in beiden Geschlechtern die rote Kopfmaske, und bezeichnenderweise wurden hier auch beide Geschlechter von den *melba*-Männchen angegriffen.

Zwischen den rotschnäbeligen *lineata-* und den schwarzschnäbeligen *phoenicoptera*-Männchen kam es dagegen zu keinerlei aggressiven Handlungen. Den *phoenicoptera*-Männchen, deren Schnabelfarbe der der Jungvögel von *lineata* gleicht, fehlt der wesentlichste aggressionsauslösende Schlüsselreiz, womit selbstverständlich nicht gesagt werden soll, daß die *lineata*-Männchen diese etwa für Jungvögel der eigenen Art hielten. Die Leistungen des Wahrnehmungsapparates beim Unterscheiden des Artgenossen von artfremden Individuen sind zweifellos wesentlich komplizierter. Hier interessiert uns aber nur die Frage, ob sich dasjenige Merkmal finden läßt, das mit Sicherheit einem freien Partneraustausch im Wege steht. Die interspezifische Aggression zwischen *P. melba* und allen anderen rotmaskigen und rotschnäbeligen Gattungsverwandten einerseits und das absolute Fehlen dieser Aggression zwischen *phoenicoptera* und *lineata* andererseits läßt die überragende Bedeutung der roten Schnabelfarbe klar erkennen.

In diesem Zusammenhang ist auch die Beziehung der rotmaskigen *Pytilia hypogrammica* zu *P. phoenicoptera* von Interesse. Durch ihre Farbmerkmale erinnert *hypogrammica* sowohl an *P. afra* (rote Kopfmaske, orangefarbene Flügel) als auch an *P. phoenicoptera* (schwarzer Schnabel, rote Flügel der Form *lopezi*). *P. hypogrammica* nimmt jedoch nicht eine zwischen diesen beiden Arten vermittelnde Stellung ein, wie man aufgrund der Merkmalsverteilung annehmen könnte, sondern erweist sich durch ihre Lautäußerungen und den Gesang, der mit dem von *phoenicoptera* und *lineata* identisch ist, als nahe Verwandte dieser beiden Arten. Im mittleren Norden ihres Verbreitungsareals kommt *hypogrammica* gebietsweise neben *phoenicoptera* vor, ohne mit ihr zu bastardieren. *Phoenicoptera, hypogrammica* und *lineata* bilden also eine Superspecies im Sinne E. Mayrs (1931), in der *phoenicoptera* und *hypogrammica* effektiv, *phoenicoptera* und *lineata* sowie *lineata* und *hypogrammica* potentiell durch die unterschiedliche Färbung von Schnabel und Kopfmaske fortpflanzungsisoliert sind.

Unterscheiden sich zwei nahe verwandte Arten durch morphologische oder (und) Verhaltens-Merkmale, von denen eines bei mindestens einer der beiden Arten nachweislich ein aggressionauslösender Schlüsselreiz ist, so darf als sehr wahrscheinlich angenommen werden, daß dieses Merkmal gleichzeitig auch eine wesentliche Signalfunktion für die Weibchen hat. Fehlt zwischen beiden Arten rivalisierende Aggression, so läßt sich daraus die Voraussage ableiten, daß auch ein freier Partneraustausch zwischen ihnen unterbunden ist.

Ich schlage daher vor, dem abessinischen Streifenastrild (*Pytilia lineata*) Artselbständigkeit zuzuerkennen.

Schlußbetrachtung

Entgegen einer weitverbreiteten Ansicht ist Bastardierung im Tierreich im Gegensatz zu den Verhältnissen im Pflanzenreich eine seltene Erscheinung, worauf Mayr (1963) mit Nachdruck hingewiesen hat. Diese Feststellung bezieht sich auf Arten, deren Selbständigkeit durch ihre geographischen Beziehungen zueinander oder andere Kriterien nachgewiesen ist, doch trifft sie sicher auch auf manche allopatrischen Formen zu. Wo immer der Genaustausch zwischen Populationen für einen längeren Zeitraum unterbunden war, bilden sich Unterschiede heraus, die früher oder später zu Kreuzungsbarrieren heranreifen. Ob dieser Zustand erreicht ist, muß von Fall zu Fall neu untersucht werden – eine Faustregel von allgemeiner Gültigkeit läßt sich nicht aufstellen. Bei weitgehender morphologischer Ähnlichkeit können Verhaltensweisen oder Lautäußerungen fortpflanzungsisolierende Funktionen erlangt haben, und andererseits können, trotz überraschender Übereinstimmung im Verhalten, morphologische Merkmale solche Kreuzungsbarrieren errichten. In beiden Fällen ist aber immer das Verhalten beteiligt, so

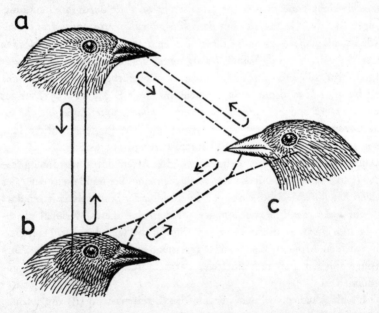

Abb. 5 Die *Pytilia*-Arten *phoenicoptera* (a), *hypogrammica* (b) und *lineata* (c) sind durch unterschiedliche Färbung von Schnabel und Kopfmaske effektiv (———→) oder potentiell (————→) fortpflanzungs-isoliert.

Die Schnabelfärbung 317

daß eine Entscheidung in der Beurteilung einer geographisch isoliert lebenden Form nur durch den Verhaltensvergleich und die Analyse der potentiellen Isolationsfaktoren möglich ist.

Finden sich bei allopatrischen Formen Merkmale, die bei einem künstlich herbeigeführten Kontakt eine Bastardierung wirksam verhindern, so sollten diese als *potentielle Isolationsfaktoren*, nicht als Isolationsmechanismen bezeichnet werden. Unter einem Isolationsmechanismus des Verhaltens verstehe ich ein im Wechselspiel zwischen Reizsender und Reizempfänger aus einem zufällig entstandenen, präadaptiven Merkmal unter dem speziellen Selektionsdruck der Fortpflanzungsisolierung evoluiertes funktionelles System. Zwischen einem potentiellen Isolationsfaktor und einem Isolationsmechanismus bestehen also die gleichen Unterschiede wie zwischen Schlüsselreiz und Auslöser. Weder Schlüssel noch Schloß allein, sondern erst deren Aneinanderangepaßtsein und ihr Zusammenwirken ergeben einen Mechanismus. So kann ein Schlüsselreiz nur dann als Auslöser bezeichnet werden, wenn sich nachweisen läßt, daß das betreffende Signal, der Sender, einen speziellen Anpassungsprozeß durchlaufen hat, der seine Wirkung auf den Empfänger im Wahrnehmungsapparat des Artgenossen verbesserte. Ich halte deshalb die *gezielte* Verbesserung der Signalwirkung des betreffenden Merkmals und den parallelen Vorgang im Wahrnehmungsapparat sowie die *Auseinandersetzung* dieses Systems mit dem der anders ausgestatteten fremden Population für das entscheidende Kriterium eines Isolationsmechanismus. Ein solcher Mechanismus kann daher *per definitionem* nur bei sympatrischen Arten ausgebildet sein.

Zusammenfassung

In drei aufeinanderfolgenden Brutjahren wurde das Verhalten kleiner Populationen von *Pytilia phoenicoptera* und *P. lineata*, die zusammen eine geräumige Voliere bewohnten, und die Paarbildung der Jungvögel untersucht.

Phoenicoptera und *lineata* leben geographisch voneinander getrennt und unterscheiden sich im wesentlichen durch die Farbe des Schnabels, der bei *phoenicoptera* schwarz, bei *lineata* leuchtend rot ist. Gesang und Lautäußerungen sind nahezu identisch.

Die Jungvögel beider Populationen verpaarten sich nur mit Altersgenossen der gleichen Form. Mischehen kamen auch dann nicht zustande, wenn von einer der beiden Formen Männchen, von der anderen Weibchen überzählig waren. Die überzähligen Individuen versuchten bei den artgleichen Paaren Anschluß zu finden und zeigten kein Interesse für das andere Geschlecht der fremden Form.

Die strenge Fortpflanzungsisolation zwischen *phoenicoptera* und *lineata* unter Gefangenschaftsbedingungen läßt den Schluß zu, daß beide auch unter natürlichen Verhältnissen nicht bastardieren würden. *Pytilia lineata* muß daher Artselbständigkeit zuerkannt werden; sie kann nicht weiterhin als geographische Rasse von *P. phoenicoptera* gelten.

Wie bei vielen anderen Estrildiden ist auch innerhalb der Gattung *Pytilia* rote Schnabelfarbe und (oder) rote Kopfmaske ein Artkennzeichen und Aggression auslösendes Signal. Aus diesem Befund und der Tatsache, daß Signale, welche männliche Aggression auslösen, in den meisten Fällen gleichzeitig Auslöser für die Paarungsbereitschaft der Weibchen sind, läßt sich die rote Schnabelfarbe von *lineata* als der entscheidende isolierende Faktor zwischen ihr und *phoenicoptera* erschließen.

Es wird vorgeschlagen, morphologische oder Verhaltensmerkmale, die sich bei allopatrischen Formen als fortpflanzungsisolierend erweisen, nicht als Isolationsmechanismen, sondern als potentielle Isolationsfaktoren zu bezeichnen.

Die isolierte Frühmauser der Farbmerkmale des Kopfgefieders beim Granatastrild (Uraeginthus granatinus L.) und Veilchenastrild (U. ianthinogaster) Reichw. (Estrildidae)*

Wenige Wochen nach dem Verlassen des Nestes mausern die Jungvögel der meisten Prachtfinken (*Estrildidae*) aus ihrem meist einfarbigen, immer jedoch einfacher gezeichneten und blasser getönten Jugendkleid in das Adultkleid. Diese Jugendvollmauser beginnt, wie bei den meisten anderen Passeres mit dem Abwerfen der ersten (innersten) Handschwinge, greift dann auf das Körpergefieder über und endet mit dem Wechsel des Gefieders der Kopfpartie und der äußersten Handschwingen mit Alter von 3–5 Monaten.

Von dieser Regel gibt es jedoch zwei bisher nicht beschriebene bemerkenswerte Ausnahmen bei zwei nahe verwandten Arten, dem süd- und südwestafrikanischen Granatastrild (*Uraeginthus granatinus*) und dem ostafrikanischen Veilchenastrild (*Uraeginthus ianthinogaster*). Ich wurde darauf aufmerksam, als vor Jahren ein Paar von *U. granatinus* in einer großen Voliere einen Jungvogel bis zur Selbständigkeit aufzog.

Gefiederbeschreibung

Uraeginthus granatinus (Granatastrild):

Männchen: Körpergefieder tief kastanienbraun; Stirnband kobaltblau; Wangenflecken tiefviolett breit-fächerförmig, Kehle schwarz, Bürzel tiefblau.

Weibchen: hell milchkaffeebraun, Stirnband schmaler und matter blau als beim Männchen; Wangenflecken annähernd gleich groß, jedoch heller violett. Kehle hellbraun, wie die Unterseite. Bürzel und Oberschwanzdecken matter blau als beim Männchen, Unterschwanzdecken weißlich.

Der Jungvogel trägt nach dem Verlassen des Nestes ein hell gelblich-braunes weitstrahliges Körpergefieder und düster-blaue Oberschwanzdecken.

Uraeginthus ianthinogaster (Veilchenastrild):

---

* Prof. Dr. G. Niethammer zum 60. Geburtstag gewidmet.

Männchen: Körpergefieder rotbraun; Wangenfeld klein, blau; Begrenzung des oberen Augenrandes schmal, blau, sich bis zur Stirn hinziehend; einige Rassen haben eine schmale blaue Kinnbinde. Die rotbraune Unterseite ist – je nach den Rassen – mehr oder weniger stark blau gefleckt. Oberschwanzdecken blau.

Weibchen: im wesentlichen hellbraun, Federn an Brust und Körperseiten schmal weißlich quergebändert. Um das Auge zieht sich ein schmaler weißlich-blauer, weißlich-violetter oder blauer Augenring. Ausdehnung und Farbe des Augenringes ist bei den geographischen Rassen verschieden (näheres siehe Steinbacher-Wolters 1964). Der Jungvogel ist hellbraun und hat blaue Oberschwanzdecken.

Frühmauser einiger Farbabzeichen

Der oben erwähnte Jungvogel verließ mit 19 Tagen, schwach flugfähig, im einfarbigen Jugendkleid das Nest. Er wurde noch bis zum 32. Lebenstage von den Eltern gefüttert. Im Alter von 24 Tagen sproßten in der Wangengegend genau an der Stelle, an der beim Altvogel das violette Wangenfeld sitzt, dicht bei dicht Federkeime von gleicher Länge und offensichtlich völlig übereinstimmendem Alter zwischen den gelbbraunen Federn hervor. Gleichzeitig wuchs unmittelbar hinter dem Oberschnabel im Stirnbereich ein schmales Band dicht stehender Federkeime. Nach wenigen Tagen hatten die kräftig wachsenden Keime das lockere, weitstrahlige Jugendgefieder durchbrochen und entfalteten sich zu den blaß-violetten Wangenflecken und dem schwachen blauen Stirnband des erwachsenen *granatinus*-Weibchens. Im Alter von 35 Tagen trug der Jungvogel auf seinem gelbbraunen Jugendkleid die farbigen Kopfabzeichen des adulten Weibchens. Diese Neubildung war streng auf die violetten und blauen Zonen des Kopfgefieders begrenzt. Keine einzige braune Feder wuchs in deren Nachbarschaft heran.

Diese auffällige Neubildung der geschlechtsdimorphen Farbabzeichen des Altvogels zu einem Zeitpunkt, in dem der Jungvogel sich noch in elterlicher Abhängigkeit befand, konnten unmöglich eine abnorme Gefangenschaftserscheinung sein. Die Erwartung, daß es sich bei freilebenden Vögeln ebenso verhält, konnte ich in den Sammlungen des British Museum, London, und des American Museum, New York, bestätigt finden. Unter den Serien von *Uraeginthus granatinus* fanden sich neben vielen Altvögeln und einigen frisch ausgeflogenen Jungvögeln mit halblangen Steuerfedern auch mehrere

Die isolierte Frühmauser 321

Stücke, die im Alter zwischen 25 und 50 Tagen gesammelt worden waren. Immer, wenn die Steuerfedern ihre volle Länge erreicht hatten, was im Alter von 35–40 Tagen der Fall zu sein pflegt, waren die farbigen Kopfabzeichen der Altvögel beider Geschlechter auf dem einfarbigen Jugendkleid voll ausgebildet. Beim jungen Weibchen wird außer Wangenfeld und Stirnband auch die Kehlpartie vermausert, die danach schwarz ist.

An einigen dieser Jungvögel, die sich durch das dunkle Violett ihrer Wangenflecken, das tiefe Kobaltblau des Stirnbandes und das Schwarz der Kinnpartie als Männchen zu erkennen gaben, konnte ich die Richtigkeit der allein anhand dieser beiden Merkmale vollzogenen Geschlechtsbestimmung nachprüfen. Sie trugen an Brust oder Bauch bereits vereinzelte, tief kastanienbraune Federn des Adultkleides, die als Ersatz für vorzeitig verlorengegangene Federn des Jugendkleides hervorgebrochen waren. Die Jugendvollmauser und damit auch der Wechsel des Körpergefieders setzt erst um den 40. Lebenstag mit dem Ausfallen der ersten Handschwinge ein, kurz nachdem die Steuerfedern ausgewachsen und verhornt sind.

In den Sammlungen beider Museen sind alle durch die Ausbildung der Farbmerkmale ihrem Geschlecht nach kenntlichen Jungvögel als adulte Weibchen bestimmt. Die oberflächliche Ähnlichkeit von Jugend- und Weibchenkleid hat die Sammler irregeführt. Dabei ist ihnen weder die unterschiedliche Ausdehnung und Farbtiefe von Wangenfeld und Stirnband in beiden Geschlechtern, noch die abweichende Struktur und Farbe von Jugend- und Weibchenkleid aufgefallen. Nur wenn junge Männchen bereits vereinzelte kastanienbraune Federn des Adultkleides auf der Unterseite trugen, waren sie richtig bestimmt.

Gleichzeitig mit *granatinus* untersuchte ich in den Sammlungen beider Museen auch Jungvögel der nahe verwandten Art *U. ianthinogaster*. Alle Jungvögel der betreffenden Altersstufe trugen am Kopf die bei den Geschlechtern dieser Art weniger stark differenzierten Farbmerkmale, am gesamten übrigen Körper aber das einfarbig gelb-bräunliche Jugendkleid. Auch über das Alter, in dem die partielle Mauser bei *ianthinogaster* erfolgt, kann ich Angaben machen. Bei drei Jungvögeln, die ich in Süd-Tanzania im Mai 1969 von Mövchen aufziehen ließ, zeigten sich im Alter von 40 Tagen die ersten Federkeime der hervorsprossenden farbigen Kopfabzeichen. Bei dieser Art erfolgt der Prozeß also etwas später.

In der Gattung *Uraeginthus* faßt man heute allgemein neben diesen Arten auch die drei im wesentlichen blau gefärbten Schmetterlingsfinken (*bengalus*, *angolensis* und *cyanocephalus*) zusammen. Von diesen trägt nur *U.*

Abb. 1 *Uraeginthus ianthinogaster* (Veilchenastrild). Links erwachsenes Männchen, rechts erwachsenes Weibchen. Links unten 19täg. Jungvogel, rechts unten 44täg. Jungvögel mit hervorbrechenden Federkeimen der farbigen Kopfabzeichen (oben Männchen, unten Weibchen).

bengalus ein auffälliges Farbmerkmal am Kopf. Das Männchen hat einen tiefroten, nierenförmigen Ohrfleck, etwa von der Größe einer kleinen Bohne. Dieser Ohrfleck wird jedoch nicht vorzeitig und isoliert vermausert. Er tritt erst im normalen Verlauf der Jugendvollmauser in Erscheinung, wenn als letzte Phase im Wechsel des Körpergefieders die Kopffedern erneuert werden. Neben den erheblichen Unterschieden im akustischen Kommunikationssystem zwischen *granatinus* und *ianthinogaster* einerseits und den Schmetterlinksfinken andererseits weichen diese beiden Artengruppen also auch in ihrem Mausermodus voneinander ab.

Der erwähnte Jungvogel wechselte im Verlauf der später einsetzenden Jugendmauser die farbigen Kopfabzeichen nochmals, wobei Kopf- und Wangengefieder im üblichen Mauserprozeß – also nicht mehr voneinander isoliert – erneuert wurden. Daß sich das bei *U. ianthinogaster* möglicher-

Die isolierte Frühmauser

Abb. 2 Die isolierte Frühmauser bei *Uraeginthus granatinus* (Granatastrild). Oben links erwachsenes Weibchen, rechts erwachsenes Männchen – Mitte links 19täg. Jungvogel im einfarbigen Jugendkleid, rechts 30täg. Jungvogel mit hervorbrechenden Federkeimen der farbigen Kopfabzeichen (oben Männchen, unten Weibchen) – Unten 40täg. Jungvögel nach der Paarbildung. Das Weibchen (rechts) krault den violetten Wangenfleck seines Partners.

weise anders verhält, kam mir erst einige Jahre später zum Bewußtsein, als ich die ersten lebenden Stücke dieser Art erhielt, drei männliche Jungvögel, die kürzlich die Jugendvollmauser abgeschlossen hatten, worauf einzelne hellbraune Federn hinwiesen, die im Bürzelbereich und an den Flanken im rotbraunen und blauen Bestand des neuerworbenen Adultkleides stehèngeblieben waren. Alle drei waren am Kopf dort völlig kahl, wo sich die blauen Farbabzeichen befinden; keine einzige der blauen Federn war erhalten geblieben. Eine Woche später sproßte an diesen Kahlstellen kräftiger Nachwuchs hervor und entfaltete sich kurz darauf zu den arttypischen blauen Farbabzeichen (Abb. 2). Da dieser Neuwuchs sich ausschließlich auf die blauen Zonen des Kopfgefieders beschränkte und in deren Nachbarschaft keine einzige braune Feder zur gleichen Zeit heranwuchs, halte ich es für ausgeschlossen, daß die Kahlstellen etwa von Kämpfen oder anderen mechanischen Einflüssen auf dem Transport herrührten. Ich neige vielmehr zu der Ansicht, daß – bei dieser Art – die farbigen Kopfabzeichen zunächst nicht vom allgemeinen Wechsel des Jugendkleides zum Adultkleid mitergriffen werden, sondern stehenbleiben, von der neuen Federgeneration am Kopf umschlossen werden und erst nach dem Abschluß des Mauserprozesses gleichzeitig ausfallen und synchron erneuert werden. An Museumsstücken, frisch gefangenen Jungvögeln im Freiland, bei Vogelhändlern, die diese Art in größerer Zahl importieren oder an in Volieren aufwachsenden Jungvögeln ließe sich diese Frage endgültig klären.

Erörterung

Die partielle Mauser der farbigen Kopfabzeichen ist natürlich keine überflüssige Luxusbildung, sondern steht unter einem besonderen Selektionsdruck. Da es *geschlechtsdimorphe* Farbsignale sind, die hier so eilig der »Uniform« des Jugendkleides angeheftet werden, kann man schließen, daß das geschieht, um ein frühzeitiges Geschlechtserkennen zu ermöglichen. Das wäre aber nur nötig, wenn eine sehr frühe Paarbindung vollzogen wird. Diese Annahme konnte ich noch im gleichen Jahr bestätigt finden:

Als das junge Weibchen 7 Wochen alt war und bereits die zweite Handschwinge gewechselt hatte, die zur Hälfte herangewachsen war, erhielt ich von W. Hoesch aus Okahandja (Südwestafrika) unter anderem 12 *U. granatinus,* 7 Jungvögel (4 Männchen, 3 Weibchen) und 5 Altvögel (4 Männchen, 1 Weibchen). Am Stand der Handschwingenmauser ließ sich ablesen,

Die isolierte Frühmauser

daß die Jungvögel genau wie das gezüchtete Weibchen etwa 7 Wochen alt waren. Schon am Ankunftstage konnte ich beobachten, daß nicht nur das alte Weibchen mit einem erwachsenen Männchen, sondern auch die drei jungen Weibchen mit gleichaltrigen Männchen eine feste Paarbindung unterhielten. Alle diese Jungvögel befanden sich im gleichen Gefiederzustand wie das gezüchtete Weibchen und trugen auf dem einfarbigen Jugendkleid die geschlechtsverschiedenen Abzeichen des Altvogels. Durch farbige Beringung der Jungvögel konnte ich feststellen, daß bei Einbruch der Dunkelheit oder tagsüber während einer Ruhepause immer die gleichen Partner zusammensaßen und gegenseitig soziale Gefiederpflege betrieben. Als ich das gezüchtete Jung-Weibchen zu dieser Schar setzte, hatte sich ihm innerhalb von zwei Tagen eines der Alt-Männchen angeschlossen.

Frühe Paarbindung, lange vor Erreichen der Geschlechtsreife, ist ein ontogenetischer Vorläufer späterer Dauerehigkeit und exklusiver Bindung an ein einziges andersgeschlechtiges Individuum. Dabei verstehe ich unter Dauerehigkeit eine feste, individuelle Bindung zwischen den Partnern, die vom eigentlichen Fortpflanzungsgeschäft zumindest bis zu einem gewissen Grade unabhängig geworden ist und damit auch über eine längere Zeit der Fortpflanzungsruhe im Jahresablauf hinweg aufrechterhalten wird. Dauerehen, auf die diese Kriterien zutreffen, finden sich bei der Dohle (*Coloeus monedula*, Lorenz 1932), beim Kolkraben (*Corvus corax*, Lorenz 1940, Gwinner, 1964) und wohl auch bei den meisten anderen Corvidae, bei den Gänsen der Gattungsen *Anser* und *Branta* (Heinroth, 1910; Lorenz, 1963; Fischer 1965), beim Gimpel (*Pyrrhula pyrrhula*, Nicolai, 1956) und einer Reihe anderer Arten, darunter auch bei den meisten – wenn nicht allen –

Abb. 3 Veilchenastrild-Männchen, nach Abschluß der Jugendvollmauser die farbigen Kopfabzeichen wechselnd.

Papageien. Bei Dohle, Kolkrabe und Gimpel ist neben Dauerehigkeit auch Paarbildung im jugendlichen Alter nachgewiesen. Die umgekehrte Korrelation besteht jedoch nicht. Dauerehige Arten müssen nicht frühe Paarbindung eingehen. Bei der Graugans bleibt der Familienzusammenhalt bis zum auf das Geburtsjahr folgenden Frühling bestehen. Die Jungen werden abgewiesen, sobald das Elternpaar zur neuen Brut schreitet. Vor allem die Streifengans (*Anser indicus*) nimmt aber, wenn die kleinen Jungen zugrundegehen, die vorjährigen Kinder oft wenige Stunden später wieder an; die Familie bleibt dann erneut einen Herbst und Winter zusammen, bis die nunmehr Zweijährigen im dritten Lebensfrühling ihre ersten Paarbindungen mit fremden Artgenossen eingehen (Fischer mündl.). Eine Dauerehe führen auch Granat- und Veilchenastrild wie wohl die Mehrzahl der Estrildiden. Sie überdauert nicht nur die Zeit der Inaktivität der Gonaden, sondern hält selbst dann, wenn einer der beiden Partner zur Brutzeit durch Krankheit behindert und fortpflanzungsinaktiv geworden ist (Nicolai 1964).

Der offenbar starke Selektionsdruck, der auf einer frühen Paarbindung liegt, wirft die Frage auf, *welche* biologische Bedeutung mit dem Resultat verbunden ist. Warum können Granat- und Veilchenastrild nicht wenige Wochen warten, bis ihnen nach dem Abschluß der Jugendvollmauser die volle Garnitur ihrer geschlechtsdimorphen Farbabzeichen zur Verfügung steht? Wo die Antwort auf diese Frage zu suchen ist, zeigen parallele Erscheinungen in anderen Vogelfamilien.

Offenbar den gleichen Zweck, aber mit noch sparsameren Mitteln, verfolgt ein kleiner Meliphagide (Honigfresser) aus der Gattung *Myzomela*. Bereits 1923 hatte Stresemann darauf hingewiesen, daß beim jungen Männchen von *M. nigrita* im Nestgefieder die Stirn- und Wangenpartie kahl bleibt, die beim adulten Männchen rot gefärbt ist. Bald nach dem Verlassen des Nestes – der genaue Zeitpunkt ist nicht bekannt – sprießen an diesen Kahlstellen endlich dichte Federkeime hervor, die sich zum roten Kopfgefieder des Alt-Männchens entfalten.

Während über das Verhalten von *Myzomela* nichts bekannt ist, weiß man von zwei Timaliiden, die eine Frühmauser der Kehl- und Brustregion in der vierten Lebenswoche, noch zur Zeit der Abhängigkeit von der elterlichen Fütterung, durchmachen, daß sie Dauerehen führen und frühe Paarbindungen eingehen. Thielcke (1963) beobachtete, daß die Jungvögel von *Leiothrix lutea* und *L. argentauris* in der vierten Lebenswoche die zunächst mausgrau gefärbten Partien der Kehle und Brust durch die gelben und roten Federn des Adultkleides ersetzen. Dieser Fall ist jedoch vorerst in seiner

Die isolierte Frühmauser

biologischen Bedeutung noch nicht ganz geklärt, da die Färbung dieser Partien keinen erwähnenswerten Geschlechtsdimorphismus zeigt. Die Kinnpartie bleibt bei beiden Arten zunächst kahl. Dort wachsen die Federn im Alter von etwa 14 Tagen gleich in der endgültigen gelben Färbung heran.

Auf ganz andere Weise löst die Bartmeise (*Panurus biarmicus*) das Problem frühen Geschlechtserkennens. Hier färbt sich nach Koenig (1951) bald nach dem Ausfliegen beim jungen Männchen der Schnabel orangegelb, beim Weibchen dagegen schwärzlich. An diesem Merkmal erkennen sich die Geschlechter und gehen noch im Jugendkleid Verlobungen ein. Der ausgeprägte Sexualdimorphismus der Gefiederfärbung wird erst nach der Jugendmauser erreicht. *Panurus* lebt zeitlebens in sehr enger Dauerehe.

Eine fast völlige Parallele zu der isolierten Frühmauser der Granat- und Veilchenastrilde zeigen die winzigen, über Asien, Afrika und Südamerika verbreiteten Weichschwanzspechte (*Picumninae*). E. u. V. Stresemann (1967) fanden, daß die Jungvögel der Arten in der Gattung *Picumnus*, deren Körpergefieder bis auf die Kopfplatte dem der Adulten gleicht, diese Partie sehr frühzeitig, vermutlich unmittelbar nachdem sie selbständig geworden sind, vermausern. Diese Kopfplatte ist beim Jungvogel schwärzlich mit hellem Schaftstrich oder einfarbig dunkel. Das adulte Weibchen hat dagegen eine tiefschwarze Kopfplatte mit weißen Punkten, das Männchen eine ebenso gefärbte, dazu einen roten Vorderkopf. Nur diese Partien des Körpergefieders werden vermausert, so daß die Jungvögel nach Abschluß des Prozesses ihre geschlechtsdimorphen Farbmerkmale zur Schau stellen können. Das übrige Körpergefieder wird erst in der ersten Vollmauser, im Alter von etwa 12 Monaten erneuert. Zu diesem Zeitpunkt hat der Vogel sich bereits fortgepflanzt.

Der winzige Mausspecht (*Sasia abnormis*) aus der zweiten Gattung dieser Unterfamilie unterscheidet sich nach dem Verlassen der Bruthöhle von den Eltern dadurch, daß seine Unterseite olivfarben statt rostrot und der Kopf grün statt goldgelb (Männchen) oder rostrot (Weibchen) gefärbt ist (Stresemann 1967). Die Färbung der Oberseite ist bei Alt- und Jungvogel gleich. Wenige Tage nach dem Ausfliegen mausern beide Geschlechter nicht nur die Vorderkopfpartie, sondern auch die gesamte Unterseite, während das Gefieder der Oberseite, das ja ohnehin in seiner Färbung der der Adulten gleicht, bis zur ersten Vollmauser, die im Alter von 12 Monaten einsetzt, erhalten bleibt. Vermutlich hat auch *Sasia* zu diesem Zeitpunkt ihre erste Fortpflanzungsperiode schon hinter sich.

Über das Sozialverhalten der Weichschwanzspechte ist noch nichts bekannt;

ich möchte aber voraussagen, daß frühe Paarbildungen und Dauerehigkeit für alle ihre Arten typisch ist.

Was teilen nun die Picumninae einerseits und die oben besprochenen Estrildiden andererseits durch ihre Frühmauser dem Artgenossen mit? Die Frühmauser von *Picumnus* scheint ein völliger Parallelfall zur Ausbildung der farbigen Kopfabzeichen bei *granatinus* und *ianthinogaster* zu sein. Die Verhältnisse bei *Sasia* zeigen jedoch deutlich, daß alle diejenigen Partien des Körpergefieders gewechselt werden, die den Jungvogel vom Adulten unterscheiden, nämlich nicht nur die geschlechtsdimorphen Farbabzeichen am Kopf, sondern gleichzeitig auch die Unterseite. Erst dadurch sehen sie wie Altvögel aus. Bei den Astrilden *U. granatinus* und *ianthinogaster* bleibt dagegen das Jugendkleid nach der Ausbildung der Kopfabzeichen über viele Wochen voll erhalten. Ich glaube nicht, daß stoffwechselphysiologische Hindernisse einem Wechsel des gesamten Körpergefieders zu diesem frühen Zeitpunkt entgegenstehen, sondern eher, daß das Erhaltenbleiben des Jugendkleides einen ganz bestimmten Sinn hat: Wenn eine Vogelart sehr frühe Paarbindungen eingeht und diese durch frühzeitige Ausbildung geschlechtsdimorpher Farbabzeichen fördert, besteht die Gefahr, daß Altvögel, die in der gleichen Fortpflanzungsperiode den Partner verloren, sich als Ersatz ein jugendliches Individuum wählen. Solche Paarbildungen zwischen Jung und Alt wären unbedenklich, wenn der Jungvogel noch in der gleichen Brutzeit seine Fortpflanzungsreife erlangte. Das ist jedoch bei *U. granatinus* und *U. ianthinogaster* mit Sicherheit nicht der Fall. Beide Arten werden zu Beginn der ersten Niederschläge der Regenzeit brutreif und lassen in schneller Folge zwei, drei und selbst vier Bruten aufeinander folgen. Wenn die Paare mit der zweiten Brut beschäftigt sind, haben die Jungvögel der ersten bereits die Frühmauser hinter sich. Ein Altvogel, der in dieser Zeit seinen Partner verliert, wäre durch das große Angebot an paarbildungsbereiten und dem Geschlecht nach unterscheidbaren Jungvögeln versucht, einen solchen zu wählen, gäbe es nicht eine Sicherung gegen dieses im Sinne der Nutzung seiner Fortpflanzungskapazität zwecklose Unterfangen. Diese Sicherung ist offenbar durch das Jugendkleid gesetzt, das nach der Ausbildung der Farbabzeichen am ganzen übrigen Körper erhalten blieb. Bis zum Abschluß der Jugendvollmauser, die den Jungen vom Altvogel ununterscheidbar macht, sind alle Jungvögel längst fest mit Altersgenossen verpaart und mit dem Ende der Regenzeit geht auch die Fortpflanzungsperiode zu Ende. Die nächste beginnt erst nach der viele Monate währenden Trockenzeit. Dann aber hat auch der letzte Jungvogel der vorigen Brutsaison seine volle Reife erlangt.

Die isolierte Frühmauser 329

Wenn das Jugendkleid nach dem Anlegen der farbigen Kopfabzeichen als Sicherung gegen Paarbildungen zwischen Jung und Alt wirken soll, setzt das voraus, daß Altersgenossen und Adulte diese Schlüsselreize verschieden bewerten; denn Jungvögel untereinander verpaaren sich ja. Daß Jungvögel und Adulte nicht wahllos Paare bilden, zeigten schon die S. 325 erwähnten frisch importierten Granatastrilde. Alle Jungvögel waren mit Altersgenossen verpaart, ebenso die Altvögel. Eine absolute Hemmung, einen jüngeren Partner zu wählen, besteht allerdings nicht. Das bewies jenes ledige Alt-Männchen, das sich, da kein adultes Weibchen zur Verfügung stand, dem hinzugesetzten Jung-Weibchen anschloß. Das überzählige Jung-Männchen war allerdings schwer krank und völlig inaktiv und schied damit für das junge Weibchen als potentieller Partner aus. Eine starke Bevorzugung der eigenen Altersklasse, wie sie mir auch von anderen sozialen, dauerehigen Vogelarten bekannt ist, genügt hier völlig, um einen solchen Mechanismus zur Trennung von Jung und Alt voll wirksam werden zu lassen.

Bei den Weichschwanzspechten scheint es nicht notwendig, daß der Jungvogel nach Abschluß der Frühmauser durch Gefiedermerkmale für Erwachsene als Jungvogel kenntlich bleibt. Das mag seine Ursache darin haben, daß die Jungvögel sehr früh geschlechtsreif werden und deshalb für jeden Adulten vollwertige Partner sein können oder auch darin, daß die Zahl der Bruten in der jeweils laufenden Fortpflanzungsperiode sehr gering ist und damit die Gefahr, daß ein Erwachsener seine Fortpflanzungskapazität brachliegen lassen muß, weil er an einen unreifen »Teenager« geriet, nicht besteht. Wie die Verhältnisse wirklich liegen, können nur Verhaltensstudien an dieser Vogelgruppe klären.

Zusammenfassung

Die Jungvögel von *Uraeginthus granatinus* und *U. ianthinogaster* vermausern zwischen dem 24. und 35. (*granatinus*) und dem 40. und 52. Lebenstage (*ianthinogaster*) jene Partien des Kopfgefieders, die beim Altvogel violett, blau und schwarz gefärbt sind. Sie tragen damit auf ihrem einfarbig-gelbbraunen Jugendkleid die geschlechtsdimorphen Farbabzeichen des Erwachsenen. Gleichzeitig gehen die Jungvögel mit Altersgenossen feste Paarbindungen ein. Die Jugendvollmauser setzt erst mehrere Wochen später ein und verleiht dem Jungen das endgültige Kleid des Altvogels.

Die isolierte Frühmauser ist im Interesse einer frühen Paarbildung entstanden, die ein ontogenetischer Vorläufer späterer Dauerehigkeit ist. Das Erhaltenbleiben des Jugendkleides nach dem Anlegen der geschlechtsdimorphen Farbabzeichen wird als Sicherung gegen Paarbildungen zwischen fortpflanzungsfähigen Erwachsenen und den noch unreifen Jungvögeln gedeutet. Die parallelen Fälle isolierter Frühmauser bei dem Meliphagiden *Myzomela nigrita*, den Timaliiden *Leiothrix lutea* und *L. argentauris* und den Picummninae *Sasia* und *Picumnus* werden erörtert.

Anmerkungen

Familientradition in der Gesangsentwicklung des Gimpels *(Pyrrhula pyrrhula* L.)
Die Abbildung 1 (Klangspektrogramm) der Originalarbeit ist fortgefallen. Die Klangspektrogramme der Abbildungen 2 und 3 sind durch ein anderes Beispiel (Abb. 1 a, b) ersetzt. Neu hinzugekommen sind die Klangspektrogramme der Abbildung 2 a, b.

Der Brutparasitismus der Witwenvögel
Die Abbildungen 1, 2, 5, 6 und 7 der Originalarbeit sind fortgefallen. Die Abbildungen 1 und 2 sind in der Originalarbeit als Farbtafeln erschienen.

Der Brutparasitismus der Viduinae als ethologisches Problem
In der Abbildung 5 ist ein weiteres Klangspektrogramm als Beispiel für die Übereinstimmung zwischen Vorbild und Nachahmer hinzugekommen (3 d). Das Klangspektrogramm 2 d der Abbildung 14 ist durch ein anderes ersetzt.
S. 254: Entgegen der in der Originalarbeit (S. 196) vorgetragenen Auffassung, daß *Steganura* die älteste Viduinengattung sei, bin ich jetzt der Überzeugung, daß dies *Vidua* ist. Die primitive Balz der beiden *Vidua*-Arten sowie das Fehlen von Wirtslautnachahmungen in ihren Gesängen zeigen deutlich, daß *Steganura* mit den beiden anderen Viduinengattungen näher verwandt ist als jede von beiden mit *Vidua*. Auch die Wirtsvögel der beiden *Vidua*-Arten (*Estrilda astrild* und *Estrilda erythronotos*) stehen den Gattungen der anderen Viduinenwirte (*Lagonosticta, Uraeginthus, Pytilia*) ferner als jede von ihnen der anderen. Dieses Kriterium ist unabhängig von den Verwandtschaftskriterien, die sich aus dem Verhalten der Viduinen ableiten lassen und daher besonders wertvoll.

Die isolierte Frühmauser der Farbmerkmale des Kopfgefieders bei Granatastrild *(Uraeginthus granatinus* L.) und Veilchenastrild (*Uraeginthus ianthinogaster* Reichw.)
S. 321: Die Feststellung, daß die isolierte Frühmauser der farbigen Kopfabzeichen beim Veilchenastrild zum gleichen Zeitpunkt erfolgt wie beim Granatastrild (S. 855 der Originalarbeit), muß berichtigt werden, nachdem ich eigene Beob-

achtungen über den Beginn des Prozesses an dieser Art machen konnte. Drei Jungvögel, die ich im Frühjahr 1969 als kleine Nestlinge mit bekanntem Alter aus meinem Untersuchungsgebiet bei Iringa in Süd-Tanzania geholt hatte und von Mövchen aufziehen ließ, zeigten am 40. Lebenstage die ersten Keime der hervorbrechenden Farbabzeichen. Die isolierte Frühmauser setzt beim Veilchenastrild also rund zwei Wochen später ein als beim Granatastrild.

Nachweis der Erstveröffentlichungen

Zur Biologie und Ethologie des Gimpels (*Pyrrhula pyrrhula* L.). Z. Tierpsychol. 13, 1956, 93–132
Familientradition in der Gesangsentwicklung des Gimpels (*Pyrrhula pyrrhula* L.). J. Orn. 100, 1959, 39–46
Verhaltensstudien an einigen afrikanischen und paläarktischen Girlitzen. Zool. Jb. 87, 1960, 317–362
Über Regen-, Sonnen- und Staubbaden bei Tauben (*Columbidae*). J. Orn. 103, 1962, 125–139
Der Brutparasitismus der Viduinae als ethologisches Problem. Prägungsphänomene als Faktoren der Rassen- und Artbildung. Z. Tierpsychol. 21, 1964, 129–204
Der Brutparasitismus der Witwenvögel. n+m (»Naturwissenschaft und Medizin«) 2, 1965, 3–15
Rassen- und Artbildung in der Viduinengattung *Hypochera*. J. Orn. 108, 1967, 309–319
Die Schnabelfärbung als potentieller Isolationsfaktor zwischen *Pytilia phoenicoptera* Swainson und *Pytilia lineata* Heuglin (Familie: Estrildidae). J. Orn. 109, 1968, 450–461
Die isolierte Frühmauser der Farbmerkmale des Kopfgefieders bei *Uraeginthus granatinus* (L.) und *U. ianthinogaster* Reichw. (Estrildidae). Z. Tierpsychol. 25, 1968, 854–861
Beobachtungen an Paradieswitwen (*Steganura paradisaea* L., *Steganura obtusa* Chapin) und der Strohwitwe (*Tetraenura fischeri* Reichenow) in Ostafrika. J. Orn. 110, 1969, 421–447

Literatur

Ali, S. (1956): Notes on the baya weaver bird (*Ploceus philippinus* Linn.). Journ. Bombay Nat. Hist. Soc. 53, 381–389
Armstrong, E. A. (1947): Bird Display and Behaviour. Lindsay Drummond Ltd., London
Bates, G. L. (1930): Handbook of the birds of West Africa. John Bale, Sons and Danielsson, London
Belcher, Ch. F. (1930): Brutparasitismus bei den Webervögeln. Beitr. Fortpfl. Biol. Vögel 6, 73–75
Bergmann, St. (1958): On the Display of the Six plumed Bird of Paradise, *Parotia sefilata* (Pennant). Avicultural Magazine 64, 3–8
Blume, D. (1955): Über einige Verhaltensweisen des Grünspechtes in der Fortpflanzungszeit. Die Vogelwelt 76, 193–210
– (1956): Verhaltensstudien an Schwarzspechten. Die Vogelwelt 77, 129–151
Boetticher, H. v. (1952): Die Widahvögel und Witwen. Geest und Portig, Leipzig
Bolau, H. (1884): Eine Zahntaube, *Didunculus strigirostris,* im Zoologischen Garten in Hamburg. Zool. Garten 25, 65–69
Boosey, E. J. (1958): Breeding of the purple grenadier waxbill (*Granatina ianthinogaster*) at Keston Foreign Bird Farm. Avic. Mag. 64, 164–166
Bowen, W. W. (1931): Two new subspecies of Sudanese birds. Proc. Acad. Nat. Sci. Philadelphia 83, 229–231
Brehm, A. E. (1872): Gefangene Vögel. C. F. Winter, Leipzig und Heidelberg
Chapin, J. P. (1917): The classification of the weaver-birds. Bull. Amer. Mus. Nat. Hist. 37, 243–280
– (1922): The species and geographic races of *Steganura*. Amer. Mus. Nat. Hist. Nov. 43, 12
– (1929a): The races of the paradise whydah. Ibis 12, 392–393
– (1929b): Nomenclature and systematic position of the paradise whydahs. The Auk 46, 474–484
– (1954): The birds of the Belgian Congo, IV. Bull. Amer. Mus. Nat. Hist. 75 B
Clancey, P. A. (1959): Geographical variation in the Violet eared Waxbill *Granatina granatina* (Linnaeus). Durban Mus. Novit. 18, 253–257

- (1961): A new race of the Violet-eared Waxbill *Granatina granatina* (Linnaeus) from southern Portuguese East Africa. Bull. Brit. Orn. Cl. 81, 34–35
Curio, E. (1959): Beobachtungen am Halbringschnäpper, *Ficedula semitorquata*, im mazedonischen Brutgebiet. J. Orn. 100, 176–209
Da Rosa Pinto, A. A. (1959): Alguns novos »Records« de aves para o Sul do Save e Mocambique, incluindo o de um genero novo para a sub-regiao da Africa do Sul, com a descricao de novas sub-especies. Boletim da Sociedade de Estudos da Provincia de Mocambique 118, 15–25
- (1961): *Vidua regia woltersi* nom. nov. Boletim da Sociadade des Estudos da Provincia de Mocambique, 129
Delacour, J., und F. Edmond-Blanc (1934): Monographie des Veuves (Revision des genres *Euplectes* et *Vidua*): II. Les veuves-combassous. Oiseau Rev. Française Ornith. 4, 52–110
Dathe, H. (1949): Zur Kenntnis der Gimpelnahrung. Mitt. faun. Arbeitsgem. f. Schleswig-Holstein, Hamburg–Lübeck 2, 19
Diesselhorst, G. (1949): Frühjahrsbeobachtungen an bunt beringten Goldammern *(Emberiza c. citrinella)*. Orn. Ber. 2, 1–31
- (1950): Geschlecht und Paarbildung bei der Goldammer (*Emberiza c. citrinella*). Orn. Ber. 3, 69–112
Eber, G. (1956): Vergleichende Untersuchung über die Ernährung einiger Finkenvögel. Biol. Abh. 13/14, 1–60
Eisner, E. (1961): The behaviour of the Bengalese Finch in the Nest, Ardea 49, 51–69
Emlen, J. T. jr. (1956): Display and mate selection in the widow-bishop birds. Anat. Record 125, 605
- (1957): Display and Mate selection in the whydahs and bishop birds. Ostrich 28, 202–213
Engel, S. (1909): Von meinen Schuppenköpfchen (*Sporopipes frontalis* Daudin), Gef. Welt 38, 105–107
Fischer, H. (1965): Das Triumphgeschrei der Graugans (*Anser anser*). Z. Tierpsychol. 22, 247–304
Friedmann. H. (1929): The cowbirds, a study in the biology of social parasitism. Charles C. Thomas, Springfield, III.
- (1948): The parasitic cuckoos of Africa. Washington Acad. Sci. Monogr. 1, 1–204
- (1960): The parasitic weaverbirds. U.S. Nat. Mus. Bull. 223, 1–196
- (1962): The problem of the Viduinae in the light of recent publications. Smithsonian Miscellaneous Collections 145, 1–10
Geyr, H. (1945): Winterpaare bei *Regulus* und *Pyrrhula*. Beitr. Fortpfl. biol. d. Vögel 19, 19
Goodwin, D. (1953): Observations on captive Lanceolated Jays. Avicultural Magazine 59, 122
- (1954): Lanceolated Jays breeding in Captivity, Avicultural Magazine 60, 154–162
- (1958): Remarks on the Taxonomy of some American Doves. Auk 75, 330–334
- (1960b): Observations on Avadavats an Golden-breasted Waxbills. Avicult. Mag. 66, 174–199

- (1962): Some notes on my Blue-headed waxbills. Avicult. Mag. 68, 117–128
Grote, H. (1925): Zum Brutparasitismus von *Vidua serena*. Beitr. Fortpfl. Vögel 1, 34–35
Grzimek, B. (1949): »Herren-« und »Damenvögel« bei Papageien. Z. Tierpsychol. 6, 465–468
Gwinner, E. (1964): Untersuchungen über das Ausdrucks- und Sozialverhalten des Kolkraben (*Corvus corax*). Z. Tierpsychol. 21, 657–748
Harrison, C. J. (1962): Solitary song and its inhibition in some Estrildidae. J. Orn. 103, 369–379
Hartert, E. (1910): Die Vögel der paläarktischen Fauna. Berlin
Heijden, A. (1951): Bastardzucht. Gef. Welt 75, 79
Heinroth, O. (1910): Beiträge zur Biologie, insbesondere Psychologie und Ethologie der Anatiden. Verh. d. V. Intern. Orn. Kongr., Berlin
Heinroth, O. u. M. (1926): Die Vögel Mitteleuropas. Bermühler, Berlin
- Heinroth, O. u. K. (1948): Verhaltensweisen der Felsentaube (Haustaube) *Columba livia livia* L. Z. Tierpsychol. 6, 153–201
Heuglin, Th. v. (1863): Beiträge zur Ornithologie Nord-Ost-Afrikas. J. Orn. 10, 3–29
- Ornithologie Nordost-Afrikas, der Nilquellen und Küstengebiete des Roten Meeres und des nördlichen Somali-Landes, 1869–1873
Hinde, R. A. (1954): The courtship and copulation of the greenfinch. Behaviour 7, 207–232
Hoesch, W. (1939): Kritische Betrachtungen zum Problem des Brutparasitismus bei den afrikanischen Viduinen. Beitr. Fortpfl. biol. Vögel 15, 200–214
Holt Downs, E. (1958): Evening Grosbeaks at South Londonderry 1956. Bird Banding 29, 27–31
Horst, F. (1943): Winterpaare bei *Pyrrhula*. Beitr. Fortpfl. biol. Vögel 9, 56
Howard, L. (1954): Alle Vögel meines Gartens. Franckhsche Verlagshandlung, Stuttgart
Huxley, J. S. (1942): Evolution: the modern synthesis. New York–London
Immelmann, K. (1959): Experimentelle Untersuchungen über die biologische Bedeutung artspezifischer Merkmale beim Zebrafink (*Taeniopygia castanotis* Gould). Zool. Jb. Syst. 68, 437–592
- (1962): Beiträge zu einer vergleichenden Biologie australischer Prachtfinken (Spermestidae). Zool. Jb. 90, 1–196
- (1960): J. Steinbacher und H. E. Wolters: Vögel in Käfig und Voliere. Limberg, Aachen
Irwin, M. P. S. (1952): Notes on some passerine birds from Mashonaland. Southern Rhodesia, Ostrich 23, 109–115
Kipps, C. (1956): Clarence der Wunderspatz. Zürich
Kleinschmidt, O. (1952): Die Kolibris. Geest und Portig, Leipzig
Koehler, O. (1962): Ref. üb. Lanyon, W. E. 1960: The ontogeny of vocalisation in birds. Z. Tierpsychol. 19, 237–238
Koenig, O. (1951): Das Aktionssystem der Bartmeise. Österr. Zool. Zeitschr. 1/2/3/4
- (1953): Individualität und Persönlichkeitsbildung bei Reihern. J. Orn. 94, 315–341

- (1962): Der Schrillapparat der Paradieswitwe *Steganura paradisaea.* J. Orn. 103, 86–91
König, K. (1963): Die Zucht des Buntastrild. AZ-Nachr. 10, 8–11
Krabbe, A. (1931): Webervögel und Widahfinken. Gef. Welt 60, 121–123, 133–136
Kunze, H. D. (1961): Können Weber spotten? Gef. Welt 85, 227–229
Kunkel, P. (1959): Zum Verhalten einiger Prachtfinken (Estrildinae). Z. Tierpsychol. 16, 302–350
- (1961): Allgemeines und soziales Verhalten des Braunrückengoldsperlings (*Passer [Auripasser] luteus* Licht.). Z. Tierpsychol. 18, 471–89
Lack, D. (1946): The Life of the Robin. H. F. & G. Witherby. Ltd. London
Löhrl, H. (1955): Beziehungen zwischen Halsband- und Trauerschnäpper (*Muscicapa albicollis* und *M. hypoleuca*) in demselben Brutgebiet. Acta XII Congr. Int. Orn. 1954, 33–336
- (1960, 61): Vergleichende Studien über Brutbiologie und Verhalten der Kleiber *Sitta whiteheadi* Sharpe und *S. canadensis* L. J. Orn. 101, 245–264; 102, 111–132
Lorenz, K. (1931): Beiträge zur Ethologie sozialer Corviden J. Orn. 9, 67-127
- (1935): Der Kumpan in der Umwelt des Vogels. J. Orn. 83, 137–213, 289–413
- (1940): Die Paarbildung beim Kolkraben. Z. Tierpsychol. 3, 287–292
- (1941): Vergleichende Bewegungsstudien an Anatinen. J. Orn., Ergänzungsband 3, 194 294
- (1949): Er redete mit dem Vieh, den Vögeln und den Fischen. Borotha-Schoeler, Wien
- 1961): Phylogenetische Anpassung und adaptive Modifikation des Verhaltens. Z. Tierpsychol. 18, 139–187
- (1963): Das sogenannte Böse. Borotha-Schoeler, Wien
Llyod, T. (1955): First breeding of the paradise whydah. Foreign Birds 21, 156–160
Mackworth-Praed, C. W., and C. H. B. Grant (1949): On the indigo birds of Africa. Ibis 98–109
- (1955): Birds of Eastern and North Eastern Africa. Longmans, Green an Col, London–New York–Toronto
Mangelsdorf, P. (1943): Zuchterfolg mit Graugirlitz × Angolagirlitz-Mischling. Gef. Welt 68, 19
Marler, P. (1957): Specific Distinctiveness in the Communication Signals of Birds. Behaviour 11, 13–39
Mayr, E. (1927): Beiträge zur Systematik der afrikanischen *Serinus*-Arten. Orn. Monatsber. 35, 47–48
- (1942): Birds collected during the Whitney South Sea expedition. VII. Notes on *Halvcon chloris* and some of its subspecies. Amer. Mus. Nov. 469, 1–10
- (1942): Systematics and the origin of species from the viewpoint of a zoologist. Columbia Univ. Press, New York
- (1963): Animal species and evolution. Cambridge/Mass.
-, u. D. Amadon (1951): A classification of recent birds. Amer. Mus. Nov. 1946, 42
- u. Delacour, J. (1945): The Familiy Anatidae. Wils Bull. 57, 3–54
Meyer-Holzapfel, M. (1949): Die Beziehung zwischen den Trieben junger und erwachsener Tiere. Schweiz. Z. f. Psych. und ihre Anwendung 8, 1

Mörs, F. E. O. (1925): Vogelbilder aus Transvaal. Gef. Welt 54, 299–300
Moreau, R. E. u. W. M. (1938): The comparative breeding ecology of two species of Euplectes (bishop birds) in Usambara. J. Animal Ecol. 7, 314–327
Morel, G. (1959): Le Parasitisme de *Lagonosticta senegala* (L.) par *Hypochera chalybeata* (Müller). Proc. First Pan-African Orn. Congress, 157–159
Naumann, J. F. (1905): Naturgeschichte der Vögel Mitteleuropas, Neuaufl. besorgt von C. R. Hennicke. Gera-Untermhaus
Neunzig, R. (1929b): Zum Brutparasitismus der Viduinen. J. Orn. 77, 1–21
Nice, M. M. (1933/34): Zur Naturgeschichte des Singammer. J. Orn. 81, 552–595 und 82, 1–96
Niethammer, G. (1937): Handbuch der deutschen Vogelkunde 1. Leipzig
–, u. Hoesch, W. (1940): Die Vogelwelt Deutsch-Südwestafrikas. J. Orn. (Sonderheft)
Nicolai, J. (1954): Zucht und Jugendentwicklung der Schamadrossel. Gef. Welt 78, 22–25, 92–113, 116–118, 155–158, 176–178
– (1956): Zur Biologie und Ethologie des Gimpels (*Pyrrhula pyrrhula* L.) Z. Tierpsychol. 13, 93–132
– (1957): Die systematische Stellung des »Zitronenzeisigs« (»*Carduelis citrinella*« L.). J. Orn. 98. 363–371
– (1959): Familientradition in der Gesangsentwicklung des Gimpels (*Pyrrhula pyrrhula* L.). J. Orn. 100, 39–46
– (1960): Verhaltensstudien an einigen afrikanischen und paläarktischen Girlitzen. Zool. Jb. 87, 317–362
– (1962): Über Regen-, Sonnen- und Staubbaden bei Tauben (Columbidae). J. Orn. 103, 125–139
– (1964): Der Brutparasitismus der Viduinae als ethologisches Problem. Z. Tierpsychol. 21, 129–204
– (1967): Rassen- und Artbildung in der Viduinengattung *Hypochera*. J. Orn. 108, 309–319
– (1968): Die isolierte Frühmauser der Farbmerkmale des Kopfgefieders bei *Uraeginthus granatinus* (L.) und *U. ianthinogaster* Reichw. (Estrildidae), Z. Tierpsychol. 25, 854–861
– Die Schnabelfärbung als potentieller Isolationsfaktor zwischen *Pytilia phoenicoptera* Swainson und *Pytilia lineata* Heuglin (Familie: Estrididae). J. Orn. 109, 450–461
– (1969): Beobachtungen an Paradieswitwen (*Steganura paradisaea* L., *Steganura obtusa* Chapin) und der Strohwitwe (*Tetraenura fischeri* Reichenow) in Ostafrika. J. Orn. 110, 421–447
Ogilvie-Grant, W. R., u. R. J. Reid (1901): On the birds collected during and expedition through Somaliland and Southern Abyssinia to Lake Zwai (with Field notes by the collector Mr. Elfred E. Pease). Ibis 1, 607–699
Oltmer, K. (1952): Außergewöhnliche Nistplätze einiger Singvögel. Orn. Mitt. 4, 262
Paulin, A. (1954): Der Kapuzenzeisig und seine Zucht. Gef. Welt 78, 61–63, 82–84
Pfeiffer, S. (1952): Winterpaare bei unserem Gimpel. J. Orn. 93, 172

Poll, H. (1910): Über Vogelmischlinge. Verh. d. V. Intern. Orn. Kongr. Berlin
Pope-Ellis, P. C. (1951): Points from Letters. Ostrich, 22, 126
Remane, A. (1952): Die Grundlagen des natürlichen Systems, der vergleichenden Anatomie und der Phylogenetik. Leipzig
Reichenow, A. (1910–1905): Die Vögel Afrikas. Neudamm
Rensch, B. (1924): Zur Entstehung der Mimikry der Kuckuckseier. J. Orn. 72, 461–472
– (1925): Das Problem des Brutparasitismus bei Vögeln. Sitz. Ber. Ges. Naturf. Berlin, 55–69
– (1947): Neuere Probleme der Abstammungslehre. Ferd. Enke, Stuttgart
Roberts, A. (1907): Remarks on the breeding-Habits of the pin-tailed widow bird (*Vidua principalis*). South African Orn. Union 3, 9–11
– (1928): Birds and mammals from South West Africa. Ann. Transvaal Mus. 12, 289–329
– (1939): Notes on the eggs of parasitic birds in South Africa. Ostrich 10, 100–117
– (1951): The birds of South Africa. The Central New Agency Ltd. Johannisburg 8
Russ, K. (1879): Die fremdländischen Stubenvögel. Rümpler, Hannover
Sandel, H. (1958): Das Schnurrbärtchen. Gef. Welt 82, 167–168
Schenkel, R. (1956): Zur Deutung der Balzleistungen einiger Phasianiden und Tetraoniden. Orn. Beob. 53, 182–201
Schilder, F. A. u. M. (1939): Prodrome of monograph of living Cypraeidae. Proc. Malac. Soc. London 23, 119–231
Schuster, L. v. (1926): Beiträge zur Verbreitung und Biologie der Vögel Deutsch-Ostafrikas. III. J. Orn. 74, 709–742
Schwarzkopff, J. (1949): Über Sitz und Leistung von Gehör und Vibrationssinn bei Vögeln. Z. vergl. Physiol. 31, 527–608
Selous, E. (1901): Bird Watching. London
Simmons, K. E. L. (1955): Studies on Great Crested Grebes. Avic. Magazine 61, 3–13, 93–102, 131–146, 181–201, 235–253
Skead, C. J. (1957): Parasitism of the common waxbill, *Estrilda astrild*, by the pin-tailed widow-bird, *Vidua macroura*. Ostrich 28, 214–216
Someren, V. G. L. van, and G. R. C. Someren (1945): Evacuated weaver colonies and notes on the breeding ecology of *Euodice cantans* Gmelin and *Amadina fasciata* Gmelin. Ibis, vol. 87, 33–44
Southern, H. N. (1954): Mimicry in cuckoos eggs, in Evolution as a process, ed. J. Huxleiy, A. C. Hardy and E. B. Ford, 219–232
Steinbacher, J., u. H. E. Wolters (1953): Vögel in Käfig und Voliere. Teil Cf. Prachtfinken, Limberg, Aachen
Steiner, H. (1955): Das Brutverhalten der Prachtfinken, Spermestidae, als Ausdruck ihres selbständigen Familiencharakters. Acta XI Congr. Int. Orn. 350–355
– (1960): Klassifikation der Prachtfinken, Spermestidae, auf Grund der Rachenzeichnungen ihrer Nestlinge. J. Orn. 102, 92–112
Stoner, D. (1942): Longevity and other data on a captive English Sparrow. The Auk 59, 440–442

Stresemann, E. (1923): Dr. Bürgers ornithologische Ausbeute im Stromgebiet des Sepik. Archiv f. Naturgeschichte 89, Abt. A, 1–96
- (1943): Ökologische Sippen-, Rassen- und Artunterschiede bei Vögeln. J. Orn. 91, 305–324

Stremann, E., u. N. W. Timofeff-Ressovsky (1947): Artentstehung in geographischen Formenkreisen. 1. Der Formenkreis *Larus argentatus-cachinnans-fuscus*. Biol. Zbl. 66, 1–57
- (1961): Ref. über The Birds of Borneo. Edinburgh and London 1960. J. Orn. 102, 372
-, u. V. Stresemann (1966): Die Mauser der Vögel. J. Orn. 107, 1–445 (Sonderheft)

Swynnerton, C. F. M. (1918): Rejections by Birds of Eggs unlike their own: with Remarks on some of the Cuckoo Problems. Ibis 127–154

Stuart Irwin, M. P., u. C. W. Benson (1967): Notes on the birds of Zambia. Arnoldia 3, 1–30

Thielcke, H. (1963): »Nestlingsmauser« bei Sonnenvögeln *Leiothrix*. J. Orn. 104, 251–252

Vaurie, Ch. (1956): Systematic notes on Palaearctic Birds No. 19. American Museum Novitates, No. 1775, 6–8

Vincent, J. (1936): The birds of northern Portuguese East Africa. Ibis 13, 48–125

Wagner, H. (1932): Aus der Vogelstube 1931. Gef. Welt 61, 13–16

Whitman, C. O. (1919): The Behaviour of Pigeons. Washington

Wickler, W. (1961): Über die Stammesgeschichte und den taxonomischen Wert einiger Verhaltensweisen der Vögel. Z. Tierpsychol. 18, 320–342

Winterbottom, B. (1958): The arrangement and Genera of the South African Fringillidae. Ostrich 29, 110–111

Wolters, H. E. (1952): Die Gattungen der Westpaläarktischen Sperlingsvögel (Ordn. Passeriformes). Bonner Zool. Beitr. 3, 231–388
- (1960): Zur Systematik der Atlasfinken (Untergattung *Hypochera* der Gattung *Vidua*, Viduinae, Estrildidae, Aves). Arten der Viduinae. Vogelring 30, 12–15
- (1963): Zur Rassengliederung von *Pytilia melba* (L.) J. Orn. 104, 185–190

Register

Personenregister

Allan, A. A. 177
Amadon, D. 162
Armstrong, E. A. 102

Baerends, G. P. 10
Bannermann, D. A. 292
Belcher, Ch. F. 170
Benson, C. W. 271
Bergmann, St. 102
Blume, D. 102
Boetticher, H. v. 162 f., 181, 195, 210, 294
Bolle, A. 128
Bonaparte, Ch. L. 77
Boosey, E. J. 165
Bowen, W. W. 203
Bradfield, R. D. 225 f.
Brehm, A. E. 128

Chapin, J. P. 162, 164, 168–170, 195, 197, 206, 209, 240, 254, 292
Clancey, P. A. 183
Curio, E. 305

Da Rosa Pinto, A. A. 182
Dathe, H. 19
Delacour, J. 119, 162, 181, 195, 253, 294
Diesselhorst, G. 10, 14, 27

Eber, G. 127
Edmond-Blanc, F. 162, 181, 195, 253

Eisner, E. 216
Emlen, J. T. jr. 230, 235
Engel, S. 225

Faber, A. 10
Fischer, H. 325 f.
Friedmann, H. 162–164, 167–170, 193, 195, 210, 215, 223, 230, 240 f., 252, 292, 294, 300

Gerhardt, U. 10
Goethe, F. 10
Goodwin, D. 102, 228
Grant, C. H. B. 78, 163, 170, 210, 294
Grote, H. 225
Grzimek, B. 57
Gwinner, E. 325

Haeckel, E. 240
Harrison, C. J. 174, 184, 194, 228
Hartert, E. 79, 120
Heinroth, O. 10, 15, 27, 30 f., 34, 37, 39, 40, 50, 60, 67, 85, 97, 114, 119, 137, 144, 192, 226, 243, 325
Heuglin, Th. v. 169, 307
Hinde, R. A. 10, 85, 101 f.
Hoesch, W. 79, 106, 113, 167 f.
Hogue, R. E. 215
Holt Downs, E. 103
Horst, F. 33
Howard, L. 226
Huxley, J. S. 250

Immelmann, K. 133 f., 142, 175, 184 f., 218, 228, 270 f., 280, 313
Irwin, M. P. S. 271, 301

Jacobs, W. 10

Karl, F. 219
Kellog, P. P. 177
Kipps, C. 247
Kleinschmidt, O. 181
Koehler, O. 213
Koenig, O. 38, 46, 195, 234, 265, 327
König, K. 222
Krabbe, A. 169 f., 195
Kunkel, P. 174, 216, 228
Kunze, H. D. 247

Lack, D. 25
Ledroit, J. 19
Lloyd, T. 222
Löhrl, H. 305
Lorenz, K. 10, 21, 26, 29, 50, 74, 102, 110, 119, 159, 230, 243, 325

Mackworth-Praed, C. W. 78, 163, 170, 210, 294
Mangelsdorf, P. 124
Mansfield, D. N. 304
Marler, P. 79
Mayr, E. 77, 119, 162, 240, 250 f., 302, 315 f.
Meyer-Holzapfel, M. 25
Mörs, F. E. O. 163, 165
Moreau, R. E. 169, 230
Morel, G. 227, 255
Morris, D. 228

Naumann, J. F. 17
Neunzig, R. 162, 164–169, 210, 254, 263
Nice, M. M. 10, 14
Nicolai, J. 66, 85, 89, 103, 127, 175, 184, 260, 264, 270, 279 f., 286, 292, 299, 306
Niethammer, G. 17, 319

Ogilvie Grant, W. R. 193
Oltmer, K. 30

Page, W. T. 170
Pfeiffer, S. 33
Poll, H. S. 119

Reichenow, A. 161, 293
Reid, R. J. 193
Remane, A. 237, 239 f.
Rensch, B. 167, 250
Roberts, A. 78, 163 f., 169, 225
Rose, W. 104
Russ, K. 169

Sabel, K. 18, 30, 34, 168, 212
Sandel, H. 226
Schenkel, R. 192
Schönwetter, M. 126
Schütze, E. 169
Schweppenburg, G. von 33
Seitz, A. 10
Selous, E. 97
Sharpe, R. B. 293, 298
Shelley, G. E. 161, 167
Simmons, K. E. L. 97
Skead, C. J. 230
Someren, V. G. L. van 215 f., 230
Southern, H. N. 241
Steinbacher, J. 174, 271
Steiner, H. 162, 218, 228 f., 240
Stoner, D. 247
Stresemann, E. 79, 132, 251, 253, 259, 302, 326 f.
Stresemann, V. 327
Swynnerton, C. F. M. 167

Thielcke, H. 326
Timofeef-Ressovsky, N. W. 251
Tinbergen, N. 10
Townsend, G. 170
Traylor, M. A. 301–304

Vaurie, Ch. 79
Verreaux, J. u. E. 193
Vincent, J. 170

Register

Voigt, A. 28

Wagner, H. 220
White, J. 163
Whitman, Ch. O. 10

Winterbottom, B. 78
Wolters, H. E. 79, 126, 169–171, 174, 181, 184, 260, 271 f., 292, 294, 302, 304

Sachregister

Abwehrsperren 37
adaptiv 251
Aggressionstrieb 213
allopatrisch 316–318
Ambivalenz des Verhaltens 109
angeborener Auslösemechanismus 59, 105, 239, 241
Anpassung, konvergente 144, 151
Anpassungsgrad 158
Anpassungsprozeß 317
Anpassungstyp 151, 158
Artbildung 159, 250, 252, 260, 291–304
Arterhaltung 148
Artisolierung 194, 241, 314
Artkennzeichen 312 f., 318
Artselbständigkeit 80, 252, 305, 315 f., 318
Ausdrucksbewegung 29, 77, 101
Ausfallserscheinungen 35, 87
Auslöser 59, 88, 314, 317 f.
Auslöserfunktion 314
Auslöserqualität 85

Balzflug 110 f.
Bastardierung 200, 253, 309 f., 312, 316 f.
Begattungsaufforderung 33, 96
Begattungsbereitschaft 96, 111
Begattungsstellung 29, 32, 47, 96 f., 111, 228, 235
Begrüßungsstrophe 154, 184, 187, 189
Begrüßungszeremonie 21, 59
Bekanntschaft, persönliche 48 f., 51
Bekanntschaftschließen, Zeremonie des 19, 32, 47
Betteln 46, 61, 216

Bettelbewegungen 23
Bettellaute 24, 37 f., 152, 171, 232, 286
Beziehung, Eltern-Kind 66 f.
Beziehung, persönliche 73, 311, 313
Bindung 33, 48 f.
–, sexuelle 72
–, soziale 66, 74

caenogenetisch 239 f.

Dauerehe 33, 47 f., 310, 325
Demutshaltung 83, 123
Differenzierung, morphologische 305
–, phaenotypische 305
Differenzierungsstufe 112
Distanzruf 86, 112, 152, 175, 177
Domestikation 80, 87
Dominanzwechsel 84
Drohen 59, 95, 101 f., 107
–, ritualisiertes 29
Drohgesten 47

Ehe, blutsfremde 54
Ehedauer 32
Einehe 98
Entwicklung, ontogenetische 48
Erkennen, persönliches 38, 60
Erregungsruf 152, 171, 175, 183, 185
Erregungsstrophe 154, 183, 185, 189, 194
Evolution 158 f., 212

Familienleben 66
Familientradition 66–76
Familienzusammenhalt 50
Fehlleistung 31, 35, 154, 226
Fertilität 119 f.

Fertilitätsgrad 124
Fortpflanzungsfähigkeit 120, 328
Fortpflanzungsrate 148
Fortpflanzungsreife 53
Freundlichkeitsgeste 38
Funktion, fortpflanzungsisolierende 316
–, sexuelle 88
Funktionskreis 23, 62, 190, 280

Gattengesang 71
Gattentreue 32
Gen-Austausch 155, 249, 316
Gesangsausbildung 68, 71
Gesangsduelle 101
Gesangsentwicklung 66–76
Gesangstradition 66–76
Geschwisterbindung 50 f., 54 f.
Geschwisterpaare 50, 54
Geschwisterpartner 54, 56, 65
Geschwisterverlobungen 50
Gonadenwachstum 54
Gonadenzustand 82, 120

Halmbalz 27 f., 32, 49, 62
Hemmungen 83, 85
–, Weibchen zu beißen 85, 98, 113
homolog 194, 235
Homologie 77, 94, 96, 115, 237
Hybriden 120 f.
Hypertrophie 59, 68, 88
hypertrophiert 192

Imponieren 95, 101
Imponierflug 232, 263–265, 278
Imponierfunktion 92
Imponiergehaben 26, 83, 97, 110
Imponierhaltung 81, 101, 113, 119, 122
Imponiersingen 91, 95, 107, 114
Imponierverhalten 81–84, 90, 94, 100, 108, 113
Information, phylogenetische 212
Instinktbewegung 23
Instinkthandlungen 47
Irreversibilität der Prägung 243
Isolation, geographische 305, 317

–, Fortpflanzungs- 252, 298, 300 f., 305, 312, 315, 317 f.
Isolationsfaktoren 312
–, effektive 315 f.
–, potentielle 305, 315, 317 f.
Isolationsmechanismus 317 f.
Isolierte Frühmauser 319–330
Isolierung, stammesgeschichtliche 254

Jugendeindrücke 57
Jugendgesang 69, 117

Kampfruf 99, 109, 111, 118
Kampfverhalten 81–84, 90, 94, 100, 108, 113
Kindheitserlebnisse 73
Konvergenz 77
Kreuzungsbarrieren 316

Lerneifer 73
Lernfähigkeit 70 f., 73
Lex-Heinze-Reaktion 85
Lockruf 59–61, 67, 99, 112, 171, 174
Luftwarnlaut 60

mimetisch 303
Mischehen 155, 309–311
Mischlinge 118–124
Modifikation 247
Motivation 194, 300

Nestlockruf 29, 57, 60, 125, 152, 171, 175, 176–198

Objektfixierung 70
Ontogenese 47, 145, 147
Ovogenese 119
Ovulation 157, 245

Paarbildung 19, 52, 72, 84, 92, 110, 124, 309 f., 329
Paarbildungsstimmung 48, 69
Paarbindung 306, 309, 311, 324 f.
Paarungsaufforderung 49, 53, 88, 97, 103
palingenetisch 240

Register

Parasitierungsrate 266–268, 286–288
Partnerschaft 48, 50
Partnerwahl 32, 48, 306, 310
Periode, sensible 71, 73
phylogenetisch 239
präadaptiv 317
Prägung 54, 55–59, 72, 155–157, 159, 241, 243, 245, 248 f.
–, partielle 70, 244, 247

Rangordnung 25, 84 f.
–, eheliche 26
–, soziale 26
Rangordnungskampf 24, 32
Rangordnungsverhältnisse 50, 84
Reaktionen, sexuelle 59, 68
Reihen, phylogenetische 77
Reizproduktion, endogene 220
Reizschwelle 118, 133, 143
Reizsituation 134
Reviermarkierung 29, 67
Revierverhalten 99, 284 ff.
Ritual des Zärtlichkeitsfütterns 23
Ritualisation 59
Ritualisierungsprozeß 77, 84
Ritus 24
Rivalenbegleitflug 265 f.
Rivalenkampf 82, 86
Rivalität 53

Schäckerstrophe 171–232
Schlüsselreize 143, 315, 317
Schnabelflirt 22 f., 27, 32, 45, 48 f., 51, 59, 62, 69, 72 f., 84, 96, 109
Schreckensschrei 38, 61, 99, 112
Schwellenerniedrigung 97
Schwellenwerte 143
Selektion 249
–, sexuelle 248
Selektionsdruck 150, 158, 190, 240, 250, 276, 292, 317, 324, 326
Selektionsprozeß 151
Selektivität 218, 220
Sexualdimorphismus 21, 26, 47, 82, 106, 108, 110
Signale 317

–, Aggression auslösende 312–314, 318
–, akustische 303
–, optische 313
Signalfunktion 315
Signalwirkung 317
Singflug 83, 92, 113
Sozialkontakt 67
Sozialstunde 270
Spermiogenese 119
Sprechenlernen 73
Superspecies 315
Stammesgeschichte 47, 112
Standortruf 38, 61
Stimmbegabung 74
Stimmfühlungslaut 60, 67, 85 f., 92 f., 99, 112, 152
Stimmung, frühsexuelle 73
Stimmungslage, sexuelle 72
Stimmungswechsel 38
Symbol 28, 228, 308
Symbolhandlung 28
sympatrisch 197, 261, 294, 300, 317
Synchronisierung 248
Synonymie 291

Taxonom 291
taxonomisch 291
Triebhandlungen 15, 23, 25, 32, 39, 47, 59, 62, 110
–, der Brutpflege 42, 47
–, geschlechtliche 19, 48, 55 f., 70

Umgangssprache 29

Vaterersatz 72 f.
Vatergesang 71 f.
Verhalten, infantiles 46
–, regressives 192
–, sexuelles 84, 92, 96, 103, 111
Verhaltensrelikt 233
Verhaltenswurzel 67
Verhältnis, Eltern-Kind 68
Verwandtschaftsehen 50
Verwandtschaftsgrad 77
Vermehrungspotential 149, 151
Vielstimmeneffekt 152

Wahrnehmungsapparat 315, 317
Warnruf 60, 99
– vor Bodenfeinden 86, 93
– vor Luftfeinden 86, 99, 112, 117
– vor Nestfeinden 99, 112
Wutlaut 61, 185
Wutzetern 86, 95

Xanthippenreaktion 85

Zärtlichkeitsfüttern 23–28, 32, 58
   62, 84
Zärtlichkeitstrillern 86, 96
Zeremoniell 19, 154

Weitere Bände zum Thema Verhaltensforschung in der Reihe piper paperback

Konrad Lorenz
Über tierisches und menschliches Verhalten

Aus dem Werdegang der Verhaltenslehre. Gesammelte Abhandlungen.
Band I: 131. Tsd. (Ges. Aufl.) 412 Seiten mit Abbildungen und Tabellen.
Band II: 88. Tsd. (Ges. Aufl.) 398 Seiten mit Literaturverzeichnis und
Register für beide Bände.

Konrad Lorenz / Paul Leyhausen
Antriebe tierischen und menschlichen Verhaltens

Gesammelte Abhandlungen. 32. Tsd. 430 Seiten mit zahlreichen Abb. und
Tabellen, Literaturverzeichnis und Register.

Erich von Holst
Zur Verhaltensphysiologie bei Tieren und Menschen

Gesammelte Abhandlungen in zwei Bänden. Herausgegeben und mit
einem Vorwort von Bernhard Hassenstein.
Band I: 8. Tsd. 310 Seiten mit zahlreichen Abbildungen.
Band II: Etwa 320 Seiten mit zahlreichen Abbildungen, Werkverzeichnis
sowie Bibliographie und Register für beide Bände.

Wolfgang Wickler
Stammesgeschichte und Ritualisierung

Zur Entstehung tierischer und menschlicher Verhaltensmuster
284 Seiten mit 83 Abbildungen.

R. Piper & Co. Verlag München